汉维语言对比
翻译研究

阿尔帕提古丽◎著

中国社会科学出版社

图书在版编目（CIP）数据

汉维语言对比翻译研究 / 阿尔帕提古丽著. —北京:中国社会科学
出版社, 2018.4

ISBN 978-7-5161-8456-1

Ⅰ. ①汉… Ⅱ. ①阿… Ⅲ. ①维吾尔语（中国少数民族语言）—
翻译—对比研究—汉语 Ⅳ. ①H215.59 ②H159

中国版本图书馆CIP数据核字（2016）第146162号

出 版 人　赵剑英
责任编辑　任　明
特约编辑　李晓丽
责任校对　韩天炜
责任印刷　李寡寡

出　　　版　中国社会科学出版社
社　　　址　北京鼓楼西大街甲158号
邮　　　编　100720
网　　　址　http://www.csspw.cn
发 行 部　010-84083685
门 市 部　010-84029450
经　　　销　新华书店及其他书店

印刷装订　北京君升印刷有限公司
版　　　次　2018年4月第1版
印　　　次　2018年4月第1次印刷

开　　　本　710×1000　　1 / 16
印　　　张　22.25
插　　　页　2
字　　　数　388千字
定　　　价　75.00 元

总　　序

　　"语言对比与翻译研究"到目前为止，采用翻译新论的手段对汉维双语对比进行研究的成果不多见。主要研究成果如下：阿布德别克·拜波拉托·阿布德别克《翻译论文集》（北京：民族出版社，2001）。欧斯满·格拉吉丁《翻译基础知识》（乌鲁木齐：新疆人民出版社，1980.），史震天、马维汉等编《汉维翻译教程》（乌鲁木齐：新疆人民出版社，1989.），托合提·巴克编《怎样翻译》（乌鲁木齐：新疆人民出版社，1996.），张敬仪主编《汉维—维汉翻译理论与技巧》（北京：民族出版社，2004），买提尼牙孜·热扎克编《西域翻译史》（乌鲁木齐：新疆大学出版社，1994/1996），赵国栋、牙生·哈提甫《新疆民族语文翻译研究》（乌鲁木齐：新疆人民出版社，1991.381页）等论著。除此以外，李纯《试论汉维语词翻译和文化语境》（《新疆职业大学学报》，2007/4）等论文。国内，虽然一些学者发表了几篇论文开辟研究汉维翻译的道路，但就汉维翻译新论的研究与国内其他少数民族以及汉语的对比翻译研究来说，目前还是比较落后的，特别是对汉维双语对比与翻译研究就相当不够。在国外，20世纪80年代以来，翻译理论研究不断地向前发展。经过了传统语文学阶段、结构主义语言学阶段和解构主义阶段的积淀、中西方翻译理论的碰撞与融合、文学翻译与非文学翻译的分化、翻译理论与翻译实践的分立与衔接，翻译理论的发展已经渐趋稳健。

　　目前来看，语言学基础的翻译研究继续保持稳定而持续的发展态势，文化翻译研究给翻译理论带来了巨大的冲击，它解放了译者、改变了译者完全被动的从属地位，启发了翻译语言研究与社会语境的结合。翻译伦理学的兴起综合了前一阶段关于翻译主体性和翻译规范的讨论，而规范与描写的争论也衍生于意译还是直译、忠实还是改写这一由来已久的翻译理论问题。总体来看，西方翻译理论的发展在很多精微的领域都有了深入而细致的系统性研究。维吾尔语与汉语比较研究虽然取得了一些成果，相对于英汉比较或对比研究而言，该研究还处在很不成熟的"新生儿"阶段，还存在以下三方面的不足：（1）维语与汉语比较语言学自身理论建设没有得到足够的重视，大部分的相关比较研究处在经验描写阶段，缺乏科学的研究理论和方法作基础，因而缺乏学术深度和厚度，导致大部分维语与汉语比较方面的论文只能发表在普通刊物上；（2）维语与汉语在微观层次系统上的量化比较研究还不够。如不少文章就对这两种语言中的相似性进行了探讨，却没有在这一层次上做具体量化研究即相似度的研究，所以研究结果仍然是很模糊的；（3）应用比较翻译研究还缺乏广度和深度。如何辩证地借鉴和吸收西方翻译理论的成果，针对中国翻译理论和实践发展的实际状况，提出适用于汉维语对比与翻译研究，这是翻译理论研究需要长期关注的问题。

本书取材广泛，多为编者在多年的教学实践中搜集整理的材料。其中引用的例词、例句，几乎都是直接从近几年来国内书刊抄录，相应著作或译著列于参考文献中，在此特向原作者表示由衷的谢意。

本书可用作汉语言本科高年级翻译课教学用书，也适合作为翻译专业硕士学位课程的教学用书或辅助教材。另外，吐鲁洪老师和阿力木老师也参与了对照查阅工作。限于时间、水平及借阅条件，文论或多所遗漏，编次不当之处，深望读者专家多多批评指正。

（西北民族大学 2013 年中央高校资助项目"汉维语言对比分析与翻译研究"，项目编号：31920130074）

（西北民族大学 2014 年校级精品课《翻译理论与实践 1》项目编号：2670030409）

编者

2015 年 5 月

目　录

第一讲　翻译概论

一　什么是"翻译"

在操同种语言的人们之间，通过口谈、笔写，就能直接交流思想，达到互相了解的目的。但是，在使用不同语言的人们之间要进行交际，达到互相交流思想、互相了解的目的，就需要把用一种语言表达的思想内容转换成为另一种语言表达出来，这就产生了"翻译"。

语言及其书写符号系统——文字的不通，在各个国家、民族之间就很难进行交际和交流思想。因此，就需要有通晓两种语言文字的人，在不同国家、民族之间起到桥梁作用，是语言文字不通的人们得以进行文化、科技的交流和构思。"翻译"这一概念所包括的活动范围非常广泛。发表是文字记载的文学作品、社会科学著作、科学技术书籍以及某人的讲演、发言后人们之间的谈话等均可翻译。前者一般称为"笔译"，后者称为"口译"。随着科学技术的发展，现在也产生了机器翻译。

由于翻译所涉及的范围很广，翻译理论家们从不同的学科角度出发，为"翻译"下了不同的定义。概括起来有语言学的定义，文艺学的定义，信息学的定义和通俗的定义等。

通俗的定义，常见一般性词典、百科全书中。例如，《辞海》、《牛津英语词典》、《现代法语词典》、《俄语大辞典》分别把翻译解释为"翻译是把一种语言文字的意义用另一种语言文字表达出来"、"在保留意义的情况下从一种语言转变成另一种语言"或"从一种语言变成另一种语言"等等。国内的书刊大多数都这样说："翻译是运用一种语言把另一种语言所表达的思想（思想内容）重新表达出来的活动。"

从信息的角度出发，阐述翻译的定义，把翻译活动看作是一种信息的转换。美国的翻译理论家奈达指出："所谓翻译，就是指从语义到文体在译语中用最贴切而且最自然的对等语再现原语的息。"法国的意义认识——再现学派提出了翻译的过程是将一种语言所包括的信息意义移植到另一种语言中去的过程。

文艺学的定义，从文艺学角度解释翻译，认为翻译是艺术创作的一种形式，强调语言的创造功能，讲究翻译作品的艺术效果。较典型的文艺学的翻译定义有：（1）文学翻译是"传达作者的全部意图（既包括经过他深思熟虑的，也包括他无意识的意图），即作者对在读者思想感情上产生艺术作用的全部意图……"（斯米尔诺夫）。（2）"文学的翻译使用另一种语言，把原作的艺术意境传达出来……"（茅盾）。

语言学的定义，区分语言和言语两个概念，认为翻译是具体言语而不是语言系统的转换。较典型的定义有：翻译是（1）"把一种语言（译出语）的话语材料替换成另一种语言（译入语）中对等的话语材料。"（卡特福德）（2）"把一种语言的语言产物（即话语）在保持内容方面也就是意义不变的情况下改变为另一种语言的言语产物"（巴尔胡达罗夫）。

冯庆华教授认为"翻译是许多语言活动中的一种，它是用一种语言形式把另一种语言形式里的内容重新表现出来的语言实践活动；前者为源语（source language），而后者为译语（target language）；傅仲选先生1993年提出的定义："翻译是将一种语言转换成另外一种语言的人类实践活动。"

综上所述，不论是通俗的，还是文艺学的、语言学的，或是信息学的定义，都不外乎把翻译看成是"从一种语言到另一种语言"或"从一种话语到另一种对等话语"的转化，指的是从开始视听原文到最终产生出疑问的整个过程。要通过这一过程，译者需要懂得如何操作，其中主要包括原文理解、信息转语、疑问表达、译文检验等步骤。从上述意义上讲，翻译是一门技巧或技术。同时，翻译又应当是艺术，因为翻译使用的基本技能，在实际运用中必须加以创造性地发挥。即使是非文学作品的翻译，也同样存在一个再创造问题。翻译不仅是一门技术，而且还是一种艺术。所以，我们可以用一句话来概括上述关于"翻译"的定义，那就是："翻译是一种不同于语言间转换的语言艺术"。

因此，在开始学习翻译理论和翻译技巧之前，先要弄清出什么是翻译，这很有必要。一个译者的任务是，原文所表述的事物和思想内容或信息用另一种语言的话语结果准确而完满地或等值地表达出来，再现于读者或听者面前，使不懂原作语言的读者或听者尽可能准确而圆满地获得原作的信息。

二　什么是"翻译理论"

我国的翻译理论家谈载喜先生在《试论翻译学》一文中指出："从具体的意义上说，翻译学这个实体究竟由什么构成呢？很显然，它必须由具体的翻译理论构成，并且不是由一种而是由多种理论即一个理论体系构成。"那么翻译理论的主要组成部分即它必须说明的主要问题到底有哪些？这是翻译学必须加以系统说明的一个基本问题。谭载喜先生认为，一套完整的翻译理论应当包括五个组成部分：（1）阐明翻译的实质；（2）描述翻译的过程；（3）厘定翻译的原则和标准；（4）描述翻译的方法；（5）说明翻译中的各类矛盾。今年来，刘宓庆等翻译理论家们为翻译理论构建出新的框架。他们认为，翻译理论包括"翻译理论的科学基础"即"外部系统"和"本体系统"即"内部系统"两部分。翻译理论的本体系统是翻译理论的自身系统，是翻译理论的核心部分。它从微观的角度来研究理论的发展规律。这部分研究主要涉及翻译原理、翻译程序、翻译技巧、翻译风格、翻译美学和翻译批评等。通过对翻译原理的研究，明确翻译的实质和标准。对翻译程序的讨论，进一步揭示翻译过程的内在规律，使翻译理论具有对翻译实践的指导性。对翻译技巧的研究旨在发现不同翻译手法的规律及其限度。翻译的风格着重讨论语言转换中译者对作者，译文对原文的适应性和译者的个性。翻译美学讨论翻译活动的审美对象和审美信息、审美功能和审美体验以及包括主题与审美在内的审美关系。翻译美学所追求的翻译作品的内容、形式与风格的高度统一是翻译的最高境界。翻译批评的对象、标准、翻译批评的功能和价值观。翻译批评的研究使翻译实践更具有科学性和艺术性，并使之达到翻译美学的最高境界。

翻译理论与翻译实践的关系无所不在：如何从实践中获得翻译理论又如何运用于翻译实践。他们有的运用具有描写，阐释功能的理论去解释翻译活动，翻译行为和翻译现象，进而又用翻译实践再次证明这一理论的合理性。霍姆斯的译学构想告诉我们：翻译理论存在于翻译实践中，它们之间的关系是"一种互动关系，互为依存，互为发展，互为促进和互为丰富"（庄智象，2007：83）。更多的运用翻译理论对实践的指导作用，将理论运用于实践，又用丰富的材料去例证该理论的正确性，突出理论的指导作用。还有的运用理论启发和预测性的一面去研究翻译实践的走向和翻译理论研究的发展方向，进而提出新的富有创造性和建设性的理论观点，丰富和发展翻译理论。

三　翻译的本质

（一）翻译的复杂性与丰富性

雅可布逊（Roman Jakobson）将翻译划分为三种类型：语际翻译（interlingual translation）、语内翻译（intralingual translation）和符际翻译（intersemiotic translation）。

从处理方式的角度来看，翻译有全译与变译之分。全译是与原文完全对应的翻译，即原文是怎样的形式，译文也应该是怎样的形式，原文的内容是什么，译文也应该完全包含这些内容。在全译之外，我们在平时的阅读中还经常接触到摘译、缩译、编译、改译、译述等。这些不同的处理方式称为"变译"或"翻译的变体"。

从活动方式来看，翻译还有笔译与口译之分，而后者又可以进一步分为交替传译、同声传译、视译、联络传译、耳语传译等不同的类型。

从翻译的结果来看，翻译同样呈现出样态的丰富性。同一原文的不同译文之间会有很多的不同，而其原因是相当复杂的，既有时代背景和语言变迁的因素，也有不同译者对原文理解及个人行文风格的不同因素，需要我们从不同的角度去观察和分析。

（二）从翻译的语言媒介看翻译的本质

《现代汉语词典》对翻译的解释是："把一种语言文字的意义用另一种语言文字表达出来（也指方言与民族共同语、方言与方言、古代语与现代语之间用另一种表达）。"

张培基等主编的《英汉翻译教程》对翻译下的定义是："翻译是运用一

种语言把另一种语言所表达的思维内容准确而完整地重新表达出来的语言活动。"

美国学者奈达（Eugene Nida）和泰伯（Charles R. Taber）对翻译下的定义一直被引为经典："翻译是指从语义到文体，用最贴近的自然对等语在接受语中再现源语信息。"在语言学派对翻译本质的论述中，核心的观念就是"等值"或"对等"。如雅科布逊认为："翻译涉及的是两种不同语符中的两个等值的信息，即在不同的语言现象中求得等值。"与雅可布逊类似，伦敦学派的代表人物卡特福德（J.C. Catford）也认为，翻译是"用一种等值的语言（译语）的文本材料去替换另一种语言（原语）的文本材料……翻译实践的核心问题就是寻找目的语中的翻译等值物（translation equivalents），翻译理论的中心任务则是界定翻译等值的性质和条件"。

并不是所有的语言学派学者都认为翻译的本质在于"等"、"等值"或"对等"。如英国著名翻译理论家纽马克（Peter Newmark）就认为"诸如翻译单位、翻译等值、翻译恒值、评判翻译的详细方案等命题，我认为都没有什么用处；它们要么理论性太强，要么太武断"。

等值不适合作为翻译理论的一个基本观念："等值"这一术语除了本身不够精确，定义失当（甚至在经过了二十多年的激烈讨论后依然如此）之外，还给人一种在不同语言之间存在对称的错觉，而这种对称，除了在含糊的近似（approximation）的层面上，几乎是不存在的，因此，它扭曲了翻译的基本问题。（Mary Snell-Hornby，1995：22）

（三）从翻译的艺术属性看翻译的本质

任何富于音乐、和谐感的作品都不可能译成另一种语言而不破坏其全部优美和谐感。正因如此，荷马的史诗遂未译成拉丁语；同样，《圣经·诗篇》的韵文之所以没有优美的音乐和谐感，就是因为这些韵文先从希伯来语译成希腊语，再从希腊语译成拉丁语，而在最初的翻译中其优美感便完全消失了。（但丁）

找出语言上的对应物是语言学家的任务，但这不是艺术创作分析的对象，而分析文艺翻译则是文艺创作的另一种形式。……形象地说，文艺翻译领域的起点，就是语言对比领域的终点。……应当把文艺翻译看成是语

言艺术的另一种形式，也就是说应该从文艺学的角度，而不是从语言学的角度来进行研究。（巴尔胡达罗夫）

英国著名翻译理论家西奥多·萨瓦里（Theodore Savory）也对翻译的艺术本质进行了精辟的论述。萨瓦里认为翻译是一个选择的过程，这种选择"不是从词义稳定的两个对等词中进行二择一，而是要在众多词义差异或大或小的对等词汇中进行选择。这种选择很大程度上与译者的禀赋相关，本质上是一个美学选择（aesthetic choice）的过程"。

在我国，传统翻译理论一直有着浓厚的文艺色彩，从古代佛经翻译家鸠摩罗什的"嚼饭与人"，到严复的"信、达、雅"，再到傅雷的"神似"和钱锺书的"化境"，无不折射出我国传统翻译理论重经验、重感悟、重艺术传达的特性。

林语堂先生在其1933年发表的文章《论翻译》中，开篇即表明："谈翻译的人首先要觉悟的事件，就是翻译是一种的艺术。"当代翻译家许渊冲也说过："我认为翻译是艺术……我要用艺术方法来解决翻译问题。"罗新璋先生也持有相同的观点："文学翻译，固然是翻译，但不应忘记文学。文学，从本质上说，是一种艺术；文学翻译，自然也该是一种艺术实践。文学语言，不仅具有语义信息传达功能，更具有审美价值的创造功能。唐朝贾公彦云：'译即易'；而从文学翻译角度也可说：'译'者，'艺'也。"

（四）文化视野下的翻译本质

根据《辞海》的解释，文化"从广义来说，指人类社会历史实践过程中所创造的物质财富和精神财富的总和。从狭义来说，指社会的意识形态，以及与之相适应的文化"。

英国人类学家泰勒（E. B. Tylor）从人类学的角度，将文化定义为"包括知识、信仰、艺术、法律、道德、习俗及人作为社会一员获得的其他能力和习惯的复杂整体"。

从文化的角度诠释翻译的本质，我们还需要了解语言与文化的关系。首先，语言是文化的基础，是文化得以流传的载体。正是借助语言，文化的各个组成部分——政治、法律、教育、风俗习惯、宇宙观、艺术创造、思维方式等——才得以薪火相传，代代不息。其次，语言又是文化的镜子，它直接反映文化的现实和内涵。语言与文化的这种密不可分的关系决定了翻译绝不仅仅是语义的简单转化，而必然是一种文化的交流、碰撞与融合。

自 20 世纪 70 年代开始，西方翻译研究领域出现了众多的学派，比如交际学派、功能学派、阐释学派、描述学派、多元系统学派、解构主义学派、后殖民主义学派等等。翻译理论家们从不同的角度对翻译进行思考和研究，从多个方面对翻译的本质进行了揭示。

多元系统学派的著名学者、以色列学者埃文·佐哈尔（Itmar Even-Zohar）认为翻译是由译入语文化里的各个系统所决定的，因此"翻译不再是性质和界限一经确定就不再变化的事物，而是依赖于一定文化系统中各种关系的一种活动"。

德国功能学派的翻译理论家诺德（Christiane Nord）认为"翻译就是生成一种与特定源文本有关系的功能型目标文本，这个关系是根据目标文本应达到或需要达到的功能（翻译目的）来加以说明的"（Nord, 1991: 28）。这一定义的侧重点不是放在源语和目标语的对应转换上，而是强调译文在特定文化语境下的功能。

以勒菲弗尔（André Lefevere）和巴斯奈特（Susan Bassnett）为代表的翻译操纵学派则认为翻译是一种"对原文的重写（rewriting）"，而且"不管意愿如何，所有的重写都反映了特定的意识形态（ideology）和诗学（poetics），从而操纵文学在特定的社会以特定的方式发挥功能"。

2001 年 11 月，联合国教科文组织大会在巴黎通过了《世界文化多样性宣言》，明确指出："文化在不同的时代和不同的地域具有各种不同的表现形式。文化的多样性具体表现为人类各群体和各社会的特征所具有的独特性和多样化。文化多样性是交流、革新和创造的源泉，对人类来讲就像生物多样性对维持生态平衡那样必不可少。从这个意义上讲，文化多样性是人类的共同遗产，应当从当代人和子孙后代的利益考虑予以承认和肯定。"

（五）作为一种产业的翻译

根据 2004 年我国国家统计局制定的《文化及相关产业分类》中对"文

化产业"的定义，可将"翻译产业"定义为"为社会公众提供语言或文字翻译产品和服务的活动，以及与这些活动有关联的活动的集合"。其形态包括核心层之传统的人工翻译服务，包括笔译、口译、手语翻译；外围层指语言或文字翻译服务为主体或目的，需要借用计算机技术来实现的，包括软件和网页的本地化，计算机辅助翻译，机器翻译；相关层是指其他与翻译相关的活动，以研发、生产和销售其他产品为主导的一系列活动，包括翻译培训、翻译出版、翻译软件、翻译机器和多语言语音技术相关产品的研发、生产和销售等。

根据著名的语言服务行业市场调查公司 CSA 的调查显示，2010–2011年全球语言服务行业市场总规模达到 314.38 亿美元。CSA 预测，到 2014年这一数字将达到 389 亿美元。

在未来几年内有以下发展趋势

市场整体仍将保持较快发展速度

市场需求将发生显著的结构性变化（小语种、网站和多媒体服务、社交媒体、中文份额的增加）

更多的整合并购

亚洲语言服务公司开始登上舞台

全球化的倾向越来越明显

在线语言服务平台的主导权争夺战日趋激烈

机器翻译技术将对语言服务行业的生产方式产生显著影响

商业模式将不断发生革新和变革

语言服务的流程更加自动化和一体化

越来越多专注于特定领域的语言服务商

（六）作为一种职业的翻译

早在公元前 11 世纪，我国就有"三象胥重译"的记载（陈福康 2000：2）。"象胥"是周王朝翻译官的专门职称，"重译"，即多次翻译，这也许是世界上最早的口译记录，也是最早的"转接传译"（relay interpreting）。周代各地对翻译官有不同的称呼："东方曰寄，南方曰象，西方曰狄鞮，北方曰译。""象胥"、"舌人"是作为政府的官员，在与外国使节的交往中，不仅要起到沟通语言的作用，作为历史的见证人，还需要把口译员和外国使节的对话记录下来，起到史官的作用（Lung Rachel，Li Donghui 2005:997-1009）。罗马帝国时期，从希腊俘虏来的奴隶成为了当时的译员。译场中的佛经翻译人员，与集体从事圣经翻译的人员，可看作是翻译职业的雏形。

翻译的职业是从口译开始的，1919年巴黎和会是现代口译的里程碑，也是职业翻译的开端。巴黎和会首次打破了法语在国际会议和外交谈判中的垄断地位，而借助英、法两种语言的翻译进行谈判，意识到翻译需要专门的技能，而不是懂外语就能翻译。1945年联合国成立，以及随后的纽伦堡审判采用了电声设备，同声传译大大缩短了会议时间。当时联合国内部展开了一场交替传译和同声传译孰优孰劣的大论战，同声传译最终成为联合国的口译模式，从而确立了口译作为一种专门职业的国际地位（柴明颎2007: 13）。

1953年国际译联（FIT）、国际会议口译协会（AIIC）成立，相继建立了翻译的职业道德条例和职业标准。1957年欧盟的前身欧洲经济共同体通过了关于语言多样化的决议，各成员国都有平等使用本国语言的权利，各成员国的官方语言即成为这个组织的工作语言，随着翻译需求量的增加，笔译也逐渐成为了专门的职业。1963年国际译联通过了《翻译工作者宪章》，了肯定翻译的职业地位。1974年联合国译员由于工作条件较差而罢工，此次罢工是口译从"神奇"走向"职业"的里程碑，促使联合国规定了具体的工作环境，建立了新的职业协会以保证其工作条件（Baigorri-Jalón 2004）。

翻译职业的快速发展还是近二三十年的事。这得益于以信息技术为核心的第三次科技革命，特别是计算机、互联网、通讯设备的飞速发展，再加上全球化的推动，大大改变了人际沟通及信息传播的面貌，成就了非文学翻译的繁荣，使翻译成为一个热门的职业。随着翻译培训的专业化，国际间的资格认证，国际机构与翻译协会的组织保障，翻译生产的产业化，翻译观念的现代化，翻译研究的学科化，确保了翻译职业的正当性与合法性，翻译的职业化时代来临了。

翻译职业化的基本概念。

职业（profession）、职业化（Professionalization）、专家（professional）的词源都是profess，意思是"向上帝发誓，以此为职业"。

职业化有以下几种不同的理解：（1）把职业化等同于专家。国外有人把"职业化"理解为以顾客利益为第一位、遵循某种专业标准开展工作的专家；（2）把职业化等同于一种品质。职业化就是在合适的场合下表现出合适的行为，即具有相应的职业水准、职业责任、职业道德和职业精神；（3）把职业化等同于职业素养的专业化。职业化意味着一个拥有和运用独特的知识、技能、方法、思维模式和语言文字的同质化群体专门以从事某类工作为业，通过向社会提供特定的产品来参与社会资源和利益分配；（4）把职业化看作是一个过程。职业化指的是一门职业在上升为"职业精神"（Professionalism）中的一种过程，它是一种动态的、内敛的和不断形成的发展过程（黄鹏， 吴廷俊 2005:98）。

翻译职业化应包括三个方面的内容，即翻译职业技能、翻译职业意识、翻译职业道德。

翻译职业技能是指获取翻译专业知识和技能的系统训练，得到权威的翻译专业实践的资格认可；翻译的专业知识只是职业技能的基础，还需要职业化地把它运用出来，并得到认可。

翻译职业意识是一系列翻译专业信念、价值观、行为标准和从业实践的规范的内化过程，在职业化过程中起着关键作用。

翻译职业道德是指认可翻译行业内部机制和行业组织的自律，要求遵循职场行为与操守规范。

四　翻译的功能

（一）多元视角下的翻译功能

何谓翻译的功能？简言之，就是翻译在历史上和现实中所发挥的作用和所产生的影响。

需要明确是，翻译的功能同翻译的目的是不尽相同的。所谓翻译的目的是指翻译活动所要达到的目标，带有一定的主观色彩，也可以理解为是对翻译行为的一种限制或要求，而功能更多是从结果的角度来考虑的，即翻译在实际过程中所产生的效果。

（二）翻译的功能主要有四个方面

首先，作为一种语言转换行为，翻译必然对译入语的语言系统产生影响，主要包括：扩展译入语的词汇，丰富译入语的表达方式，乃至改造译入语的语言结构等。

其次，翻译作为一种交际行为，具有帮助人们互相理解、互相接受的交际功能。

再次，从更为宏阔的文化视角来看，历史上翻译活动一直是不同国家、不同民族之间互相沟通的重要媒介，翻译因此也发挥着传播民族文化、促进文化交流的功能。

最后，翻译的功能，还体现在它对社会变革和进步有着巨大的推动作用。

（三）翻译对语言的影响

翻译首先是一种语言文字层面的转换，而由于各语言系统之间存在的不对等，翻译活动在本质上就是一种差异的展现，因此必然带来新词语、新句法、新观念的输入，从而对译入语原有的语言特征产生影响。

翻译，尤其是对诗歌的翻译，是一种文学中最有必要履行的任务，原因就在于，一方面，翻译引入了新的艺术和人类生活方式，否则，那些不懂某种外语的人将对这些一无所知。另一方面，更重要的原因则在于，翻译增加了母语的重要性和表现力。

（四）翻译的交际功能

译即易，谓换易言语使相解也。（唐·贾公彦，《周礼义疏》）

"顾信矣不达，虽译犹不译也，则达尚焉。"（严复）所谓"达"，就是要"显其意"，即使原文的意义在译文中得到充分的传达，以使译文读者在阅读时能够尽领文章之意。对译文效果的强调，其实就反映了翻译的另一主要功能——交（communication），即译文除了要以原文为依托以外，还要考虑译文的接受者即译文读者。

针对翻译的交际功能，西方学者的论述更为全面和系统，比较有代表性的如奈达的"功能对等"（functional equivalence）、纽马克的"交际翻译"（communicative translation）等。这些学者运用交际学和信息论，将翻译看作是一种不同语言之间传递信息、交流思想的行为，并从信息源、信息内容、信息反馈、噪音和媒介等多个角度探讨翻译中出现的各种问题。

英国翻译研究学者哈蒂姆（Basil Hatim）与梅森（Ian Mason）有关翻译的交际功能的论述。他们的代表作《语篇与译者》（*Discourse and the Translator*，1990）的核心议题就是翻译是一种"在某种社会语境中发生的交际过程"。根据这一定义，翻译不应该被视作一种结果，而是一个过程，具体而言，就是信息发出者（原文作者）、信息传递者（译者）以及信息接受者（译文读者）对信息的意义不断进行交际的过程。

由于交际的过程受到多种因素的干扰，因此翻译是无法做到绝对客观的，即使是同样的译文，不同的读者阅读起来，甚至同一读者在不同时期阅读起来，也会有不同的感受和反应。哈蒂姆与梅森还特别强调了语境（context）的重要性。在他们看来，传统的针对直译/意译等的争论忽略了翻译发生的语境即社会背景。他们借用社会语言学的说法，认为解决这一问题需要考虑：谁在翻译什么？为谁翻译？何时何地翻译？为什么、在什么情况下翻译？对于译者的角色，哈蒂姆和梅森认为，译者"处于动态交际过程的中心，是原文作者与译文读者之间的协调者（mediator）"。

（五）翻译推动社会发展和社会变革的功能

翻译的功能，还体现在它对社会变革和进步有着巨大的推动作用。许嘉璐先生曾说过："翻译活动最本质的作用是为人类拆除语言文字障碍，促成不同社会、不同地域、不同文化背景的国家和民族之间的沟通与交流。而这种沟通与交流的结果，往往能启迪新的感悟、新的智慧、新的视角，从而产生巨大的社会推动力，这是社会变革和文化进步不可缺少的加油器。"

在文艺复兴时期的欧洲，英、法、德、意等主要欧洲国家普遍充满一种对知识的求索精神，大量的学者、科学家和思想家在从事研究和著述的同时，也翻译了大量其他国家和民族政治、思想、文学、哲学和艺术等领域的优秀作品以及古希腊和罗马的经典著作，这些闪耀着人文精神光芒的作品从根本上改变了人们的价值观念和他们对生活的态度，促使欧洲人从以神为中心过渡到以人为中心，唤醒了人们积极进取的精神、创造精神以及科学实验的精神，从而在精神方面为资本主义胜利开辟了道路。可以说，正是大规模的翻译活动推动了波澜壮阔的文艺复兴运动的发展，使欧洲从中世纪神权统治的封建社会转变到近代资本主义社会。

翻译实践

1. 司马迁探访古迹，采集传说，考察风土人情，历时十余载，行程万余里，为他以后撰写《史记》并成为一位伟大史学家做了坚实的准备。

2. 邀请名人做广告，只要商品确实货真价实，名人又愿意，这应该是广告技巧的上策，会产生很强的名人效应。

3. 盖茨不像一般的世界级大亨，他不讲究吃穿享乐，虽然年轻富有，却过着普通人的生活，直到最近才斥资四千万美元，兴建一幢装有多媒体电视幕墙、地下室可容纳二十辆车的豪宅。（何刚强，1996：127）

4. 我一向没有对于任何问题做高深研究的野心，因之所买的书范围较广，宗教、艺术、文学、社会、哲学、历史、生物，各方面差不多都有一点。（夏丏尊：《我之于书》）

第二讲　翻译的过程

一　翻译标准

  成为一名合格的翻译工作者需要长期不懈的学习和实践。要做好自己的翻译工作，需要具备一定的翻译理论，要有扎扎实实的语言功底，还要掌握竟可能多的文化知识与其他有关专业知识。近几年来在我国翻译界有关翻译理论的讨论十分热烈，尤其涉及翻译标准的问题。更是重说纷纭，莫哀一是。译文质量究竟以何为标准？从古到今，从国外到国内，一直争论不休，始终没有定论。清代学者严复提出的"信、达、雅"三条准则，可以说在所有提法中，影响最大，一直为不少翻译工作者原则上接受，但对其含义及其相互关系的理解，却仍有众多的分歧。近年来，我国在翻译联合国文件时又提出："正确、通顺、易懂"三原则。还有人提出："信义，信达，信雅"三条标准。我们认为一切理论都在坚持对立统一的观点。本书不想对这些争论做出结论。我们主张译文无论形式与内容，都应以"忠实于原文"为惟一准则。因为译文的思想内容、语言形式、文体风格都必须受到原作的制约，译者丝毫没有任意增删的自由。比如"信、达、雅"中的"雅"，如果原作不"雅"，译文赤无所谓"雅"。可见脱离原则而孤立的追求"雅"往往导致译文与原作"不等值"，而有损于"信"。当然我们也不能把三者置于同等地位。这就是说，译文是否准确地反映了原作的思想内容，是问题的关键所在。如果思想内容做不到"准确无误"，那么"达"与"雅"都将成为无源之水而无从谈起。反之，孤立和机械地去理解思想内容的"信"而忽略语言心事和文体风格，也会有损于译文质量。三者之间有主有从，相互制约，相互影响，存在着辩证统一关系。

  在当今翻译理论中，翻译标准这个术语还没有一个十分明确、统一的定义，但它在理论方面和实践方面的重要性却是毋庸置疑的。

操不同语言的人们在口、笔头交际中，一般总是需要另一媒介的帮助，交际才能得以顺利进行。这种媒介称为翻译。翻译必须有一个统一的标准，以衡量译文的优劣。现代人已经把翻译的标准概括为言简意赅的四个字："忠实、通顺。"忠实指的是忠实于原文。译者必须准确而又完整地把原文的思想及内容表达出来，不可擅自增删或变意，要绝对尊重作者在叙述、说明和描写过程中所反映的思想、观点、立场及个人感情，决不可凭着个人的好恶去肆意歪曲，要"保存着原作的丰姿"；通顺指的是译文的语言必须合乎规范、通俗易懂。译者应该使用大众化的现代语言，力求译文朴实、通畅、清新、生动。关于翻译的标准，两百年前英国的泰特勒曾提出过翻译的三项原则：其一是"应把原作的意思全部转移到译文上来"，其二是"译文必须具备原作的风格和文体"，其三是"译文应当与原作同样地流畅自如。对翻译标准问题的探讨，往往涉及翻译理论的应用性，既翻译理论应当在多大程度上是规范性的，力求规定一些原则、规章和建议，以保证更高翻译质量的原则，从而提出评价翻译成果的标准，既符合上述原则和规章的便是好的翻译，违犯上述原则和规章的就是不好的翻译。

我国早期的翻译标准主要围绕 "文" 与 "质"，强调的是译文的美学标准。到了近现代梁启超提出 "既须求真，又须喻俗" 的见解。马建忠提出了 "善译" 的标准，严复提出了 "信、达、雅" 的翻译标准。严复在 1898 年翻译出版了英国人赫胥黎的《天演论》，在其《译例言》里说："译事三难：信、达、雅。" 此后百余年来人们以此作为翻译的标准。鲁迅提出的翻译标准是：忠实、通顺。他在《题未定草》里曾经说过这样的话："凡是翻译，必须兼顾这两面，一则当然力求其易解，一则保存着原作的丰姿……"也就是说，既要通顺，又要忠实。20 世纪 20 年代末，陈西滢提出的翻译标准是："三似论"，也就是 "形似"、"意似" 和 "神似"。形似的翻译就是"直译"；意似的翻译便是 "要超过形似的直译"；神似的翻译是 "独能抓住原文的神韵"。这在中国翻译理论史上是有创见性的。傅雷提出的翻译标准是："重神似不重形似。"陈西滢和傅雷提出的 "神似"，指的是精神实质上与原作相似或极其相似的意思，并不是脱离原文，任意发挥的"神乎其神"。

就翻译标准而言，即使我们能够做到将原文的思想感情、微妙的意思，连同它的文字风格、神韵都表达出来，也不一定能够达到真正意义的"顺"与"雅"。实际翻译中，如果采用 "信、达、雅" 这一翻译标准，可以断言，是很少有译文能够真正 "达标" 的。这是因为，"彻底和全部的 '化' 是不可实现的理想"，"法乎其上"，最终只能是"仅得其中"。既然它是"不可实现的理想"，那么，我们就要辩证地看待它，对此，毋宁提出的三个基本原则：（1）信守原文的内容意旨；（2）遵从译语的语言习惯；（3）切合原文的语体语域；允许译者有创造性地艺术加工，才是值得我们借鉴的。

要使翻译达到忠实、流畅，具有艺术美并非易事，它要求翻译工作者不断提高自己的政治素质，提高自身的本族语的语言素质和外族语素质，提高文化素质、逻辑素质和知识素质。上述素质达到了一个较高的层次，才能创造出具有高质量、高水平的上乘译作。

（一）翻译过程

是指翻译的动态过程，有狭义和广义之分。

狭义的翻译过程，是指翻译者对具体文本的转换活动过程，即译者将源语文本转换成目标语文本的过程。

广义的翻译过程不仅包括狭义的语言转换过程，还涉及文本的选择、文本的研究、文本的理解与阐释、文本的生成、文本的接受等紧密相连相扣的过程。

（二）狭义的翻译过程

经验性认识：

中外翻译家对自身翻译经验的归纳总结。

理论性探索：

对翻译过程的某一特征进行研究；

全面考察并对其进行模式化研究；

理性概括与剖析（法国释意派、阐释学）

通常认为，翻译实践可分为理解和表达两个阶段。从翻译的实际操作过程看，经过第一步理解原文和第二步用译文表达出来这两个阶段之后，实际上还存在着一个校改阶段，这包括译者自己的校改和编辑的校改两项操作。经此之后，整个翻译过程才算是最终完成。因此，翻译过程包括三个子过程：一是理解；二是表达；三是校改。

（三）理解

翻译的实质，是语际的意义转换。（刘宓庆）

英国语言学家杰弗里·利奇（Geoffrey Leech）认为"意义"的含义包罗万象，指"语言传达的一切内容"（all that is communicated by language）。在这一认识的基础上，Leech 将意义划分为七大类型：

概念意义（conceptual meaning）

内涵意义（connotative meaning）

社会意义（social meaning）

情感意义（affective meaning）

联想意义（reflective meaning）

搭配意义（collective meaning）

主题意义（thematic meaning）

（四）纽马克提出影响文本理解的 10 个因素

1. 源语作者的语言特色和独特的表达方式；

2. 根据表现的主题和语境，原文文本常用的语法结构和词汇用法；

3. 表达源语文化特有内容的词汇；

4. 在当时传统的影响下，原文采用的典型文本格式；

5. 考虑最一般意义上的译文读者的知识水平及其适用的语法风格；

6. 根据表现的主体及语境，译文常用的语法及词汇；

7. 表达译语文化特有内容的词汇；

8. 在当时传统的影响下，译文采用的典型文本格式；

9. 对立于原文文本与译文读者期望的客观存在的事实，或可以进行报道、描写、判断及确证的客观事实；

10. 主客观因素造成的译者的个人观点、偏好 。

（五）理解的层次

由于意义的层次和类型不同，理解总体上包括但不限于以下五个层次：（1）事实理解；（2）逻辑理解；（3）文体理解；（4）语气理解；

（5）社会文化理解。

事实理解是指对某一文本字面所述各种事实的准确而完整的理解，包括事件过程、所涉人物、地点、时间以及相关数据等。这是对阅读理解最基本的要求，是其他各种层次的理解发生与发展的基础。无此，其他更高层次的理解就无从谈起。

逻辑理解，就是在理解文本文字表面的各种事实的基础上，依据一般的逻辑原理，通过一定的概念、判断和推理，领会到原文文字表面所没有明确表达出来的内容，从而得出各种事实要素之间的逻辑关系。

文体理解，就是要求读者在理解一段文本所述的事实及所包含的一定的逻辑关系的基础上，还要能够敏锐地感受到在叙述事实和表达逻辑关系的时候作者在词汇、句法和语篇结构方面是否有什么特点，尤其是在所述事实和逻辑关系相同的情况下，上述几个方面又各有什么不同。

在完成文体理解的基础上，读者还需要分析作者采用不同文体的原因，尤其是作者使用不同文体所达到的不同的效果以及不同的文体表达了作者什么样的语气、态度、倾向性等。作者是褒、是贬、是抑、是扬、是讽、是诚、是调侃还是揶揄，这种微妙的语气差别决不能轻易放过。

从更广泛的角度来说，各个时代的社会文化特征同样会反映在语言上。另一方面，地域的不同也会引起语言的变异，各自标榜着自己的文化与民族意识的独立性。那么，在翻译时，就必须在做到以上几种理解的基础上，最终完成社会文化理解，也就是通过文中显现的一些社会文化特征，来领会原文中所展示的广义的和狭义的社会文化背景，并以此背景来尽可能完整深刻地理解文本欲向读者表达的一切社会文化内涵。

（六）理解的自由和限度

理解是读者/译者主体性的体现，具有创造性。

阅读不是一项机械性的行为，文本的意义不是随便就能自显的，而是要深入地发掘和揭示。在 "信任" 的基础之上去 "侵入" 原文。

海德格尔认为，阐释活动不是发生在真空之中，任何阐释都离不开阐释者的先有、先见、先掌握，而这些也是阐释得以发生的条件。

（七）辩证的"自由"观

作者将文本诉诸自由，因为唯有读者的自由才能引发读者调动自己的思想参与创造。但读者也要以文本为依据，在文本所提供的整体中去凸显其语境所明示或暗喻的意义，才能避免自由失控，在失度的阐释中失去作者的信任，而自由也将不复存在。

作者所创造的文本就是他所提供的阐释空间，除了语言本身之外，还包括这种语言所生法的整个话语系统，即文化成规（cultural conventions）

（八）译者的自由限度

发挥译者的想象力和创造性，但不能背叛作者的语言，不歪曲文本的意义，不违背原文的精神。

（九）表达

理解不是目的，而仅仅是翻译过程的开始，是基础。在透彻理解原文的基础上，译者还必须将自己的理解尽可能完整地传达给读者。这就是表达。

按照纽马克的观点，在表达的过程中，译者必须在四个层次上对原文和译文负责，即：

1.文本层次（textual level），即文本层次指原文的字面意义。译者对原文负责，就是对原文的字面意义负责；

2.所指层次（referential level），即指译者对原文所指意义的把握。原文中晦涩，隐含的弦外之音，需要译者透过文字的迷雾看清楚真实的内涵；

3.黏着层次（cohesive level），即指语篇中句子的衔接。语言的衔接方式反映了本族语说者的独特的思维方式；

4.自然层次（level of naturalness），即对译文行文的基本标准——自然流畅，符合译入语的习惯。

（十）校改

第一步是熟悉原作，也就是反复阅读原作，读懂原作……（简而言之，就是理解）第二步是动笔翻译，也就是忠实地逐字逐句的把原著译成中文。第三是仔细读译文，看有没有脱漏、误解的地方，逐一加以更正；然后再从中文角度来审阅译稿，务使中文流畅易读；在交编辑审读后，再根据编辑所提的意见，认真考虑，作必要的修改。（草婴，自许钧《翻译对话录》）

审校修改是对理解和表达质量的全面检查，对原文内容进一步核实以及对译文语言进一步推敲的阶段，是理解与表达进一步深化，例如，校核译文在人名、地名、日期、方位、数字等方面有无错漏；校核译文的段、句或重要的词有无错漏；修改译文中译错的和不妥的句子、词组和词；力求译文没有冷僻罕见的词汇或陈腔滥调，力求译文段落、标点符号正确无误等，可以说审校是纠正错误、改进译文的重要环节。

奈达在《语言，文化与翻译》中对译文进行正确的评估，可以通过检测只懂译语的读者代表（通常是客户、客户代表或译文实际使用者）的反应来实现。最有效的检测方法有以下四种：

1. 邀请几位读者代表（在实际翻译过程中可以选择其他与该项目无关的翻译人员）朗读译文，译者一边看着稿子，一边标记朗读时打磕巴、误读、用错词替换、重复以及语调把握不定的地方。如果两个或几个水平相当的人都卡在同一地方，这些地方明显就有问题。造成朗读不畅的问题有以下几种：如高层次的词汇，句法蹩脚，缺乏过渡词，并列的词汇中辅音群发音浊重，没有表示疑问、命令、讽刺、反语和省略的标记词。这种检测方法并不能告诉译音应该怎么去修改译文，但能够指出译文中需要修改的地方；

2. 仔细分析朗读者的面部表情，特别是他们的眼神，这样做是很有好处的，因为表情和眼神可以反映出他们对译文内容和形式的理解和领会的程度。细心而又善解人意的译者很快就能发现：朗读者是否无障碍地读懂了译文；对译文的内容是否感兴趣；译文读起来是否有理解困难；

3. 请听过译文朗读的人向没有听过朗读的人讲述内容，这样可以判断译文内容的准确性，如果有两个或几个人在理解上出现了相同的错误，那么译文显然就需要修改。当然，如果原文本身有意要含混模糊，则可另当别论（如某些外交措辞）；

4. 填空检测法。填空检测法也是测定译文可读性程度的有效，即每四个词后面空一处，再请人根据上下文要求填入恰当的词。在至少五十个空里能够填对多少词语可有效地显示转换概率的范围，从而也就测定了译文的可读性和可理解的程度。这个方法也可以变通一下，即每九个词后面空一处，再请人朗读译文，然后计算朗读者填错的地方，并提出修改意见。

（十一）翻译的心理过程

翻译过程还是一个完整的心理活动系统。这种翻译心理过程（mental process of translating）可以看作译者在翻译时大脑对现实反映过程中所表现出的心理现象，即认识、情感和意志等心理活动。

在翻译过程中，首先是意向活动（如情绪、意志、行动、注意、兴趣、需要和愿望等）起主导作用决定着为何译、译什么，然后才是怎样译，这时，想象和思维处于核心地位。在表达阶段，认识活动（如感觉、知觉、表象、记忆、创造性想象和思维、形象思维、抽象思维和直觉思维等）处于主导地位。

具体反映到笔译过程中，首先译者从阅读原文开始，理解伴随感觉、知觉、记忆、想象和联想等一系列心理活动，以分析为主，综合为辅。表达过程保持着想象等心理过程，但基本上是用目的语进行思维的过程，以综合为主，分析为辅。在理解与表达过程中，分析与综合交互作用，完成双语思维的交叉渗透，辗转进取（方梦之，2003）。

（十二）广义的翻译过程

集体性的翻译协调、组织、沟通上需要做周密的计划，严格的翻译程序是质量的保障。

就单个译者独立进行的翻译而言，在整个翻译过程中也同样要经历译前准备、研读、理解、阐释等重要阶段。

（十三）职业翻译的过程

法国翻译家 Daniel Gouadec 把职业译者的工作分为三个阶段："翻译前期"、"翻译"和"翻译后期"（pre-translation，translation & post-translation）（Gouadec，2007:13）。

其中，第一阶段"翻译前期"是指译者在接收实际翻译原件之前的所有事情，包括如何获得工作、撰写工作预估、谈判、翻译说明以及签订合同。

第二阶段"翻译"又细分为"转换前"、"转换"和"转换后"（pre-transfer，transfer & post-transfer）三个阶段："转换前"的工作指为"转换"本身所做的所有准备工作，包括原件的准备、文档搜索、校对原件、记忆巩固、术语挖掘等；"转换"是指翻译的核心活动，即"转换为另一种语言和文化的组合体（shifting to another language-culture combination）"；"转换后"是指在交送译件前为达到质量要求和原则所做的一切，通常包括质量控制、完善、格式，以及交送准备。

第三阶段"翻译后期"工作是指在翻译产品交付之后的所有相关工作，例如定稿形式加工、薪酬结算、项目存档、术语更新等等（Gouadec，2007:13）。

二　翻译的主体

（一）翻译主体和翻译客体的界定

在哲学中，主体是相对于客体而言的，是在和客体的相互作用和相互比较中而得到自身的规定的。……是指有目的、有意识地从事实践活动和认识活动的人。

和主体一样，客体也是一个哲学范畴，而且是和主体相对应的一个哲学范畴，它指的是主体活动所指向的，并反过来制约主体活动的外界对象。

在翻译过程中，译者有目的、有选择地作用于源语文本，并通过自身的阐释与重构创造性地生成了译入语文本，是翻译过程中唯一体现出自觉能动性的存在物，因而译者是唯一的翻译主体。

在翻译过程中，翻译客体就是文本。再具体点说，源语文本是客体（作者），它是译者进行翻译活动的前提。译者翻译活动的结果产生了译入语文本，也是客体（读者）。因此翻译的客体是一个多维的复合体。

（二）译者主体性（subjectivity）

理解译者主体性两种极端：一是无视客体的制约性，过分夸大主体能动性；二是过分强调客体的制约性，完全排除主体的能动性。

钱锺书论翻译中的"讹"。

钱锺书先生所谓的"讹"就是指原文信息在译文中产生的变异。造成译文与原文出现差异的因素并不仅仅在于译者的主体因素，还在于在原文语言与译文语言之间存在的客观差异，以及意识形态、诗学等语境因素的影响。但不容否认的是，在众多的因素之中，译者的主体性因素是居于核心位置的。

（三）译者的素质

译者的主体性因素包含多个方面，其中最重要的是译者的翻译能力或说翻译素质。译者的翻译素质同其语言能力（即译者对源语和目标语的掌握）有着直接的关系。正如余光中先生说过："大翻译家都是高明的'文字的媒婆'，他得具有一种能力，将两种并非一见钟情甚至是冤家的文字，配成情投意合的一对佳偶。"

然而，译者的翻译素质却不仅仅是语言能力，还要有一定的翻译经验，这一点也是非常重要的。思果先生说得好："有些学者中外文都好，可是不懂翻译，他们不能翻译，说的关于翻译的话未必中肯。不用心苦译几十上百万字，一面译，一面研究，一面观察比较，即使中外文都好，也无济于事。"

对翻译产生影响的除了译者的语言能力和翻译经验外，还包括译者的精神因素，如性情气质、人生目标、道德修养、心理素质及工作态度等。人的精神因素对自身活动的影响是深刻而且多方面的。首先，它影响着主体行为的指向性和选择性，规定着活动的侧重点。其次，人的精神因素也决定着投入的活力和效率。锲而不舍的职业精神和不辞劳苦的工作态度能够使人的能动性和创造性得到充分的发挥。

傅雷毕生勤于译事，大部分时间都在闭门甫安的孤寂中度过。从他翻译一部又一部的巴尔扎克作品来看，我们得知他翻译一本新书的酝酿过程，少则数月，多则数年，不准备妥当，绝不轻易动笔。而在翻译期间，又小心翼翼、步步为营，对遇到的无数难题，以无比的耐性与毅力去逐步克服。需知翻译家处于物质条件十分简陋的年代，政治环境又诸多限制，要在重重困境中，设法找寻版本，收集资料，的确倍感艰辛！……读者在太平盛世手捧译著，埋头阅读之际，可曾体会到翻译家当年在茕茕孤灯下所耗的斑斑心血？（金圣华）

（四）口译员的特殊素质

口译是个特殊的行业，有其独特的特点。所以，要做一个出色的口译员除了要具备前面所说以外，还要具备以下一些特殊的素质。

1. 出众的记忆力和较强的笔记技能

口译工作的特点要求译者有非凡的记忆力，因为口译倚赖的是短时记忆，译者无法查阅词典或请教别人，要在很短的时间内记住大量的信息；同时，译者要把说话者所讲的内容忠实、详尽地用另一种语言表达出来，不能任意增删、篡改，要做到这些，没有非凡的记忆力是不可能的。

口译记忆还可以通过笔记来帮助。原则上讲，原语发布时间超过一分钟，译员就必须求助于笔记。这种笔记主要是记录主要内容、转折点、关键词或未弄懂的地方，它不能完全代替译员的记忆职能，但可以起到某种"路标"的作用，提醒译者所需要的各种信息。

2. 良好的听辨能力和敏捷的应变能力

由于口译是一项极为复杂而繁重的思维活动，具有"现场性、及时性和时限性"的特点。这些特点决定了译者只能在有限的时间内正确地理解说话人的意图，并迅速地进行信息解码和重组，最后"出口成章"。为了做到这一点，口译人员应该具备很强的听力、理解力、记忆力、目的语思维能力、母语表达能力、较广的知识面和丰富的实践经验。

除此之外，口译人员还应该在实践中积累一些敏捷的现场应变能力。所谓应变能力，"指的是译者能够在不影响原语主要信息，不影响说话者主要意图的基础上，适当地对原语进行调整，适当地处理好原语中的难点，使其更符合于当时当地的情形和场合，并使交际顺利地进行"。

口译的劳动强度很大，口译者肩负着交际双方顺利交流的使命，尤其在大型的正规的会议口译中，译者不可避免地承受着巨大的压力，如果译者没有良好的心理素质，口译时心理紧张，头脑一片空白，越是想听懂记住，越什么也记不住，口译就无法进行下去。因此，译员应该在上场时做到不紧张，遇到突然情况能够及时调整，能够接受各种挑战，对自己的错误有清晰的认识，善于顾全大局。

此外，体能也是很重要的一项素质，因为做口译，特别是同传工作，要精神高度集中，劳动强度非常大，所以身体素质一定要好。

（五）何谓风格

风格即是本人。（乔治·布封 G.L.L.Buffon，1707-1788）

文以气为主，气之清浊有体，不可力强而致。（曹丕）

才有庸俊，气有刚柔，学有深浅，习有雅郑，并性情所铄，陶染所凝。（刘勰）

风格是制导于言语表达者个人审美趣味，由具有不同审美功能的语言要素和语言表达手段所传达出的言语作品的整体美学风貌。（宗世海）

言语风格是语言由于使用中受不同交际环境的影响或制约而形成的一系列言语特点的综合表现"（郑远汉）

语言风格是指由于交际环境、交际目的的不同，选用一些适应于该情境和目的的语言手段所形成的某种气氛和格调。（胡裕树）

（六）何谓翻译风格

翻译风格是译者在翻译过程中，运用语言表达手段的诸特点综合表现出来的气氛和格调。翻译风格既是翻译主体（译者）和翻译客体（文本）互动的结果，也同时受制于意识形态、民族心理、时代风尚等语境因素，因而翻译风格涵盖了个体性风格、语体风格、民族风格、时代风格、地域风格和流派风格等。

（七）翻译风格的形成

原著者的风格/译者的风格/译作的风格

翻译作品首先是译者个人的作品，因此翻译风格也首先是个体性的和个性化的产物，是翻译家作为翻译主体同翻译客体——文本——互相作用的结果，在这一过程中，译者个人的性格气质、学识修养、工作态度、表现手法、语言特色以及译者的翻译目的等因素都会对翻译风格产生影响。

在翻译过程中，译者的活动是受到诸多因素的制约的，其中居于核心地位的是翻译客体——文本的存在。译者不像原作者创作时那样可以有相对自由的发挥，因为译者的翻译活动必须是依托源语文本展开的，其本质任务是通过语言媒介传达原文的意义：概念意义、形式意义和文化意义等，这些都对译者的翻译活动产生制约作用，而附载在这些意义之中的源语文本的风格也必然会在译入语文本中得以体现。

翻译主体和翻译客体的互动是构成翻译文学个体性风格存在的基本形态。然而，翻译风格的形成还受到其他因素的影响。翻译总是在一定的社会和文化语境中发生的，因此，翻译风格也必然会受到那个特定的时代或特定的社会文化语境的影响，从而体现出特定的时代特征和群体特征。

翻译风格的形成还有一个重要的维度，那就是接受主体——读者的参与。我们说，在主客体互动和语境因素的共同作用下形成的还只是翻译风格的潜藏现象，它只是为风格的最终体认提供了可能，而翻译风格最终成为现实还需要读者的解读、体验和揭示。

（八）风格的可译性

改梵为秦，失其藻蔚，虽得大意，殊隔文体。有似嚼饭与人，非徒失味，乃令呕秽也。（鸠摩罗什）

大多数风格标记是可以转换的，其中包括形式标记和非形式标记。

人类的语言具有表感功能。因此，由表感功能产生的风格感应力也是大同小异的，这是风格可译性的很重要的依据。

风格的翻译与译者的语言转换技能和才情功力有极大的关系。

风格的可译性将随着风格的多方面翻译实践和对风格的科学论证工作的发展而得到保证。（刘宓庆）

对风格可译性的讨论需要首先避免绝对化的提法，如认为风格是绝对不可译的，或者说风格是百分之一百可以传译的。这样的提法不科学也不现实。比较中肯的说法是，风格在一定程度上是可以译的，但要做到完全地、百分之百地在译文中复制原作的风格则是不可能完成的任务。

只要是翻译，不管译者的主观意愿如何，只要他/她不是对原文进行有意的篡改，源语文本的风格就必然会或多或少渗透到目标语文本的字里行间。就如同画家临摹山水一般，一千个画家临下来会有一千幅不同的画作，但在任何一幅画作里，我们都可以看出来山水的特征。

（九）风格的传达

一部作品的风格应该主要包括这三大类特征：（1）形式特征，指的是译文在语言符号方面的特点；（2）非形式特征，指的是作品的内在气质；（3）文化色彩，指的是文章受时代和文化等因素的影响而表现出的特质。

风格的传译过程中真正考验译者的还不是"形式特征"，而是"非形式特征"，即不能借由形式直接观察而来的特征。具体点说，非形式特征指的就是作品的内在气质。一般来说，任何形式的文学作品都有一种意境或氛围，这种意境和氛围依托于审美客体的总的语言结构体式和交际功能立意，具有整体性和开放性的特点。翻译风格的非形式特征同形式特征并不是两种截然不同的素质，前者往往能够从后者那里得到印证，但又不是后者的简单相加。

源于语言的时代性和地域性的风格如何在译文中体现，是一个实践性很强的问题，也是一个迄今为止没有统一答案的问题。不同的译家在其翻译实践中运用了不同的译法。

翻译实践

1. 中国作为一个发展中的沿海大国，国民经济要持续发展，必须把海洋的开发和保护作为一项长期的战略任务。

2. 世界上任何一个民族，如果不与其他民族相互沟通交流，就很难得到自身的发展。

3. 我下楼在门口买了几个大红橘子，塞在手提袋里，顺着歪斜不平的石板路，走到那小屋的门口。（冰心：《小桔灯》）

4. 大批仁人志士，满腔悲愤，万种辛酸，想有所为而不能为，真是英雄无用武之地。

5. 会议开得冷冷清清，有时甚至开不下去了。

6. 年景不好，柴米又贵；几件旧衣服和旧家具，当的当了，卖的卖了；只靠着我替人家做些针线活寻来的钱，如何供得起你读书？（吴敬梓：《儒

林外史》)

7. 海岸上实在没有什么东西足以引诱海水里的小生物，使它们离开那无所不有、无所不包的海洋母体。

8. 幸福之路源于两个简单的道理：首先，找准你的兴趣和特长所在；然后，全身心地投入到自己所感兴趣的事物中去，这里"全身心"指的是：全部的精力、雄心和天赋。

9. 幸福像一只蝴蝶，你去追逐它，总是捉不到。当你安静地坐下来，它又会落到你身上。

10. 月光如流水一般，静静地泻在这一片叶子和花上。薄薄的青雾浮起在荷塘里。叶子和花仿佛在牛乳中洗过一样；又象笼着轻纱的梦。（选自朱自清《荷塘月色》）

第三讲　翻译人才的培养与翻译教学

一　翻译人才的培养

随着我国科学技术事业的大发展，对外贸易和对外交流的蓬勃开展，国内各兄弟民族间文化相互影响，相互渗透的情形日益增多，这些时代的机遇、时代的需求赋予了我们包括民族翻译工作者在内的广大翻译工作者以光荣的使命，这也是我们大力培养翻译人才的根据和目的。因为我们一方面要把国外的或兄弟民族的先进科技、文化、经济、历史等介绍到国内，介绍到本民族中来，丰富我们的民族文化，发展我国的新科技；另一方面，又要把我们民族优秀的文化、历史、风土人情推向世界，让世界了解我国的民族文化。总之，先进的文化、先进的思想、先进的理论和先进的科学技术，都需要通过翻译手段，进行广泛的传播和积累，从而推进一个国家、一个民族的物质文明和精神文明建设。同时，日益发展的国际交流与合作，民族间交往与相互关系的加深，为我国翻译事业的繁荣发展提供了良好的机遇和条件。然而，我们必须认识到在译坛上仍十分缺乏包括维汉语、维外语翻译人才在内的中外互译的人才，更缺乏双向交流的理论研究人才。因此，必须加强人才培养并大力提高现有翻译队伍的素质。

翻译工作是一项既严格又严肃的科学工作，它对于翻译工作者的要求也是严格的、多方面的。对于维汉翻译工作者（当然也包括维语与其他语种的翻译）来说，应具备以下的条件。

第一，要有一定的政治素养和理论水平。一个优秀的翻译工作者，必须有彻底的献身精神和高度的政治觉悟。政治觉悟指的是一个人所具有的先进的世界观、理想、使命感和强烈的事业心。翻译工作实质上是一种具有历史使命和现实使命的工作，没有使命感和责任感很难真正翻译出有价值的文章。高度的责任感表现在两方面，一是选材时要有责任感，要选出对民族文化、科学、经济发展有利的作品；二是翻译过程中要有高度的责任心，必须养成极其细致、认真、严谨的作风，切不可粗枝大叶、掉以轻心。我们既要反对不求甚解的"对号入座"式的死译，更要反对由于疏忽大意或漫不经心而造成的错译、漏译或任意增删。成功的翻译应该能带来促进社会发展，提高人民素养，促进文化科学的进步。

第二，要精通有关的两种语言。翻译涉及的是两种语言，要想运用一种语言把另一种语言所表达的内容忠实地表达出来，译者必须具备这两种语言的能力。对我们维汉翻译而言，就必须要维汉兼通。这两种语言素质的高低直接影响着译作的质量。首先具有较高的本民族的语言素质。无论是译入还是译出，本民族是基础。大文学家、翻译家茅盾先生一再强调："更重要的是对本国语文的修养。如果本国语文没有深厚的基础，不能运用自如，即使有再好的外语基础，翻译起来也是不能胜任的。"提高本民族语文水平，主要包含两个方面的能力：本族语的理解能力和本族语的表达能力。维译汉时，尤其需要很强的本族语的理解能力。汉译维时，如果没有较强的本族语表达能力，那就无法将汉语作品中那些精彩的内容用同样的精彩的本族语呈现出来，翻译的目标也就无法实现。也就是说，一个译者必须具有相当高的本族语水平，否则他就不能胜任翻译工作。只有对本族语有较全面、深入的了解，具有很强的理解能力和表达能力，有较深厚的语文知识，才能在翻译理论研究和实践中发现和找出两种语言共有的规律性和两种语言在词汇、语义、结构、思维方式、逻辑推理等等方面的差异之处。遇到问题时，知道从何下手去解决，从而达到顺利完成翻译任务的目的。

其次，要具有较强的汉语的语言素质。翻译工作对外国语（维译人员对汉语）的要求也同样包括：语言的理解能力和语言的表达能力。必须掌握大量的词汇、习语、谚语、俚语和汉民族的文化特质，能够灵活地、熟练地运用语法手段和修辞技巧。只有这样，才能用不同的词汇来表达同一概念，用不同的方式来表达同一思想内容，然后从中选择最适合的词句和最理想的表现方式。

第三，要具备较高的文化知识素养。语言是文化的载体，又是文化的一部分，一个民族的文化体现在所进行的文学艺术、科学、政治等社会实践的各个方面。文化可分为狭义和广义两种。我们所说的文化是广义的，它的范畴包括传统习俗和思维方式，也包括其政治、经济、地理、历史、文学、宗教、信仰等的历史和现状。

作为一个译者必须熟悉本民族和所译作品或国家的思想、信仰、价值观和思维方式。这里既包含两个民族的哲学、伦理学、美学思想，也包含着它的产物——各个民族的思维方式、思维特征和思维风格等。一个民族的信仰、价值观制约着它的言语行为，而一个民族的言语行为模式也体现着其文化的诸方面的特征。

一个国家或民族的政治、经济、地理、历史、文学等的历史和现状构成了它的文化的总和。从这些不同方面反映着一个国家或民族的文化内涵。

第四，培养逻辑思维能力。

作为翻译工作者，不论是从事文学、科技，还是其他方面的翻译工作，都应该努力培养自己的逻辑思维能力。有的人译文出现误解、错译或漏译不是因为语言能力差，而是逻辑思维能力差。原文中存在的一些逻辑上的关系，译者未能从字里行间，上下文关系中悟出来，所以出现差错。逻辑思维能力的提高还能帮助我们了解从字面上无法理解的内容。翻译中常常遇到这样的情况：自己不懂，查书，问人也解决不了，这时往往得靠译者的联想能力、推理能力来搞懂原来不懂的内容。例如："泪器" ياش چقرش ئەزالری。

二　翻译教学

培养翻译人才是与翻译教学有着直接的关系。翻译学的目的就在于培养学生的翻译实践能力和掌握一定的翻译理论知识。翻译理论的指导性在于减少实践的盲目性、因循性，及提高科学性、功效性（刘宓庆，1987）。

当然，翻译教学有不同的层次、不同的目的和要求。本科阶段的翻译教学，一般来讲，没有必要全面系统地讲授中国和外国的翻译理论，也没有必要要求他们去专门钻研翻译理论。但是，翻译实践能力的提高离不开翻译理论的指导性。我们只有将翻译实践置于基本理论的指导下，实践能力的提高才有科学的依据和保证。而翻译理论指导性之最基本的环节在于培养学生的技能意识。可见，在本科阶段翻译教学的根本目的是培养学生如何提高技能的意识。

教学翻译的基本理论。基本理论应包括翻译的标准，直译和意译，翻译症的辨认和规避。这一部分旨在通过实例对学生进行"入门洗脑"，使他们知道什么是忠实于原文，什么是可接受译文。对于直译和意译，学生如果不知道直译该"忠实"到哪一步，过分依从原文，亦步亦趋，则会出现"死译"；如果不知道意译该创造到哪一步，放任自流，甚至"野马漫游"，则会出现"胡译"。所以要比较死译与直译、意译与胡译。同时，运用直译、意译两种手段时又要贯彻"能直译便直译，不能直译便意译"的大原则。

汉维翻译时一些附于客观描写之中的夸张的心理感受常常略去不译。再比如，就"信息传递模式"而言，由于维语有众多的连接手段，语义中心可以位于句首，也可以位于句中或句末，信息传递比较灵活。在翻译逻辑关系复杂、语义层次叠加的长句或语篇时，如果思维方向只放在语法成分的转换或分句、合句等技巧上，不仅耗时，也有可能难以陈清原文的真正逻辑。其实只要运用汉语信息传递的下列原则，翻译时便能事半功倍。（1）叙事原则，即"先发生在前，后发生在后"。（2）论理原则，即"前提在前、结论在后"、"原因在前、结果在后"。（3）对比原则，即"铺叙在前，主旨在后"。（4）信息值比较原则，即"低值信息在前，高值信息在后"，"已知信息在前，新知信息在后"，"确定信息在前，不定信息在后"。（5）语篇连贯原则，即当上述规则与译文语篇的衔接和连贯发生冲突时，要优先照顾连贯原则，因而可能要作局部的处理，如重复关键词、补充过渡信息、调整语序等。这样，学生在翻译时，思维能从低层次的语言形式层面跳出，而在高层次的语义和逻辑关系层面驰骋。在对比两种语言时，练习的单位可以是句子，也可以是篇章，但最终必须回到篇章上来，因为只有在篇章中才能充分培养学生的逻辑分析能力，如对指代词、多义词、抽象词、转义词的语义厘定，对语篇衔接和连贯意识的形成，对全篇风格和意向性的整体把握，等等。

翻译理论的教学，只是为了对学生进行意识启蒙，诱导和激发学生从不自觉到比较自觉地用翻译的基本技能规范和原则来指导自己的实践活动。换之言，对本科大学教学而言，教师的任务并不在于条理周到地对学生讲课、剖析翻译理论，教师的任务在于启发、引导学生自己去学习、领会必要的翻译理论课题。教师职能的核心是用理论联系实际的范例，诱导学生建立技能意识，充分发挥理论的指导性，减少实践的盲目性、因循性，提倡科学性、功效性，循序渐进，最终达到提高学生实际翻译能力的目的。

三　中国翻译简史

　　我国是一个文明古国，所以翻译事业有着悠久的历史和光荣的传统。秦汉以前，中原一带的汉民族就通过翻译与各少数民族及邻国频繁往来。《礼记·王制》一书中载有"五方之民，言语不通，嗜欲不同"。达其志、通其欲，东方曰寄，南方曰象，西方曰狄，北方曰译"（中原地区的人与四方少数民族的语言不通，嗜好与欲望也不同。为了反映他们的志向、传达他们的要求，在东方设置了翻译叫"寄"，在南方叫"象"，在西方设置了翻译叫狄，在北方设置了翻译叫"译"）。由此可见，东周时期就已经设置有翻译，东、南、西、北各地区少数民族语言的专门人员，而且定期将他们集中起来，进行专门的培训。

　　西汉时期，民间翻译和外事翻译相当频繁，以此沟通各少数民族和各国之间的联系。张骞给汉武帝的奏疏中，曾建议汉武帝要"重九译，致殊俗"（通过好几道辗转的翻译，招致远方的民族和异国人）。据《汉书·百官公卿表》和《汉书·西域传》记载，汉朝设有"译官"和"译使"多人，西域三十六国（主要分布在新疆境内）也设有"译长"，从事和管理翻译事务。

　　汉明帝永平八年（公元65年）佛教在中国兴盛起来，于是以翻译佛经为主的翻译活动便也由此开始了。

　　第一位翻译佛经的著名翻译家叫安清（今伊朗北）。他自幼刻苦好学，既精通梵文，又精通汉语。从公元148年至172年，在二十多年内，他共译出各种经纶三十五部、四十一卷。他的译本"义理明晰，文字允正，辩而不华，质而不野"（说理明白，措辞恰当，不累赘，不粗俗，恰到好处）为后人所称颂。

　　到了晋代，出现了直译派的代表人物道安。

　　释道安（公元314—385年），常山军郡扶柳（今河北省衡水县）人。

他不懂梵文，惟恐译文失真，因而坚持主张严格的直译。但他在参与主持译场工作的过程中，聆听翻译人员的见解，逐渐总结了翻译佛经的实践经验，提出了"五失本"原则，即：（1）梵经中倒装词语须按汉语语法加以变动；（2）梵经质朴，而汉人喜欢华美，因而须对译文进行润色；（3）须删去梵经中反复咏叹的词语；（4）须删去梵经每段结尾处重述前文的小结；（5）梵经叙述一件事告一段落，将要另谈别事时，总是把前事重述一遍，重述部分译时须删去。这也许是中国最早的翻译方法论。

意译派代表人物鸠摩罗什与释道安是同时代人。鸠摩罗什的父亲是天竺（今印度）人，母亲是龟兹（今库车）人。他不仅精通梵文，也懂汉语，因此译文都按汉语习惯作了润色，而且删去了原文中较累赘的部分。他所译的经文，无论在语言的精美上，还是内容的确切上，都是前所未有的。

佛经翻译到了唐朝已进入全盛时期，出现了翻译佛经的巨星玄奘法师。

玄奘（公元 602—664 年），姓陈，名祎，洛州缑氏（今河南省偃师县）人。

公元 629 年，他到印度求经，辗转十七年，带回佛经 657 部，译出 75 部 1335 卷。他在翻译佛经的过程中，取各家之长，创立了"新译"这一理论，即舍直、意译之长，运用删略、变位、增益、假借等表达方法来处理语言现象，同时又不违背原意。玄奘所译佛经，在当时的历史条件下堪称是翻译作品的楷模。

值得一提的是，佛教兴盛时期，有许多佛经经典也由汉文转译成回鹘（维吾尔）文，在新疆地区广为流传，例如《金光明最胜王经》、《八阳神咒经》等。译文流畅，用词确切，由此足见译者汉维造诣之深。

自明朝万历年间到清朝末期，我国翻译事业进入一个新的时期，即翻译远远超过宗教范围，进入了哲学、自然科学等广泛的领域。明朝徐光启（公元 1562—1633 年）与意大利人利玛窦合作，翻译了欧几里德的《几何原理》及关于陆地测量方面的数学著作《测量法义》。利玛窦又与李之藻合作翻译了比较图形关系的几何著作《圆容较义》。这些译著对中国当时科学的发展起到了一定的促进作用。

严复（公元 1854—1921 年），候官（今福建闽候县）人。

严复是我国向西方赫胥黎《天演论》、亚当·斯密的《原富》、寻找真理的代表人物之一。他曾翻译了的孟德斯鸠的《法意》和斯宾塞的《群学肄言》等，向中国详细介绍了可西方资本主义的政治和 哲学学说。严复不仅是一位翻译理论家，他在自己所译的《〈天演论〉译例言》中，还第一次提出了比较完整的翻译标准"信，达，雅"，这对后人的翻译有着极重要的指导意义。

林纾（公元 1852—1924 年），闽县（今福建省福州市）人，又名林琴南。

林纾不懂外文，他以合作以口述笔记的方式翻译了《伊索语言》《鲁滨孙漂流记》《巴黎茶花女遗事》《黑奴吁天录》等一百八十三部欧美等国小说，使中国读者认识了一些世界一流的作家，了解了西欧各国的社会生活。但他的译作带着改作的成分，删减、增添、遗漏很多。

"五四" 运动以后，我国翻译事业开始了一个新的历史时期，翻译工作从内容到形式都起了很大的变化。从内容上说，马列主义经典著作已开始传入中国，比如陈望道先生 1920 年将《共产党宣言》译成中文版等；从语言形式上说，白话文代替了文言文，在译文中占了统治地位。

20 年代到 30 年代，鲁迅先生对我国的翻译事业的进步和发展作出了不可磨灭的贡献，他翻译的作品大部分是俄国批判现实主义的作品和东欧被压迫民族的作品，对于传播革命思想、交流各国进步文化、推进我国政治和文化革命都产生了重大的影响。鲁迅先生的翻译活动是他战斗了一生的重要组织部分。他不仅给我们留下了十卷发展。三十多种译著，而且给我们留下了许多宝贵的翻译理论。

中华人民共和国成立后，我国的翻译工作取得了巨大成就，并获得迅速发展，翻译作品在数量、质量上都大大超过了解放以前，翻译作品涉及的国家遍及全世界。党培养起来的大批翻译人才，在社会主义革命和建设中起着骨干作用，军事、政治、经济、文学、艺术及科学技术等各行各业都有了自己的翻译队伍。

维吾尔族蜚声中外的《突厥语大词典》及《福乐智慧》等作品已译成了汉文，汉民族的古典名著《红楼梦》及历史巨著《二十四史》等已译成或正在译成维吾尔文。这也可以说是我国翻译事业已走向空前繁荣的标志之一。

"四人帮"十年浩却，严重摧残了我国翻译事业。林彪、"四人帮"既是民族虚无主义者，又是排外主义者。他们全盘否定古今中外的一切文化艺术，几乎没有为广大读者介绍过国外的有意义的文学作品和有价值的科学技术著作。

　　粉碎"四人帮"后，我们伟大的祖国，百业兴盛。对外开放政策的实施和民族政策的落实，使中国和世界各国在政治、经济、文化、科学、技术等方面的交往更加频繁，国内各民族之间更加亲密无间，因此大大促进了翻译事业的繁荣和发展。

翻译实践

　　1. 那人一只大手，向他摊着；一只手却撮着一个鲜红的馒头，那红的还是一点一点地往下滴。（鲁迅《药》）

　　2. 敌人杀害了我们一位同志。我们宰了一个敌特。

　　3. 他有一种令人难堪的习惯：一会儿一个看法，自相矛盾，变化无常。

　　4. 他讨厌失败，他一生中曾战胜失败，超越失败，并且蔑视别人的失败。

　　5. 钱先生周岁时"抓周"抓了一本书，因此得名"锺书"。

　　6. 于是，暮色中匆匆的人群里，只有我赶路的身影，雨里、雾里、风里、雪里，只盼着早些回家……

　　7. 他说自己才疏学浅，这只不过是中国人的客气罢了。

　　8. 那女人虽是山里模样，然而应酬的很从容，说话很能干，寒暄之后，就赔罪，说她特来叫她的儿媳妇回家，因为开春事务忙，而家中只有老的和小的，人手不够了。（鲁迅《祝福》）

　　9. 它收敛了它的花纹、图案，隐藏了它的粉墨、彩色，逸出了繁华的花丛、停止了它翱翔的姿态，变成了一张憔悴的，干枯了的，甚至不是枯黄的，而是枯槁的，如同死灰颜色的枯叶。（徐迟《枯叶蝴蝶》）

　　10. 1982 年 10 月，一位 25 岁的姑娘跑完了纽约市马拉松赛的全程。这没什么了不起——可是当你了解到琳达·道恩患有大脑性麻痹，是第一位拄着双拐跑完 26.2 英里的女子的时候，你就会改变想法了。道恩摔倒了五六次，但仍坚持不懈，一直跑到终点。这时她已跑了 11 个小时。残疾限制了速度，但不能减弱她的决心。

11. 19 世纪美国著名诗人亨利·瓦兹沃思·朗费罗曾写道："善始固然伟大,善终更为伟大。"如果能有一位神灵帮助我们去完成业已开始的事情,那该多好呀! 只可惜,我们没有。但是,我们却拥有一种叫做自律的动力——它要求我们付出很高的代价。听完帕德雷夫斯基的演奏,一位音乐迷对他说:"要是能弹得象您这样,我宁愿付出整个生命。"这位卓越的钢琴家答道:"我已经付出过了。"

第四讲　汉维翻译的语言表现对比

人类语言是唯一能用无意义的元素创造出有意义的结构的交流系统，同时语言不仅仅是一种交流工具，它还通过情感表达、思考、控制现实、保存历史、表达身份等重要功能把我们每个人体内的无所不能的潜力，包括宗教信仰、世界观、态度、价值观、情感、个性以及关于自己的方方面面以语言或非语言的方式传达给外部世界，并且作用于外部世界。所以语言还可以告诉人们一种文化的生活方式、思维方式和不同的相互作用的方式，没有任何东西能够像语言那样清楚地将各种文化区别开来。语言相对论指出：人们如何思考，如何说话在很大程度上是由文化决定的，语言影响人类思想和含义的程度因语言行为文化而异，思维模式以及对现实的理解也是如此的。

一　汉维语言表现的对比

语言的对比研究是应语言教学、翻译活动、文字的创制与改革等实际工作的需要而兴起的语言学科中的一个新学科。它不只是一个语言研究的方法问题，而是语言学科中具有独自的研究对象、研究范围和研究方法的专门知识，可称之为"对比语言学"。近年来我国的语言工作者对语言的对比研究，其中包括维汉语的对比研究方面做了不少有益的探索，出现了一些有价值的研究成果，这是首先应该肯定的。但是语言的对比研究作为语言学科中一个新兴的学科，还有一系列基本的理论问题和实际问题需要进行总结和进一步探讨。

我国清末新兴资产阶级启蒙思想家严复在《天演论》中讲道："译事

三难：信、达、雅。求其信已大难矣，顾信矣不达，虽译犹不译也，则达尚焉。”“信”指意义不悖原文，即是译文要准确、不歪曲、不遗漏，也不要随意增减意思；“达”指不拘泥于原文形式，用简单的语言清楚地表达原文的意思；“雅”则指译文时选用的词语要得体，追求文章本身的古雅，简明优雅。其中，“信”和“达”是对翻译的基本要求——“完整准确”、“通俗易懂”。

翻译教学和研究的经验表明：翻译理论和技巧必须建立在不同语言和文化对比分析的基础上。汉维互译的几项基本原则和技巧，如选词、转换、增补、省略、重复、替代、变换、倒置、拆离、缀合、阐释、浓缩、重组，以及时态、语态、语气、习语、术语等的译法，都集中地体现了汉维的不同特点。机器翻译是让计算机按照人们所指定的程序和指令进行不同语言的对比转换，也离不开对比分析。翻译之所以困难，归根结底是因为语言差异和文化差异。因此，对比、分析和归纳这些差异，便是翻译学的重要任务。

以下将从词汇、语序、连词的使用三个方面进行汉维语言表现的对比：

（一）词汇的比较

汉语和维吾尔语都有丰富的词汇。汉维大量的对应词语是汉维翻译的语言基础。两种语言中存在许多不相对应的词语。主要表现为词语的空缺和词义的差别。

例如：“健康”。

原文：在搞好国有经济的同时，积极支持、鼓励和引导非公有制经济健康发展。

1.تەرجىمىسى: دۆلەت ئىگىلىكىدىكى ئىقتىساتنى ياخشىلاش بىلەن بىللە، ئاكتىپلىك بىلەن غەيرى دۆلەت ئىگىلىكىدىكى ئىقتىساتنىڭ ساغلام تەرەققى قىلىشىنى قوللاش، رىغبەتلەندۈرۈش ۋە يېتەكلەش كېرەك.

2.تەرجىمىسى: دۆلەت ئىگىلىكىدىكى ئىقتىساتنى ياخشىلاش بىلەن بىللە، ئاكتىپلىك بىلەن غەيرى دۆلەت ئىگىلىكىدىكى ئىقتىساتنىڭ مۇكەممەل تەرەققى قىلىشىنى قوللاش، رىغبەتلەندۈرۈش ۋە يېتەكلەش كېرەك.

从以上例子可以看出，对于同一个原文，却有译文 1 和译文 2 两种不同的翻译，这是由于汉维语两种语言对同一词语包含着不同的意思。在汉语中，"健康" 一词包含两种含义。"人体生理机能正常，没有缺陷。" 形容其他事物正常而没有缺陷。而在维语中 "健康"ساغلام—词和汉语中 "健康" 一词所包含的意思不同，仅仅是指人体生理机能正常，没有缺陷的意思。维语中的 "健全"مۇكەممەل—词是指其他事物正常而没有缺陷的意思。而原文中的 "健康" 表示的是事物正常而没有缺陷，因此像译文1 直接译成 "健康"ساغلام是错误的，应当遵照译文 2 译成 "健全"مۇكەممەل，这才符合原文的含义，也不会引起歧义。

（二）语序的比较

1. 基本语序

因为汉维语的基本语序是不同的，为了让读者更好的理解原文内容，翻译时在尊重原文的基础上，我们还要按照译语的语言习惯和语言表现进行翻译。例如：

原文：妈妈说，绝大部分饮料都含有色素和防腐剂，对孩子的身体有害，最好的饮料就是白开水。

تەرجىمىسى: ئاپام ھازىرقى كۆپ قىسىم ئىچىملىكلەر تەركىبىدە پىگمەنت ۋە چىرىتماس ماددىلار
بارلىقنى، بالىلارنىڭ سالامەتلىككە زىيانلىق ئىكەنلىگىنى، ئەڭ ياخشى ئىچىملىكنىڭ سوۋۇتۇلغان قايناق
سۇ ئىكەنلىكنى دېدى.

从以上例子可以看出，汉语的基本语序是"主—谓—宾"。与维吾尔语不同，维吾尔语的基本语序是"主—宾—谓"。为了让读者更简单、充分地理解原文，有时我们需要按照译语的语言习惯，使用与原文不同的语序方式进行翻译。

2. 修饰成份的语序

原文： 他/ 披着一件黑斗篷， /蒙着头巾， /满身积雪， / 嘴里呼哧呼哧地吐着白气/ 几乎使人觉得他不像个人。

تەرجىمىسى: ئۇ ئۈچىسىغا قارا پىلاش يېپىنچاقلاپ، يۈزىنى ئورىۋالغان، پۈتۈن بەدىنىگە ئاپئاق
قار چۈشكەن، ئاغزىدىن ھور چىقىرىپ تۇرۇشى، ئادەمگە غەيرى تەسىر بېرەتتى.

从以上的例子可以看出，汉语在语言习惯上一般不使用较长的修饰语进行修饰。因此，汉语为了使修饰语变短，通常会将很长的修饰语拆分成几个小成分。并且汉语的修饰语既可以放在被修饰语前（　一的某物），也可以放在被修饰语之后（某物是一的）。与此不同，维吾尔语的修饰语大多较长且复杂，而且通常放在被修饰语之前。因此，我们在进行汉维翻译时就必须将原文中较短的几个小修饰语组合在一起，按照译语的语言表现习惯组合成一个较长的大修饰语。

　　3. 连词的比较

　　在进行翻译时尽可能地尊重原文固然重要，但是在断句和分段等处可能会有连词与后文相连，而汉维语在连词的使用方面会有所不同，因此在翻译时我们不可以墨守成规，应当灵活地处理译文。另外，为了使译文通顺自然，有时需要在译文中添加原文中并不存在的连词连接上下文。在汉语中即使不使用连词，上下文的关系也借助其他词语的含义表达出来。但是，维吾尔语却在习惯上非常频繁地使用连词。因此，我们在进行汉维翻译时，为了尊重译文的语言习惯和表达方式，让译文更加通顺自然、让读者更好地理解其内容，必须添加适当的连词。

　　例如：

　　原文 1：　一个初学声乐的人，掌握正确的，良好的姿势是学习歌唱的第一步，是练好发声和歌唱的重要课题之一，必须掌握好。

تەرجىمىسى: ناخشا-مۇزىكنى تۇنجى ئۆگەنگۈچىگە نىسبەتەن توغرا بولغان تۆرۈش قىياپىتىنى ئىگەللەۋېلىش ناخشا ئۆگىنىشنىڭ تۇنجى قەدىمى، ئاۋاز مەشىق قىلىش ۋە ناخشا ئېيتىشتىكى مۇھىم دەرسلىك، چوقۇم ياخشى ئىگەللەش كېرەك.

　　从以上的例子可以看出，汉语原文在表面上只是一个陈述句，但是内在中包含着因果关系。这种因果关系虽然并没有通过具体的连词就可以表达出来，但是句子含义却很清楚，这是汉语本身的特点。但是维吾尔语的译文中却增添了连词，这是维吾尔语的语言习惯，必须要通过连词表示上下文的关系。

　　原文 2：　有什么困难，我们一定帮助您。

تەرجىمىسى: ئەگەر قىيىنچىلىقىڭىز بولسا، بىز چوقۇم ياردەم قىلىمىز.

　　从以上例子可以看出，原文中虽然并没有使用 "如果"，"假如" 等词语，但是其中包含着的一种假设的关系是不言而喻的。而维吾尔语则不同，要想表达出假设的上下文关系就必须使用一定的连词，只有遵守维吾尔语的语言表现习惯和表达方式，才能准确的表达原文意思，给读者传递正确的信息。

汉语和维吾尔语在语言表现上有很多的不同。同一词语在两种语言具有不同的含义。我们在进行维汉翻译时必须要认清汉维语言表现的异同，在尊重原文的基础上，按照维吾尔语的语言习惯和表达方式进行正确地翻译，让读者准确而轻松地掌握原文的真正含义。

二 汉维词汇搭配对比

汉语和维吾尔语属于不同的两个语系，汉语属于汉藏语系，维吾尔语属于阿勒泰语系，它们之间有着很大的差别。维吾尔语富于形态变化，是一种综合性语言，有严格的语音和谐规律和丰富的词形变化体系，无论词和语法或构成都是通过词根上附加词缀实现；而汉语缺乏形态变化，靠词序和虚词由小到大层层组合。虽然，这两种语言都有明确的词性分类，词和词之间的搭配没有语法形式的约束，组合起来比较方便自由，但这种自由的搭配使用造成维汉意义上的显著差异，尤其表现在同一词汇搭配不同词汇时意义差别较大。

（一）词汇搭配的性质

词语之间的搭配关系十分复杂，一个词语能和一些词语组合搭配，而不能和另一些词组合搭配，这是由什么决定的？制约词语搭配的因素很多，有语言本身的各种因素，如词性、词义、语音，也有社会文化方面的因素，如民族文化、心理、思维方式等约定俗成的搭配习惯。

无论汉语还是维吾尔语，词与词的组合都不是任意的，相互间都具有选择性，不同的词具有不同的搭配域，按照词语的搭配及其相互之间的选配规律组合既是搭配得当，否则为搭配不当。决定汉语词语搭配的重点是语义，但语法规则和语用习惯也是限制词语搭配的制约因素。而维吾尔语之间的组合受词形变化的约束，用词尾来表达各种各样的语法意义。例如：

① 他从学校出来了。　　　ئۇ مەكتەپتىن چىقىپ كەلدى.

② 他去学校了。　　　　　ئۇ مەكتەپكە باردى.

③ 这是学校的广场。　　　بۇ مەكتەپنىڭ مەيدانى.

这三个例句中的学校"مەكتەپ"一词的形式不同，所表示的语法意义也不同。这里的词的形态变化形式具有较严格的规则，不能随意更改，否则为搭配不当。尽管决定汉维语词义搭配的重点分别是语义和语法规则，但限制两种语言词语搭配的制约因素是基本相同的。所以，汉维语词语搭配的性质是语义和语法范畴，附加语用习惯。

（二）汉维语中相应词使用范围的分析

汉维语中的词即便相对应，也可能会具有不同的使用范围。如，汉语中的颜色词"蓝色"，是指"用靛青染成的颜色，如晴天天空那样的颜色"，可以用来形容任何蓝色的东西。维吾尔语中的"كۆك"也是"蓝色"，它的使用范围要广一些，如它可以形容"بوز"，意为"灰白色的脸"；另外，"كۆك مۇچ"为"青辣椒"，"كۆك يانتاق"为"青骆驼刺"。而在汉语中，则认为"辣椒""骆驼刺"为"绿色"。维吾尔语中的"ناق"是形容词，可形容"白色的""空白的"东西，还可以表示"清白的"。如"ناق تالۇن"（白面），"ناق تۇن"（白条子），"ناق كۆڭۈل"（善良的）。"مەن تۆزۇۋمگە ناق"（我是清白的）。汉语中的"白"可做名词，表示"丧事"或"象征反动势力"，如"红白事"；做动词，表示"明白、清楚"之意，如"不白之冤"；做形容词，表示"颜色"或"不附加东西"，如"白雪"、"白卷"；还可表示"错误"，如"白字"；做副词，表示"没有代价的"，如"白给你"等等。相比之下，汉语的"白"就比维吾尔语的"ناق"使用的范围大。

（三）汉维语中一字/词多义的分析

各语言都在利用有限的语言形式表达无限的语义，汉维语中都存在一字/词多义的现象。一个孤立的语言形式，一般情况下是不能表达完整意思的。一些语言单位结合在一起使用，它们会相互制约，而生成一个合成的意义，特别是一些多义词句，更要靠前后搭配，靠共现关系甚至语境，才能确定其意义。

我们来看几组例子：

1. 形容词的一字/词多义

（1）一个汉语词汇对应多个维吾尔语词汇

形容"多、多的" —— كۆپ، نۇرغۇن، جىق، تولا（这几个词一般可以

互换）

形容 "聪明的" ——ئەقىللىق، دانا، زېرەك، ناقىل ، چېچەن ، دانىشمەن

用于机智多谋的人——ناقىل ，　　　用于知识渊博的人——دانا

形容 "漂亮的" ——　　　چىرايلىق، ئۆز، گۈزەل، ساھىپجامال، نازاكەتلىك، كۆڭۈشكەن.

（2）一个维吾尔语词汇对应多个汉语词汇，不同词汇搭配表达的意思各异

كاتتا——高级的、高贵的

كاتتا توي——隆重的婚礼；كاتتا نادەم——有出息的人

كاتتا كىيم——高贵的衣服；كاتتا ماشىنا——高档的车

كاتتا ئۆي——豪华的房子；ئۇچۇق——晴朗的、晴的

ھاۋا ئۇچۇق——天气晴朗；مىجەزىم ئۇچۇق——性格开朗；

گېپى ئۇچۇق——说话直的；قولى ئۇچۇق ——大方

رەڭگى ئۇچۇق——颜色亮的（颜色浅的）；خەت ئۇچۇق——字清楚

2. 动词的一字/词多义

（1）一个汉语动词的不同搭配表达的意思各异

如汉语中的 "打" 和 "起来" 在维吾尔语中搭配不同的词汇时，所表示的意思是多样的。

打饭	تاماق ئەكىلىش	站起来	ئۆره تۇرماق
打毛衣	پوپايكا توقۇش	起床	ئۇرۇندىن قوپماق
打喷嚏	چۈشكۈرۈش	笑起来	كۈلمەك
打球	توپ ئويناماق	算起来……	ھېسابلاش
打电话	تېلېفون ئۇرماق	想起来	ئويلاش
打架	ئۇرۇشماق،سوق ئۇشماق	好起来	ياخشىلىنىپ قېلىش
打鱼	بېلىق تۇتۇش	管理起来	باشقۇرۇش

可见，汉语中的 "打" 与名词结合，可以表示各种动作，代替很多有意义的词。但相对应的维吾尔语却是用非常具体的动作来表示，且这些动

词之间看似并没有多大的联系，而不能像汉语那样用一个词"打"就可以表示，维吾尔语是不允许有这样的搭配的。汉语"起来"一词看似简单，但它的意义和功能却比较复杂。它在维吾尔语中有多种表达形式，有对应的，也有不对应的。

（2）一个维吾尔语动词与不同词汇搭配表达的意思各异

نويناش ——玩

نۇسۇل نويناش——跳舞；　　　　توپ نويناش——打球；

نۇيۇن نويناش——打游戏；　　　پايچبكى نويناش ——炒股票；

توتماق——抓

ئۆي توتماق——成家，过日子；　　مۇز توتماق——结冰；

پۇل توتماق——管钱；　　مائاشنى توتماق —— 扣工资；

گۈل توتماق——献花；　　（رامزان）روزا توتماق —— 封斋；

نويناش、توتماق在维吾尔语中是多义词，只有与其他词搭配使用时，才能确定其意义。因此，一方面语义决定搭配；另一方面，搭配也决定着语义。

3. 名词的一字/多义

维汉词汇对照翻译中，名词类的动词、形容词要简单很多，它不涉及词形的变化，下面列举一些维汉—汉维的名词多义的例子：

（1）一个汉语名词对应多个维吾尔语词汇：

人——نادەم، كىشى، ئىنسان، شەخس، زات

ئىنسان——形容很多人，某一类人；　شەخس ——形容个人；

زات——形容有地位的人；　نادەم، كىشى——形容一般的人，可通用。

刀——پىچاق، قىلىچ، شەمشەر، قىزغىراق، بەككە

پىچاق——形容小刀；　قىلىچ ——形容战场上用的刀；

شەمشەر —— 形容两面都带刃的刀；　قىزغىراق ——菜刀；

بەككە ——水果刀；

（2）一个维吾尔语词汇对应多个汉语意思：

نۇرۇن——位置，单位，座位，被褥（铺盖），例如：

有座位吗？　　نۇرۇن بارمۇ؟

你的位置（座位）在哪？　سىزنىڭ نۇرنىڭىز قەيەردە؟

先进单位　ئىلغار نۇرۇن　　叠被子　نۇرۇن يىغماق

بالا——孩子，灾难　　　　ئوت——草，火

چۈش——梦，中午   ياش——眼泪，年龄，年轻，青年

（四）汉语词语维译原则

根据汉语和维吾尔语词语构造的基本特点，汉语词语的维译可以遵循以下原则：

1. 力求传递原词语的内容和形式

汉语和维吾尔语具有一定的共性，这是汉维语言能够互译的基础。但必须指出的是，汉语和维吾尔语的词语在内容和形式上大致相同，维译汉语词语时，尽可能准确传递原词语的内容和形式。例如：

① 大国和小国   چوڭ دۆلەت ۋە كىچىك دۆلەت

② 古代汉语   قەدىمقى خەنزۇ تىلى

③ 中国文化   جۇڭگو مەدەنىيىتى

④ 我常在这种时候感到一种快乐，同时也感到一种伤感，那情形好比老妇人突然在抽屉里或箱子里发现了她盛年时的照片。

مەن دائىم بۇ ۋاقىتتا بىر خىل خوشاللىق ھەس قىلىش بىلەن بىللە ناز ئىپلىنىمەن، ئۇ خىل ھالەت خۇددى ياشانغان ئايالنىڭ تارتمىسىدىن ياكى چامدىنىدىن توساتتىن ئۆزىنىڭ ياشلىقى جۇلالىغان ۋاقتىدىكى رەسىمنى بايقىشىغا ئوخشايىتتى.

上面例①②和③的基本词语基本上能在维吾尔语中找到较为匹配的词语，例④为句子，其中短语的词语或较长的短语也能在维吾尔语中找到相对应的词语。许多汉语词语在维吾尔语中能找到对应的词语，较为准确地表达了原文的内容。这种情形在汉维翻译中较为常见，很容易处理，不会给翻译初学者带来困难。

2. 根据语境，理解原文，选择恰当的维吾尔语词语进行翻译

大多数词语都不止一种意义，有的数十种，但在一定的句子或篇章中其意义是具体的，所以语境对词语的具体意义有着重要的意义。简言之，译文词语的选择要视具体语境而定。例如：

① 这块石头真硬。   بۇ تاش ناھايىتى قاتتىق.

② 妈妈有过硬的业务能力。   ئانام كۈچلۈك كەسىپچانلىققا ئىگە.

③ 特务怕弟弟把监狱的内幕泄露出去，硬是不让他读书。

ئىشپىيونلار ئۇكامنىڭ تۈرمىدىكى قىلمىشلارنى ئاشكارلاپ قويۇشىدىن قورقۇپ، ئۇنى زورمۇ-زور ئوقۇشتىن توسىدى.

由于意义的不同，三个句子中的"硬"分别译为.قاتتىق، كۈچلۈك، زورمۇ-زور

3. 严格遵循维语形态性原则

汉语词语的组织坚持语义为重的原则，而维吾尔语则遵循形态特征，维译汉时要把语义为重的汉语词语转换成形态为主的维吾尔语。例如：

① 我这一生的周折，大都寻得感情的线索。不论别的，单说求学。

مېنىڭ پۈتۈن ھاياتىمدىكى تىرىشچانلىقىمنىڭ كۆپۈنچىسى سۆيگۈنىڭ ۋسالىغا يېتىشتۈر.

باشقىسىنى سۆزلىمەي تۇرايلى، پەقەت ئىلىم ئىلىشتىنلا سۆز ئاچايلى.

② 生活中既有悲剧，文学作品就可以写悲剧。

ھايات تراگېدىيەلەر بىلەن تولغان بولدۇ، شۇڭا ئەدەبىي ئەسەرلەردە تراگېدىيەلەر

تەسۋىرلىنىپ يېزىلدۇ.

稍微把原文与译文作比较，就能发现维吾尔语译文具有许多明显的形态特征：名词都有单复数，例如 تراگېدىيەلەر، ئەسەرلەر،؛ تىرىشچانلىقىمنىڭ كۆپۈنچىسى（过去式），连接词的使用，例如 شۇڭا، بىلەن；等等。这样的形态特征是维吾尔语词语不可或缺的，但汉语不需要。

词是语言的重要单位，离开了词，语言便不成为语言。任何一个词，如果不能单独成句，就必须同其他的词语搭配组合。词与词搭配成短语，短语和词或短语组成句子，两个或两个以上的句子组合成语段，从而形成篇章。这样，言语才能完成交流思想的任务。其中，句子是使用中语言的基本单位，而它正是由词语组合而成，词语的组合其实正是词语之间的搭配关系，在言语组装的整个链条上，词语搭配是重要的一环。

汉维语中相对应的词具有不同搭配范围的原因，除了使用范围大小不同和存在一字/词多义现象以外，还存在引申义不同等因素。汉维两种语言中某些词语的搭配或同现有语言的社会文化背景、约定俗成的使用习惯也有着密切的联系。在语言运用中，语法或语义等规则必须相互配合着使用。

翻译实践

1. 燕子去了，有再来的时候；杨柳枯了，有再青的时候；桃花谢了，有再开的时候。（朱自清：《匆匆》）

2. 这几天。我把自己这一辈子所干的的事情，还有所想的事情，全都理了一遍。

3. 这孩子老哭，不叫母亲安宁。

4. 他的话只能圈在肚子里，无从往外说。

5. 他早就想找个机会和小陈深谈一次。

6. 车又停了，妇女千恩万谢地下了车。（祝承玉《钱包》）

7. 他这一去如石沉大海，再无消息。

8. 旧社会，图尔迪大叔为了养活全家八口人，给地主整整干了二十年。

9. 市政府终于批准了建设高科园的资金项目。

10. 学习外语的方法和学习游泳的方法一样，必须把实践放到第一位。

11. 他们正打架，不巧被我撞见了。

12. 即使商品质量好，也不能漫天要价。

13. 一般人要到失去他们所拥有的一切时，才会珍惜他们所拥有的一切。

14.她追求的是真理而他追求的是荣华富贵。

15. 你希望留在部队还是到地方上？

16. 那地方是块肥肉，谁都想吃。

17. 这小伙子干活真冲。

18. 老栓正在专心走路，忽然吃了一惊，远远地看见一条丁字街，明明白白横着。他便退了几步，寻到一家关着门的铺子，蹩进檐下，靠门停住了。

（鲁迅《药》）

19. 正在热闹哄哄的时节，只见那后台里，又出来一位姑娘，年纪约十八九岁，装束与前一个毫无分别，瓜子脸，白净面皮，相貌不过中人之姿，只觉得秀而不媚，清而不寒。　　（刘鹗《老残游记》）

20. ……时常会有些东西触动你的心，使你激昂，使你欢乐，使你忧愁，使你深思，这不是诗又是什么呢？　　（杨朔《东风第一枝·小跋》）

21. 这幅画是一部用思考和修养完成的杰作，它既有历史感又有现代艺术语言的独特性。

第五讲　汉维语基本构词法对比

一　汉维语构词法基本类型

词是由语素构成的。一个词可能由一个语素构成，例如：书（كتاب）、祖国（ۋەتەن）、写（ياز-）等；也可能由两个语素构成，例如：书店（كتابخانا）、爱国者（ۋەتەنپەرۋەر）、祖先（ئاتا-بوۋا）等；还有三个或更多个语素构成，例如：指甲刀（تىرناق ئالغۇچ）、生产队（-）等。

（一）汉语构词法基本类型

从构词成分来讲，语素也可以叫词素。一般情况下语素可分为两大类：词根和词缀。

（1）词根——是词语结构体的基本构成部分，意义比较实在。

例如："电灯"中的"电"和"灯"。

（2）词缀——是词语结构体的附加成分，没有具体的意义。主要起构词作用。词缀还可以根据它在构词时出现的位置，再分为前缀、后缀和中缀三类。

例如：　阿姨　　桌子　　来得及

1. 单纯词

单纯词是指只有一个语素构成的词。单音节词。就是单纯词，除此之外，还有一个语素可能有两个以上的音节。这主要有以下三类：联绵词、叠音词、音译的外来词。

（1）联绵词　指两个音节连缀成义而不能拆开的词。其中有双声的，有叠韵的，有非双声叠韵的。

①双声的　　指两个音节声母相同的联绵词。例如：

　仿佛　　忐忑　　崎岖　　吩咐　　蜘蛛

②叠韵的　　指两个音节的"韵"相同的联绵词。例如：

　彷徨　　窈窕　　从容　　哆嗦　　逍遥

③其他　　例如：

　蝴蝶　　芙蓉　　蝙蝠　　玛瑙　　鸳鸯

（2）叠音词　　由两个相同的音节相叠构成。例如：

　猩猩　　姥姥　　伯伯　　瑟瑟

（3）音译的外来词　　　例如：

　咖啡　　幽默　　克隆　　奥林匹克　　海洛因

2. 合成词

两个或两个以上语素构成的词叫合成词。从构造上看，合成词也有不同的类型。

（1）重叠词：由两个相同的词根重叠而构成的词。它有两种情况：

①AA 式。　　例如：

　常常　　恰恰　　叔叔　　星星　　偏偏　　渐渐

②AABB 式。例如：

　形形色色　　花花绿绿　　轰轰烈烈　　密密麻麻

（2）派生词：指由词根和词缀组合而成的词。它可以分为三类：

①前缀+词根：阿毛、阿姨、老板、老鹰、老牌、老乡

②词根+后缀：盘子、刀子、骗子、石头、甜头、念头

③词根+中缀+词根：对得起、来不及、土里土气、古里古怪

（3）复合词：复合词是指至少要由两个不相同的词根结合在一起构成的词。主要有以下几种类型：

①联合式：两个意义相近、相关或相反的语素并列组合而成。根据两个词根之间的意义关系，可分为以下四类：

A. 意义相近、平等，并且可以互为说明。例如：

思想	道路	教授	泥土	波浪	语言	（名词）
斗争	研究	帮助	选择	停止	裁判	（动词）
鲜艳	美丽	优良	温柔	丰富	端正	（形容词）

B. 意义相关、并列，但构成一个新的词义。例如：

眉目　矛盾　领袖　骨肉　江湖　尺寸　山水

C. 意义相反、对立，构成一个新的词义。例如：

东西　反正　是非　高低　长短　动静　深浅

D. 意义相关或相反，但是只有其中一个意义起作用，又叫 "偏义词"。例如：

国家　人物　干净　质量　忘记　兄弟

②偏正式：前一个词根修饰、限制后一词根。可分为三类：

A. 名词性：前后词根之间在语义上形成各种修饰与被修饰的关系。例如：

火车　黑板　新闻　宣纸　小说　广场

B. 谓词性：状语跟中心语的关系，可分为动词和形容词两类。例如：

热爱　朗读　微笑　狂欢　（动词）
火红　雪白　难听　美观　（形容词）

C. 副词性：例如：马上　十分　还是　刚巧　何必

③述宾式：前后词根之间的关系是支配与被支配的关系。前一语素表示动作、行为，后一语素表示动作、行为支配的对象。它主要构成谓词，也可以构成名词。例如：

出席　得罪　带头　放心　毕业　注意　伤心　挂钩　（动

词）

管家　　主席　　化石　　垫肩　　司机　　　（名词）

动人　　逼真　　开心　　合法　　过瘾　　　（形容词）

④述补式：后一词根补充说明前一词根。

A. 前一词根表示动作，后一词根补充说明动作的结果。例如：

提高　　说服　　推翻　　改进　　延长　　压缩　　阐明

B. 前一词根表示事物，后一词根表示事物的单位。例如：

纸张　　马匹　　人口　　羊群　　稿件　　枪支　　花朵

⑤主谓式：前一词根表示被陈述的事物，后一词根是陈述前一词根的。又叫陈述式。

例如：耳鸣　　月亮　　眼花　　面熟　　自动　　自学　　心酸

（二）维语构词法基本类型

由一个语素（词根）构成的词叫单纯词，也叫非派生词。又叫根词。由两个或两个以上语素构成的词叫合成词。根据语素的表义情况，合成词又可分为派生词及复合词。

维吾尔语中，单纯词的数量并不太多，但人们在语言交际中所使用的词却非常多，这许许多多的词主要是通过一定的构词方法构成的。例如：

ئش（事）—— ئشخانا（办公室），ئشچى（工人）、ئشچىلىق（工务），ئشچان（勤劳的）、ئشچانلىق（勤劳），ئشلەمچى（零工），ئشسىز（失业的）。（第一组）

ئش（事）—— ئش-پىش（事情），ئشچى-خزمەتچى（职工），ئش ھەققى（工资），ئشلەمچىقىرىش（生产），ئش تاپ-（惹事），ئش ياقماس（懒惰的）。（第二组）

不难看出，上述第一组词都是在以ئش作词根的基础上，通过附加各种词缀构成的；第二组词则是由ئش或由ئش构成的派生词作词根，与另一词根按照一定规则构成的。

现代维吾尔语基本构词方法主要有两种：一是形态构词法；二是句法构词法。

1. 形态构词法

通过附加词缀构成新词的方法叫形态构词法，由形态构词法构成的词叫派生词。（由一个词根与一个或多个词缀构成的词叫派生词）。例如：

ئەمگەك（劳动）-- ئەمگەكچى（劳动者）-- ئەمگەكچان（勤劳的）；

دوست（朋友）-- دوستلۇق（友谊）-- دوستانه（友好地）-- دوستلاش（交朋友）等。

形态构词法是维吾尔语中最主要的一种构词法，随着社会生活的发展而产生的新词主要是利用形态构词法构成的，它为维吾尔语词汇的发展提供了无限的可能性。形态构词法的局限性在于，它的能产性特点仅表现在名词、形容词和动词范围内，也就是说，形态构词法构成名词、形容词和动词的能力特别强，而构成数词、代词和副词的能力却很弱。虚词中则完全没有构词词缀。

2. 句法构词法

由两个词按照一定的规则结合起来构成新词的方法叫句法构词法，由句法构词法构成的词叫复合词。句法构词法的特点是，根据句法关系类型构成新词。

维吾尔语中，句法构词法有以下四种方式。

（1）联合式　由两个词根并列起来构成新词的方式叫联合式，由联合式构成的复合词也叫双部词。例如：

例词	词义	词性
ئۆرۇپ-ئادەت	习俗	名词
كۆز-قۇلاق	耳目	名词
ئېگىز-پەس	坎坷不平	形容词
ئەسكى-تۆسكى	破败不堪	形容词
ئىلگىرى-كېيىن	先后	副词
ئۇيۇل-توپۇل	匆忙地	副词

（2）偏正式　由两个词根按照一定的顺序排列起来，前一个词根修饰或说明后一个词根，而在整个意义的构成上，则以后一个词根为主的构词方式叫偏正式。例如：ئىلگىرى سۈرمەك（贪婪）、ياخشى كۆرمەك（喜欢）、ناچكۆز（促进）、پۇخادىن چىقماق（痛快）。

（3）支配式　由处于支配和被支配关系中的两个词根结合起来构成

新词的方式叫支配式。例如：خزمەت قىلماق（服务）、بوي بەرمەك（顺从）、روزا توتماق（封斋）。

（4）主谓式　　由处于陈述和被陈述关系中的两个词根结合起来构成新词的方式叫主谓式。例如：مۇز تىيىلماق（滑冰）、مۆشتۇم زور（恶霸）、كۆزى يورمىماق（分娩）。

二　汉维语构词法对比

构词是在原有构词材料的基础上，按一定方式构造新词，它是词汇发展的主要途径。

构词法是指运用词法学中的形态手段和变化形式创造出新词的一种构词方式，所用的造词原料主要为形态标志——词缀（前缀、后缀）及一些词法学的变化形式（重叠）等。从构词方式来看，汉维语构词法可分为两大类：附加式构词法和重叠式构词法。

（一）附加式构词法

附加式构词法是指在构词词干上添加词缀构成新词的方法。词缀法是指在一个词根上附加词缀而构成一个新词的方法。这种构词类型中的重要因素——词缀可分为前缀和后缀两种。其中，前缀一般具有一定的意义，其通常不会改变单词的词性，但会改变单词的词义。

1. 汉语附加式构词法

（1）前缀法：即在构词词干前添加前缀构成新词。汉语中以前缀法构成的词有：名词、动词、形容词、序数词等。例如：

名词：　阿—姨→阿姨　　　老—师→老师

动词：　见—笑→见笑　　　见—外→见外

形容词：可—耻→可耻　　　非—凡→非凡

序数词：第——→第一　　　初—二→初二

（2）后缀法：　即在词干后添加后缀构成新词。用后缀法大都可构成名词、动词、形容词、连词、介词、副词等。一般来说，以构成名词、动词、形容词为最多，其他词类较少些。从构词词干和构成新词的性质来看，以后缀法构成的词主要有以下几类：

名词：

① 名词+ 后缀→名词：

男— 子→男子　　　文学— 家→文学家

② 形容词+ 后缀→名词：

瞎— 子→瞎子　　　硬—汉→硬汉

③ 动词+ 后缀→名词：

骗— 子→骗子　　　演—员→演员

④ 量词+ 后缀→名词：

个— 儿→个儿　　　粒— 儿→粒儿

动词：

① 形容词+ 后缀→动词：

简— 化→简化　　美— 化→美化

② 动+ 后缀→动词：

敢— 于→敢于　　　合— 乎→合乎

懂— 得→懂得　　　认— 得→认得

形容词：

① 形容词+ 后缀→形容词：

深— 切→深切　　　白热— 化→白热化

② 名+ 后缀→形容词：

岸— 然→岸然　　　井— 然→井然

连词：　词干+ 后缀→连词：

至— 于→至于　　　既— 然→既然

介词：　词干+ 后缀→介词：

对— 于→对于　　　况— 且→况且

副词： 词干+ 后缀→副词：

几— 乎→几乎　　　 居— 然→居然

2. 维吾尔语附加式构词法

（1）前缀法： 即在词干前添加前缀构成新词。维吾尔语中以前缀法构成的词多为形容词。维吾尔语的前缀数目少，只有"بى"，"نا"，"بە"，"بەت"几种。"前缀+词根"来构成合成词。例如：

بى←بئەدەپ（无礼）　　 بىگۇناھ（无罪）　 بئۇاپا（无情）

نا←نائنساپ（没良心）　 نائەھلى（无知）　 نامەلۇم（未知）

بە←بەھەيۋەت（盛大）　 بەھوزۇر（畅快）

بەت←بەتقىلىق（缺德）　 بەتنىيەت（黑心）

（2）后缀法

即在词干上加后缀构成新词。维吾尔语中以后缀法构成的词语：名词、形容词、动词、副词、数词等。常见的后缀有"جى-, چان-, خانا-, لىق-, ما-, لاپ-, نانە-, لە-, لا-, قۇر-,"等。例如：

名词

ئىش←ئىشچى　　　　 （工人）　 ئوقۇغۇچى　 （学生）

ئىچىملىكخانا←خانا（饮吧）　 كۆتۈپخانا　 （图书馆）

ئومۇملۇق←لۇق（同一性）　 يېڭىلىق　 （新现象）

ساقلاما←ما　　　　 （保存）　 تۈتەشما　 （结点）

①形容词

تىرىشچان←چان（勤奋的）　 ئەمگەكچان（勤劳的）

②动词

لا →تاشلا（扔掉）　　　　　 باشلا（开始）

تۈزلە←لە（弄平）　　　　　 رەتلە（对正）

③副词

نانە→باتۇرانە（奋勇）　　　 دوستانە　（友爱）

3. 汉维附加式构词法对比

从构词词缀所处位置来看，汉维两种语言都有前缀和后缀。从词缀数量来看，汉语的前缀要多于维吾尔语的前缀，而维吾尔语的后缀却多于汉语的后缀。根据《汉语造词法》和《维吾尔语构词法》两书中所列举的汉维语前后缀来看，汉语中有前缀 14 个，后缀 40 个，维吾尔语中有前缀 4个，后缀 62 个。

　　从构成新词的性质和数量来看，汉语中以前缀法可构成名词、动词、形容词、序数词等，在构词数量方面，以名词居多，动词、形容词则较少，维吾尔语中以前缀法仅能构成形容词，而且构词的数量也极为有限。汉语中以后缀法可构成名词、动词、形容词、连词、介词、副词等，在构词数量方面，以名词、动词、形容词居多，其他词类较少。维吾尔语中以后缀法可构成名词、形容词、动词、副词等，在构词数量方面以名词、形容词、动词居多，其他词类较少。

　　从构词词干和构成新词的性质来看，汉语中以后缀法构成名词的词干主要有：名词、动词、形容词、量词；构成动词的词干有：形容词和动词；构成形容词的词干有：形容词、名词。维吾尔语中以后缀法构成名词的词干有：名词、形容词、动词；构成动词的词干有：名词、形容词、量词、副词、摹拟词；构成形容词的词干有：名词、形容词、动词、副词；　构成副词的词干有：　名词、形容词、数词。

　　对比一下汉维语中构词词干的种类，可得知维吾尔语构词词干的种类明显多于汉语。这说明了维吾尔语后缀法构词方式较汉语的要发达，更具能产性。

　　从词缀的来源看，汉语中的词缀大部分都是由词虚化而成的或由古代汉语沿用而来，例如：后缀"师"是从"老师"这类"师"变成的。经过词义虚化，成了指有专门学识、技艺的人。又如："者"在古汉语里就常作词缀，比如"老者"、"长者"、"来者"……。现代汉语把词缀直接沿用下来，构成许多指人的名词。例如：作者、记者等。

　　"现代维吾尔语的多数附加成分（词缀和词尾）在语言发展的旺盛时期曾经是各具涵义的实词。""由于这些词经常行使某一固定的职能，它便随着时间的推移而语法化，从而转化成附加成分（词缀和词尾）。从词缀的作用来看，汉维两种语言的词缀都具有一定的语法功能，这主要体现为词缀能确定词性。如：汉语中带前缀"老"的词都是名词。维吾尔语中带后缀"چى"的词均为名词。可是，汉语的有些词缀除具有一定的语法功能外，还具有一定的附加意义。如词干"王"原是姓，没感情色彩，加上前缀"老"变成"老王"就具有新的感情色彩，表示亲昵而又随便的称呼。而维吾尔语的词缀除语法功能外，一般不具备类似汉语的附加意义。

　　从构成新词的意义范围来看，维吾尔语中的一些能产性词缀，附加在不同的词干上，可构成属于几个语义群的词。例如：لىق/لۇق/لۈك/لۆك和不同的词干构成的名词具有以下几种意义：

نۇرمانلىق（森林）	كەبۈەزلىك（棉田）→表示处所
خوتەنلىك（和田人）	نامرىكىسلىك（美国人）→表示国籍
خوشاللىق（快感）	ئەركىنلىك（自由）→表示抽象的意义
ئوقۇتقۇچىلىق（教学工作）	ناشپىزلىك（烹调业）→表示行业
ئونلۇق（十位）	يۈزلۈك（百的）→表示数学概念
ئۈچىنچىلىك（第三）	يەتتىنچىلىك（第七）→表示次序

　　可这方面汉语中后缀所表示的意义比维吾尔语较少，一般是单一的，很少见几个词缀（如"老"和"家"）能表示不同的几种意义。例如：

老：表示人称：　老师　老李
表示次序：　老三　老五
表示动物名称：　老虎　老鼠
家：指表示从事某种活动的人：作家　艺术家
指属于某一类人：　女人家　男人家

（二）重叠式构词法

　　重叠式构词是汉语的构词特色，这主要是因为汉语是孤立语，语言讲究对仗，整齐。重叠式构成的词与其他类型的词相比更具有感情色彩。

　　重叠式构词法：即重叠构词语素构成新词的方法。

　　1. 汉语重叠式构词法

　　汉语中用重叠可以构成名词、形容词、副词、代词等。

　　（1）构成名词的重叠形式主要有：

　　①AA 式：姑姑　妹妹　姐姐　叔叔　宝宝　星星

　　②AABB 式：男男女女　祖祖辈辈

　　（2）构成形容词的重叠式 AABB 一种形式：花花绿绿　老老实实
轻轻松松

（3）构成副词的重叠式只有 AA 式：刚刚　往往　常常　偏偏

2. 维吾尔语重叠式构词法

维吾尔语用重叠式可以构成名词、形容词和副词。

（1）构成名词的重叠式有下几种：

①由名词和一个音节词重叠构成。例如：كىيىم-كېچەك（服装）

②重叠原词根的部分因素来构成名词。如果原词根的第一音节是辅音，就把这个辅音改成 "پ" 因素，然后将音组合原来的词根重叠构成名词；如果原词根的第一音节是元音，那么该元音前加一个 "پ" 音素，然后重叠原来的词根构成名词。例如：

تاش（石头）→ تاش-پاش　　　　ئۇن（面粉）→ ئۇن-پۇن

خەت（信件）→ خەت-پەت　　　　ئۆي（房子）→ ئۆي-پۆي

由重叠式构成形容词的形式是把原词根重复一遍，并在两个词根中间加连接号 "-"。

例如：ئاستا-ئاستا（慢慢的）　　قىسقا-قىسقا（简短的）

（2）构成副词的重叠式有下几种：

①由名词或形容词进行重叠，并在这些词之间加 "ۇ". 例如：

ناي（月月）→ ناي-مۇ-ناي　　　　دەل（合适的）→ دەل-مۇ-دەل

قەدەم（逐步的）→ قەدەم-مۇ-قەدەم　　قول（合手）→ قول-مۇ-قول

②由某些名词、形容词或数词进行重叠后加缀接 "تىن/دىن"，然后两个词之间加连接号 "-"。例如：

بىر（唯一的）→ بىر-بىردىن　　　ناز（一点一滴）→ ناز-نازدىن

قەۋەت（一层层）→ قەۋەت-قەۋەتتىن　　ئوچۇق（公开的）→ ئوچۇق-ئوچۇقتىن

③由某些名词进行重叠后缀加 "لاپ/لەپ"，然后两个词根之间缀接连接号 "-" 构成副词。

例如：ئۆي（逐户）→ ئۆي-ئۆيلەپ　　قوشۇن（部队）→ قوشۇن-قوشۇنلاپ

3. 汉维语重叠式构词法对比

（1）汉语重叠式能构成名词、形容词、代词和副词等。维吾尔语重叠式能构成名词、形容词和副词等。例如：汉语：姑姑（名词）、花花绿绿（形容词）、往往（副词）。

维语：كىيىم-كېچەك（名词）、قىسقا-قىسقا（形容词）、قەۋەت-قەۋەتتىن（副词）。

（2）在汉语中为构成新词重叠完整的音节，没有音素的变化。可维吾尔语中为了构成新词通过重叠的同时发生音素变化。如汉语中的"姑姑"、"吞吞吐吐"都是由重叠完整的音节而形成的没有任何音素的变化。而维吾尔语中的"نازـنازدىن"、"نۇنـبۇن"都是完整的重叠形式，同时发生音素变化而构成的。

（3）汉语中构成形容词的重叠形式不是通过重叠词而构成新词，而维吾尔语正好相反。

例如：汉语"花花绿绿"、"婆婆妈妈"中"花绿"、"婆妈"都不是词。

而在维吾尔语"كىچىك"、"قىسقا"、"قىسقاـقىسقا"中的"كىچىكـكىچىك"都属于词。

（4）在汉语中为了构成副词通过重叠单音节语素构成副词，可维吾尔语通过在原来的词根后缀加一些构形附加成分"لەپ/لاپ/تەن دىن"并和原来的词构成副词。

例如："نازـنازدىن"，"توننا ـتوننىلاپ"。

（5）汉语中的有些通过重叠式构成的名词所表示的意义比原词的意义范围大。

例如："ئاشـپاش"的意义范围比"ئاش"的大，表示"饭之类的东西"。可是汉语中由重叠构成的名词不管是单音节的还是双音节的都没有这种词义范围变化。

汉维语虽属于两种不同类型的语言，但在词法构词方面却有许多相同之处，所不同的是在构词方式、构成新词的种类、构词词干的性质、词缀的数量和来源及能产性等方面有所差异。汉维语构词法所反映出的差异与语言类型密切相关，汉语是分析语，一般没有内部曲折和外部形态，句法结构中语序和虚词的作用较大，因而用复合法构成新词便是最符合汉语特点和使用最多的方法。而维吾尔语是黏着语，其语法特点是有较为丰富的形态变化，并且后缀发达，因此利用词缀法构成的名词较多。

翻译实践

1. 虽然我们是大老粗，但是了解监狱。

2. 不论是重大的事件还是小的细节，没有意见遗漏。

3. 提起"早逝"，人们或有所指。人们定会相信有些人死亡的时刻更为适宜。

4. 听一些人的话头，巴克年轻的时候比儿子雅科夫要魁梧几分。

5. 日子是一天天地过去了。旧的家，渐渐地在她的脑子里疏远了，而眼前，却一步步地亲近她使他熟悉。（柔石：《为奴隶的母亲》）

6. 爱情是无一能为的，连牙痛和贫穷都战胜不了。

7. 在无人烟区，每天都能迎上雨和雪。

8. 领鞋子、领线、领锅碗瓢盆，缺啥领啥。

9. 近来每日早晚在路上见到三三两两的携着书包、携了手或挽了肩膀走着的青年学生。

10. 母亲突然大笑起来，笑着笑着，流出了一脸泪。

11. 贪污腐化、奢侈浪费等现象仍在蔓延滋长。

12. 归根到底，我们要靠自己来摆脱贫困，靠自己发展起来。

13. 越老越不要犯错误，越老越要谦虚一点。

14. 没有一点闯的精神，没有一点"冒"的精神，没有一股气呀，劲呀，就走不出一条好路，走不出一条新路，就干不出新的事业。

15. 评标委员会对有效标书进行评审，决定中标者。评标委员会签发决标书后，由市土地局按标书订明的地址对中标者发出中标证明书。

第六讲 汉维语用词技巧分析

一 词义的选择

词义的选择是翻译中最常用的翻译技巧。其本身也是双语翻译中最基础的工作，准确把握词义，是保证译文质量的前提和基础。一方面，维吾尔语和汉语各自都有丰富的词汇，各自的词义又极其繁复；另一方面，这两种语言差异巨大，其词义关系错综复杂，往往难以找到词义完全对应的词。因此，在翻译中绝不能拘泥于自己所记忆的词典提供的基本释义，机械地用固定的汉语词替换对应的维吾尔语词。正确的做法应当是，在掌握每一个单词基本释义的基础上，根据这个单词所处的语境，根据上下文提供的各种线索，判定其确切含义；同时，还需要按照汉语的表达习惯和汉语的搭配方式，选用恰当的词语表达这一意义。

汉维两种语言的形成与这两个民族的历史、文化、风俗习惯等都有着密切的关系，因此表示客观事实与抽象概念的词，在含义上有许多不同之处。所以，正确理解各种各样的词，是再现原文内容的先决条件。只有通过仔细推敲，反复琢磨，理解词在一定上下文中的具体含义，才能找出最恰当的词来表达。

词义的正确选择首先取决于原文词义的确切理解，而对原文词义的确切理解又取决于对原文的推敲。有些词看起来很简单，翻译时就会联想到常用的对应词。但有时最常用的对应词却不能准确地表达原作的意思。例如：

上辈	ناتا-بوۋىلار	上相	سۆرەتباب
上当	ئالدانماق	上火	قىزىتما پەيدا بولماق

上课　دەرس بەرمەك　　　　上进　ئالغا ئىلگىرلىمەك

上年纪　ياشانغان　　　　上台　سەھنىگە چىقماق

上刑　جازالىماق　　　　上风　شامال ئۇرۇلدىغان تەرەپ

再请看"轻"在下列句子中的含义：

这件大衣很轻，但非常暖和。　بۇ پەلتو يەڭگىل، ئەمما ئىسسىق ساخلايدۇ.

易碎品——小心轻放。　نوگاي چىقىلدىغان بويۇم-ئاۋايلاپ قويۇڭ.

他年纪虽轻，但做事非常负责。

ئۇ ياشتا كىچىك بولسىمۇ، ئىشلارنى مەسئۇلىيەتچانلىق بىلەن قىلىدۇ.

不要轻看自己。　ئۆزەڭنى بوش چاغلىما.

不要轻易做出选择。　ئاسانلىقچە قارار چىقارماسلىق.

今天我有些轻微的头疼。　بۈگۈن بېشىم سەل ئاغرىۋاتىدۇ.

不难看出，翻译中选义的难易程度有多方面的因素在起作用。除了语言工具书可以帮助翻译，更重要的是，要借助具体的语境。以下几个方面会直接影响到我们对释义的选择。

（一）根据专业内容确定词义

例如：يۇقۇرى 一词在下列专业中所表示的意思是：

（医学专业词：高血压）　يۇقۇرى قان بېسىمى

（语言学专业词：高元音）　يۇقۇرى سوزۇق تاۋۇش

（化学专业词：高分子）　يۇقۇرى مالېكولا

（电学专业词：高压电）　يۇقۇرى بېسىملىك توك

（生物学专业词：上臂）　يۇقۇرى بىلەك

（数学专业词：高次方程）　يۇقۇرى دەرىجىلىك تەڭلىمە

（二）根据上下文所构成的语言确定词义

① كونا زاماندا بىزدەك كەمبەغەللەرگە كۈن يوق ئىدى.

这句话，如果不看上下文，便很难说清是怎么回事，看上下文才会明白这句话的真正含义。

译文为：旧社会我们穷人根本没有活路。（摘自《维吾尔文选》）

② ئۇ ھازىر ئۆز كۈننى ئۆزى ئالالايدىغان بولدى.

译文为：他现在自己能独立生活了。

③ بىر نەچچە كۈن بولسىمۇ، ئۇ كۈننىڭ سەيرىقىنى كۆرۈشنى ئارزۇ قىلىدۇ.

译文为：就是几天，他也愿意活下去。

以上例②和例③中都有这一词语，但从上下文可知：例②中的表示"过日子"的意思；例③中的表示"活下去"的意思。由于语言环境不同，同一词语含义各殊。因此，翻译时绝不能断章取义，否则，必然产生误译现象。例如：

这娃娃头真大。	بۇ كىچىك بالىنىڭ بەشى چوڭكەن.
让我从头说起吧。	باشتىن سۆزلەيچۇ.
事情不能只顾一头。	ئىشنىڭ بىر تەرىپىگىلا قاراشقا بولمايدۇ.
这还是我头一回来杭州。	بۇ مېنىڭ تۇنجى خاڭجۇغا كېلىشىم.
他头天上午就来了。	ئۇ ئالدىنقى كۈن ئەتتىگەندىلا كەلگەن.
吉米把铅笔头给扔了。	جىمى قەرىنداش ئۇچىنى تاشلىۋەتتى.

（三）根据词的搭配关系来确定词义

① ئاق كۆڭۈل نادەم ناھايىتى كۆپ.

这里它和"كۆڭۈل نادەم"搭配，意为：善良的人。译文：善良的人很多。

确定词义："ئاق"是个多义词，它的词类有名词、副词、形容词三种。"ئاق"在本句中是形容词。作为形容词，它的意义也随着搭配的不同而变化。

例如：	白铜	ئاق مىس
	白种人	ئاق تەنلىكلەر
	白血病	ئاق قان كېسەللىكى
	白面馕	ئاق نان
	白鳝鱼	ئاق يىلان بېلىق

② ئىش قورالنىڭ ساز بولسا، مۇشەققەتنىڭ ئاز بولۇر.

确定词义： "ساز"一词往往随着搭配的词不同而产生不同的意思。在这里是"精巧、好的"意思。故本句可译为"工具精，受累轻"。

③ شى جىن ئۈچسىسغا قىزىل ساۋۇت، ئىچىگە قارا تاۋار پەشمەت، پۇتىغا يېشىل كۇسەيى ئۆتۈك كىيگەن.

确定词义："كىيمەك"的含义很多。在本句中与三个名词发生语法关系，随着搭配关系的不同，意义也发生了变化。汉语中词与词之间也有搭配问题，因此，在翻译时要照顾到两种语言的要求。

例③可译为：史进身披朱红甲，上穿青棉袄，下着墨绿靴。（摘自《水浒》）

根据搭配不同，翻译时各句词义也有所区别。以汉语词汇"让"为例。

请让一让。　　　　　　　　　يول بېرىڭ.

让我试一下。　　　　　　　مەنمۇ سىناپ باقاي.

大夫让我卧床。　　　دوختۇر مېنىڭ دەم ئېلىشىمنى ئېيتتى.

他把客人让进来。　　　　　　ئۇ مېھماننى كىرگۈزدى.

她让我在雨里等了两个钟头。　　ئۇ مېنى يامغۇردا ئىككى سائەت ساخلاتتى.

店主让我父亲一天干 16 个小时的活儿。

دۇكان خۇجايىنى دادامنى بىر كۈندە16سائەت ئىش قىلىشقا بۇيرىدى.

（四）先确定词的语法功能，再确定词义

1. ئۇ قەلەمنى يوقۇتۇپ قويۇپ، مەندىن كۆرىۋاتىدۇ.

确定词义："كۆرمەك"一词有 "看、看见、见到、怪、怨" 等意思，在句子中是动词，而且是及物动词，一般它要求宾格（如：看、看见、见到）；当它与句子中的名词或代词搭配后，名词或代词后出现从格时，"كۆرمەك"应译为"怪、怨"。因此，译文应译为：笔是自己丢的，却怨我。（摘自《维汉词典》，第 213 页）

2. گال نادەمنىڭ نادانلىق قىلىشى ناتايىن.

确定词义："گال"在这里是形容词，作定语，说明 "گال"一词本意为 "喉咙、嗓子"，还有 "钝的、迟钝的" 等意义，联系全句该词应译为 "迟钝的"才合适。故译文应译为："迟钝的人不一定作蠢事"。（摘自《维汉词典》，第 283 页）

二　词的广义和狭义

　　语言中很多词的意义存在着许多不同之处。汉语中的有些词与维吾尔语中与之相对应的词比较，含义较广，而维吾尔语中相应的含义却可以概括汉语的几个词。比如：

　　① 农业是国民经济的基础。　（《汉维—维汉翻译理论与技巧》，第17页）

يېزا ئىگىلىگى-خەلق ئىگىلىگىنىڭ ئاساسى.

　　② 我区农牧区工业品零售额大幅度增长。　（《汉维翻译教程》，第306页）

دېھقانچىلىق-چارۋىچىلىق رايونلىرىمىزدا سانائەت بويۇملىرىنىڭ پارچە سېتىلىش مىقدارى زور دەرىجىدە ئاشتى.

　　③ 诸位代表先生们，全国人民所渴望的政治协商会议现在开幕了。

（同上书，第17页）

ۋەكىل ئەپەندىلەر، پۈتۈن مەملىكەت خەلقى تەشنا بولۇپ كەلگەن سىياسى مەسلىھەت كەڭىشى يىغىنى ھازىر ئېچىلدى.

　　④ 国计民生　　　　　　　دۆلەتنىڭ ۋە مىللەتنىڭ تەغدىرى

　　⑤ 国脉民命　　　　　　　دۆلەت ئىگىلىگى ۋە خەلق تۆرمۇۋشى

　　⑥ 国土无双　　　　　　　ئەلدە تەڭدىشى يوق

上例"农业"一词是广义。指一切农业经济，包括"农业、畜牧业、林业、副业、渔业"共五个方面，所以例句①选用了"يېزا ئىگىلىگى"而没有选用"دېھقانچىلىق"。但在例句②中农业与牧业并立，是指耕作农业，不是指整个农业经济，故译作"دېھقانچىلىق"。而例句和短语③、④、⑤、⑥中汉语的"国"一词分别已成了"مەملىكەت،دۆلەت،ئەل"。这就说明，汉语中有不少词的意义有广、狭之区别。运用范围也不尽相同。

三 词义的强弱

在任何一种语言中，意义相近或相同的词也不少，但这些词运用在具体的句子中时，它们的意义不是完全一样的。也就是说，词义表达的意义上有强弱的差异。比如：

① 穿得虽然是长衫，可是又脏又破，似乎是多年没有补，也没有洗。

（《鲁迅小说名篇》，第 12 页）。

كىيگەن تونىمۇ ئۇزۇن يىللار داۋامدا بىر قېتىممۇ يۇيۇلمىغاندەك ۋە يامالمىغاندەك كىر، ژۇل-ژۇل

ئىدى.

② 反动派的暴行激起了人民极大的愤怒。

（《语言与翻译》2006 年第 1 期，第 43 页）

ئەكسىيەتچىلەرنىڭ زوراۋانلىقى خەلقنىڭ غايەت زور غەزەپ-نەپرىتىنى قوزغىدى.

例句①中的"破"汉语中修饰衣服所用的词，可分别用维吾尔语的"ژۇل-ژۇل"、"ئەسكى-تۆسكى،يىرتىق"等词表达。但"ژۇل-ژۇل"一词在程度上强于"يىرتىق"和"ئەسكى-تۆسكى"，更适于表达原语的内容。根据上下文"似乎多年没有补"，译者选用了"ژۇل-ژۇل"，而准确地再现了"破"的意义。例句②中的"愤怒"在维吾尔语中分别有"ناچچىق، غەزەپ"等词表达，在句子中进行翻译时必须用"غەزەپ"，而不用"ناچچىق"。虽然，在维吾尔语中"ناچچىق"和"غەزەپ"是同义词，但它们在句子中所表达的词义的强弱程度不尽相同。

四 词义的褒贬

人们在表达思想的过程中，常常表示出对所叙述事物的褒贬态度，而这种褒贬态度往往又是通过带有褒贬色彩的词来表达的，翻译时，准确地表达词的褒贬色彩，对于确切表达原作者的立场、观点、思想、感情是十分重要的。表达不当，就会造成对原意的歪曲，甚至产生不良的效果。

汉译维中，处理词的褒贬色彩时，一般采取以下三种方法。

　　（1）原文中的词本身具有明显的褒贬色彩，维吾尔语中也有不仅在意义上与其相对应，而且在褒贬色彩上也与之相对应（一致）的词。在这种情况下，只要照原词译出相对应的词即可。

　　例如：

　　① 中国的经济是落后的，但是中国人民是勇敢而勤劳的。

　　　　　　　　　　　　　　　　　　（《汉维翻译教程》，第 32 页）

جۇڭگونىڭ ئىقتىسادى قالاق، لېكىن جۇڭگو خەلقى قەھرىمان ۋە ئەمگەكچان خەلق ئىدى.

　　② 可惜他又有一样坏脾气，便是好吃懒做。（《鲁迅小说名篇》，第 12 页）

ئۇنىڭ بىر يامان خۇيى بولۇپ، ھاراقتا نامراق ۋە ھورۇن ئىكەن.

　　③ 其中最凶的一个人。张着嘴，对我笑了笑。（《鲁迅小说名篇》，第 2 页）

ئۇلارنىڭ بىرى ئەڭ ياۋۇز بولۇپ، ماڭا قاراپ چىشلىرىنى باقىرتىپ ھىجايدى.

　　④ 阿 Q，你这浑小子！你说我是你的本家么？

　　　　　　　　　　　　　　　　　　（《鲁迅小说名篇》，第 55 页）

ئا Q، ھەي ئەبلەخ! سەن مېنى ئۆزەمگىگە تۇققان بولدۇ دەپسىنا-دەپ ۋاقىراپ كەتتى.

　　（2）原文的词本身具有明显的褒贬色彩，维吾尔语中没有与之在意义和褒贬色彩方面都一致的词。这种情况下，可以将原文中具有褒贬色彩的词译成中性词，褒贬色彩通过上下文来体现。例如：

　　① 周恩来同志具有坚强的党性。　　　　（《汉维翻译教程》，第 33 页）

يولداش جۇئېنلەي كۈچلۈك پارتىيۋىللىككە ئىگە ئىدى.

　　② 我觉得在路上时时遇到探索，讥笑，猥亵和轻蔑的眼光，一不小心，便使我的全身有些瑟缩，只得即刻提起我的骄傲和反抗来支持。

　　　　　　　　　　　　　　　　　　（《鲁迅小说名篇》，第 210 页）

كوچىلاردا يۈرگەندە ھەمىشە چارلاش، مازاق قىلىش ۋە ياكى خارلاش ئالامەتلىرى چىقىپ تۇرغان ئىئەدەپسىز كۆزلەر تەكتەكلەپ تىكىلگەندە، سەللا ئېھتىياتلىق قىلمىساممۇ پۈتۈن ۋۇجۇدۇم

ژۇغۇلداپ كېيتىدىغاندەك ھېس قىلاتتىم. شۇنىڭ بىلەن ئۆزۈمنى دەرھال مەغرۇر تۇتۇش ۋە ئۇ نەزەرلەرگە قارشى تۇتۇش يولى بىلەن خۇدۈمنى يېغىۋالاتتىم.

（3）原文中的词本身是中性的，但整个上下文的褒贬色彩却很鲜明。在这种情况下，为确切地表达原文的内容及感情色彩，可以把原文的中性词译成带有褒贬色彩的词。例如：

① 他们讲唯心论，我们讲唯物论。

（《语言与翻译》2006 年第 1 期，第 43 页）

ئۇلار ئۆز ئىدىئالىزمىنى تەرغىپ قىلسۇن، بىز ئۆز ماتېرىيالىزممىزنى تەشۋىق قىلايلى.

② 对于他的死，我是很悲痛的。

（《汉维—维汉翻译理论与技巧》，第 17 页）

ئۇنىڭ ۋاپاتىغا مەن قاتتىق ئىچىنىمەن.

③ 敌人跑了，我们的朋友也跑了。（同上）

دۈشمەن قۇيرۇغىنى تىككۈزەتتى، بىزنىڭ دوستلىرىمىزمۇ قاچتى.

确定中性词在上下文中的褒贬色彩，并且用相应的词表达出来，是一个较困难的问题。想处理好这个问题，一定要紧扣上下文。只有吃透了上下文，才能领会词所隐含的色彩，然后才能从译文语言的词汇中寻找意义与色彩都很理想的词。

有些词的意义，其褒贬色彩意义完全不由其本身意义而由其上下文意义来决定。比如说"你小子"粗看之下，这完全是一个贬义词，其实也不一定。比如说"今天这场球，你小子打得不错（打得真够意思）"。在这句话里，"你小子"就没有贬义。再看"漂亮"这个词应该是一个褒义词，其实也不一定。人们可以说"他尽打漂亮仗"，他也可以说"他尽说漂亮话"，一褒一贬，不取决于"漂亮"本身，而取决于上下文的意思。汉语是富有褒义词或贬义词的语言，而且褒贬义大多数是依靠上下文来决定的。所以，翻译时译文的褒贬必须以原文的立场为准，决不能以译者的立场为转移。我们再看看下面例句：

① 这家伙真缺德！(《语言与翻译》2006 年第 1 期，第 43 页)

بۇ ئەبلاخ ھەقىقەتەن ئەخلاقسىز ئىكەن!

② 这家伙真了不起！(同上)

بۇ ئادەم ھەقىقەتەن قالتىس ئىكەن!

五　语境对词义选择的作用

近三十年来，语境研究逐渐升温，日益成为当代语言学研究中的热点之一，其研究前景更是呈现一派勃勃生机。探究其原因，首先，自 20 世纪下半页以来，语言研究由过去的重视语言本体研究转而为加强对语言功能的研究。由此语用学、社会语言学、功能语言学、心理语言学、文化语言学、应用语言学等学科应运而生。伴随着语言学研究的理论转向，语境问题受到前所未有的关注。同时立足于语言的功能，各语言学派都不约而同地将语境问题作为研究各种语言现象的一个重要参数加以研究和重视。其次，随着现代社会科技的发展，语言学也不断呈现出其交叉学科的特点，语言学研究也不再仅仅局限于语言结构的各个层面上，已远远超出了传统语言学研究的范畴，更多的与心理学、医学、社会学、历史地理等学科内容相结合形成了新的学科。在跨学科研究的大潮中，语境作为一个影响言语交际的复杂因素，顺其自然地成为人们多角度研究语言的重要切入点。

（一）何谓语境

语境即言语环境，它包括语言因素，也包括非语言因素。上下文、时间、空间、情景、对象、话语前提等与语词使用有关的都是语境因素。分为狭义和广义两种，狭义指书面语的上下文或口语的前言后语所形成的言语环境；后者是指言语表达时的具体环境（既可指具体场合、也可指社会环境）。

从语境研究的历史现状来看，各门不同的学科以及不同的学术流派关于语境的定义及其基本内容并不完全相同。王建平先生从语用学的角度给语境下了定义："语境是人们在语言交际中理解和运用语言所依赖的各种表现为言辞的上下文或不表现为言辞的主观因素。"

　　语境这一概念最早是由英国人类学家马林诺斯基（B.Malinowski）在 1923 年提出来的。他分出两类语境，一是"情景语境"，一是"文化语境"。也可以说分为"语言性语境"和"非语言性语境"。语言性语境指的是交际过程中某一话语结构表达某种特定意义时所依赖的各种表现为言辞的上下文，它既包括书面语中的上下文，也包括口语中的前言后语；非语言性语境指的是交流过程中某一话语结构表达某种特定意义时所依赖的各种主客观因素，包括时间、地点、场合、话题、交际者的身份、地位、心理背景、文化背景、交际目的、交际方式、交际内容所涉及的对象以及各种与话语结构同时出现的非语言符号（如姿势、手势）等。

　　总之，语境系统是一个独立的，开放的动态的系统。它独立于其他系统之外，有其自身的结构性和层次性；它又并非是一个固定的集合，其构成要素取决于人们的主观认知；并且伴随着交际的不断展开，语境也处于不断的变化发展之中。简而言之，从认知角度出发，充分认识语境有助于我们掌握语言使用的基本规律，指导我们语言生活的健康发展。

（二）语境与与语义的关系

　　语义与语境的相互关系既体现在语言的意义因语境而单一化,具体化,还体现在语境可以使省略的意义得到补充，使词语和句子产生临时意义等方面。此外，语境对语言的选择和使用具有制约作用。

1. 语境使语义单一化

　　一种语言中，总有许多词语是多义的，但在一定的语境中所表达的通常又只是其中的某一个意义。比如"她长得非常漂亮"，"这件事她办得非常漂亮"。前一个句子中的"漂亮"是指长相，后一个句子中的"漂亮"则是事情办得好。这是"语言环境"（上下文语境）对语义的制约。又比如"鸡不吃了"，只看这样一个孤零零的句子，那么就可能有两种理解：一是可能人不吃鸡了；二是可能是鸡不吃食了。再比如，"反对的是他"，既可能提出反对的人是他，也可能某些人反对他。如果单看以上的那些句子，很难理解确切的意思。只有给这些句子一定的上下文（情景语境）。词义才可以确立，句义才会是单一的。

2. 语境使语义具体化

语义是概括的，但在特定的语境中所反映的对象又是具体的。比如"笔"，这里的"笔"是泛指，可以是各种不同的笔。如果请中国书法家写条幅，他说"我身边没有笔，改天行吗？"，这里所说的笔只有一种可能，即毛笔，而且排除了小楷毛笔。如果纸张已经铺好，墨也研好，他说"请拿笔来"，这时他所要的笔可能是他已经选好的某支具体的笔。又如在不同的上下文或交际场合中，汉语人称代词的字面意义往往与所指称的对象不一致，像"我们认为这是正确的"这句话中。"我们"既可能指与"我"观点相同的一些人，表示复数，也可能指"我"本人，表示单数。在"人家就要去"这句话中，"人家"既可能指第三人称，也可能指第一人称。如果在特定的上下文或交际场合中，"我们"和"人家"的所指对象就是明确具体的。可见，语境可以使意义具体化。

3. 语境使省略的意义得以补充

语境可以补充省略的意义，可以帮助说话人明确表达某种没有用言辞说出来的意思，从而使听话者准确领会说话者想要表达的真实含义。比如汉语中的"水"在不同的场合可以表达不同的意思。在沙漠中跋涉的人看见水，说"水！"意思是这里有水，表示惊喜的心情；夜间走路时，突然前面有人喊"水！"意思是前面有水当心；如果卧床病人说"水！"意思则是要喝水。

4. 语境使词语和句子产生临时意义

每一个词语都有社会所公认的固定意义或典型意义，由词语构成的短语或句子也都有固定意义，或者典型意义，尽管有时不止一个意义。在一定语境的参与下、词、短语、句子又都可能获得临时意义。人们在交际中，常常临时赋予某些词以特殊的含义，从而获得临时意义。比如："上有飞机，下有坦克，一夜都没有睡着。"这里的"飞机"指蚊子，"坦克"指臭虫，它们都是特点语境中的一种临时用法。

同一个词语在不同的语境中甚至可以表达相反的意义，产生相反的效果。例如，明知一个人做了蠢事，却对他说"你真聪明！"这种"聪明"反而表示"愚蠢"的临时意义，在特定的语境中（比如在批评一个人做错了事时），也就可以理解了。处在热恋中的女友对男友说"讨厌，你真坏！"未必真的认为男友讨厌，也未必真的认为男友坏。

临时意义可以是多种多样的，例如"你今晚有时间吗?"这句话，在特别的语境中，也许是表示请对方帮忙，也许是和对方商量点事，也许是请对方吃饭，也许跟对方在一起逛街聊天等意思。

（三）翻译中语境对词义的制约作用

翻译作为两种语言之间以传达语义为主要目的的语言交际活动，发生在有特点的语言，情景和文化交织而成的语境之中，深受语境的制约和影响。正如纽马克所说，"语境在所有翻译中都是最重要的因素"。

1. 在语境中消除多义—歧义和模糊意义

任何两种语言中都不可能存在意义完全相同的两个词。而且词语的意义具有模糊性、游移性、不确定性，要使意义明朗、固定、确定，首先就是靠语境。比如举一个普通的词"好"为例。"好"在《现代汉语词典》上（2000 年）的主要意义共十四项，下面是例句：

（1）他是个好人。　　　　　　　　　ئۇ ياخشى ئادەم.

（2）他跟我好。　　　　　　　　　ئۇ مېنىڭ بىلەن يېقىن.

（3）您走好。　　　　　　　　　ئاۋايلاپ مېڭىڭ.

（4）好大半天。　　　　　　　　خېلى كۆپ ۋاقىت.

（5）病人好一些了。　　　　　كېسەل بىراز ساقىيىپ قالدى.

（6）好，这下可麻烦了。　　بەللى، ئەمدى تازا ئوخشاپتۇ.

（7）这个问题好回答。　　بۇ مەسىلىگە جاۋاپ بەرمەك ناسان.

（8）时间不早了，你走好了。

ۋاقىت خېلى بىر يەرگە بېرىپ قالدى، ئەمدى كەتسەڭ كېرەك (كېتىشىڭ كېرەك)

（9）告诉我　他在那儿，我好去找他。

ئۇنىڭ تۇرىدىغان يېرنى ئېيتىپ بەرسىڭىز، مېنىڭ ئىزدىشىم ئۈچۈن ئاسان بولاتتى.

（10）商量好了明天去。　　　　　نەتتە باردىغانغا كېلىشتۇق.

（11）好了，不要再说了。　　　　بولدى، ئەمدى تەمگەۋۇ رەمەيلى.

（12）我不好让他走。　　　　مەن ئۇنى كەت دېيەلمەيمەن.

（13）哈尔滨离北京好远？　خاربىن بىلەن بېيجىڭنىڭ نارلىقى قانچىلىك؟

（14）好大的工程！　　　　ئەجەپ چوڭ قۇرۇلۇش ئىكەن!

以上例句是"好"在语境中的语义变化。意义的基本特点之一是"疏略"，之二则是"模糊、游移、不确定"。

2. 在语境中确定话语意义

语言赋予词语的是概括意义，它仅仅是词语意义的一小部分，随着语境的变化，词语的意义也会随之变化，语境会不断丰富词语的意义。

例如： 农业文章很多，我们还没有破题。

（《语言与翻译》2006 年第 1 期，第 42 页）

بىزا ئېگىلىكىدە قىلىدىغان ئىشلار تولا، بىز بۇ ئىشلارنىڭ ئىپىنى تېخى تاپالمىدۇق.

这里"文章"和"破题"字典里的意义分别为 "ماقاله" 和 "تېمىدىن ھالقىش"，但译文中的意义分别是 "تولا"，"ئىپىنى تاپالماسلىق"。

语境对词义有着多方面的影响，词义在语境之中会发生不同的变化。语境以直接或间接，显现或隐藏等多种方式影响着语言的活动，制约着词义的显现。研究词义在语境中的变化有利于词汇语义学中进一步研究语言运用的课题，从而也有利于选择恰当、准确的词语，提高交际的水平。

翻译实践

1. 他是一个正直诚实的人，但不幸的是有某个坏名声。我相信他这个坏名声是不该有的。

2. 他是个苛刻的老板，要求手下的人对他忠心耿耿，鞠躬尽瘁。

3. 他是位有名望的人。

4. 政府对这件事的看法没有改变。

5. 我担心，你不得不离开这个工作。否则你永远是个替罪羊。

6. 关于我的情况，大概有人对您说了很多。

7. 你们争论不休，而百姓在生活、工作、生儿育女，他们与你们的争论毫不相干。你们发生冲突，唇枪舌战，但是没有对你们的论战感兴趣。

8. 我很不喜欢人家叫我"天才"和"人民的骄子"，我倒觉得我是生活的不幸者……

9. 我从你的来信发现。你陷入了死气沉沉的环境。

10. 有一种人很文静，不显眼，很胆小。

11. 我不怕炎热，我像骆驼一样能忍受。

12. 我们的目标还很远，而苦难就在眼前。

13. 他硬是不承认。

14. 线结成疙瘩了。

15. 你要走了，不能送你，我做首诗送给你吧！

16. 老舍曾说过，文学作品的内容与文字的关系如血之于肉，不容分割；又说，译者不但要介绍原著说了什么，还要传达原文是怎么说的。原文的修辞手法是不是形式因素？原文的音韵特点是不是因素？原文的形式语汇是不是形式因素？这些都能轻视吗？不重视原文的"形"，怎么能深刻理解和表达原文的"神"，撇开了"形"，这"神"便"神乎其神"，便没有躯壳了。既然这"神"要寄于一定躯壳之中，就必须重视原文的躯壳——"形"，在译文中争取达到这种"神"和"形"的完美结合。翻译中"神"和"形"并不总是那么水火不相容的。在既可"神似"又可"形似"的时候，应不应该争取"形似"？重"神似"，切莫轻"形似"，能兼顾则兼顾，实在不可兼顾时，始可舍"形"求"神"，这样提似乎更妥当一些。而且我觉得，译文学作品更须注意"形似"，而译科技文章倒可不必计较什么"形似"。

第七讲　汉译维基本技巧问题

所谓翻译技巧指的是翻译的具体手法，即在翻译译文时某些场合需要对译文的表示作一些必要的调整和改变。

翻译技巧的依据是两种语言在词汇、语法及表达方式上的异同，由于两种语言不同，译者在翻译技巧上，摆脱原作语言结构的约束，依赖言语环境寻找最佳方式，等值地表达信息。越是要准确而等值地表达原文的话语信息，就越要在翻译技巧上表现出创造性。

一　加词法

加词就是在译文中增加一些原文字面上没有的词。

汉维两种语言中相应的词，除了有一部分意义完全相同者外，大部分在词义范围，语法功能，修辞特点，使用习惯等方面不尽相同。为了确切表达原文的意思，更忠实地传达原作的精神，翻译时，往往需要在译文中增加一些原文字面上没有而实际上潜存于原文字里行间的词，词组，甚至句子。这是一种经常使用的翻译技巧。

加词必须以忠实原文为前提，加词绝不等于增意。

加词法常用以下情况：

1. 加词以充分达意

有些句子如照原文字面翻译，或者意思不完整，或者会造成歧义，必须适当地增加一些词，词组。

例如：结婚必须男女双方完全自愿。

نىكاھلىنىش ئوغۇل-قىز، ئەر-ئايالنىڭ تولۇق رازىلىقى بىلەن بولۇشى شەرت.

对汉语中的某些典故和结构简练，概括性强的固定短语，一般采取诠释词义的方法，适当地在译文中增加某些词，否则，译文十分费解。

2. 加词以合乎语法

为了使译文符合译语用词造句的习惯，可以增加一些适当的词。例如：
我们国家有前途，有希望。

دۆلىتىمىزنىڭ ئىستىقبالى بار، دۆلىتىمىزدىن ئۈمىد بار.

3. 加词以合乎逻辑

不加词，译文中会出现违反逻辑的现象，使读者不知所云。例如：
原婚姻法规定，"其它五代内的旁系血亲间禁止结婚的问题，从习惯"。

（《中华人民共和国婚姻法》）

ئەسلىدىكى نىكاھ قانوندا《 ئۇنىڭدىن باشقا بەش ئەۋلاد دائىرسىگە كىرىدىغان ئىككى بىر تۇغقانلار ئارا نىكاھلىنىشنى مەنئى قىلىش-قىلماسلىق مەسىلىسى ئادەت بويىچە بولىدۇ 《دەپ بەلگىلەنگەنىدى.

4. 加词以润饰文字

有时不加词，基本上也能忠实于原文，译文大体上也通顺，可是读起来，总使人感到好像缺少了一点什么东西似的。如果增添某些词语。对译文文字加以润色，就会更合乎译文的表达习惯和修辞要求。例如：
我们的人民勤劳勇敢，坚忍不拔，有智慧，有理想，热爱祖国，热爱社会主义，顾大全，守纪律。

بىزنىڭ خەلقىمىز ئەمگەكچان-باتۇر، ئۇگەلمەس-پۆكمەس، ئەقىل-پار اسەتلىك خەلق، ئۆمتىنىمىزنى، سوتسىيالىزمىنى قىزغىن سۆيىدىغان، ئومومىي ۋەزىيەتنى نەزەردە تۇتىدىغان، ئىنتىزامغا رىئايە قىلىدىغان خەلق.

翻译实践

1. 我看，有人一头钻到科研里面，应当允许。
2. 是否先恢复小学五年，中学五年，以后再进一步研究。
3. 要实行考核制度，考核，必须是严格的，全面的，而且是经常的。

4. 怎样才能把国民经济搞上去？分析的结果，当前的薄弱环节是铁路。

5. 从井冈山起，毛泽东同志就为我军建立了非常好的制度，树立了非常好的作风。

6. 下去检查工作的时候，不要人家请客，不要办酒席。下去到处跑，到处请客，而且都是老上级，不请客就说不尊重，就不高兴，那还得了！

7. 他喜欢指出别人的缺点，但用意是好的。

8. 我们要对问题做全面的分析，才能妥善解决。

9. 大作收到，十分高兴。

10. 交出翻译之前，必须读几遍，看看有没有要修改的地方。

11. 没有调查就没有发言权。

12. 看粮食，要看中国的农业；看农业，首先要看市场。

二 减词法

减词同加词的情况正好相反。翻译实践中有时需要在译文中省略原文的个别词，否则行文显得啰嗦，不合译文表达习惯，有时甚至会影响原文的确切表达。

减词决不是减意，恰恰相反，减词正是为了更好地达意。被减掉的词在译文中形虽失而意存。

减词常用于以下情况：

1. 减译重复的词语

汉语中为了加重话势，使强调的东西更加突出，往往重复某个词语。这种修辞手段具有突出思想，强调感情，分清层次，加强节奏感的作用。译成维吾尔语时，一般不必重复。

例如： 他们这种怕反复，怕折腾的心情是可以理解的。

ئۇلارنىڭ تەكرارلىنىشتىن ۋە تىكىپ-سۆكۈپ يۈرۈشتىن ئەنسىرەشنى تامامەن چۈشىنىشلىك.

2. 形容词，动词作定语而被修饰的中心语是抽象名词时，被修饰的名词可以省译。

例如：　十月革命推翻了资产阶级，这在世界上是个新鲜的事情。

ئۆكتەبىر ئىنقىلابى بۇرژۇئازىيىنى ئاغدۇرۇپ تاشلىدى، بۇ، دۇنيادا بىر يېڭىلىق بولدى.

3. 双音节动词之前加上"进行""加以""予以""得到""感到"之类的动词组成述宾词组时，翻译时，如能用一个动词表达它们的意义，可以省去"进行，加以，予以，得到……"之类的词。

例如：　人民法院审理离婚案件，应当进行调解。

خەلق سوت مەھكىمىسى نىكاھدىن ئاجرىشىش ئەنزىسىنى(دىلۇسى) بىر تەرەپ قىلىشتا، ياراشتۇرۇپ باقىدۇ.

4. 维吾尔语中的一个动词可以概括汉语的几个动词的意义时，部分动词可以省译。

例如：　如今，这靴子穿到他的脚上了，他快活，他高兴。

مانا ئەمدى بۇ ئۆتۈك ئۇنىڭ پۇتىغا چىقىپ قالدى، شۇڭا ئۇ بەكمۇ خۇرسەن ئىدى.

5. 汉语并列关系，递进关系中两个分句的谓语相同时，可以只译一个分句的谓语。

例如：　不仅年龄要限制，干部的名额也要限制。

كادىرلارنىڭ يېشىغىلا ئەمەس، سانىنىمۇ چەك قويۇش لازىم.

翻译实践

1. 你可好些了？想吃什么？叫人到我哪里取去。
2. 高等院校学生来源于中学，中学学生来源于小学，因此要重视中小学教育。
3. 实践证明，无论缩小或者夸大，两者都要犯严重的错误。
4. 有些干部不是喜欢养鸡、养兔、养鸭吗？
5. 即反对急于求成，也反对消极情绪。

6. 我们这个军队是党指挥枪，不是枪指挥党。

7. 毛泽东同志一向非常注意群众的议论，群众的思想，群众的问题。

8. 你那次握手，是从世界上最浩瀚的大洋彼岸伸过来的手，是经过 25 年隔绝之后伸过来的手。

9. 检验任何制度的标准在于它的成效，在于它能在多大程度上向人民更多地提供他们所需要的东西。

10. 在一个时常发生敌对的世界上，富于热情和谅解的关系是难能可贵的。在一个国与国之间疑虑丛生的世界上，坦率和信任是十分珍贵的。

三　引申法

引申是翻译中一种普遍现象。所谓引申，是指根据上下文，不拘于字面意义或词典上提供的译义，释义，而对词义或做必要的调整变动，或另辟蹊径。这里包括原文词义的引申和译文表达时的引申。词的含义是复杂的，不仅有直接的、表面的、一般的意义，而且还有比喻的、内涵的、特定的意义（如语境意义、修辞意义、蕴涵意义等）。字典上所注释的意义，只是勾画出原意的一个粗疏的轮廓，远不是词的全部意义，一位语言学家说得好："在新的上下文里使用的每一个词都是新词。"从这个意义上说，词的真正生命不在词典里，而在活的语言中。

引申法一般采用转译、具体化、抽象化等方法解决。

1. 转译：遇到一些无法或不能按表面意义进行翻译的词或词组，转而用另外的词来翻译。例如：这篇文章开门见山，一落笔就点明了主题。

بۇ ماقالىدە ئاساسىي ئىدىيە ھە دېگەندەكلا ئېنىق كۆرسىتىپ بېرىلگەن.

2. 词义具体化

有时原文中某些词或词组的含意比较抽象或比较概括，翻译时需要根据上下文引申的词义，将他们译为意思比较具体的词或词组，以便确切地表达意义。例如：

老同志都不在了，再来解决这个问题，就晚了，要比现在难得多。

（《邓小平文选》）

پىشقەدەم يولداشلار ئالەمدىن ئۆتكەندىن كېيىن ، بۇ مەسىلىنى ھەل قىلىشقا تۆتۆش قىلساق كېچىكىپ قالىمىز ، ئۇ چاغدا ئىش ھازىرقىدىن كۆپ تەس چۈشىدۇ.

3. 词义抽象化

有时原文里某些词或词组很具体，翻译时如照样移植不合译文表达习惯，往往需要用抽象化的方法来处理。

汉语中常常用一个表示具体形象的词来表示一种属性，一个事物或一个概念。翻译这类词时，一般要将其词义做抽象化的引申。例如：

俗语说：不当家不知柴米贵。

كونىلاردا: ئۆي تۇتمىغان، ئۆينىڭ دەردىنى بىلمەس دېگەن گەپ بار.

翻译实践

1. 这次战争，我们本来存在三个问题：一能不能打，二能不能守，三有没有东西吃。

2. 任何外国不要指望中国做他们的附庸，不要指望中国会吞下损害我国利益的苦果。

3. 同东欧国家合作，也有文章可做，他们有一些技术比我们好，我们的一些东西他们也需要。

4. 天空一丝云彩也没有，田野里一点声音也没有，还乡河边的树林里，有黄莺的叫声。

5. 住房问题解决了，人均达到二十平方米，因为土地不足，向空中发展，小城镇和农付盖二三层楼房的已经不少。

6. 把风整一整，有什么不好？不是整那些鸡毛蒜皮，而是整大事，整路线。

四　反面着笔法

反面着笔法是常用的翻译技巧之一。是指突出原文形式，从反面着手处理原文的意思，以便更好地表达原意，使译文通顺、流畅，或者达到一定的修辞目的。反面着笔法也叫作反说法。其基本概念是原本从一个角度下笔，译文恰恰从相反的角度下笔，采取这个译法时被反面处理的可以是词、短语、甚至整个句子。

反面着笔有四种情况：

1. 从反面着笔处理原文的肯定语气

从反面着笔处理原文的肯定语气，即：把肯定译为否定。例如：

① "坏事做绝的人到头来总是搬起石头砸自己的脚！"

يامان ئىشتىن قول ئۈزمەيدىغان نادەم، ھامان ئۆز پۇتىغا ئۆزى پالتا چاپىدۇ.

② 比赛嘛总有胜负。

يېڭىش-يېڭىلىش بولمىسا، مۇسابىقە دېگىلى بولمايدۇ.

③ 都这么大了，还要小孩子脾气。

شۇنچە چوڭ بولۇپ قالغان تۇرۇپ قىزىق، بالىلىقىڭىزنى تاشلىمايسىز.

2. 从反面着笔处理原文的否定语气，即：把否定译为肯定。例如：

① "那是不假"，老孙头说："穷棒子都遭过罪。"（《暴风聚雨》）

— بۇ راست گەپ، — دېدى لاۋ سۇنتۇ، — كەمبەغەللەرنىڭ ھەممىسى شۇنداق ئازابلارنى چېكىدۇ.

② 教室里没有一点声音，大家都缩着脖子。

（《钢铁是怎样炼成的》，第 2 页）

سىنىپنىڭ ئىچى جىمجىت بولۇپ، بالىلار دۇگدۇيىشىپ ئولتۇرۇشاتتى.

3. 将单纯肯定译为双重否定。例如：

① 如果我能够，我要写下我的悔恨和悲伤，为子君为自己。

ئەگەر قولۇمدىن كەلسىدىكەن، زىجۈن قىز ئۈچۈن، ئۆزۈم ئۈچۈن، ئۆز پۇشايمانلىرىمنى،

قايغۇ-ھەسرەتلەرىمنى يازماي قويمايمەن.

② 每个人都是忧患与生俱来。

ئادەم ھاياتلا بولدىكەن، قايغۇ چەكمەي قالمايدۇ.

4. 将双重否定译为单纯肯定。例如：

① 写诗、绘画，他无所不通，无所不精。

شېئىر يېزىش ۋە رەسىم سىزىشنىڭ ھەممىسىنى ئۇ بىلەتتى، بىلگەندىمۇ ناھايىتى ياخشى بىلەتتى.

② 事实让我不得不做出这样的决定。

رىياللىق مېنى مۇشۇنداق قارار چىقىرىشقا مەجبۇر قىلدى.

③ 这次的春游活动，全班同学没有一个不同意。

بۇ قېتىمقى باھار سەيلىسى پائالىيىتىگە سىنىپتىكى ھەممە ئوقۇغۇچى قوشۇلدى.

翻译实践

1. 现在这次代表大会和八大时的情况有很大的不同。
2. 这个问题不解决，我们的国家，我们的党就缺乏活力。
3. 但是过去的事完全不讲恐怕也不好，总得有个交代。
4. 日本占了中国的不少地方，台湾就被它占了五十年。
5. 我这一生只剩下一件事，就是台湾问题，恐怕看不到解决的时候了。
6. 白杨树实在是不平凡的，我赞扬白杨树！
7. 他必审问我，我给他一个"徐庶入曹营———一语不发"。
8. 在工作上，总理唯恐少做了一件事，生活上总理唯恐多享受一分。

五　转换法

转换是互译中常用的一种变通手段，也是为获得语义对应而采用的一种必不可少的应变性对策。由于不同语言在形式上存在着大量非对应的情况，所以转换原语句法结构形式是不可避免的。常见的有词性转换，句法手段与句式转换（如主动与被动，肯定与否定的转换，语态的转换，语气的转换）等。

1. 词性转换：将动词译为名词，名词译为形容词等。例如：

① 我们应当在外事工作方面，国防建设方面加强努力。

بىز تاشقى ئىشلار خىزمىتى ، دۆلەت مۇداپىئەسى قۇرۇلۇشى جەھەتتە، قاتتىق تىرىشىشىمىز لازىم.

② 对于这个问题，我们必须保持清醒的头脑。

بۇ مەسىلىگە قارىتا، مېڭىمىزنى سەگەك تۇتۇشىمىز كېرەك.

2. 成分转换：将主语译为宾语，宾语译为谓语等。例如：

① 父亲至今下落不明。

ئاتىسىنىڭ ھازىرغىچە ئىز -دېرىكى يوق.

② 上海的战火硝烟夺去了她的母亲。

شاڭخەيدىكى جەڭ ئۇنى ئانىسىدىن ئايردى.

3. 句式转换：例如：

① 这样，牧人的羊就被狼吃掉了。

شۇنداق قىلىپ، چوپاننىڭ قويلىرىنى بۆره يەپ كەتتى.

② 这事到了现在，还是时时忆起。（鲁迅《一件小事》）

بۇ ئىش تا ھازىرغىچە ئېسىمدىن چىقمايتتى.

翻译实践

1. 技术改造可以弥补能源、材料、资金的不足。

2. 现在问题是要注意争取时间，该上的要上。

3. 和平统一已成为国共党的共同语言。但不是我吃掉你，也不是你吃掉我。

4. 国务院设立海关总署，统一管理全国海关。

5. 他是谁？对我这样一个平日被人轻视的工人下那样诚恳的劝告？

6. 要实现统一，就要有个适当方式，所以我们建议举行两党平等会议，实行第三次合作，而不提中央与地方谈判。

7. 他不爱多说话，但常常微笑。

8. 那个家伙老是滔滔不绝讲个不停。

9. 街中的一切逐渐消失在灰暗的暮色里。

10.在全国文明礼貌月中，所有城市必须搞好卫生，清除混乱和不礼貌现象。

六 词序调整法

词序调整是指翻译时对词序做必要的或必不可少的改变，这里是指译文同原文相比，词序发生了变化，故而名之。

词序调整一般分两种情况：局部调整和整体调整。

1. 局部调整：指在句子内部结构或句子成分位置上发生变化。如：

① 在每一个行动之前，必须向党员和群众讲明我们按情况规定的政策制度。

پارتىيە ۋە ئاممىغا، بىزنىڭ ئەھۋالغا قاراپ بەلگىلەنگەن سىياسىتىمىزنى، ھەرىكەت ئېلىپ بېرىشتىن بۇرۇن چۈشەندۈرۈشىمىز كېرەك.

② 我主张采取辩论的方法，面对面，不要背靠背，好好辩论辩论。

（《邓小平文选》）

مەن مۇنازىرىلشىش ئۇسۇلىنى قوللىنىشنى تەشەببۇس قىلىمەن، ئارقىدىن ئەمەس، يۈز تۇرانە ئوبدان مۇنازىرىلىشەيلى.

2. 整体调整：指复句内部结构各单句位置的变化。如：

① 优势是在我们方面，不是敌人方面。

ئۈستۈنلۈك دۈشمەن تەرەپتە ئەمەس، بىز تەرەپتە.

② 我们一定坚守这个阵地，即使只剩下最后一个人。（《高山下的花环》）

ئەڭ ئاخىرقى ئادەم قالغان تەقدىردىمۇ، بىز بازىنى چوقۇم چىڭ ساخلايمىز.

翻译实践

1. 一些外国在技术上，管理上先进，并不是一切都先进。

2. 月亮钻了云层，好似帷幕降落下来。

3. 个人进步主要是靠自己主观的努力，而不是客观条件。

4. 应提倡割草圈羊，以免破坏草山草坡的植被，造成水土流失。

5. 批评应当充分说理，富有教育意义，有利于帮助同志提高觉悟，而不应当主观臆断，以势压人。

6. 应该对青年一代加强政治和思想教育，使他们懂得美好的生活是必须用自己的劳动去创造的。

7. 我们为了顾全大局，于同年秋末在第三方的调解下，开诚布公地多次强烈要求贵方赔偿我们的一切损失。

8. 一切准备就绪，会议就立即开始了。

9. 女主人已经离开人世，再没有人喂它了。它好像已经意识到这一点。

10.他是依然健在的最伟大的科学家。

11.他就是那个告诉我这个消息的人。

12.我们相信，在新的一年里，通过双方的努力，我们的业务和友好合作关系会得到发展。

13.他一九三五年八月二十二日早晨六点三十分诞生在湖南的一个小县城。

第八讲　直译与意译

语言是一种社会现象，是人们用来表达思想感情的工具。我们要通过这一媒介达到理解对方和使对方了解自己，就必须掌握两种语言的基本要素。语言表达是否准确，鲜明，生动，是语言修辞的基本要求。关于翻译问题，前人和当代中外翻译家从理论到实践发表过许多精辟的见解，阐述了翻译工作必须遵循的原则和标准。由于民族、文化、风俗习惯的不同，各个译文语言表达形式之间存在许多差异。

在翻译过程中，有些成语或句子可以直接表达原文内容，而有些成语或句子可以利用它的另一种意思来表达原文内容，这就关系到如何正确使用翻译方法中的直译和意译问题。直译和意译是翻译中具体使用的翻译方法。也是多种翻译方法研究的出发点。直译和意译的最终目的都是为了忠实表达原作的思想内容和文化风格。直译的方法在一定程度上是有其不可替代的优点的，它追求忠实于原文，主张如实地反映原文内容，通过直译可以接触原文语言民族的历史，文化背景情况，也可以用原文语言的一些表达方式，从而丰富本民族的语言。意译时要尽量照顾原文的语言特色，也可以说意译的使用是首先向直译靠拢，不得已时才与直译分离。一般来说，采用意译的方法时，原文信息不易保持完整，译者容易在译文中加进主观色彩，此外，意译也不利于借用，不利于译文语言的丰富。

一　翻译中直译的运用方法

直译是指翻译时即要求忠实于原文内容，同时要尽量保持原作的语言形式，包括用词，句子结构等。它还要求语言流畅易懂，也就是说，译文语言可以按字面进行翻译，但直译不是 "死译"。在它的定义上有很多种不同的说法，有些人认为直译是原文的原话、句式及句子成分原封不动的翻译出来。有些人认为是对原文的话，一字不差的翻译出来。无论直译的意义如何，原文结构与维吾尔语的结构是一致的。这种方法力求在不违背译文语言规范的前提下，在译文中保留原文习语的比喻、形象等特色。

例如：

太阳从西边出来	كۈن غەربتىن چىقماق
夜长梦多	تۈن ئۇزاق بولسا، چۈش كۆپ بولىدۇ
敬酒不喝，喝罚酒	ھۆرمەت شارابىنى ئىچمەي،جازا شارابىنى ئىچمەك
心口不一	تىلى بىلەن دىلى بىر بولماسلىق
前言不搭后语	باش نايىغى باغلاشماسلىق
话里有话	گەپنىڭ تېگىدە گەپ بار
管孩子	بالا تەربىلەش

严格的直译就是逐字翻译，但意译并不等于 "死译"， "硬译"。我们认为 "死译" "硬译" 是不能或不敢摆脱原文语言形式的束缚，一味追求对原文语言形式的忠实，因而造成拖泥带水、晦涩难懂，有理不通的翻译方法。只有语句的意义全部转移在译文里，直译的方法才可能被接受。否则貌合神离不能被看作直译，也不能算作翻译。举一例子："搞" 一词的基本义是 "做" "弄" "干" "办"，一般可译为 " ئەتمەك، بەجىرمەك قىلماق " 但是在翻译"九大、十五大搞的党章"，这样一个句子时就不能译成 " ئىشلىگەن " 或 "بەجىرگەن"，而只能译成 " تۈزۈپ چىققان"。这是因为 "搞" 除了表示上述几个意思外，还与不同的词搭配，可引申出不同的意义，如不这样处理 "搞" 一词，这翻译就属一种死译。

直译具有以下几种特征：

第一，虽然直译是字与字，句与句之间的直接翻译，但它并不属于 "死译" 或者 "僵译"，无论是 "死译" 还是 "僵译"，它们都离不开原文的语言范畴，只有按原文的字、句意义充分表达时，才说得上直译，如果只是句型相同，内容不同则不是直译。

第二，直译在一定的范围内具有自己的性质、特征。它忠实于原文内容，思想，同时在使用直译翻译时，原文中有表达历史文化背景的作品，或带有名词性的词语可以译成音译，再现原意，可以丰富译文的内容。例如：

汉语中的"麻将"、"棺材"、"炮张子"、"筷子"维吾尔语中直译成"ماجاك، گۇمنسەي، پوجاكزا، كويزا، 等等表示特有事物的词用直译的方法译入维吾尔语后，读者可以接触到汉民族所独有的这些文化现象。كەتمەن（坎土曼）、بادام（巴大木）、باي（巴依）、موللا（毛拉）、دۆتتار（都它尔）、ئاخۇن（阿訇）等表示特有事物的词以直译的方式译入汉语后也能让汉民族读者对这些外来事物有所了解。从而这些被直译过来的语言成分可以丰富译文语言的词汇宝库。

例如：现代维吾尔语中无生命名词做主语的句式：

1.قۇرۇلتاي مۇنداق قارايدۇ.

2.بۇ دەرسلىك شىڭجاڭ مائارىپ نەشرىياتى تەرپىدىن تۇزۇلدى.

3.مەكتەپ بۇ ئىشقا مەسئۇل.

这些句式也是通过直译的方法，从汉语借入维吾尔语，丰富了维吾尔语的表现手法，但直译也有它的缺陷，在翻译中采用直译法，容易犯死译、硬译的错误。这在某种程度上与译者的外语水平，译者的文化背景知识以及知识面的宽窄有关。

在翻译过程中也可遇见全直译或音译加直译的词。例如：

专卖店　　　　مەھسۇس سېتىش دۇكىنى

华都商场　　　خۇادۇ سودا سارىيى

红山村大酒店　قىزىل تاغ كەنتى رىستىرانى

二　翻译中意译的运用方法

意译是指只有在正确理解原文的基础上，运用相应的翻译方法以调整原文结构，用规范的汉语加以表达，这才真正做到意译，则从意义出发，只要求将原文大意表达出来，不注意细节，译文自然流畅既可。意译使我们在深刻领会原作精神实质的前提下，不拘束于原作的字面形式，创作性地表达原作的思想，但决不是"自由创作"。不可以添枝加叶，改变原作的风格。　例如：

公鸡下蛋　　　　　　　تۆگىنىڭ قۇيرۇقى يەرگە يەتمەك

马散鱼溃	ئۆركۈپ پاتپاراق بولماق
蚂蚁啃骨头	يىگنە بىلەن قۇدۇق قازغاندەك
天下乌鸦一般黑	ھەممە يەردە قازاننىڭ قۇلىقى توت
碰钉子	دەككىسىنى يېمەك
小脚女人	نەزەر دائىرسى تار
死心塌地	جان جەھلى بىلەن
牛头不对马嘴	تاغدىن سورسا،باغدىن جاۋاپ بەرمەك

意译具有以下几种特征：

第一，意译时不要求原文与译文的形式完全一致，如果不能肯定用直译或者运用直译不恰当的情况下，运用意译翻译法 。

例如： 他上台没多长时间就下台了。

ئۇ ھوقوق تۇتۇپ، ئۆزۈن ئۇتمىلا چۈشۈپ كەتتى.

第二，意译是直译的补充。所以，在意译时要尽可能发挥原文的语言特征。另外在运用意译之前要试着运用直译法，不行则考虑是否用意译法。

例如： 鸡蛋里面挑骨头　　تۆخۈمدىن توڭ ئۇندۇرمەك

量力而行　　يوتقانغا قاراپ پۇت سۇنماق

第三，采用意译的方法时，原文信息不易完全保持完整，译者容易在译文中加进主观色彩，此外，意译也不利于借用，不利于译文语言的丰富。

例如： 此事易如反掌，我一人就行，何必麻烦您呢？

بۇ ئىش ئاسان، مەنلا بىجەرەي، سىز ئاۋارە بولماڭ.

在翻译过程中也可能遇见全意译加音译的现象， 例如：

休闲屋　　نارام گاھ

阿尔曼超市　　نارمان تاللا بازىرى

雅尼琴行　　يانى چالغۇ ئەسۋابى

三　直译和意译的关系

直译和意译是原指不同文学题材翻译的两种方法。所谓直译：着重于原形式的表达，力求译文同原作词语、语法结构、表达方式等方面而趋于一致。所谓意译：力求摆脱原作形式的束缚，着重于原作思想内容和感情色彩的表达。直译和意译实质上是以形式为主还是以内容为主的问题。总之，对一个修养有素，技巧娴熟的译者来说，直译和意译绝不是独立的，相互矛盾的，一成不变的方法，而是相辅相成，有着内在联系的方法。所以有时直译，有时意译，有时直译的基础上意译，有时直译和意译相辅相成都是常见的现象。是译者根据自身的条件，根据原作内容与形式的不同所采用的灵活手段。

例如：ئەي!پىرى سەن كەتتىپ بولدى قاراڭغۇ جاھان.

啊，仙子你去夜间一片黑暗。

啊，仙子你去了田地间顿时一片黑暗。

从以上的例句来看，第一例注重直译和意义形式兼顾，第二例注重意译法，可以说，直译在兼顾词、句的翻译过程中，不顾词，句子的意思而无法表达原作的思想内容，在这种情况下就用意译法，这种方法可以将句式和意义充分地表达出来。例如：

音像行　　　　ئاۋاز ياڭراتقۇ

风味餐厅　　　تەملىك تائاملار رەستۇرانى

其馕是整的　　نەننى پۇتۇن

从以上的例子来看，运用直译时，为了保持成语的民族特色或原汁原味，有些成语可以照字面直译，但必须体现原文的引申意义。实际上，直译与意译问题无非是在译文忠实反映原作的思想内容与文体风格时，采取何种手段的问题，二者并无矛盾。如果原语的词汇意义、句法结构、文体风格与译语的风格一致或相似，即可采用"直译"如："يېرىم ناچ، يېرىم توق"译为"半饥半饱"。但若两种语言在表达同一思想内容时，词汇意义、句法结构、文体风格相差悬殊，只有采用"意译"的方法，才能达到翻译标准要求。

例如：ئاستا-ئاستا قاراڭغۇ چۇشۇشكە باشلىدى.

直译：慢慢地黑暗开始落下来。评：这个句子是顺着词序的排列译出来的，表面看来十分"准"了，然而意义含混，使读者不知所云，根本谈不上"准确"。要想译好上面的句子，必须突破原文的形式，改译为：意译：夜幕从天庭徐徐降落。

从以上的句子来看，还有个别句子在译法上有误，这种情况提醒我们，在翻译时，深刻的了解原文的内容，语法结构，视情况用译法，这样才能恰如其分的把握好直译和意译的方法。任何一个句子，一般都要表达一个相对完整的意思，分析句子就是要弄清原文内在的含义，以便确定译文语言的表达形式和译文的句式。如果译者完全字对字的直译，必然会使译文生硬晦涩，也不能确切的表达出原作的神韵。然而，译者却能在深入理解原作的基础上，运用灵活、形象的译入语言形式，把原作内容活生生的呈现在读者面前，使人从富于变化的句式，在错落有致的词序中得到一种美的享受。

我们认为将直译和意译作为翻译总体方法，并用来衡量译作是不科学的，它们只能是处理具体语言现象的具体方法，如：在既能神似又能形似的时候，采用直译法，只能神似不能形似的时候采用意译法。但是翻译一部作品，一篇文章单纯采取一种方法也是行不通的。必须将二者有机地结合起来，既直译而不"硬"译，意译而不"曲"译，形成一种翻译的正确方法。翻译汉语成语时，可以采用直译和意译的方法。这两种翻译方法在翻译时要同时考虑，只有这样才能避免"硬"译和"曲"。例如：

① 破镜重圆　　　　قايتا ياراشماق

② 胸有成竹　　　　كۆڭۈلده سان بار

③ 混水摸鱼　　سۈنى لېيىتىپ بېلىق تۇتماق

以上例①例②中采用了意译法，并实现了等值翻译，如果将它们译为"ئەينەك چېقىلىپ قايتا يۇمۇلاق بولماق. كۆڭۈلده قۇمۇش بار."就会造成"曲"译。例③中采用了直译法，并不造成"硬"译反而等值地表达了汉语成语的引申义并以此来丰富维吾尔语的成语。这样的成语当然不需要意译。

四　死译、活译、直译、意译的比较

下面，我们将死译、活译、直译、意译做一番比较，看看死译与直译有什么不同，活译与意译有什么不同。

死译只注意原文的形式，对原文使用的词语、句子结构、比喻以及其他修辞手法，尽量原封不动地照搬过来，在原文和译文两种语言表达形式差别很大的情况下，也不对译文语言作必要的调整，结果，译文不符合译文的表达习惯，原文的意思反而表达不出来，或寓意不明，或意义含混，或晦涩难懂甚至不知所云。这是不合格的翻译，错误的翻译。有时，原文与译文表达习惯完全一样，逐词翻译可以达到形式和内容的统一，这当然是最理想的翻译。可惜这种情况并不多见。

活译把传译性（在文学翻译中还包括传神）摆到了第一位，而不受原文形式的拘束，在原文与译文两种语言的表达形式差别较大的情况下，敢于甩开原文的形式，选用最恰当的词语、结构、比喻，把原文表达出来。从形式上看，似乎与原文出入较大，但所表达的正是原文的实质内容，读者看了后能得到大致相同的感受。

直译尽量保持原作的表达形式，尽可能使用原文的词语、结构和比喻，由于做了一些必要的调整，因而文字比较通顺，意思比较清楚，可接受性较好，读者也能得到大致相同的感受。直译和死译的不同之处就是直译对译文语言做了一些调整，译文质量较高，读者易于接受。这一部分直译保持了原作效果，达到了原作的感受，属于活译范畴。但有时不便使用直译，若勉强采用直译，则效果不佳，寓意不明，读者接受不了，从而得不到与原作大致相同的感受，这部分直译就属于死译范畴。

不能采用直译，也就是用直译不能达到翻译的效果时，意译是唯一的解决办法。这种意译把原文表达出来，读者又能接受，而且可感受到大致相同的感受，属于活译的范畴。能用直译而且效果较好，但是若用了直译，结果与原文相差较远，反而失去了原作的效果。不该用意译的地方用了意译，得不到原作的感受，这和不能直译的地方还坚持直译一样，是失败的翻译，已不属于活译的范畴，如果要给这部分意译起个名字的话，可以叫它"胡"译。

翻译实践

1. 有人提出，生产这种类型的车床应在几个月内开始。
2. 很明显，岩石所承受的持续压力会引起断层。
3. 公司承认并同意在合同期内由乙方提供的技术属于秘密。

4. 近几年来，父亲和我都是"东奔西走"，家中光景是一日不如一日。

5. 我们非要把这件事查个水落石出不可。

6. 你只知其然而不知其所以然。

7. 还有一些人很骄傲，读了几句书，自以为了不起，尾巴翘到天上去了。

8. 我半世的辛苦，全是替他们做牛马。

9. 我在学堂里坐着，心里也闷，不如给人家放牛，倒快活些。

10. 他一边写着，一边注视着窗外，防止被巡查的人员看见。

11. 你不要脚踏两只船。

12. 为人不做亏心事，半夜不怕鬼敲门。

13. 年岁不好，柴米又贵；这几件旧衣服和旧家伙，当的当了，卖的卖了；只靠着我替人家做些针线活寻来的钱，如何供得你读书？

14. 长时间坐在电脑前是许多年轻人健康下降的主要原因。

15. 许多外国游客都想到长城一游，他们知道"不到长城非好汉"。

16. 另一方面，必须用上述材料进行广泛宣传，使人们认识到，自然保护区是保护自然及文化遗产的基本单位，它们是在人类进步里程中长期斗争中形成的，对经济建设有着重要的作用。

17. 为了进行认真细致的考察，他很少乘车坐船，几乎全靠双脚翻山越岭，长途跋涉；为了弄清大自然的真相，他总是挑选道路艰险的山区，人迹稀少的森林进行考察，发现了许多奇山秀景。

18. 在人际关系问题上我们不要太浪漫主义。人是很有趣的，往往在接触一个人时首先看到的都是他或她的优点。这一点颇像是在餐馆里用餐的经验。开始吃头盘或冷盘的时候，印象很好。吃头两个主菜时，也是赞不绝口。愈吃愈趋于冷静，吃完了这顿宴席，缺点就都找出来了。于是转赞美为责备挑剔，转首肯为摇头。这是因为。第一，开始吃的时候你正处于饥饿状态，而饿了吃糖甜加蜜，饱了吃蜜也不甜。第二，你初到一个餐馆，开始举筷时有新鲜感，新盖的茅房三天香，这也可以叫做——陌生化效应吧。

第九讲　正说反译、反说正译法

汉语译维吾尔语翻译实践中，运用正译法、反译法可以在翻译时突破原文的形式，采用变换语气的方法处理词句，把肯定的译成否定的，把否定的译成肯定的，译文效果会更加符合原文的意思。通过对汉语译维吾尔语中正译法和反译法所使用的一些具体翻译实例的对比分析，以加强汉语和维吾尔语言差异的理解与认识。

翻译技巧是翻译的具体手法，即翻译原文时在某些场合需要对译文的表达作一些必要的调整和改变。翻译技巧的依据就是两种语言在词汇、语法及表达方式上的异同，由于两种语言不同，译者在翻译技巧上，摆脱原作语言结构的约束，依赖语言环境寻求最佳方案，等值地表达信息。越是要准确而等值地表达原文的话语信息，就越要在翻译技巧上表达出创造性。无论是在我们的日常口语中还是在各种文学作品里，我们常常使用或者遇到这样的情况：说话者或作者从反面去表达正面的意思或从正面去表达反面的意思。肯定的表达形式表达的可能是一个否定的意思，否定的形式可能表达一个肯定的意思。

汉维翻译中，正说反译和反说正译两种方法较为常见。

正说反译和反说正译可以用来加强语气，达到强调的修辞效果。维译时对正说进行反译或对反说进行正译，似乎更能表达原文的思想。

正说反译和反说正译可以用来弥补汉语与维吾尔语之间存在的差异，使译文准确表达原文的内容，又符合维吾尔语的表达方式，真正忠实原文。

例1.你留几句回家说吧，这是校长办公室。

虽是肯定句，却是"你别说了"的否定含义

例2.他们不得不这样做。

在这句语中的"不"语的"不"构成双重否定，但表达的意思是肯定的。

这种现象汉语如此，维吾尔语也不例外。例如：

ئەلى بىلەن ھەسەن بىر-بىرىگە قارىشىپ ئۆزۈنغىچە جىم ئولتۇرۇشتى.

例3.艾力和艾山对视而坐，久久无言。

维吾尔语中肯定的语气，汉语中用否定来表达。

ئۇ كىچىك ئەمەس.

例4.他的年纪大了。

维吾尔语中否定的语气，汉语中用肯定来表达。

然而，虽同为常见的语言现象，汉语、维吾尔语两种语言并非是一种一一对应的关系，由于不同民族的思维方法和语言表达方式常常不同，一个民族从正面表达的语言，在另一种民族的语言中则需从反面表达，甚至必须反面表达不可。

一　正说反译法

汉语从正面表达，译文从反面表达。

1. 当汉语肯定句含否定意义时，用正说反译法更能准确表达原文所要传达的信息。

例5.智者千虑，必有一失。

ئاقىلمۇ سەۋەنلىكتىن خالىي بولالمايدۇ.

例6.你要慎之又慎。

بىخەستەلىك قىلساڭ قىلسا بولمايدۇ.

例7.这个材料，价格很高。

بۇ ماتېرىيال ئەرزان ئەمەسكەن.

例8.遇到困难时，请务必告诉我。

قىيىنچىلىققا يۇلۇققاندا ماڭا ئېيتىشنى ئۇنۇتما.

2. 汉语的双重否定句译成肯定句，既贴切又简练。

例9.他们不得不这样做。

ئۇلار مۇنداق قىلىشقا مەجبۇر بولغان.

例10.不能不按时参加活动。

پائالىيەتكە ۋاقتىدا قاتنىشىش كېرەك.

例11.不可以不辩论清楚。

مۇنازىرە ئارقىلىق ئايدىڭلاشتۇرۇپ بېلىش كېرەك.

例12.街上的情形，你不是不知道。

كوچىدىكى ئەھۋالنى سەن بىلىسەن.

3. 有些带肯定词的感叹句、疑问句、条件句、陈述句可以评为否定句，使用这种正说反译不仅不违背原意，更能传神达意。

例13.我想要的正是这个。

ئېرىشمەكچى بولغىنىمنىڭ ھەممىسى مۇشۇ ئەمەسمۇ؟

例14.只要一小时便可把这工作做完。

بىر سائەت ئىچىدە بۇ ئىشلارنى قىلىپ بولماسلىق بولمايدۇ.

例15.看到这个，我是多么惊讶！

بۇنى كۆرۈپ ھەيران بولماي تۇرالمىدىم.

例16.你好幸运！

تەلەيسىز ئەمەسكەنسىز!

通常可以把汉语的肯定形式译为维吾尔语的肯定形式，有时会使译文不通顺，或者不符合维吾尔语的表达习惯，甚至会导致误译，这时，可以考虑采用正说反译法，即从反面或以否定的方式来翻译原文中的肯定内容，这样既能更好地再现原文，又达到了强调的目的。

二 反说正译法

1. 汉维民族的思维方式不同，主要体现在语言中，汉民族喜欢用一种特殊方式来表述自己的看法，而维吾尔族无论是直接还是间接都使用一般疑问句的形式表述。

例17.他有没有结婚？　　　　　　　ئۇ توي قىلدىمۇ؟

例 18. 你昨天有没有到会？　　　تونۇگۇن يىغىنغا كەلدىڭىزمۇ؟

例 19. 你吃饭了没？　　　　　　تاماق يېدىڭىزمۇ؟

例 20.　她毕业了没？　　　　　ئۇ ئوقۇش پۈتتۈردىمۇ؟

2. 由于汉维民族的思维方式不同，使表达形式上也有一定的差距。翻译时，用反说正译法可使译文更通顺流畅。

例 21. 油漆未干。　　　　　　سىر تېخى هۆل.

例 22.　无期徒刑。　　　مۇددەتسىز قاماق جازاسى.

例 23.　要不是我考前努力学习，我肯定通不过考试。

　　　ئىمتىھاندىن بۇرۇن تىرىشىپ ئۆگەنگىنىم ئۈچۈن ئۆتۈپ كەتتىم.

例 24. 不久前，人们还以为海洋深处完全没有生命。

　　　تېخى يېقىنقى يىللارغىچە، كىشىلەر دېڭىزدا ھاياتلىق يوق دەپ قارايتتى.

在有些情况下，汉语反说的内容必须从正面去翻译，采用反说正译法，即把汉语句子中反面或否定的词语译成正面或肯定的形式，从而获得简洁醒目的修辞效果。

（1）汉语中许多以否定句形式出现的比较句、省略句、感叹句以及假设关系的句子均可根据上下文视情况翻译成肯定句式,使译文忠实于原文。

例 25.　我不能忍受你的脾气。

　　　بۇ قىلىقىڭ مېنىڭ سەۋر-تاقىتىمدىن ئېشىپ كەتتى.

例 26. 我要是知道，就该天打雷劈，不得好死。

　　　مەن بىلمەيمەن، مەن بىر قاغىشتەككۈر.

例 27. 图书馆里没有一点声音，同学们都全神贯注的学习。

　　　كۈتۈپخانا ئىچى جىمجىت، ساۋاقداشلار پۈتۈن دىققىتى بىلەن ئۆگۈنۈش قىلىۋاتاتتى.

例 28. 如果火车不误点，我可在天黑前回到家。

　　　پويىز ۋاقتىدا بارالسا، كەچ كىرىشتىن بۇرۇن ئۆيگە بېرىپ بولىمەن.

（2）　在否定方式的使用上，汉语和维吾尔语有一定的差异。

汉语的否定主要通过词语来实现，否定的词语大致分为三种：

① 具有完全否定意义的词语，如"不"，"无"，"没"，"勿"，"没有"，"绝不"，"毫不"，"否则"等。

例29. 我不打麻将，我不经常听戏看电影，几年中难得一次，我不长时间看电视，通常只看半个小时，我也不串门子闲聊天。

例30.但要我记起她的美丽，说出她的住处来，却又没有印像，没有言辞了，仿佛也就如此。

例31.旅行时老是要装箱开箱，所以我不喜欢旅行。

例32.我原以为我见了一座真正的城堡，但那只不过是一个幻想。

② 表示部分否定意义的词语，如："并非都"，"不全是"，"未必都"等。

例33.闪光的未必都是黄金。

例34.并非人人生来富有。

③ 表示双重否定的词语，一般由结构构成，如："非……不"，"不……没有"等。

例35.做这样大的事，非你不行。

例36.没有爱心，就无法了解人生。

例37.没有人不爱惜他的生命，但很少人珍视他的时间。

这三种否定中第一种的使用频率最高，主要使用单个副词，放在被否定词语的前面，其他两种不如第一种频繁。要特别指出的是，第三种为双重否定方式，但表达肯定的意义。相比而言，维吾尔语的否定方式较少。

在维吾尔语中否定句的构成非常简单，即在动词短语或体助动词短语末尾缀接否定语缀مه-/ما-（可弱化成مى）就可以了。

例38.我不怕狗。　　　　مهن ئىتتىن قورۇقمايمهن.

例39.我不会埋怨你。　　مهن سىزدىن ئاغرىنمايمهن.

例40.我不能写小说。　　مهن رومان يازالمايمهن.

如果在一个助动词短语里的助动词同时被否定，就可以形成双否定结构。

مهن سىزنى تونۇمايۇاتمايمهن، تونۇۋاتىمهن.

例41.我并不是不认识你，而是认识你。

例42.我非找到他不可。　　مهن ئۇنى تاپماي قويمايمهن.

从以上的分析也可以看出，如果一个动词短语有了否定语缀‍-ما‍/ مه-（مى-）的参与，它就是否定形式；相反，没有它的参与，它自然就是肯定形式。不过，否定语缀‍مه‍/ ما-（مى-）有时否定的只是一个动词，有时否定的是整个句子。在维吾尔语句子中有时候用نهمهس,يوق等词来表示否定。

三　正反译法的作用

汉维翻译中，正说反译和反说正译两种方法较为常见，其作用是对原文的"信"，使译文更加准确，达到强调的目的，同时起到修辞的效果。

1. 忠实原文

正说反译和反说正译可以用来弥补汉语与维吾尔语之间存在的差异，使译文准确表达原文的内容，又符合维吾尔语的表达方式，真正忠实原文。例如：

① 使我们失望的是他这次英语考试不及格。

بۇ قېتىمقى ئىنگلىزچە ئىمتىھاندا ئۇنىڭ تۆۋەن نومۇر ئېلىشى بىزنى ئۇمىدسىزلەندۈردى.

② 在他还没来得及阻拦我之前，我已经跑出教室了。

ئۇنىڭ مېنى توسۇۋېلىشىدىن بۇرۇن، مەن سىننىپتىن چىقىپ بولدۇم.

③ 母亲离我而去了，我将永不能再见她一面了，这个悲哀是无法补救的。（朱德：《母亲的回忆》）

ئانام مەندىن يىراقلاپ كەتتى، مەن ئەمدى ئانامنى مەڭگۇ كۆرەلمەيمەن، بۇ خىل قايغۇ-ھەسرەتتىن ھەرگىز قۇتۇلالمايمەن.

④ 我找老王说句话，马上就回来。

لاۋۇاڭ بىلەن پاراڭلىشىپ چىقاي، ھايال بولمايلا قايتىپ كېلىمەن.

2. 表示强调

正说反译和反说正译可以用来加强语气，达到强调的修辞效果。维吾尔语翻译时，对正说进行反译，或对反说进行正译，似乎更能表达原文的思想。例如：

① 正如没经历过大事的人一样，他是经不起成功也经不起失败的。

بىششىدىن ئىسسىق-سوغۇق ئۆتمىگەن ئادەم، غەلبە ۋە مەغلۇببىيەتتىن باش تارتىدۇ.

② 我们讨论问题时，不能忘记这些基本点。

بىز مەسىللەرنى مۇنازىرە قىلغاندا، مۇھىم نۇقتىلارنى ئۇنتتۇرغا قويۇشمىز كېرەك.

③ 他得不到光明便不会停止战斗。（巴金《做一个战士》）

ئۇ يورۇقلۇقنى كۆرەلمەسمۇ كۆرەش قىلىشنى داۋاملاشتۇرىدۇ.

④ 那晚风大，月也黑。（于晓丹：《无题的风景》）

ئۇ كەچچە شامال كۈچلۈك بولۇپ، ئايمۇ يورۇق ئەمەس ئىدى.

翻译实践

1. 他不准谁多动一下，有着一副令人害怕的严肃面孔。
2. 必须认真贯彻执行"百花齐放、百家争鸣"的方针以繁荣社会主义文化。
3. 这个马克思列宁主义的革命原则是普遍地对的，不论在中国在外国，一概都是对的。
4. 急促的枪声在催促他，他不得不忍心离开这个年轻的可敬的战士。
5. 从麦浪滚滚的田园到瓜果飘香的果园，从辽阔无边的草原到碧波荡漾的湖边，到处都能听到豪迈、悠扬的歌声，到处都能看到奔放、欢快的舞姿。
6. 采茶状元陆月琴在采茶的生涯中，形成了一套自己采茶的方法："全心贯注，双手齐下，眼快手快，手眼配合，先左后右，先近后远。"
7. 一颗彗星同太阳发生了猛烈的碰撞，并释放出巨大的能量，散落的碎片飞出几百英里。这次偶发事件是由人造卫星的仪器记录下来的。

8. 为了保证我们的党和国家不改变颜色，我们不仅需要正确的路线和政策，而且需要培养和造就千百万无产阶级革命事业的接班人。

9. 鸡蛋因为适当的温度而变化为鸡子，但温度不能使石头变为鸡子，因为二者的根据是不同的。

10.在革命队伍中，要划清正确和错误、成绩和缺点的界限，还要弄清它们中什么是主要的，什么是次要的。

11.如果无产阶级在革命中成为地主阶级和资产阶级的尾巴，那么，民族民主革命要取得真正的、彻底的胜利，是不可能的，即使取得某种胜利，要巩固也是不可能的。

12.老人的伤痛是不用说的。

13.在朋友们面前我只感到惭愧。

14.在我还是小女孩的时候，我们就懂得一条千真万确的道理：女人是半边天，男女都一样。

15.白茫茫的大地，除了呼呼的北风外，没有一点声响。

16.他们的会面即使说不上轻松愉快，也是亲切的。

17.风景之美，非任何言语所能形容。

18.她光着脚走进了房间。

第十讲　翻译中省略的运用

一　省略句

省略是语言中常见的语法现象，20 世纪 60 年代乔姆斯基（NoamChomsky）提出了深层结构的理论，这一理论还是把省略局限于句法的范围。但深层结构和表层结构的概念可以用来分析省略，有助于解决以前不能够解决的许多问题。70 年代末，随着语言学研究的发展，许多语言学家开始注意语篇及语篇的翻译，韩礼德（M.A.K.Halliday）首先从语篇内容衔接的角度进行了思考。他指出，省略是衔接的，无论是明确的省略还是含蓄的省略，"空缺"（missing links）都可以预测出来，并根据结构和语义的关系进行填充。省略是一种积极的表达手段，省略符合语用学中的"经济"原则，使人们在交际中用较少、较省力的语言单位来传达更多的信息。它与语言运用两大原则之间的关系是：明确是前提，经济是目的，灵活性是原因，省略是结果。在双语符号的过程中，从译文的可接受性出发，对原语结构做些调整或增减词语是必要的。这是因为，每一种语言都有独特的构词方式和语法结构。汉维语言的特点都是由各自的民族文化决定的。

正如刘宓庆所说："语言的许多形式问题实则都是基于内在的机制而发之于外在的表现现象。"省略的基础是能简洁地表达能明确地理解。省略句不属于句型系统，要从有别于考察句型的角度即从逻辑语义的角度理解句子时省略句才成为省略句，但不是说语义省略的句子就是省略句，因为任何句子都可以是由更精密语义结构删略而来，同时语言和逻辑表达也不是完全一致的。

词语省略是翻译中的常见技巧。所省译的往往是原文结构视为当然，甚至必不可少，而译文结构视为累赘的词语。省译并不减少词汇所表达的实际概念，丝毫不影响原文的思想内容。省译的目的就是保证译文简洁明快、严谨精炼。省译可以从语法、修辞和意义等方面考虑。下面就汉维翻译中几种常见的词语省略现象作一分析。

（一）省译表范畴的词语

汉语中有些词语如"任务、工作、情况"等，通常有具体的意义，自然应当照译，但是它们用来表明范畴时，则失去了具体含义，可省译。如"分析问题"中的"问题"一词，就有具体含义，非译不可，مەسىلىنى ئانالىز قىلماق。而"人民内部矛盾问题"中的"问题"则是表明范畴的，不必译出，只需译作 خەلق ئىچكى قىسمىدىكى زىددىيەت 即可。下面四字词组中，后两个词都是范畴词，可省略。

说服工作——قايىل قىلماق　　　　落后状态——ئارقىدا قېلىش
准备工作——تەييارلىق قىلماق　　紧张局势——جىددىي ۋەزىيەت
自满情绪——قانائەتلىنىش　　　　疯狂行为——غالجىرلىشىش
敌对行为——دۈشمەنلىشىش　　　紧张关系——كەسكىنلىشىش

再如："讨论的范围涉及中美关系，中俄关系。"
مۇھاكىمە مەزمۇنى جۇڭگو ئامېرىكا، جۇڭگو روسسىيە مۇناسىۋەتلىرىگە چېتىلاتتى.

（二）省译重复词语

重复在汉语修辞学上又称反复，是汉语一种常见的语言现象。它通过有意识地重复某个词语或句子，达到突出某种思想，强调某种感情或增强节奏的目的。汉语的重复现象有两种：一是同词重复；二是异词同义重复。同词重复可通过维吾尔语语法手段省略。例如：

① 继续开展打击走私犯罪、打击骗取出口退税和逃亡骗汇、打击制售假冒伪劣商品等各项斗争，全面整顿商品市场、金融市场、资本市场、建筑市场，规范经营秩序。

ئۆتكەسچىلىق جىنايىتى، ئېكسپورت بېجنى قايتۇرۇشتا ئالدامچىلىق قىلىش ۋە ئالدامچىلىق قىلىپ چەتكە قېچىش، ساختا ۋە ناچار تاۋارلارنى ياساش، سېتىش جىنايىتى قاتارلىقلارغا قاتتىق زەربە بېرىش كۆرۈشىنى داۋاملىق قانات يايدۇرۇپ، تاۋار، پۇل مۇئامىله، كاپىتال، قۇرۇلۇش بازارلىرىنى ئومۇمىيۈزلۈك تۈزۈمش ئارقىلىق، تىجارەت تەرتىپىنى قېلىپلاشتۇرۇش.

② 搞好重点商品、重点市场、重点地区大案要案的清查。

نۇقتىلىق ھالدا تاۋار، بازار، رايونلارنىڭ چوڭ ھەم مۇھىم ئارخىپلىرىنى تەكشۈرۈپ بىرتەرەپ قىلىشنى ياخشى ئېلىپ بېرىش كېرەك.

③ 增强自立意识、竞争意识、效率意识、民主法治意识和开拓创新意识。

ئۆزىگە تايىنىش، رىقابەت، ئۈنۈم، دېموكراتىك قانون تۈزۈم ۋە يېڭىلىق يارتىشتەك ئېڭىنى كۈچەيتىش كېرەك.

从上述例子中可以看出，汉语重复的词语，无论是作修饰成分，还是作被修饰成分，翻译时只需用一个与之相应的词语表达即可，不必每个重复词都表达出来，因为维吾尔语中有一个修饰成分同时修饰多个名词或多个修饰成分同时修饰一个名词的现象。

维汉语都有一个及物动词同时带几个宾语的情况,但汉语为强调作用,往往会重复动词,译成维吾尔语时,只用一个动词即可。可见,汉语用词重复译成维吾尔语不能机械对等,要从维吾尔语的可接受性出发,通过适当的变通形式再现原文的内涵。同义词的重复,这在汉语中十分普遍,尤其是四字对偶词组,如：残酷无情,铜墙铁壁,无独有偶,直言不讳,横行霸道,自言自语,冷言冷语等等。维吾尔语同义相同的词语也有,但比较少。

例如：　　چۆشمەك ئاسان، چىقماق تەس؛ نەسىھەت ئاجىزچىق، مۆئسسى تاتلىق.

汉语言表达中同义反复,叠床架屋的现象按维吾尔语表达的思维再现原文的内涵是不符合逻辑的。因此,汉语译成维吾尔语时,往往省译同义词。如：

贪官污吏——خىيانەتچى ئەمەلدارلار　　土崩瓦解——گۈمران بولماق

筋疲力尽——ھالسىزلانماق　　医德医风——دوختۇرلۇق پەزىلىتى

取之不尽，用之不竭——پۈتمەس-تۈگمەس

（三）省译没有实际意义的词语

汉语修辞在程度上往往强于维吾尔语,使用频率偏高。汉语表达习惯于在形容词和动词前加上副词,只是起强调作用,或便于阅读时朗朗上口,实际上，加了副词与不加副词在意义上并没有多大区别。如："重要"和"十分重要"相比，在语义上并不逊色多少。同样的，在"真抓实干""切实加强""认真执行""彻底粉碎"等副词＋动词的短语结构中，副词都没有实际意义。再如：

　①　所有这些，都是为了不断实现好、维护好和发展好最广大人民的利益，始终保持党同人民群众的血肉联系。

بۇلارنىڭ ھەممىسى كەڭ خەلق ئاممىسىنىڭ مەنپەئەتىنى قوغداش، تەرەققى قىلدۇرۇش، باشتىن ئاخىر پارتىيە بىلەن ئاممىنىڭ قان بىلەن گۆشتەك مۇناسۋەتىنى ساخلاش ئۈچۈندۇر.

　②　我们要大力发扬求真务实，勇于创新的精神。

زور كۈچ بىلەن راسچىل، ئەمەلىيەتچان بولۇش، دادىللىق بىلەن يېڭىلىق يارتىش روھىنى جارى قىلدۇرۇشىمىز لازىم.

　③　狠抓管理，安全生产。

بەختەر ئېشلەپچىقىرىشنى قاتتىق باشقۇرۇش.

（四）调整句法结构，省译某些词语

翻译只求意义对等，不求词语数量对等或结构形式对等。汉译维时，适当变换句法结构，可以省略某些词语，而这些省译的词语的意义却蕴含在维吾尔语的句子中。例如：

　①　连续三年的财政政策的实施，有效地增加了国内需求，集中力量办成了一些多年想办而未办成的大事。

ئۈزدا ئۈچ يىللىق ماليه سىياستىنىڭ ئەمەلىيلىشىشى ئۈنۈملۈك ھالدا دۆلەت ئىچى ئېھتىياجىنى ئاشۇردى، يىللاردىن بېرى كۈچنى مەركەزلەشتۈرۈپ قىلالمىغان قىلالمىغان چوڭ ئىشلار نوكۈشلۈق قىلىندى.

　②　马克思主义的发展史充分说明：解放思想、实事求是是引导社会前进的强大力量。

ماركسىزمنىڭ تەرەققىيات تارىخى شۇنى تولۇق ئىسپاتلىدىكى، ئىدىيەدە ئازاد بولۇش، ھەقىقەتنى ئەمەلىيەتتىن ئىزدەش بولسا، جەمئىيەتنى ئالغا سۈرۈشكە يېتەكچىلىق قىلالايدىغان مۇھىم نۇقتا.

　③　继续清理行政审批事项，能精减的精减，可改为备案的改为备案管理。

مەمۇرى تەستىق ئىشلىرىنى داۋاملىق تەرتىپكە سېلىپ، مۇھىملىرىنى ئىلىپ، ئارخىپقا تۆرغۈزۈپ ساخلاش لازىم.

分析：例①中的"而未办成"蕴含着"想办"之意中，因而省译。例②通过改变句子结构而省译"强大力量"。例③带点口语色彩，是常见的汉语句型，汉语译成维吾尔语时没必要套用汉语句型，否则会显得啰嗦。

（五）省略缩略词语

缩略词语的作用可以使语言简洁，但缩略语有时效性、地域性和层次性的特点。汉译维时，大都把缩略语表达的含义表达出来，这样才能让译文读者理解。当汉语的缩略语和其所表达的概念并用时，可省译缩略语。例如：

① 各类社会中介组织要逐步与政府部门脱钩，自觉按照公平、公开、公正的"三公"原则履行法定职能。

ھەرخىل ئىجتىمائى ۋاستىچىلىق تەشكىلاتلىرى ئىلگىرلىگەن ھالدا ھۆكۈمەت ئورۇنلىرى بىلەن بولغان مۇناسۋۇەتلىرىنى ئۈزۈپ، ئاگۇلىق ھالدا باراۋەر بولۇش، ئاشكارە بولۇش، ئادىل بولۇشتىن ئىبارەت پىرىنسىپى بويىچە قانۇندا بەلگىلەنگەن قائىندارلار بويىچە نادا قىلىش كېرەك.

② 取缔无资金、无场地、无设备的"三无"企业和无照经营活动。

مەبلىغى يوق، ئورنى (سورۇنى) يوق، ئەسلىھەلىرى يوق كارخانىلار ۋە كىنىشكىسىز تىجارەت قىلىش ھەركەتلىرىنى قەتئى مەنئى قىلىش.

例①的"三公"指公平、公开、公正，例②的"三无"指无资金、无场地、无设备。"三公""三无"均省译。

所谓"省略"并不是把原文的意思删去，而是省略一些可有可无的，或者有了反而显得累赘甚至违背译文语言习惯的词。省略法在专业文献翻译中常会用到，但是在实践中又不可生搬硬套。翻译时，译者应该在吃透原文意思的基础上加以灵活运用。灵活并不等于不忠实于原文，灵活也不可以随意走样，而是要求译者抓住原作的本质精神。汉语省略句中在理解和翻译方面可能产生的一些问题，汉语省略句的维译，关键仍在于理解，特别要从语法关系上对被省略词语的理解。

省略是衔接的，省略在语篇中是一种联系，省略可以提高语言的效率。

在语言趋于节俭而简练的今天，我们更应了解并掌握这种减少复杂实现简练的重要手段。关于"省略"，语法界看法不尽一致。吕叔湘先生在《汉语语法分析问题》中提出了两个条件：第一，如果一句话离开上下文或者说话的环境意思就不清楚，必须添补一定的词语意思才清楚；第二，经过添补的话是实际上可以省的，并且添补的词语只有一种可能。有些省略句的汉译须视上下文作灵活处理，有时在汉语译文中也可省略或省略一部分。根据这两个条件我们对汉维省略句进行了初步对比。这对于我们加深理解汉维语言特点、有针对性地进行汉维语言教学、汉维互译都有十分重要的意义。

翻译实践

1. "沉默啊！沉默啊！不在沉默中爆发，就在沉默中灭亡。"
2. 我的生活是忙碌的：忙着看，忙着听。忙着说，忙着走。（巴金《朋友》）
3. 她瞪着眼，红着脸，满腹怀疑，一声不发。
4. 这个小鸟离开了人恐怕不会活，可是人又那么狠心，伤了它的翅膀。它被人毁坏了，而还想依靠人。多么可怜！（老舍《小麻雀》）
5. 我国人民历来勇于探索，勇于创造，勇于革命的。

（郭沫若：《科学的春天》）

6. 他能力强，人品好，办事勤快，显然会步步高升的。
7. 弄得不好，就会前功尽弃。
8. 读书使人充实，讨论使人机智，笔记使人准确。（王佐良：《谈读书》）
9. 每条河流都有上游、中游和下游。
10. 许多家用电器都是在中国制造的，这些家用电器性能可靠，操作方便。
11. 你们你一言，我一语，说个没完。
12. 乐山水光山色独特，地理环境优越，素有"绿杨夹岸水铺"之称，举行龙舟竞渡得天独厚。
12. 世界一流的设备，高效的服务。
13. 最不理智的想法，最不经意的失言，最荒诞的梦境也必有意义，它们还可以用来解释被我们称作思维的通常不可理解的活动。

第十一讲　被动语态的维译

汉语和维吾尔语是两种差异很大的语言,分属汉藏语系和阿尔泰语系,语系的不同导致了它们在语言、词汇、语法、结构、表达方式等方面的不同。被动句在汉语和维吾尔语中都是重要的句式。比较是人类认识事物、研究事物的基本方法。对维吾尔语、汉语被动句进行比较、分析和翻译,可以使我们更清楚地认识两种语言被动句的异同。汉维语属于不同的语系,所以被动句的产生和语法特点是有区别的。

一　汉维被动句的表现形式

（一）汉语被动句的表现形式

被动句是指主语不发出谓语动词所表示的动作行为,而是被那个动作行为所支配的句子。在汉语里表示被动意义的句子有两类,一类是没有任何标志,与主动句形式上没有任何区别。这类句子叫做意义上的被动句。还有一类是用介词"被、叫、让、给"等表示被动意义。这类句子叫有标志的被动句。

用介词"给、叫、让"的被动句这类被动句的语法功能是基本上跟"被"字句相似,介词"给、让、叫"后面的词语是谓语动作的发出者,主语是谓语动作的接受者,介词"给、让、叫"跟后面的词语一起组成介词结构充当谓语的状语。

例如:家里的自行车让谁骑走了?

不用介词的被动句也叫没有标志的被动句。例如:这文章写好了。

B. 我的自行车让阿依努尔给骑走了。（这类型强调动作的发出者）

（3）"被"（为）……所"型。

例如：A. 这种艺术是被广大人民所喜闻乐见。

B. 这种艺术是为广大人民所喜闻乐见。（这类型强调动作的发出者）

（4）"是……的"型。

例如：A. 历史是人民创造的。

B. 这种事是会意识到的。

（5）"在……中"型。

例如：A. 数学楼在建修中。

B. 这个问题在讨论中。（这类的主语是事物）

汉语中的"被"字句具有的特点是：

（1）"被"后用名词性词语，表示施动的人或事物。

例如：A. 房子被敌人烧了。

"被"后面的"敌人"明显是动作的施行者。

B. 他被浓浓的香水味熏得晕晕呼呼。

"香水"虽然是没有生命，但是，用在"被"字后面也可以当作动作的施行者。

用在施事前的"被"是介词，有时由于施事不可知或者不必说出来。"被"直接加在动词前面，这时"被"是助词。

例如： 书被偷了。

这句"被"直接加在动词"偷"的前面。该句子里"被"当作助词。

（2）"被"和后面的名词性词语一起组成介词短语，"被"字介词短语后面一般直接用包含完整意义的动词性词语。

例如： 他被公安部门逮捕了。

"被"字介词短语有时也可以不用完结性的意义的动词性词语。但是，这时要"被"字前面用"可能"、"必将"等时间表示的词语。

例如： 这句话可能被误解。

（二）无标志被动句的类型和特点

汉语中的无标志的被动句表示人或事物的名词性词语作句子的主语，而谓语动词前又不带"被"这类被动句是无标志的被动句。该无标志被动句从形式上来看跟主动句无区别。

例如： A. 杯子打破了。

　　　　 B. 孩子跑去了。

例 A 和例 B 的句法结构完全相同，例 A 是意念被动句。

无标志被动句的形式：

例如： A. 文章写好了

　　　　 B. 大楼盖起来了。

无形式标志被动句没有任何附加成分。

现代汉语无标志被动句的特点集中在主语上。

（1）主语语义上是受事，是谓语动词支配的对象。

（2）句子的主语是有定的，它或是已知，或是上文里已经提到过。

（3）句子的主语多半是无生命的，如果有生命的语境会明确显示，它决不可能发出谓语动词表示的动作。

无标志被动句中，施事一般不出现，如果施事要出现。通常是在受事和谓语动词之间出现，句法结构是"主主+谓"也就是主语谓语句。

例如： A. 电影你看不看？

　　　　 B. 自行车他骑走了。

汉语被动句的这两种类型内，最典型的是"被"字型，它是由多种主动句型变换来的。例如：

（一般主动句）　　　　A. 武松打死了老虎。

　　　　　　　　　　　B. 老虎被武松打死了。

（连动句）　　　　　　A. 他拉住我不让走。

　　　　　　　　　　　B. 我被他拉住，他拉住不让走。

（兼语句）　　　　　　A. 我派人追上了他。

　　　　　　　　　　　　　B. 他被我派人追上了。

（使动句）　　　　　　　A. 那件事使他愁死了。

　　　　　　　　　　　　　B. 他被这件事愁死了。

（双宾语句）　　　　　　A. 大会授予他奖金。

　　　　　　　　　　　　　B. 他被大会授予了奖金。

（并列动词谓语句）　　　A. 亲人怀疑他，指责他。

　　　　　　　　　　　　　B. 他被亲人怀疑，被亲人指责。

（主谓词组作宾语句）　　A. 大家认为这个学生是全班第一。

　　　　　　　　　　　　　B. 这个学生被大家认为是全班第一。

三　汉语被动句在维语中的译法

　　汉语是用词汇手段来表示被动性，这是汉语语法的本体性特征，而维吾尔语的被动关系通过动词的被动语态来表示。那么，汉语被动句在维吾尔语中如何翻译？

　　（1）在有标记被动句中进行动作行为的工具、手段或方式可以采用"被"字来表示。而译成维吾尔语时，为了按照维吾尔语的表达习惯，指出进行动作行为的工具、方式或手段，谓语动词可以采用主动语态形式。

　　"被"字引进施动者时，一般译成维吾尔语的主动句。

　　例如：① 这样牧人的羊就被狼吃掉了。

شۇنداق قىلىپ چوپاننىڭ قويىنى بۆره يەپ كەتتى.

　　　　② 不晓得是从哪儿飞来的。打底被我捉住了。（《春》，第 74页）

قەيەردىن ئۇچۇپ كەلدىكىن-تاڭ،ئاخىر تۇتۇۋالدىم.

　　（2）在无标记被动句中，采用主动语态法翻译成维吾尔语，在汉语指出受事的同时，又指出了施事的被动句译成维吾尔语时，主语不变谓语动词可以用主动语态形式。

　　例如："我寄信"中的"寄"表示主动义，"信已经寄了"中的"寄"则表示被动义，这就是无标志被动句。所以汉语中没有形式标志（不带被动介词）不带施动者的意念被动句中的及物动词。即受事主谓语句中表示被动的及物动词，如果主语是事物名词可以译成主动态。例如：

① 有的会从南开到北，从东开到西形同旅游。

بەزی يېغىنلار ھەپلى ئوڭياقتا، ھەپلى بۇياقتا ئېچىلىپ، سەيلى-ساياھەتكە ئوخشاپ قالدى.

② 事情传到外面去，看你还想不想做人！（《春》，第 168 页）

بۇ ئىشلەرنىڭ تالا-تۆزگە يېيىلىپ كەتسە، قايسى يوزۇڭ بىلەن خەققە قارايسەن!

（3）汉语政论文、应用文、科技文或新闻报导中带有介词的被动句，如介词带有宾语（即出现施事）时，可以译成主动句。例如：

① 马列主义来到中国之所以发生这样大的作用，是因为被中国人民所掌握了。

ماركسىزم لېنىنىزم ئىدىيىسىنىڭ بۇنداق زور تەسىر كۆرسىتىشىدىكى سەۋەپ، جۇڭگو خەلقى ئۇنى ئىگەللەپ بولغانلىقىدا.

② 那些妄图打倒真理的人，迟早总要被真理所打倒。

ھەقىقەتكە خىلاپلىق قىلغانلار، ھامان ھەقىقەت تەرىپىدىن يىقىتىلدۇ.

（4）汉语带有介词的被动句（被字句）如介词不带宾语（即不出现施事）时，仅表示动作的被动性。一般要译成维吾尔语的被动句，在不产生歧义的条件下，也可以译成主动句。

例如： ① 他们的语言、民族风俗习惯和宗教信仰，应被尊重。

ئۇلارنىڭ تىلى، مىللىي ئۆرپ ئادىتى ھۆرمەتلىنىشى كېرەك.

② 竹笋一直被视为美味食品，我国有可食的笋几十种。

بامبۇك نوتسى تەملىك يېمەكلىك دەپ قارالماقتا، مەملىكىتىمىزدە ئىستىمال قىلغىلى بولىدىغان بامبۇكتىن نەچچە ئون خىلى بار.

汉语中被动句，虽然在维吾尔语中可以按被动句的格式来翻译，但由于修辞需要可能译成主动句式。原因是：

其一，原文中虽然是被动语态，但动作明显又生动时译成主动语态。

其二，文学作品的表达形式、信件、科技和政治方面的作品中较多采用被动句，一般在文学作品中，口语较少采用。

其三，从全句内容以及表达方面考虑，需要把被动句变成主动句。

例如：① 他觉得自己好像正在被一股强大的大量推向前方。

ئۇ ئۆزىنى خۇددى بىر خىل زور كۈچ ئالدىغا سۆرەپ ئاتقاندەك ھىس قىلدى.

② 敌人被这突然袭击吓坏了。

دۈشمەنلەر بۇ تۇيۇقسىز زەربىدىن قورقۇپ كەتتى.

汉语中由于修辞的需要，强调动作的完成者的语言条件下，维吾尔语中动词通过被动语态来表达。但由于表达习惯和语言条件的原因，汉语中的被动句不一定用维吾尔语中的被动句来表达。

例如：　教室被我们打扫干净了。　　　　　　بىز سىننىپنى پاكىز تازىلاپ بولدۇق.

（5）维吾尔语被动句中"تەرىپىدىن"前面的词语一定是施事，而在汉语被动句中"被"后的成分不是一种语义成分，而是多种语义成分，它可以是施事，也可以是工具，还可以是动作的因由。这样的句子在维吾尔语中用主动句可以表达。

例如：① 他被刀子割破了手指。　　　　　　ئۇنىڭ بارمىقىنى پىچاق كەسىۋەتتى.

② 妈妈被冰滑倒了。　　　　　　　　ئاپام تېيىلىپ كەتتى.

例①中的"刀子"是工具，例② 中的"冰"是动作的因由。

（6）汉语被动句中的动词必须有后附加成分，如附加"着、了、过"或带补语。

例如：　① 饭吃完了。　　　　تاماق يېيىلىپ بولدى.

② 饭吃了。　　　　　تاماق يېيىلدى.

在这两个例子中，例① 后带"了"如果这两句变成"饭吃"则是错句。而维吾尔语则可动词前后出现任何其他附加成分。

如此可见，维吾尔语中动词的被动语态是通过动词本身的词法变格而实现的。个别情况下加上"تەرىپىدىن"这个词。但这个词用上去的时候，如果句子的语调流利性低时最好改为主动语态。

例如：饭被客人们吃完了。　　　مېھمانلار تاماقنى يەپ بولدى.

如果译成.مېھمانلار تەرىپىدىن يېيىلىپ بولدى تاماق这句子就显得不通顺了。

通过对比分析能够深入了解两种语言被动句的异同，在使用目的语时能够降低本族语语言负迁移作用的影响，从而更准确地表达句义。根据各自语言的特点与习惯，准确地把握好被动句的结构形式，翻译出理想的译文。在翻译中，要善于根据语境即上下文，把握它们的实际含义，然后才能准确、无误的表达。

翻译实践

1. 窗上的玻璃叫那个孩子打破了，他一定要挨骂的。

2. 办公大楼为松树所环绕。

3. 知识分子问题就是在这样的基础上提出来的。

4. 这位工程师由于出色的工作成绩而得到了提拔。

5. 城市和农村改革的基本政策，一定要长期保持稳定。

6. 有些食物容易腐烂。

7. 来宾请出示入场券。

8. 中美已经建立了外交关系。

9. 应该说，他们的进步是努力工作的结果，值得表扬。

10.社会上形形色色的人物，被区别得一清二楚。

11.由于企业被统得太死，旧的经营机制成为阻碍经济进一步发展的羁绊。

12.这些地方满是纸屑、烟头、空瓶和生锈的罐头盒。

13.地球上早期的火是大自然而不是人类引燃的。

14.坐在风口处，会被风吹病的。

15.据报导，这架飞机的无线电通讯设备是在事故中失灵的。

16.他一生致力于做学问。

17.生活中的我并不是一个书呆子。为了使自己得到全面发展，我坚持不懈地参加各种课外活动。由于我平易近人，具有组织和管理的能力，从入校的第一年我就被选为班长，同年又进入学生科技协会，并在第二学年当选为协会副会长。

第十二讲　兼语句与连动句的维译

兼语句和连动句在汉语和维吾尔语中是特殊的句式，所谓特殊就是它们一般含有两个或者两个以上的动词谓语。在汉译维过程中，两种句式的译法有些相似，但实际上有较大差异。

一　连动句和兼语句的异同

汉语中有些句子谓语中两个或两个以上的动词构成在动词短语中间没有停顿，也没有关联词语，两个动词短语共用一个主语，这样的句子叫做连动句。如："他们结了账搬走了。"而兼语句是由一个动宾短语和一个主谓短语套在一起构成的，谓语中前一个动宾短语的宾语兼作后一个主谓短语的主语。如："你请他来"这个句子的主语是"你"谓语中动宾短语请他的"他"是后边的主谓短语"他来"的主语，这种句子叫做兼语句。汉语中这两种句式有几分神似，但却有明显的差异，在维吾尔语中二者的译法也有各有不同。

（一）二者的相同点

1. 兼语句和连谓句可以出现在一个句里，形成复杂的句式。例如：

① 妈妈叫妹妹去商店买菜。

② 他叫你去北京探亲。

1.1 兼语句与主谓短语做宾语的句子形式上相似。例如：

① 我请他来。／我请他明天来。

② 我希望他来。/ 我希望明天他来。

③ 我通知你去。/ 我通知明天你去。

（二）二者的不同点

汉语兼语句是兼语词组做谓语的句子，又称"递系句"。它是汉语双动句型之一。其基本格式是：主语—谓语—兼语—谓语。这种句子的特点是：两个谓语动词所表示的动作不属于同一个主语，就是说，后一个谓语动词不与全句的主语发生结构关系，而是与前一个谓语动宾语发生结构关系。例如：

① 一切事情都令人满意，令人高兴。

② 我们班有两位同学懂得好几种外语。

③ 天黑了，朋友留我住了一夜。

连动句是连动词组做谓语的句子，又称"连动式"，"连谓式"。它的基本格式是：主语—谓语（宾语）—谓语（宾语）。这种句型的特点是：至少有两个动词或动词短语连用。谓语中连用动词所表示的动作行为同属于一个主语，即一个主动者发生连续的几个动作，动作与动作之间不用关联词语，没有停顿，也没有联合、偏正、主谓、谓宾等结构关系。例如：

① 这位客人是来看望我的。

② 他们都站在门口不进来。

③ 人们靠我们去组织。

1. 停顿处不同。在第一个动词后，兼语句不能停顿，主谓短语做宾语的句子可以停顿。

例如：老师认为他学习好。

2. 插入状语的位置不同。在第一个动词后，兼语句不可以插入状语，主谓短语做宾语的句子可以插入。如：我看见她推门出去了。

3. 支配的对象不同。兼语句的动词多有使令意义或是表情感动词，支配的是人，不是一件事，而主谓短语做宾语的句子动词无使令意义，一般是言语动词或感知动词，如："想、希望、知道、证明、标志" 支配的是一件事，不是人。

例如：我担心他不能按时完成任务。

兼语句前后成分间往往有原因、结果关系，而主谓短语做宾语的句子则不然。

　　例如：我怪她不该早说。

　　兼语句中可以针对述宾短语来提问，问人，"你请谁？"；而述宾短语做宾语的句子针对述宾短语来提问，问事，"你希望什么？"或者"你希望谁来？"

　　例如：多谢你提醒我。　　（如果没有标点表示停顿就是单句，是兼语句。）

　　1. 兼语句和连动句结构上也有差别

　　连动句是由相连的两个或两个以上的动词短语构成的，动词短语之间有目的、方式、先后等关系。动词短语的次序是固定的。它有三种类型：

　　（1）后面的动作表示前一个动作的目的。例如：

　　① 老师推开门走进教室。（走进教室是推开门的目的）。

　　② 他去图书馆借书看。（借书看是去图书馆的目的）。

　　（2）前一个动作表示后一个或者几个动作的方式或手段。例如：

　　① 他去图书馆借书看。（去图书馆是结束的方式，借书又是看的手段）。

　　② 艾力拿了杯子倒水喝。（拿杯子是倒水的方式，倒水是喝的手段）

　　（3）两个动作一先一后。例如：

　　① 妹妹推开门走进厨房。（先推开门后走进厨房）。

　　② 我把信写好寄了出去。（先把信写好后寄出去）。

　　兼语句是由动词短语（动+宾）套接主谓短语构成的。动词的宾语充当主谓短语的主语。例如：

　　① 我叫他回来。[叫（动）+他（宾）　他回来（主谓）]

　　② 老师要求大家发表意见。[要求（动）+大家（宾）发表意见（主谓宾）]

　　2. 词的性质与相互关系上的区别

　　连动句中的各个动词都是及物动词，都有不同的对象，动词宾语或者补语。各个动词的先后次序是固定的，这类句子前后意思连接得很紧密，中间一般不能加逗号隔开。

　　兼语句中的第一个动词即动词短语的动词表示祈使的意思，如"使、叫、让、请、派、要求、命令、禁止"等，所用的是使令动词，可以是及物动词，带宾语或者补语，也可以趋向动词，不带宾语。

3. 词的搭配关系上的区别

连动句中两个或者两个以上动词之间存在着必然联系。无论几个动作，都是由一个施事主语发出的。兼语句中是先由第一个施事主语发出使令动作，然后由这个动作的对象宾语再发出新的动作，这个动词是及物动词，它一般由新的动作对象做宾语。

二 兼语句的翻译

翻译兼语句首先要弄清前后两个谓语动词之间的意义联系，同时也要弄清楚全句主语和兼语之间的意义联系。主要译法如下：

1. 后两个谓语动词的语义关系看前一谓语动词有"致使"的意义，后一谓语动词表示"致使"的目的或者结果，即动①发出一种致使行为，动②表示由此而产生了什么结果，或达到了什么目的，这时可将两个动词的语义合二为一，用维吾尔语的一个动词即使令动词或及物动词来表示。例如：

① 领导让他处理这件事情。　　ره‌هبه‌رله‌ر ئۇنى بۇ ئىشنى قىلىشقا تەيىنلىدى.

② 大会选他为主席。　　يىغىندا ئۇ رەئىسلىككە سايلاندى.

（上述句子中动①选表示即使行为，动②为表示结果用维语的 تەيىنلىدى، رەئىسلىككە سايلاندى 来翻译）

2. 前后两个谓语动词的语义关系看前一谓语动词表示号召、希望、建议、要求、派遣、劝告等意义，它的主语不直接参与兼语的活动，后一谓语动词表示具体内容（做什么），这时前一谓语动词一般译为全句的谓语，后一谓语动词连带成分（即主语词组）译为宾语或者其他成分。例如：

① 老师叫大家坐下。　　ئوقۇتقۇچى كۆپچىلىكنى ئولتۇرۇشقا بۇيرىدى.

（上述句子中前一谓语动词表示号召，后一谓语动词坐下表示具体内容，这时前一谓语动词译为全句的谓语 بۇيرىدى 来翻译）

② 妈妈要求我去雅安当志愿者，帮那边遇到困难的人。

ئاپام مېنى يائغنگه بېرىپ پېدائى بولۇپ، شۇ يەردىكى قىيىچىلىققا ئۇچرىغان ئاممىغا
ياردەملىشىشىمنى تەلەپ قىلدى.

（上述句子中动①要求表示要求，动②去表示具体内容，这时前一谓语动词前一谓语动词译为全句的谓语，后一谓语动词帮译为宾语 ياردەملىشىشىمنى 来表示）

3. 主语的动作行为与兼语的动作行为同时进行，或者说主语直接参与兼语的活动，这时前一谓语动词译为副动词，后一谓语动词一般译为谓语。例如：

① 他迈着大步，带领我们前进。

ئۇ بىزنى باشلاپ، چوڭ قەدەم بىلەن ئالغا ئىلگىرلىمەكتە ئىدى.

（上述句子中前一谓语动词迈着译成 باشلاپ 做维吾尔语的副动词，后一谓语动词前进译成 ئىلگىرلىمەكتە ئىدى. ئالغا 做谓语）

② 古丽正帮助她姐姐洗刷锅碗呢。

گۈلى ھەدىسىگە ياردەملىشىپ قاچا-قۇمۇشلارنى يۇۋاتاتتى.

（上述句子中前一谓语动词帮助译成 ياردەملىشىپ 做维吾尔语的副动词，后一谓语动词洗刷锅碗译成 قاچا-قۇمۇشلارنى يۇۋاتاتتى 做谓语）

4. 前一谓语动词是"有"组成的兼语句，"有"一般要省译或者后一谓语动词省译。例如：

① 第二天还有几个孩子来访问他，对他拍手、点头、嬉笑。

ئەتىسى يەنە بىرنەچچە بالىلار ئۇنى زىيارەت قىلىپ كەلدى، ئۇلار تۇرۇپ چاۋاك چېلىشاتتى،
باش لىڭشىتاتتى، كۈلۈشەتتى.

（上述句子中的"有"译成维吾尔语时省略）

② 先前，有一个人住在古庙里用功。

بۇرۇن بىر ئادەم ئىبادەتخانىدا ئىبادەت قىلىپ ئۇلتۇرىدىكەن.

5. 有些兼语句中的前谓语动词与后谓语动词在语义关系很密切，在某种情况下产生啰嗦或者不符合维吾尔语习惯时，动①和动②可视情况省略。例如：

① 我要是亏了本，叫我拿什么付你们的钱。

زىيان تارتىپ قالسام، نېمە بىلەن پۇلۇڭلارنى تۆلەيمەن.

② 各地农村的同志应当欢迎他们去。

يېزىسىدىكى يولداشلار ئۇلارنىڭ بېرىشىنى قارشى ئېلىشى كېرەك.

（上述句子中为了符合维吾尔语习惯和不产生啰嗦，有些动词可省略）

维译汉：维吾尔语里没有像汉语兼语式这种句型。维译汉实践中维吾尔语以下几种语言形式可用汉语的兼语式表示。

（一）维吾尔语谓语用"使令动词"تتور/دۇر/قور/غۇر的结构来表示结果原因时，汉译可用兼语式表示。例如：它令人兴奋。　ئۇ كىشىنى

خۇشاللاندۇرىدۇ.

（二）维吾尔语中谓语用"形容词／动名词+情态词"构成的结构可用兼语式谓语处理。

例如：要让我们把意见讲完。

پىكىرنى تولۇق ئوتتۇرغا قويۇشقا يول قويۇش كېرەك.

（三）维吾尔语中连动词组做谓语或前一动词状语，后一动词做全句谓语的部分句子，汉译时用兼语式表示。例如：让我用周围的实例说明一下。

ئەتراپىمدىكى مىساللاردىن بىرنەچچىنى كەلتۈرۈپ چۈشەندۈرۈپ ئۆتەي.

（四）维吾尔语的"主语—宾语—谓语"这种格式的单句中有些谓语表示愿望，请求，建议，号召等意义，这时汉语用兼语式表示。

例如：　请你帮助我一下。　ماڭا بىرناز ياردەم قىلىڭ.

三　连动句的翻译

翻译连动句首先要分析连用动词之间的意义联系，其次要看看前后动词所带的宾语在语义上的联系，然后选择维吾尔语中与之相当，合乎维吾尔语语法习惯的语义形式来表达。主要译法如下：

1. 前后几个动词表示的动作在时间顺序上有先后联系，即动①先发生，动②后发生，二者之间是承接关系，这时，前面的动词或译为副动词或译为时间副词，或者全句分译为两个小句，中间用维吾尔语表示承接关系的ئە最后一个动词译为全句的谓语。例如：

① 她掏出手绢慢慢地擦去两滴滚落下来的泪水。

ئۇ ياغلىقىنى ئېلىپ، كۆزىدىن ئاققان ئىككى تامچە يىشىنى ئاستا سۈرتتى.

（上述句子中动①掏出先发生，动②擦去后发生，这时前面的动词掏

出译为维吾尔语的副动词بىلىپ来表示）

② 立刻放下书本到院子里。 ئۇ كىتابىنى تاشلىدى-دە،ھويلىغا چىقتى.

（上述句子分两个小句，中间用维吾尔语表示承接关系的دە来表示，后一动词"到"译为全句的谓语）

2. 前后动词表示的动作是行为和目的的关系，有时动①和动②表示目的，这时，将目的的动词译为目的副动词或者动名词加后置词ئۈچۈن的形式，表示行为的动词译为谓语；或者将表示行为的动词译为状态副动词，表示目的的动词译为谓语。例如：

① 一大早，她坐车上市去买菜。

تاڭ سەھەردىلا، ئۇ رىكشىغا ئولتۇرۇپ بازاردىن كۆكتات ئالغىلى باردى.

（上述句子中动①"坐"和动②"买"表示目的这时目的的动词"坐"译为维吾尔语的副动词ئولتۇرۇپ来表示）

② 我正从各方面收集他的材料向组织反映。

مەن تەشكىلاتقا ئىنكاس قىلىش ئۈچۈن، ئۇنىڭ ئۆستىدىن ھەرتەرەپتىن ماتېرىيال توپلاۋاتىمەن.

（上述句子中动①收集和动②反映表示目的，这时目的的动词加后置词ئۈچۈن的形式，行为的动词译为谓语توپلاۋاتىمەن来表示）

3. 前面的动词所表示的动作是后面动词动作的情态或方式，能放入"用—方式"、"在—状态下"、"在—方面"、"在—时候"这样一些词语框架时，则说明句子的重心在于动②，它将译为谓语，动①则译为副动词或其他带有词形变化和后置词的状语。例如：

① 于是大家放开喉咙读一阵书，真是人声鼎沸。

شۇنىڭ بىلەن ھەممىمىز ئۆنلۈك ئوقۇدۇق، ئاۋازىمىز سىننىپنى بىر ئالغانتى.

（上述句子中动①"放开"译为后置词状语ئۆنلۈك来翻译）

② 我无可奈何，只好掏出纸笔站着记。

نېمە قىلىشىمنى بىلەلمەي، قەغەز قەلىمىمنى چىقىرىپ ئۆرىلا تۇرۇپ يېزىشقا كىرىشتىم.

（上述句子中能放入"在—时候"重心语在于动②，它将译为谓语）

4. 前面的动词表示凭借，其宾语是后面动词所表示动作的凭据或工具。这时，凭借性词语或照样翻译，或用位格，后用后置词，后面的动词译为谓语。例如：

① 他是坐飞机来的。 ئۇ ئايروپىلاندا كەلدى.

（上述句子中前面的动词坐示表示凭借，其宾语飞机是后面动词所表示动作的工具，这时凭借性词语照样翻译）

② 古丽拿胳膊拦着我。　گۈلى بىلىكى بىلەن مېنى توسىۋالدى.

（上述句子中拿表示凭借，其宾语胳膊表示后面动作的工具。这时，凭借性词语用后置词بىلەن，后面的动词译为谓语）

5. 谓语中连用的几个动词所表示的意义相同或相近，用肯定或否定说明同一主语，会采用近义词语想结合的形式表示强调，如果照样译出显得啰嗦或不合维吾尔语表达习惯时有些动词可以省略。例如：

① 我学会了英语以后，还当了教师教别人。

مەن ئىنگلىز تىلى ئۆگىنىۋالغاندىن كېيىن، يەخى باشقىلارغىمۇ ئۆگەتتىم.

（上述句子中为了避免啰嗦和不符合维语表达习惯，翻译时有些动词省略）

② 她从来不用这些东西，就把它放在抽屉里藏起来。

ئۇ مۇنداق نەرسىلەرنى ئىشلەتمەيدىغان بولۇپ، ئۇنى تارتمىسىغا سېلىپ قويغانتى.

（上述句子中为了避免啰嗦和不符合维吾尔语表达习惯，翻译时动词省略）

维译汉：维吾尔语里没有像汉语连动式一样的句型，可是维吾尔语中有连动谓语，它是由连动词组构成的复杂谓语，这类谓语中，两个或两个以上的动词或动词词组连用，分别叙述同一主语，动词或动词词组之间没有语言停顿，也不用连词。维译汉实践中，往往将维吾尔语的连动谓语译为汉语的连动式谓语。

例如：　艾力看了电影回来了。　ئەلى كىنو كۆرۈپ قايتىپ كەلدى.

维吾尔语中除连动谓语可译为汉语的连动式之外，还有以下几种形态结构可用汉语的连动式来处理。

维语中"目的副动词+谓语动词"的形式可用汉语连动式表示。

例如：　我们打球来了。　بىز توپ ئوينىغىلى كەلدۇق.

维语中"兼代副动词+谓语动词"的形式可用汉语连动式表示。

例如：　我顺便看他来了。　مەن ئۇنى كۆرگەچ كەلدىم.

维吾尔语中"副动词+دەپ+谓语动词"的形式可用连动式谓语表示。

例如：　我上街买一件东西。　　　مەن بازارغا بىر نەرسە نالاي دەپ بارغان.

翻译实践

1. 他立刻坐下来开了一张支票。

2. 我悄悄地披了大衣，带上门出去了。

3. 她坐在小溪边的石头上撩起布衫揩脸上的汗水。

4. 我们很乐意帮助他们克服困难。

5. 她能听见雨敲打着窗子。

6. 他驱车在暴风雨中前进。

7. 他的孩子在聚会上的表现很差，使他觉得很丢脸。

8. 附近的居民们一致赞成市政委员会做出关闭这座小印染厂的决定。

9. 敌人的武力是不能征服我们的，这一点已经得到证明了。

10. 获准在这所著名的大学里学习是难得的荣幸。

11. 他曾努力想忘掉的女孩子，这几天却是这般强烈地占据了他的心，使他惭愧，也使他痛苦。（杨沫：《青春之歌》）

12. 生活的经验固然会叫人忘记许多事情。

13. 我劝你还是投案自首，以求宽大处理。

14. 他们谴责他的和平努力是背叛。

15. 该国政府敦促国际社会向逃到该国的难民提供人道主义救援。

16. 安理会决定向该地区派遣维和部队，以制止冲突升级。

17. 国际奥委会选定这个城市为下届奥运会的会址。

18. 他们认为她是全国人大代表的合适人选。

19. 该书融学术性、知识性、趣味性于一体，并有插图照片，可供广大戏曲、影视、美术、文学、社会学和民俗学工作者参考。

第十三讲 副词"也、又、还"的比较分析及翻译

副词常限制、修饰动词、形容词性词语，表示程度、范围、时间等意义。其中"也、又、还"就是较常用的三个。它们的语法功能大致相同，常被推断为是可以相互替换的，有时很容易混淆。它们是现代汉语使用频率相当高的词，所以要搞清这些词的意义及使用范围。

一 副词"也、又、还"的意义及使用范围

"也、又、还"《现代汉语词典》中的义项分别如下：

（一）"也"是副词

1. 表示同样。 例如：
■水库可以灌溉、发电，也可以养鱼。
■田野里可以种树、种草，也可以种庄稼。

2. 叠用，强调两件事并列或对待。 例如：
■他会种地，也会打铁。
■游客里面有坐车的，也有步行的。

3. 叠用，表示无论这样或那样；不以某种情形为条件。 例如：
■你去我也去，你不去我也不去。

■他左想不是，右想也不是。

4. 表示转折或让步（常与上文的"虽然、即使"等呼应）。例如：
■我虽然没见过，也听说过。
■即使你不说，我也不知道。

5. 表示委婉。例如：
■倒也罢了。
■也只好如此。

6. 表示强调（常与上文的'连'字呼应）。例如：
■连爷爷也乐得合不合不拢嘴。
■连老师也开始生气了。

（二）"又"是副词

1. 表示重复或继续。例如：
■他拿着这封信看了又看。
■人类社会的生产活动，是一步又一步的由低级向高级发展。

2. 表示几种情况或性质同时存在。例如：
单用 ■ 五四运动是反帝国主义的运动，又反封建的运动。
连用 ■ 又快又好；又香又脆 。

3. 表示意思上更进一层。例如：
■冬季日短，又是阴天，夜色早已笼罩了整个市填。
■近些天天气不好，又是下雨，雨的气息，蔓延到了整个城市。

4. 表示在某个范围之外有所补充。例如：
■生活费之外，又发给五十块钱做零用。
■奖学金之外，又发给八十块钱伙食费。

5. 表示整整之外再加零数。 例如：
- 一又二分之一。
- 十又九分之一。

6. 表示矛盾的两件事情（多叠用）。 例如：
- 她又想去，又不想去，拿不定主意。
- 他又想玩，又不想玩，不知道该怎么办。

7. 表示转折，有"可是"的意思。 例如：
- 刚才有个事儿想问你，这会儿又想不起来了。
- 刚才有人来找你，这会儿又不见人影了。

8. 用在否定句或反问句里，加强语气。 例如：
- 我又不是客人，还用你老陪着吗？
- 我又不是病人，还用你老跟着我吗？

（三）"还"是副词

1. 表示现象继续存在或动作继续进行；仍旧。 例如：
- 十年没见了，她还那么年轻。
- 半夜了，他还在工作。

2. 表示在某种程度之上所增加或在某个范围之外有所补充。例如：
- 今天比昨天还冷。
- 改完作业，还要备课。

3. 用在形容词前，表示程度上勉强过得去（一般是往好的方面说）。
例如：
- 屋子不大，收拾得倒还干净。
- 办公室不大，但还是让人觉得很舒服。

4. 用在半句话里，表示陪衬，下半句进而推论，多用反问的语气；尚
且。 例如：

■你还搬不动，何况我呢？
■你还不会翻译，何况我呢？

5. 表示对某件事物，没想到如此，而居然如此。 例如：
■他还真有办法。
■他还真会说话。

6. 表示早已如此。 例如：
■还有几年以前，我们就研究过这个方案。
■还在两年前，这种病例出现过这个城市。

二 副词"也、又、还"两两置于同类句式中并加以比较[1]

（一）"也"和"又"的比较

1. "也"和"又"都能表示累积，但"也"主要表示平行的几件事，"又"主要表示甲事之外又有乙事或有更多的事。 例如：
① 又有卖鱼的，又有卖肉的，又有卖蛋的，真是五花八门。
②也有卖鱼的，也有卖肉的，也有卖蛋的，真是五花八门。
例①的"又"表示除"有卖鱼的"之外还有"有卖肉的""有卖蛋的"。
例②的"也"表示"卖鱼的"、"卖肉的"、"卖蛋的"三件事平行并举。

2. "又+不（没、没有）"和"也+不（没、没有）"（"也"之前常出现数量词或"连"）两种句式中，"又"和"也"都能和否定副词相结合，一起表示否定的语气。但用"又"是加强否定，有坚决否定的语气。用"也"是强调否定，有完全否定，极度否定的语气。句式中的"也"含"甚至、竟然"之意。 例如：
①街上人又没有，你还说人多？
②街上（一个）人也没有，你还说人多？

③我又不认识他，怎么帮你找？

④（连）我也不认识他，怎么帮你找？

例①的 "又没有" 是 "坚决否定有"。例②的 "也" 表示 "甚至"，例③的 "又不认识他" 是 "坚决否定认识他"。例④的表示 "竟然"。

3. "又" 叠用成 "又……又……" 的句式，既能表示两种动作的同时存在，又能表示两种形状的同时存在。而 "也" 叠用成 "也……也……" 的句式一般只能表示两种动作的同时存在。 例如：

① 又唱又跳；又教书又育人

② 也唱也跳；也教书也育人

如果用 "也……也……" 表示两种形状的同时存在，则不符合汉语的习惯和规则。 例如 ：

①也红也专；② 也快也好 ；③ 也干净也整齐

4. "也" 和 "又" 都可以表示动作的等同，但 "又" 一般表示 "和自己以前的动作相同"， "也" 一般表示 "和他人的动作相同"。

① 昨天你来了，今天你又来了。

② 昨天他来了，今天你也来了。

（二） "也" 和 "还" 的比较

1. "也" 和 "还" 都能用在让步转折句中， "还" 表示动作或状态不因为某种情况而改变。 "也" 表示无论假设成立与否，后果都相同。例如：

① 虽然春节已过，人们还是难以忘记节日里的欢乐。

② 虽然春节已过，人们也难以忘记节日里的欢乐。

例①中 "还" 表示的是 "忘记" 这一动作并不因 "春节已过" 这一情况而改变。例②中， "也" 表示无论 "春节已过" 与否，都 "难以忘记春节里的欢乐"。

2. "也" 表示 "两事相同"， "还" 的表意功能与其相比差别甚远。

（1） "也" 和 "还" 分别与 "连" 合用， "也" 表示乙事和甲事相同。 "还" 表示 "尚且"，包含有 "抑" 的语气。例如：

① 连坐还坐不稳，更不用提站起来了。

② 连坐也坐不稳，更不用提站起来了。

例①中，"还"都表示"尚且"之意。例②中，"也"表示乙事"站不起来，不用提站起来"和甲事"坐不稳"相同，都是"力量不够"，也就是说两件事的深层意义信息都是"力量不够"。

（2）"还"和"也"都可用于比较句，"还"表示"同中有异"，所比较的对象有程度上的差别，或有"更加"之意。"又"表示"异中有同"，所比较的对象有类同之处。 例如：

① 昨天很冷，今天还要冷。

② 昨天很冷，今天也很冷。

例①中，"还"表示"昨天"和"今天"都"冷"，但"冷"的程度有别，"今天"比"昨天"更冷。例②中，"也"表示"昨天"与"今天"一样，都"很冷"的程度类同。

3. "还"和"也"都可以表示顿挫语气。不同处是用"也"表示的是"本该那样或本可以那样，现在也只能这样"。用"还"表示的是"对事情的夸张"，这样的"还"往往又和"呢"相对应。例如：

① 我也不想要这老命了。

② 我还不想要这老命呢？

例①中，"也"表示"老命本该要的，现在也不想要了"。例②中，"还"是对"我不想要这老命"表示夸张。

（三）"又"和"还"的比较

1. "还"表示动作或状态持续不变。"又"表示暗含，以前曾有过这类事或表示同一个动作的重复。 例如：

① 他还在睡。

② 他又睡了。

例①的"还"表示"睡"的持续，"睡"这个动作"仍然"不变。例②中的"又"表示以前他曾有过"睡"这类事，现在"睡"这个动作又重复出现。

2. "还"表示两种情状的程度差别（用于比较句）。"又"前后重复同一形容词，表示某种性状的程度高。例如：

① 他对学生的要求比你还严。

② 他对学生的要求严而又严。

例①中的"还"表示"严"的程度有差别。"他"和"你"相比，"他"比"你"更严。例②中的"又"表示"严"的程度很高，超过了一般的"严"。

3. "还"一般是在原有基础上，表示项目，数量的增加或范围的扩大。"又"表示几个动作、状态、情况的积累。这种积累一般不强调在原有基础上进行。例如：

① 李老师当班主任，还当校长。

② 李老师当班主任，又当校长。

例①中"还"表示任职项目的增加，"班主任"再加"校长"。例②中"也"表示"当班主任"和"当校长"两种情况加在一起。

此外，"还"还能表示"数量小"之意。而"又"不能。例如：

① 我们小组人手还太少，工具还不够，很难完成任务。

② 我们小组人手又少，工具又不够，很难完成任务。

例①中的"还"表示"人手"和"工具"的数量都不足。例②中的"又"表示"人手少"和"工具不够"两种困难情况的累加。

4. "还"和"又"在语义上有某些重合，即两者都可以表示动作的再一次出现，即使在这种情况下两者的语义仍有不同。"还"主要表示未实现的动作，"又"主要表示已实现的动作。例如：

① 我去年夏天去过一次北京，今年夏天还去。

② 我去年夏天去过一次北京，今年夏天又去。

③ 吃了一个还想吃一个。

④ 吃了一个又吃一个。

例①②都是"去"的再现。例③④都是"吃"再现。但，例①③中的"今年夏天还去"和"还想吃一个"这些事情并未告终，"去"和"吃"这些动作并未实现。而例②④中的"今年夏天又去"和"又吃一个"这些事情都已终止，"去"和"吃"这些动作都已实现。

三 "也、又、还"的对比翻译

在不同的语境中"也、又、还"这三个词所表示的意义不同，所以维译也不同。

（一）"也"的维译

表示两件事相同，"也"用在前面和后面的句子或用在后面的句子。

1. 主语相同，谓语相似或意义相近；主语相同，谓语不同时，译成"مۇ"。例如：

■你去北京参观访问，我们也去北京参观访问[2]。

سىز بېيجىڭغا ئېكسكۇرسىيەگە بارسىڭىز، بىزمۇ بارىمىز.

■等长大了，我也去参军。

چوڭ بولسام، مەنمۇ ھەربى سەپكە كىرىمەن.

■老师也讲课，也提问题。 مۇئەللىم دەرسمۇ سۆزلەيدۇ، سۇئالمۇ سورايدۇ.

■我们也划船，也游泳。 بىز كېمىمۇ ھەيدەيمىز، سۇمۇ ئۈزىمىز.

2. 主语和动词相同，补语不相同，补语可以用在前面；主语和动词相同，动词的补充成分不相同时，译成"مۇ"和"ھەم"。例如：

■我们中间有南方人，也有北方人。

ئارىمىزدا جەنۇبلۇقلارمۇ، شىماللىقلارمۇ بار. （ئارىمىزدا ھەم جەنۇبلۇقلار، ھەم شىماللىقلار بار）

■他会车工，也会钳工。

ئۇ توكارلىقنىمۇ، سىلىسارلىقنىمۇ بىلىدۇ. （ئۇ ھەم توكارلىقنى، ھەم سىلىسارلىقنى بىلىدۇ）

■这里的气候我也喜欢，也不喜欢，怎么说呢？

بۇ يەرنىڭ ھاۋاسىنى ھەم ياخشى كۆرىمەن، ھەم ياخشى كۆرمەيمەن، نېمە دېسەم بولار؟

3. "也"的前句自由形式指示代词，表示"无论"的意思，"也"的后句表示不能完成的形式时，"也"可以忽略译义。

■夜间行军时谁也不说话，只听见沙沙的脚步声。

كىچىلىك ھەربى يۇرۇشتە ھىچكىم گەپ قىلمايتتى، پەقەت «شىر-شىر»قىلغان ئاياغ تاۋۇشىلا ئاڭلىناتتى.

■说什么咱们也不能灰心。 نېمىلا دېسۇن، بىز نىيىتىمىزدىن قايتمايمىز.

■只要大家团结一致，什么困难也能克服。

ھەممەيلەن بىردەك ئىتتىپاقلاشساقلا، ھەرقانداق قىيىنچىلىقنى يېڭەلەيمىز.

（二）"又"的维译

1. 表示一个动作的重复发生，两个动作的连续发生。

前后两个分句，重复一个动词，主语相同或不相同表示动作的第二次发生时，译成"مۇ"。

例如：

■这个人昨天来过，今天又来了。

بۇ ئادەم تۈنۈگۈن كەلگەن ئىدى، بۈگۈنمۇ يەنە كەپتۇ.

■他去年犯过这种病，今年又犯了。

ئۇ بۇلتۇر مۇشۇ كېسەل بىلەن ئاغرىغان ئىدى، بۇ يىلمۇ يەنە قوزغىلىپ قاپتۇ.

■哥哥猜错了，弟弟又猜错了，这个谜语可难啦。

بۇ تېپىشماقنىڭ تەسلىكىدىن ئۈنى ئاكاممۇ تاپالمىدى، ئۇكاممۇ تاپالمىدى.

■我找过一遍，他又找了一遍，还是没找着。

مەن ئىزدىدىم، ئۇمۇ ئىزدىدى، بىراق يەنىلا تاپالمىدۇق.

有时句子没有前句，后句表示发生的事件或表示原来的事件应当发生时译成"يەنە ，يەنىلا"。例如：

■今年又是个丰收年。 بۇ يىل يەنىلا مول-ھوسوللۇق يىل بولدى.

■海面上又起雾了。 دېڭىز ئۈستىدە يەنە تۇمان كۆتۈرۈلدى.

■你又生我的气了？ سەن يەنە مېنىڭدىن رەنجىپ قالدىڭمۇ؟

■冬天一到，我和爷爷又该背起猪枪上山了。

قىش كىرىشى بىلەن، بوۋام ئىككىمىز يەنە ئوۋ مىلتىقىمىزنى ئېلىپ تاغقا چىقىمىز.

"又"的前后重复相同的动词表示多次重复时，译成"قايتا-قايتا"。例如：

■洗了又洗 قايتا-قايتا يۇيۇش

■解释了又解释 قايتا-قايتا چۈشەندۈرۈش

■讲了一遍，又讲一遍 قايتا-قايتا سۆزلەش

■他练了又练，一直练到合乎要求为止。

ئۇ مەشىقنى تەلەپكە يەتكەنگە قەدەر قايتا-قايتا داۋاملاشتۇردى.

2. 表示好几个动作、状语和情况的结合。"又"表示使用句子分句（又……又……）时，译成"ھەم"。例如：

■这孩子又会写，又会算。　　　　　　بۇ بالا ھەم يازالايدۇ، ھەم ھېساپلىيالايدۇ.

■孩子们又是害怕，又是喜欢。　　　بالىلار ھەم قورقاتتى، ھەم ياخشى كۆرەتتى.

■他的话又恳切，又说得在理。

ئۇنىڭ سۆزلىرى ھەم سەمىمىي، ھەم ئورۇنلۇق ئىدى.

■用一台机器又翻地、又耙土、又下种。

بىر ماشىنىدا ھەم يەر ھەيدەپ، ھەم يەر تىرنلاپ، ھەم ئۇرۇق چاچاتتى.

3. 强调反问，提高反问程度，句子中使用疑问指示代词时，"又"大多数情况下可以忽略译义。

例如：

■他又不会吃人，你怕什么？　　　　ئۇ ئادەم يەمەيدۇ، نېمىگە قورقىسەن؟

■他怎么知道的，我又没告诉他。

مەن ئۇنىڭغا ئېيتمىغان تۇرسام، ئۇ قانداق بىلگەندۇ؟

■下雪又有什么关系？咱们照常锻炼。

قار ياغسا نېمە بوپتۇ؟بىز ئوخشاشلا چېنىقىۋېرىمىز.

■这点小事又费得了多大工夫？　　بۇ كىچىككىنە ئىشقا قانچىلىك كۈچ كېتەتتى؟

（三）"还"的维译

1. 表示动作或状语持续保持不变时基本译成"تېخى"。（有时可以忽略）

例如：

■他还在图书馆。　　　　　ئۇ تېخى كۇتۇپخانىدا. (ئۇ كۇتۇپخانىدا)

■爸爸还没回来。　　　دادام تېخى قايتىپ كەلمىدى. (دادام قايتىپ كەلمىدى)

■革命征途还长着呢。

ئىنقىلاپ مۇساپىسى تېخى ئۇزۇن. (ئىنقىلاپ مۇساپىسى ئۇزۇندۇر)

■天还不很冷。　　هاۋا تېخى ئانچە سوغۇق ئەمەس (هاۋا ئانچە سوغۇق ئەمەس)

2. 表示程度区别，使用在比较句中时基本译成"مۇ"。例如：

■场上的麦子堆得比小山还高。

خاماندىكى بۇغدايلار كىچىك تاغدىنمۇ ئىگىز دۆۋلەنگەن ئىدى.

■新车间比旧车间还要大一百平方米。

يېڭى سېخ كونا سېختىنمۇ يۈز كۋادراتمېتر مۇبتەر چوڭ ئىدى.

■二勇比他哥哥大勇还壮。　　　　ئەربىيۇك ئاكسى دايۇڭدىنمۇ قاۋۇل.

■那种微型电池比这颗纽扣还小一些。

ئۇ خىل مىكرو تىپتىكى باتارىيە تۈگمىدىنمۇ كىچىكرەك ئىدى.

3. 表示数量增加或范围扩大时大多数情况下译成"يەنە"，有时译成"مۇ , ھەم"。

译成"يەنە"时，例如：

■往身后一看，山底下还有一支队伍。

بۇرۇلۇپ ئارقىسىغا قارىغۇدەك بولسا، تاغ ئىتىگىدىن يەنە بىر قوشۇن كۆرۈندى.

■这么几个人哪儿够哇，还得再来几个。

بۇنچىلىك ئادەم قانداق يەتسۇن، يەنە بىر قانچىسى كەلسۇن.

■这个节目八点钟还要播一次。

بۇ نومۇرنى سائەت سەككىزدە يەنە بىر قېتىم ئاڭلىتىدۇ.

■旧的矛盾解决了，新的矛盾还会产生。

كونا زىددىيەت ھەل قىلىنغان بولسىمۇ، يېڭى زىددىيەت يەنە پەيدا بولدۇ.

译成"ھەم , مۇ"情况时，例如：

■你把他的书包，还有衣服，都给他带去。

سەن ئۇنىڭ سومكىسىنى ھەم كىيىم-كېچەكلىرىنىمۇ ئالغاچ بار.

■除了他们三个以外，小组里还有我。

گۆرۈپپىدا ئۇ ئۈچىدىن باشقا مەنمۇ بار ئىدىم.

"还"表示动作又一次发生，但未实现动作时，译成"يەنە"。例如：

■他昨天来过，明天还来。　　　ئۇ تۈنۈگۈن كەلگەن ئىدى، ئەتە يەنە كەلمەكچى.

■洗了一次还想洗一次。　　　بىر قېتىم يۇيۇپ بولۇپ يەنە يۇماقچى.

4. 有时翻译"还"时，也要用句子中表示的意义来译成维吾尔语。例如：

■最近身体怎么样？　还好，还好。

يېقىنقىدىن بۇيان سالامەتلىكىڭىز قانداق؟-ياخشى، ياخشى.

■下这么大雨，没想到你还真准时到了。

بۇنداق قاتتىق يامغۇر ياغقاندا، سىزنىڭ دەل ۋاختىدا كېلەلىشكىنى ئويلىمىغان ئىدىم.

■他要能来还不早来啦！

ئۇ كېلەلەيدىغان بولسا، بۇ چاغقىچە كېلىپ بولماسمىدى!

■这还能假！　　　　بۇ قانداق يالغان بولسۇن!

在语言中，具有上述表意功能的"还、也、又"当它们进入同类句式时，其表意功能远远不止我们上面所说的那些差别。"还、也、又"在不同的句型和语境中的作用及译义是不同的，很容易混淆或忽略其在语境中的作用及意义，为避免在翻译时发生此类错误。掌握"还、也、又"的使用范围句式中的作用，分清它们在句中所要表达的意思，在正确的维译工作中是很重要的。随着语言的进一步发展而出现的新的语言事实中各种表意功能的"还、也、又"，一旦它们进入同类句式，其表意功能一定还会存在或大或小的差别。

注释：

[1]见郑盛锦《还、又、也功能比较》柳州师专学报 1996 年第 4 期，第 25 页

[2]见吕叔湘《现代汉语八百词》，第 829 页（本文全部译文句以这本书摘取）。

翻译实践

1. 过了两年，他又换过学校，却遇见了一个值得敬佩的同事。

2. 接着，他继续设想，鸡又生鸡，用鸡卖钱，钱买母牛，母牛繁殖，卖牛得钱，用钱放债，这么一连串的发财计划，当然也不能算是生产的计划。

3. 夜已经很深了，他还在不停地工作。

4. 少年是一去不复返的，等到精力衰竭时，要做学问也来不及了。

5. 今天晚上的聚会也是按议程开始的。

6. 你也别太为他担心，何必呢？

7. 五月份在困难很多的情况下，棉布计划仍有较大增产，节约工作也取得了一定的进展。

8. 绿既是美的标志，又是科学、富足的标志。

9. 如果不互相尊重，爱也难以持久。

10. 一个预感到有美好前途的人，当他在艰苦的人生大道上前进时，就像一个无辜的囚徒走向刑场，一点也用不着羞愧。

第十四讲　比较句的使用及其维译

比较是人类认识世界的一种手段，每种语言都有各种表达比较的语言形式，形态越丰富的语言就越会用句式和形态来表达比较的意义，汉语主要用句式来表达。比较句是在日常生活的话语中常用的、逻辑性较强的一种句式，在汉语中有重要的地位，也是在句子和日常生活中经常运用的普遍性的交际工具。"比较"是指本质上的同类事物间的比较，可以是两个事物间的比较，也可以是两个或两个以上的事物间的比较。作比较是将两种类别相同的事物现象加以比较，来说明事物特征的说明方法，说明某些抽象的或者是人们比较陌生的事物，可以用具体或者用已经熟悉的事物和它比较，这样可以让事物的特征表现出来。

一　汉语比较句分类及特点

（一）"比"字比较句和它的特点

"比"字比较句

如果表示两个人或事物在形状或程度上的差别，可以用介词引出比较的对象，再用谓语表示比较的结果。例如：

今天比昨天冷。

艾力比古丽聪明。

1. "比"字比较句的格式：

① 甲 + 比乙 + 形容词

例如：他比我好。

② 甲 + 比乙 + 能愿动词 + 主动词

例如：他比我能做。

③ 甲 + 比乙 + "早、晚、多、少、" + 动词 + 数量补语/宾，例如：

我比艾山晚到了一天。

他比我早知道这件事。

句子中"早、晚、多、少"必须放在"比"字后，不能放在前面。

④ 甲 + 比乙 + 还（更 / 再）

例如：我的朋友当中没有比他更英俊的。

⑤ 一个比一个（一天比一天）

例如：我的老师一个比一个学历高。

2. "比"字比较句的特点

（1）介词"比"和比较对象结构的介词结构主要在谓语前做状语。

结构"比……"后边的谓语由形容词或某些动词充当。例如：

①这种肥皂比那种好。

②他比我保守。

③ 哥哥比姐姐了解情况。

（2）介词"比"前边和后边的词或词组多半是同类的。

介词结构"比……"后的谓语（形容词或动词）能带补语。谓语前便可以用副词"更、还"或还要做状语，表示程度上跟进一层。例如：

①汽车比自行车快。（汽车和自行车都是名词）

②这条路比那条（路）宽。（名词性偏正词组）

③我的负担比你的重得多。（名词性偏正词组）

（3）用"比"表示比较的否定形式是在介词"比"前便用上否定副词"不"。

例如：这样做不比那样做好。

（二）"跟"字比较句和它的特点

"跟"字比较句

如果区别两个人、两种事物的异同，可以用介词"跟"引出比较的对象，再用谓语表示比较的结果。

例如：我的想法跟你的想法相同。

这句是"跟"字比较句，使用了"跟"字，表示比较的语法意义。

1. "跟"字句的格式

①甲+跟乙+一样

例如：这座桥跟那座桥一样雄伟。

②甲+不跟乙+一样

例如：他写的不跟你一样。

③甲+跟乙+不一样

例如：她画的跟你不一样。

2. "跟"字句的特点

（1）介词"跟"和比较对象构成的介词结构主要是在谓语前做状语。

"跟"和"一样"常用在一起，构成固定格式"跟……一样"，可以做定语、补语，也可以在其他形容词或某些动词谓语前做状语。例如：

①他的围巾跟你的围巾一样。

②我跟他一样喜欢文学。

③我要买一本跟他那本一样的词典。

（2）介词"跟"前边和后边的词或词组一般是同类的。

"跟……"一样的否定形式是在一样前（或跟前）用否定副词"不"来表示。

例如：

①面包跟米饭一样好吃。

②你去跟他去一样。

③我的想法跟他的想法不一样。

（三）"有"字比较句和它的特点

如果表示两个人或事物在某方面有相似之处，可以用动词"有"，引出比较的对象。

例如：你没有我努力。

1. "有"字比较句的格式

①甲+有+乙（那么/这么）

例如： 他有你那么爱唱歌。

②甲+没有+乙（那么/这么）

例如：姐姐没有妹妹高。

2. "有"字比较句的特点

（1）动词"有"和比较对象构成的动宾词组在谓语形容词（或某些动词）前做状语。

动宾词组"有"后面的谓语多有"高、大、长、厚、多、深、宽、粗、远"等形容词或某些能表示程度的动词充当。例如：

① 我的头发有你的那么黑。

② 那只猫有这只这么会抓老鼠。

（2）"有"前边和后边的词或词组一般是同类的。

动宾词组"有……"和谓语之间常用指示代词"这么"或"那么"表示程度。用"有"表示比较的否定式"没有……"。例如：

①这种点心有那种点心那么好吃。

②他说话的声音有她的这么好听。

③你没有我努力。

（四）"像"字比较句和它的特点

如果表示两个人或两种事物相象，可以用动词"像"引出比较的对象，或后面在用谓语表示比较的方面或标准。

例如：他像他爸爸。

1. "像"字比较句的格式

①甲+像乙+一样

例如：她像母亲一样能干。

②甲+不像乙+一样

例如：他不像老师一样有学问。

2. "像"字比较句的特点

（1）"像"做谓语的比较句特点跟一般动词谓语句一样。

"像"和比较对象结构的动宾词组，常在形容词或动词充当的谓语前做状语。谓语前一般要用指示代词"这么（这样）"或者"那么（那样）"。

例如：这次任务像上次那么紧急。

（2）"像"前后的两个成分一般是同类词或词组。（"像"的否定形式是"不像"）。

例如：①这些书像那些书那样受读者欢迎。

②他不像他爸爸那样健康。

（五）"不如"比较句和它的特点

如果表示某人或某事物比不上另一个人或事物，可以用不如，前者不如后者，就是前者没有后者好的意思。

例如：你来不如我去。

1. "不如"比较句的格式

① 甲+不如乙

例如：这本书不如那本书好看。

② 甲+不如乙+那么

例如：姐姐不如妹妹那么好看。

2. "不如"比较句的特点

用"不如"表示比较时，前后两个成分的词或词组一般是同类，后面也可以有形容词或动词充当的谓语，说明比较的方面。"不如"比较句里只有否定形式而没有肯定形式。例如：

①看电视不如看电影。（动宾词组）

②一个人去不如大家一起去。（主谓词组）

（六）"越来越"比较句和它的特点

如果表示某人或某事物在某方面的程度是随时间推移而产生变化的，可以用"越来越"，后面的谓语表示变化的方面。

例如：他越来越健康。

1. "越来越"比较句的格式：

越来越+形容词/动词

例如：①天气越来越热了。

②我越来越喜欢这件衣服。

2. "越来越"比较句的特点：

（1）"越来越" 主要是在谓语前做状语。

"越来越"的主语可以是名词、代词、动宾词组或主谓词组等，指某人或某事物。例如：

①那儿的环境污染越来越厉害。

②这个概念越来越清楚了。

（2）"越来越"后的谓语由形容词或某些能表示程度的动词充当。句子末尾常用语气助词"了"表示变化。例如：

①孩子们越来越懂得学习的重要性了。

②这个城市建设得越来越美了。

二　比较句的翻译

（一）"比"字比较句的翻译

在"比"字比较句里，主语表示要比较的人或事物，"比"字介词词组表示被比较的对象，谓语表示比较的结果。其格式是:主语+状语（比+词语）+谓语。在"比"字比较句里，介词"比"跟它后边词语构成介词结构，修饰后边的谓语形容词或动词，表示两个事物的形状或动作状态的程度差别。

（1）"比"字比较句在维吾尔语中的表现形式是"比" 字结构词组在谓语前，由名词后加"دىن"或向格词尾加 "قارىغاندا"来表示，例如：

① 出版社的四号楼比三号楼高吗？

نەشرياتنىڭ 4-بىناسى 3-بىناسىدىن ئىگىزمۇ؟

② 他吃饭比昨天多一些了吗？

ئۇ تاماقنى تۈنۈگۈنكىگە قارىغاندا جىقراق يىدىمۇ؟

③ 他汉语比你说的流利不？　　ئۇ خەنزۇچىنى سىزدىن راۋان سۆزلەمدۇ؟

④ 玛利亚写汉字比古丽写得快吗？

ماريىه خەنزۇچە خەتنى گۈلدىن تېز يازامدۇ؟

⑤ 延安路比团结路长五公里。

يەنئەن يولى ئىتتىپاق يولىدىن بەش كىلومېتىر ئۇزۇنراق.

（2）如果"比"字结构词组在谓语前，由动词后也可以加 "راق/رەك"

来表示，例如：

① 阿迪力比艾山聪明一点儿。　　　ئادىل ھەسەندىن ئەقىللىراق.

② 姐姐比妹妹高一点儿。　　　　　ئاچىسى سىڭلىسىدىن ئېگىزرەك.

③ 哥哥比我快一些。　　　　　　　ئاكام مەندىن تېزراق.

（3）在汉语 "比……" 字比较句里后边的谓语由形容词或某些动词充当，译成维吾尔语时在名词后面要加 "دىن" 做状语来翻译。例如：

①哥哥比姐姐了解情况。　　ئاكام ئاچامدىن ئەھۋالنى ئوبدان بىلىدۇ.

② 他比我英俊。　　　　　　ئۇ مەندىن كېلىشكەن.

（4）"比" 字比较句的否定形式，一般用 "不" 的位置一般在介词 "比" 的前边。译成维吾尔语时，在句尾用 "ئەمەس"，有时用 "ما،مە" 来表示。还需在名词后加 "دەك/تەك" 例如：

① 他写文章不比我好。　　　ئۇ ماقالىنى مەندەك ياخشى ياز ئالمايدۇ.

② 甲班学生不比乙班多。

1-سىنىپنىڭ ئوقۇغۇچىلىرى 2-سىنىپنىڭكىدىن كۆپ ئەمەس.

③ 你不比吐尔孙高。　　　　سەن تۆرسۇنچىلىك ئېگىز ئەمەس.

（二） "跟" 字比较句的翻译

在 "跟" 字比较句里，主语表示要比较的人或事物，"跟" 字介词词组表示比较的人或事物，谓语表示比较的结果。其格式是:主语+状语（跟+词语）+谓语。在 "跟" 字比较句里，介词 "跟" 与他后边词语构成介词结构，常跟 "一样" 搭配使用。

（1） "跟" 字比较句在维吾尔语中的表现形式是 "跟" 字结构词组在谓语前，在名词、代词后加向格词尾 "غا/گە/كە/قا"，位格 "دا/تا" 或用后置词 "بىلەن" 来表示。例如：

① 我跟古丽在一个学校。　　مەن گۈلى بىلەن بىر مەكتەپتە ئوقۇيمەن.

② 去他那儿跟来我这儿一样。

ئۇنىڭ يېنىغا بارغىنىڭ مېنىڭ يېنىمغا كەلگىنىڭگە ئوخشاش.

③ 他跟你一样喜欢体育。　　ئۇ سېنىڭغا ئوخشاش تەنتەربىيەگە نامراق.

（2）汉语介词比较句 "跟" 字后面的词或词组一般是同类的。在译成维吾尔语是汉语中的名词一般在维吾尔语中做补语，要在名词后面加 "مۇ/لا" 来表示。例如：

①苹果跟葡萄一样好。　　　　　　　ئالما بىلەن ئۈزۈم ئوخشاشلا ياخشى.

② 我们跟你们一样要全心全意为人民服务。

بىزمۇ سىلەرگە ئوخشاش پۈتۈن نىيىتىمىز بىلەن خەلق ئۈچۈن خىزمەت قىلىمىز.

（3）"跟"字比较句的否定形式，一般用"不"的位置一般在介词"跟"的前边。译成维吾尔语时，用"مە/ ما"来表示。例如：

① 我不跟你说话。　　　　　　　مەن ساڭا گەپ قىلمايمەن.

② 我不跟你一块儿去逛街。　مەن سېنىڭ بىلەن بازار نايلانمايمەن.

③ 他跟你一样爱学习。

ئۇ ساڭا ئوخشاش ئۆگۈنۈش قىلىشنى ياخشى كۆرمەيدۇ.

（4） "跟……一样/相同"的否定形式是"跟……不一样/不同"。译成维吾尔语时，用"بىلەن......ئوخشايدۇ"或"بىلەن......ئوخشىمايدۇ"来表示。例如：

① 我的看法跟他的不同。

مېنىڭ كۆز قارىشىم ئۇنىڭكى بىلەن ئوخشىمايدۇ.

② 这种墨水的颜色跟那种不同。

بۇ خىلدىكى سىياخنىڭ رەڭگى ئۇ خىلدىكى بىلەن ئوخشىمايدۇ.

③ 我的想法跟你的想法不一样。

مېنىڭ كۆز قارىشىم سېنىڭ كۆز قارىشىڭ بىلەن ئوخشىمايدۇ.

（三）"有"字比较句的翻译

在"有"字比较句里，主语表示被比较的人或事物，"有"字动词词组表示比较的人或事物，谓语表示比较的方面、标准。其格式是:主语+状语（有+"这么/那么"）+谓语。在"有"字比较句里，动词"比"跟他后边词语构成介词结构，修饰后边的谓语。

（1）"有"字比较句在维吾尔语中的表现形式是"有"字结构词组在谓语前，名词后加"تەك/دەك"来表示，例如：

① 这间屋子有那间那么大。　　بۇ ئۆي ئۇ ئۆيدەك چوڭ.

② 这棵古树有楼那么高。　　بۇ كونا دەرەخ بىنادەك ئېگىز.

③ 她有你那么爱画画。　ئۇ سېنىڭدەك رەسىم سىزىشقا ئامراق.

（2）汉语中"有"前面和后面的词或词组一般是同类，在做动宾词组时"有"字后面的谓语跟形容词或某些能表示程度的动词充当。译成维吾尔语时在名词后面加"تەك/دەك"来表示，维吾尔语中充当状语。例如：

① 苏三有古丽那么爱学习。　سۇسەن گۈلەندەك ئۆگۈنۈشنى سۆيىدۇ.

② 这个苹果有糖那么好吃。　بۇ ئالما كەمپۈتتەك تاتلىق.

（3）用"有"表示比较的否定形式是"没有……"。译成维吾尔语时，用"دەك...نەمەس"来表示。例如：

① 姐姐没有妹妹高。　ئاچىسى سىڭلىسىدەك ئېگىز نەمەس.

② 这种布没有那种结实。　بۇ خىل رەختت ئۇ خىلدىكىدەك چىداملىق نەمەس.

③ 你没有我努力。

سەن مەندەك تىرىشمەندەك. (سەن مەنچىلىكمۇ تىرىشمەندىك)

（四）"像"字比较句的翻译

在"像"字比较句里，主语表示被比较人或事物，"像"字动词词组表示谓语，带表示比较的人或事物的宾语。其格式是：主语+谓语（像+这么/那么）+宾语。

（1）"像"字比较句在维吾尔语中的表现形式是"像"字结构词组在主语后、宾语前，用"نوخشاش/تەكلا/دەكلا"来表示，例如：

① 她像他爸爸那么勇敢。　ئۇ دادىسىدەك باتۇر.

② 这两天像冬天一样冷。　بۇ ئىككى كۈن قىشتەكلا سوغۇق بولۇپ كەتتى.

③ 他像成人那样懂事。　ئۇ چوڭلارغا ئوخشاش ئىش بىلىدۇ.

（2）"像"的否定式是"不像"。译成维吾尔语时，用"دەك......نەمەس"来表示。

例如：

① 他不像五十岁的人。　ئۇ ئەللىك ياشقا كىرگەندەك نەمەس.

② 今天不像昨天那么热。　بۇگۈن تۈنۈگۈنكىدەك ئىسسىق نەمەس.

③ 她不像母亲一样。　ئۇ ئانىسىدەك نەمەس.

（五）"不如"比较句的翻译

在"不如"字比较句里，一种情况是主语表示被比较的人或事物，"不如"表示谓语，带表示比较的人或事物的宾语。另一种情况是主语表示被比较的人或事物，"不如"表示状语，谓语表示比较的方面、标准。第一形式：主语+谓语（不如+这么/那么/那个/这个）+宾语。第二形式：主语+

状语（不如+这么/那么/那个/这个）+谓语。

　　"不如"比较句在维吾尔语中的表现形式是"不如"字结构词组在主语后、宾语前，或谓语前。译成维吾尔语时，用"نەمەس, چىلىك......"、"راق/رەك......دىن/تىن"来表示，例如：

①　我不如他那么刻苦。　مەن ئۇنچىلىك تىرىشچان ئەمەس.

②　你来不如我去合适。　سېنىڭ كەلگىنىڭدىن مېنىڭ بارغىنىم مۇۋاپىقراق.

③　他画的不如你画的。　ئۇنىڭ سىزغىنى سىنىڭگچىلىك ئەمەس.

（六）"越来越"比较句的翻译

　　在"越来越"字比较句里，主语表示被比较的人或事物，"越来越"表示状语，谓语表示变化的方面。其格式是:主语+状语（越来越）+谓语。用"越来越"表示比较的句子末尾常用语气助词"了"表示变化。

　　"越来越"字比较句在维吾尔语中用"بارغانسېرى"来表示。例如：

①　大家的生活水平越来越好了。

　　　كۆپچىلىكنىڭ تۇرمۇش سەۋىيەسى بارغانسېرى ئۆستى.

②　我越来越喜欢我的工作了。

　　　مەن بارغانسېرى خىزمىتىمنى ياخشى كۆرۈپ قالدىم.

③　学习汉语的人越来越多了。

　　　خەنزۇچە تىلنى ئۆگىنىدىغانلار بارغانسېرى كۆپىيىدى.

　　比较句是汉语使用频率很高的一类句式,时常用在我们学习和生活中以表达出各种不同意义，其意义丰富用法广泛。

翻译实践

1. 她的演唱水平比其他参赛选手高。
2. 我要是能有你过得这么舒服，我也整天在家不工作。
3. 我要有你这么漂亮，我也去应聘这个职位。
4. 这个时候你表扬我真不如骂我一顿叫我心里好受。
5. 空洞的说教不如摆事实说明问题。

6. 随着社会的进步，人们的生活水平越来越高，同时生活节奏也越来越快。

7. 飞驰的汽车像一阵风似的，从我们身边掠过。

8. 越来越多的老人发现儿孙们对于流行乐表现出日益浓厚的兴趣，他们也渐渐接受了这个事实。

9. 生活水平提高了，手头比过去宽裕多了。

第十五讲　拟声词的比较与翻译

一　拟声词的概念和分类

拟声词作为一个特殊的词类，又称为象声词、摹声词、状声词、拟音词，等等。在汉语中一般都是指用语言来模拟事物或自然界的声音，以及描写事物情态的词。汉语把这一类词称作"象声词"，专指模拟事物声音的词，如"哗、轰、乒乓、扑哧"等。而在维吾尔语中的拟声词同汉语一样是模拟、仿效事物、人和自然界的声音的词，故两者的性质吻合。但因思维方式，语言习惯，形象比喻，观察角度所致，汉维语模拟同一事物、人或自然界实际声音的拟声词，彼此发音完全相同的较少，似同非同的有一些。维吾尔语里把拟声词称作"模拟词"在词典中的释意是模拟、模仿、效仿、仿照的意思。哈米提·铁木尔（خەمىت تومۇر）先生是这样给维吾尔语的拟声词定义的：模拟人们听觉、视觉及感觉感受的词语叫做拟声词。拟声词不是对客观世界人们所听到的、看到的和对事物摹状的感觉的直接反映，而是对这些视听和感觉的一种相对模拟。维吾尔语的拟声词比较特殊，它不仅模拟声音，还模拟人们对事物的视觉和感觉。从这个角度来说维吾尔语的"拟声词"确切地说应该称作"模拟词"。

每种语言对拟声词的定义不尽相同，都是指模仿人、动物和自然界的声音，但是不等同于简单的再现各种声音，而是按照每种语言的语音系统对客观世界的声音加以描述、模仿符号化的结果，是客观世界的声音固有的节律和某种语言独有的语音相结合的产物。

汉语拟声词一般可以从应用角度和意义上分类,而维吾尔语中的拟声词只可以从意义上分类。

（一）应用角度上可分为两类

1. 定型的

例如：啦啦、哗哗、汪汪、咚咚、呀呀、呼呼、嗖嗖、滴滴、答答、哼哼、呜呜、嘟嘟、咯咯、叫叫、咕咕、沙沙、刺刺、哇哇、嘻嘻、哈哈、崩崩、喳喳、咧咧、叨叨、关关、啪啪等等。

2. 非定型的

模拟各种声音的。它们的语言形式、书写形式往往不十分固定，但运用较为普遍，有时需要一定的语言环境，方能准确辨别。例如：

刺溜、嘎、乒乓、扑通、咔嚓、滴答、叮咚、叮当、布谷、知了、啪嗒、哗啦、呼噜、噼啪、呢喃、轰隆等等。

（二）从意义上分，汉维语中的拟声词均可分为三类

1. 声音拟声

声音拟声不仅是自然界现象和事物本能的声音，而且是把这种声音经过相对的反复模拟形成的拟声词。但是，这种声音只有通过听觉器官在思维中产生反映。例如：

جاراك-جۇرۇك嗵嘟ۋاق-توق（撞击声）, چىر-ۋچىر叽叽喳喳（麻雀叫声）, توق-ۋاق当嘟（玻璃，器皿撞击声）, مىياك咪咪（猫叫声）, هاك-هاك嗷嗷（驴叫声）, هاۋ-هاۋ汪汪（狗叫声）等等。

2. 状态拟声

状态拟声是表达自然现象、人和事物（东西）活动变化的状态，并形容其外表、内状和形色，通过它们的形态变化而形成的概念所产生的反映。例如：

"پۇر-پارايپ闪闪发光", "ۋۇل-ۋۇلال忽闪忽闪"（时光闪烁的形态）。

"پىلەم-پىلەم纷纷扬扬"（是指某一东西在空中飘扬）。

"سۆككۆل-سەككۆل破破烂烂的"（是形容东西的外形）。

"سەمرۋاك-سەمرۋانە混乱的"（是形容乱糟糟的东西状态）。

"دىر-دىر颤动"（是形容人或东西颤抖的形态）。

3. 感觉拟声

感觉拟声是人体产生的各种形态，这种形态的变化是通过思维而反应

的。不过这类拟声词与前两类词比较是不常见的。在一般情况下它是重复使用的。例如：

تىتـتىت　着急、焦急（紧张而产生的精神状态）；

زىڭـزىڭ　嗖嗖（像针刺得作痛）；

لوقـلوق　胀痛（炎症或化脓地方突突跳动）；

دۇپـدۇپ　冬冬、扑腾扑腾（心跳声）；

چىمـچىم　轻微的（身体某一部分疼痛）；

二　汉维拟声词的构词形式

汉语中的拟声词按音节分类，可分成单音节拟声词（A 式）、双音节拟声词（AB 式）、多音节拟声词（ABB 式、AABB 式、ABCD 式，等）。

1. 单音节拟声词（A 式）。如"啪"、"咚"、"唰"等；单音节拟声词一般都可以重叠。

"啪啪"、"咚咚"、"啪啪啪"、"咚咚咚"等。例如：唰唰唰地下起雨来了。

2. 双音节拟声词（AB 式）。如"叮当"、"扑通"、"咕咚"。所有的双音节拟声词都可以重叠为 ABAB 式。如"扑通扑通"等。有的也可以作 AABB 式重叠，例如："叮叮当当"等。

3. 多音节拟声词。多音节拟声词由四个不同的音节构成，"提里踏啦"、"叮呤当啷"等。这一类拟声词一般多表示无序的声音或噪音。例如：枪声噼里啪啦的挺怕人。

而在维吾尔语中的拟声词大多是由单音节或双音节构成的闭音节词。例如，单音节有：گۇپ（扑通），ۋاڭ（喧闹、喧哗），شار（哗哗），تاك（叭叭），زىڭ（嗖嗖），ۋارت（剌啦），يالت（忽闪），شارت（唰唰），چارس（咔嚓）等。

双音节有：گۈلدۈر（轰隆），شالدۇر（沙沙），كاككۇك（咕咕），مىياك（咪咪）等。有个别的拟声词是开音节词组等，这种词较少。例如：مۇ（哞哞 牛叫声）。

三　汉维拟声词的语法功能

拟声词是句子里的独立成分，同时也充当句子里的各种成分。汉语中的拟声词从词性特征来看属于实词。同样，拟声词也是现代维吾尔语中的一种特殊实词。因而它们具有实词的特点和语法功能。在句中作谓语、状语、定语、补语、独立成句，在少数情况下做主语和宾语。维吾尔语是黏着语，句中词语的形态变化十分丰富，语法特征是可以从形态的变化看出来的。维吾尔语模拟词在词根后加不同的后缀会形成不同的词性，进而在句中作主语（较少）、谓语、宾语、定语、状语成分。

（一）作主语

汉语中的拟声词可直接作主语，也可加"的"构成"的"字词组作句子的主语，谓语一般是由动词"象、是"充当。例如：

汉语：　叽叽，是小鸡在地上啄食的声音　——主语

咚咚咚是敲门的声音——主语

维吾尔语：　在句子当中 "ۋاراڭ-چۇرۇڭ ۋارالدا ۋاراڭ-چۇرۇڭ ئەمدى بېسىلدى." 中作主语。

（二）作谓语

汉语中的拟声词可直接作谓语。但更多的需要加"着、了、起来"。拟声词作谓语，句子显得简练生动，表达效果更完美。例如：

汉语：飞机在外面不断地嗡嗡着。句子中的"嗡嗡"加"着"构成谓语。

他不是长吁短叹的，就是咕咕哝哝的。（《红楼梦》）——谓语

她生气了，咕嘟着嘴半天不说话。（《现代汉语》）——谓语

维吾尔语：　قاراڭغۇ كېچىدە يۇلتۇزلار نمسر-چىمىر قىلاتتى.

تېپىشى پال-پال، ئىچى غال-غال.

（三）作定语

汉语中拟声词可修饰名词，相当于形容词在句子中直接作定语。例如：

汉语：咕噜噜声中，还直将那女儿红喝个精光见底。(《大侠的刀砍向大侠》)
　　——定语

羊圈里传出咩咩的叫声。　"咩咩"修饰宾语作定语。

维吾尔语中的拟声词直接与名词连接来辨别。例如：

تالادا سىم-سىم يامغۇر يىغىۋاتىدۇ.

دەرۋازا تېشىدىن نادەملەرنىڭ تويۇر-تويۇر ئاياغ تىۋىشى ئاڭلاندى.

（四）作状语

汉语中的拟声词常与"一声"组成数量结构修饰谓语作状语。也可直接修饰谓语作状语。但多数要加"地"。例如：

汉语：竹林里的小鸡叽叽喳喳地欢唱。

（其中"叽叽喳喳"加"地"修饰"欢唱"做状语。）

"他看那王胡，却是一个又一个，两个又三个，只放在嘴里毕毕剥剥的响。"(《阿Q正传》)——状语

维吾尔语中的拟声词直接与动词连接，表示行为和动作的各种情态。例如：

بېشىم زىڭ-زىڭ قىلىپ ئاغرىۋاتىدۇ.

مۆلدۈر ئۆگزىدىگەنتاراس-تۆرۈس قىلىپ ئۆرۇۋلاتتى.

其他成分：

汉语：眼下盼来了，我总算对得起你了，你还是老样，不和我多说一句话，天一黑，你睡得呼呼噜噜……(《童年家事》) ——补语

……嘿，听你吭哧吭哧的，我没心情说了。(《谁领我幸福》)——补语

当！当！当！上课铃响了。(《第一堂课》)———独立成句

"叮铃铃……！"开演的预备铃响了。(《最后一幕》)——独立成句

（宝玉便咬着牙叫"嗳呀"。(《红楼梦》)——宾语

维吾尔语：　بۇ تاراق-تۆرۈۋقنى توختاتساڭلارچۇ؟（宾语）

四 汉语拟声词的维译方法

（一）直译法

有些拟声词的意义直接由构成拟声词的各个词义合成，即知道了构成拟声词的各个词的意义，就能了解整个拟声词的意义。翻译这样的拟声词一般用直译。例如：

① 远方传来"呼呼"的火声。 يىراقتىن ئوتنىڭ گۈرۈلدىسىگەن ئاۋازى ناڭلاندى.

② 我的牙噌噌地痛。 چىشىم زىڭ-زىڭ قىلىپ ناغرىپ كەتتى.

③ 他啪的就是一拳。 ئۇ مۇشى بىلەن گۈپپىدە بىرنى سالدى.

（二）转译法

有些句子里并没有明显的拟声词，但我们进行翻译时，为了表达得更充分、更清楚，以借代性转移作为翻译的手段。这就是我们所说的转译法，例如：

① 雨纷纷扬扬地下着。

句中没有拟声词，"纷纷扬扬"是形容词。但译成维吾尔语时应该加维吾尔语拟声词 "لەپىلدەپ" 来充当原句。 قار لەپىلدەپ يېغىۋاتاتتى.

② 他走路的样子摇摇摆摆的，像一只鸭子。

ئۇنىڭ گالداڭ-گۈلداڭ مېڭىشى خۇددى غازغا ئوخشايتتى.

（三）添加拟声词法

有些句子里虽然没有明显的拟声词，但我们翻译这种句子或词时，为了表达得更加清楚，一般采取添加拟声词法。例如：

① 他吓得只发抖。 ئۇ قورققىنىدىن غال-غال قىلىپ تىترەپ كەتتى.

② 哗哗地下起了大雨。 يامغۇر توختىماي يېغىپ كەتتى.

五 维吾尔语拟声词的汉译

翻译是用一种语言把另一种语言所表达的内容、信息和风格忠实、流畅、艺术地再现出来的实践活动。美国翻译理论家奈达指出:" 所谓翻译,就是指从语义到文体在译语中用最贴切而又最自然的对等语再现原语的信息。"由于维吾尔语拟声词和现代汉语拟声词在词汇、句法功能方面存在很多不同之处,那么翻译维吾尔语拟声词时,除了要闻声解意外,还应根据具体语境、修辞和文化等要求,选用恰当的翻译方法,使译文能够再现原文的思想内容、表现手法和文体风格等。维吾尔语拟声词的汉译大体有如下五种常见的翻译方法。

(一)直译法

现代维吾尔语和汉语中有很多意思相同的拟声词,所以维吾尔语原文有拟声词,汉译时直接翻译过来就行了。但是由于文化、观察角度和语音习惯有所不同,模拟同一种事物的声音就有可能不一样。例如:汉语中婴儿的哭声为" 哇哇哇",在维吾尔语中是"ﯕﻪﯕﻪ " 汉语中下大雨的声音描述为" 哗哗哗",在维吾尔语中为"شار-شار " 。可见在不同语言中对同一事物声音的描述是大相径庭的。因此,在翻译过程中就要注意这一点。例如:

①ئالقىنى بىلەن مەيدىسىگە پاقىلدە ئۇردى.

手掌便在胸膛上啪啪乱拍。(祖农·哈迪尔著,朱华、夏弈译)

②يامغۇرنىڭ شار-شۇرلىرى

雨的哗哗声。

(二)意译法

意译法是指在翻译的过程中受到译语社会文化差异的局限,不得不舍弃原文的字面意义而采用和原文意义相近的词语来表达。因此维译汉时,原文中的拟声词并不是在任何情况下都必须在译文中加以机械的复制,原文中的拟声词有时可改用别的意思来表达。例如:

①سىم-سىم يامغۇر يېغىۋاتىدۇ.

下着毛毛雨。

（易坤绣、高士杰《维吾尔语语法》）

坐好，别说悄悄话了。同①.② پىش-پىش قىلماي نولتۇرۇۆگلار

③ هايال ئۆتمەي يامغۇر تامچىلىرى شىددەت بىلەن تاراسلىشقا باشلىدى.

转瞬之间，雨水哗啦啦地倾泻下来。

（买买提明·吾受守尔等著，史震天译）

"سىم-سىم" 的原意是指淅淅沥沥的小雨，为了使译文更加生动具体而译为毛毛雨。"پىش-پىش" 的意思为嘀嘀咕咕的小声说话，这里改译为悄悄话。"تاراسلاش" 的原意为"丁零当啷"的声音，在第③句话里就译为哗啦啦地倾泻下来。通过意译使句子更加形象生动了。

（三）加词法

加词法是指在译文中增加一些原文字面上没有的词。翻译的过程中有时候原意没有用拟声词，我们在翻译的过程中需要增加拟声词，使译文更加生动形象。例如：

① ناماشام بىلەن ئېغىلغا كىرسىشمگە، بىچارە ئاتلار ماڭا تەلمۈرۈپ قاراپ كىشنەشتى.

到了黄昏，我又去了马棚，可怜的马都期待地朝我咴咴嘶叫。

（祖农·哈迪尔著，朱华、夏弈译）

② پويىز رىتمىلىق تاقىلداپ، ئاسمانغا قويۇق ئىس پۈرقىرتىپ شەرقىقە كىتتىۋاتاتتى.

火车呜呜地鸣叫着，朝着天空喷出浓烟，发出有节奏的嗒嗒声，向东方驶去。 　　　　　　　　　　（买买提明·吾受守尔等著，史震天译）

第①句的译文中增加了"咴咴"这一拟声词，表现出了马盼望得到食物的急切心情，使我们如临其境地见到马朝我嘶叫的样子。第②句中增加了"呜呜"，描述出了火车行驶过程中发出的音。使译文读者感受到自己好像就在火车上，和火车一起同行。

（四）转换法

不同的语言有着自己独特的语法系统，不可能所有的句子都能够按照原文的句式，所有的词都按照原来的词性来翻译。因此，就需要运用转换法。转换法是一种比较常用的翻译方法，转换法包括词性转换、成分转换和句式转换。词性转换指的是将动词译为名词，名词译为形容词等。成分转换指的是将主语译为宾语，宾语译为谓语等。在含有维吾尔语拟声词句子的翻译中主要运用的是成分转换法。

例如：

① ‎ئەنتىيازنىڭ شامىلدا بالىلار ئۇچۇرۇۋاتقان دارقىراتما لەگلەكلەرنىڭ غوڭۇلدىغان ئاۋازى كېلەتتى.

门外的春风里，孩子们放响风筝的嗡嗡声一阵阵飘过来，敲打着我的耳鼓。

（祖农·哈迪尔著，朱华、夏弈译《诚却》）

② ‎ناگاداۋاتقانلار «قالتىس گەپكە-ھە»دېيىشىپ گۇدۇڭلىشىپ كەتتى.

"真是美极了"听了他的描述，大家叽叽咕咕地议论起来。

（买买提明·吾受守尔等著，史震天译）

③ ‎ئۇلار خور-خور قىلىپ ئۇخلاۋاتاتتى.

他们睡得呼噜呼噜的。（易坤绣、高士杰《维吾尔语语法》）

从以上几个例子中我们可以看出成分转换法在维吾尔语拟声词汉译中的应用。第①句的汉译中拟声词由作定语转换为作主语；第②句原文中拟声词作谓语，译文中作状语；第③句改为作补语。通过运用转换法来翻译使译文的表达更符合译语的语言习惯，不仅能够将原句的意思和风格表达出来，还可以使译文读起来朗朗上口。

（五）引申法

所谓引申，是指根据上下文不拘泥于词的字面意义或词典上提供的译义、释义，而对词义作出必要的调整变动，或另辟蹊径。应从原文的内在含义出发，结合语境和翻译的表达习惯，在译文中对某些词句作出一定的调整，　以达到忠实原文风格的目的。例如：

① ‎بۇ نېمە غىژ-غىژ؟　　拌什么嘴？　（刘眠《汉维语修辞格概要》）

② ‎ئۇ غىڭ قىلالماي قالدى.　他不敢吭声了。同①

③ ‎پاق-پاق ناداش بۇ!　　这家伙是个吹牛匠。同①

"‎غىژ-غىژ"的原意为"吵吵嚷嚷"，"‎غىڭ"的原意为"嗡嗡""哼哼"，"‎پاك-پاك"的意思是"啪啪"，用引申法来翻译简洁明了，能够表达出原文作者的真正含义。使译文读者能体会到作者的思想感情。维吾尔语拟声词经常出现在散文、诗歌、小说等各类文学作品中，它可以增强语言的表现力，使言语更加形象化。拟声词还可以出现在民间文学中，使句子更为精练及更富于表现力。拟声词在维吾尔语里是一种使用频率比较大，而且比较活跃的一类词。翻译是对作品的再创作过程，我们在对维吾尔语作品进行翻译的过程中，必须考虑到语境、文化、心理等因素，不仅要表达出文章的内容，还要体现出文章的文体风格。如果可以很好地翻译出拟声词，就能够烘托气氛和意境，使平淡的句子变得生动、活泼、富有生命力，使人身临其境，如闻其声。（杜银萍）

翻译实践

1. 突然从远处传来一阵哒哒的机关枪声。
2. 老鼠在箱子里咯吱咯吱的咬东西。
3. 三喜哗啦一声把盆里的热水泼了出来。
4. 他哐啷一声把碗放下大声地说："如果没有准备，就不要急于开会。"
5. 枪声像炒豆子似的噼啪作响。
6. "坐山观虎斗"、"借刀杀人"等都是老赵的本事。
7. 夜风呼啸着刮过树梢。
8. 他嘴上咯咯地笑着说："这叫画饼充饥！"（梁斌《红旗谱》）
9. 鬼哭神嚎，任兵缭乱。（施耐庵《水浒传》）
10. 一缕白云，像轻纱一样，被晨风徐徐吹送，从一片松林的梢上飘来，到了吹笛姑娘的头上停住，似乎低回留恋，不忍离去；过了一会，不知何故，忽然散开，飘飘上升，融进晴空万里的天空。

惠梅继续靠在柴门上吹着笛子，炯炯有神的大眼睛蒙上了一层稀薄的热泪，究竟她想着什么，无人知道。她原来是淞江府靠近东海边一家农民的女儿，父亲被地主的高利贷逼死了，母亲带着她同弟弟住到舅舅家里。就是个乡村医生，也负了满身的债。父亲的债主继续逼迫母亲，要将惠梅作为丫头，偿还阎王债。母亲被逼无奈，在一个漆黑的夜间，趁着涨潮的时候，撇下她姐弟俩，投到村里的沟中自尽了。后来舅舅也被高利贷逼得没法活下去，带着妻子和惠梅姐弟逃出故乡，不知怎么辗转到了滁州。这时候惠梅才九岁，给一家地主放牛，过着牛马不如的生活。后来她跟着牧童们学会了吹笛子。一年之后，附近几个村庄的牧童们没有一个比他吹得好，连大人们也赞不绝口。原来有些大男孩子常常欺负她，后来都因为喜欢听她吹笛子，反过来争着帮助她，保护她。如果哪一天主人家给她气受，准定在三天内会有几个孩子在深更半夜将石头扔进她主人的院子里，并且在屋后学鬼哭、狼叫。

　　她吹了好一阵，知道左邻右舍的男女老少都来附近倾听，便离开柴门，走进院里，对着茅屋把最后的一段吹完。她不是怕别人偷听，而是怕别人看见她的眼睛里噙着热泪。但她吹完以后，拭去挂在睫毛上的泪珠，望着屋檐上挂着的冰凌条儿出神。这是太阳又暖了一些，每个冰凌条儿都在扑嗒扑嗒地落着水滴。

第十六讲　成语的结构特点及其翻译

　　所谓成语，是指人们长期以来使用的书面色彩较浓厚的固定词组或短语，能够独立表意，形式短小，一般为四字格式。其特点大都是约定俗成、结构固定，意义亦往往限于字面。例如：饱经风霜、天花乱坠、峰回路转、痛改前非，等等。除了四字格成语，还有三字成语，如：想当然、破天荒、苦肉计，等等；五字成语如：欲速则不达、疾风知劲草、树倒猢狲散、久旱逢甘露；六字成语如：万变不离其宗、口惠而实不至、不分青红皂白、百闻不如一见；七字成语如：放之四海而皆准、识时务者为俊杰、心有余而力不足；八字成语如：天网恢恢，疏而不漏、有则改之，无则加免；九字成语如：司马昭之心路人皆知；十字成语如：工欲善其事，必先利其器；复句如：只许州官放火，不许百姓点灯，等等。

一　成语的基本特征

　　（1）结构固定性；成语的构成成分和结构形式都是固定的，一般不能随意更变或增减语素。例如"唇亡齿寒"，不能改为"唇亡牙冷"、"唇亡牙寒"、"唇无牙冷"；"胸无点墨"，也不能增加成"胸中无有一点墨"。此外成语里的语序也有固定性，不能随意更改。例如"来龙去脉"不能改为"去脉来龙"；"汗马功劳"不能改为为"功劳汗马"。

　　（2）意义整体性；成语在意义上具有整体性。它的意义往往不是其构成成分意义的简单相加，而是在其构成成分的意义基础上进一步概括出来的整体意义。如"狐假虎威"，表面意义是"狐狸假借老虎的威势"，实际含义是"倚仗别人的权势去欺压人"；"兔死狗烹"，表面意义是"兔子死了，猎狗就被人烹食"，实际含义是"给统治者效劳的人事成后被抛弃或杀掉"；"废寝忘食"，表面意义是"不顾睡觉，忘记吃饭"，实际含义是"极为专心努力，"等等。（3）语法功能的多样性；从汉语语法的角度来看，汉语成语在句子里相当于一个短语，因为短语在一个句子中能充当不同的成分，所以成语的语法功能也具有多样性。汉语成语形式多样，如上文所说的有四字成语、五字成语、六字成语、七字成语、八字成语，等等，其中四字成语是汉语成语的主要形式。所以这里对成语语法功能的分析，主要集中在四字成语充当句法成分的分析。

二　汉语成语的结构特点

汉语成语结构复杂多样，从语法结构上又可分为非联合式和联合式两大类。非联合式结构成语则不分成前后两部分，成语各语素之间有主谓、动宾、偏正、谓补等关系。如：细水长流、肝胆相照、塞翁失马、痛改前非、大显身手、图有虚名、侃侃而谈、危在旦夕、逍遥法外等等。

对于联合式成语的各个语素，只要在语义上能相互搭配，同时又符合逻辑事理和语言习惯，就可以不借助其他语言成分而直接依靠语序来灵活组合，构成并列、主谓、动宾、偏正、谓补等复杂多样的语法关系，并表达了丰富意思。

联合式汉语成语按语义关系又可分成以下几种类型：（1）同义并联使用：甜言蜜语（偏正偏正）、飞沙走石（动宾动宾）、冥思苦想（偏正偏正）；（2）反义并联使用：神出鬼没（主谓主谓）、去伪存真（动宾动宾）、口是心非（偏正偏正）；（3）同义反义并联使用：天崩地裂（主谓主谓）、推陈出新（动宾动宾）、南征北战（偏正偏正）；（4）四字正反联合使用：古今中外、悲欢离合、轻重缓急；（5）四字单独并列使用：喜怒哀乐、礼义廉耻、声色犬马。

联合式结构是汉语成语最普遍的现象，它突出地反映了汉语的固有特点，由于汉语成语复杂多变，所以了解成语的结构，有助于避免使用上出现差错，有利于正确地掌握成语的意义，只有真正了解和掌握汉语成语的结构和意义，在译成维语时才不至于译错而引起歧义。

三　翻译问题及翻译方法

翻译汉语成语是一项非常复杂和艰难的事，汉语成语与汉族人们的历史、文化和文字的关系很密切。成语的翻译除了完整而正确的翻译原文的内容以外，要尽量保持成语的形象性、感情色彩、民族特色。成语的翻译会直接影响到整个作品的翻译质量。

世界上任何一种民族语言，都有本身的独特规律，由于民族、地理、历史、社会生活、民俗习惯、信仰、心理素质以及联想方式等多方面的影响，形成了一种语言的民族特色。每一种语言都有自己的词义，语言中具体词义都是属于一定民族语言的，不同民族语言中的词义是不可能完全相等的。不同生活地域和自然条件影响下形成的民族文化对语言会有不同的影响。汉语成语译成维语时要注意用词的民族特色。

例如："画蛇添足" ﻗﺎﻗﻘﺎﻧﺪﻩﻙ ﻧﺎﻝ ﭘﺎﻳﻴﺎﻗﻘﺎ 。

翻译是一种语言活动，它涉及两种语言与多种知识，它是用一种语言把另一种语言所表达的思想内容、感情、风格等忠实地重新表现出来。汉语成语，有的来自经史典籍，有的来自民谚口语，是久经汉族人民习用、反复锤炼形成的。翻译成语的基本要求是，在确切表达原文思想的基础上，尽可能地保持原文的形象及修辞色彩。但也有一些成语，由于民族色彩和地方色彩很浓，意义十分特别，既不能复制原文的形象，也不能用译文语言中的形象来代替。在这种情况下，只要求把原文的思想内容正确地表达出来，不必去追求原文的形象或套用译文中意思不恰当的成语，否则会影响原意的表达。一般来说，我们可以归纳为以下五种翻译方法。

1. 直译法

有些成语的意义直接由构成成语的各个词的意义合成，即知道了构成成语的各个词的意义，就能了解整个成语的意义，这样的成语一般要直译。所谓直译法，即指在不违背译文语言规范以及不引起错误联想的条件下，能够比较完整地保留原谚语的比喻形象、民族色彩和语言风格的一种翻译方法。当来源语与目的语在内容和形式上对等时，按字面直译，其比喻效果和原文一样生动，译文能使读者获得同样的效果。例如：

聚精会神　　　　　　پۈتۈن زېھنى بىلەن

寸步难行　بىر قەدەممۇ ئىلگىرى باسالماسلىق

饥寒交迫　　　　　　ئاچ-يالىڭاچلىق

老当益壮　قېرىغانسېرى جۇشقۇن بولماق

心直口快　　كۆڭلى تۈز، ئاغزى ئىتتىك

袖手旁观　قول قوشتۇرۇپ چەتتە قاراپ تۇرماق

以上成语的翻译采用了直译法，既保留了原成语的形象，又准确地传达了原意。这种对应的翻译，不仅保留了原语言中生动的比喻和浓厚的文化气息，而且由于译文来自目的语文化中较生动的习语和表达方式，因此，译文更加容易被读者所接受。

2. 意译法

由于维汉民族文化差异，有些成语的意义已经不能从构成成语的各个词的意义中推导出来，即人们有时候尽管知道构成成语的每个词的意义，但不一定能正确理解整个成语的意义。在这种情况下，通常要采用意译法。所谓意译，顾名思义就是由于两种语言的差别，在进行转换时，在内容与形式结构不能两全的情况下，要取其意，尽量把内容准确、完整地传达出来。例如：

虎头蛇尾　　ببشى بار، ئايىغى يوق

披肝沥胆　　سەمىمىيەتلىك بىلەن

三心二意　ئالا كۆڭۈللۈك قىلماق

胸有成竹　　كۆڭۈلدە سان بار

车水马龙　ئات-ھارۋا سانجاق-سانجاق

翻云覆雨　　تۈتۈرۈقسىزلىق

以上成语的翻译采用了意译法，虽然没有一字一词地将原词翻译出来，注意原文形式，但从意义出发，将原词大意表达出来，译文也自然流畅，使读者一目了然。

3. 借用法

有些成语的意义虽然可以从构成成语的各个词的意义中推导出来，即人们可以根据构成成语的各个词的意义推导出成语的意义，但整个成语都富于形象化，其中许多是以比喻性转义或借代性转义作为基础的。对于这类成语的翻译，往往可以借用维语中意思相同、形象性强、与其对应的成语或谚语，做到从内容到形式的传递。例如：

守株待兔	ئۆجمه پيش،ناغزىمغا چۈش	（借用事物）
半斤八两	ئىككى سەككىز ئون ئالته	（借用事物）
一箭双雕	بىر چالمىدا ئىككى پاختەكنى سوقماق	（借用数字）
落井下石	ئۆلگەننىڭ ئۈستىگە تەپمەك	（借用事物）
南辕北辙	نات ئايلىخانغا،يول سارىخانغا	（借用人名）

以上成语的翻译采用了借用法，在不能"形神皆备"的情况下，舍弃"形似"而追求"神似"，借用维语成语中相近似的成语，将原词大意准确地表达出来，使汉维两种文化得以沟通。

4. 直译意译兼用法

有时在翻译中会碰到一些含有历史知识或浓厚文化色彩的成语，如果只意译，恐怕会失去原语言生动的比喻色彩，最好把原成语的形象直译出来，然后加注解，这样既保留了原语言中的形象比喻，又能使目的语读者所接受。这种翻译形式是前后两部分之间存在引子和注释的关系，也就是直译加意译的"混合体"有时为了更好的达意，翻译时，要用直译加意译的方法。

例如：

前无古人	بۇرۇنقىلار قىلىپ باقمىغان
对牛弹琴	ئېشەكنىڭ قۇلىقىغا راۋاب چالماق
抛砖引玉	قۇم-شېبىغىل تاشلاپ،ئۈنچە-مارجان ئالماق
唇亡齿寒	كالپۈك بولمسا،چىش توڭلايدۇ
去粗取精	شاكلىنى تاشلاپ،مېغىزىنى ئالماق
不到黄河心不死	ئۆلگىچه نىيىتىدىن يانماسلىق

以上成语的翻译采用了直译意译兼用法，即保留了原词中的历史背景，又表达了原词的实际意义，使读者更加形象地理解了此类成语所包含的文化信息与内涵。

5. 直译加注释

有些成语带有一定的文化背景，有些含有古代人名、地名，对这部分成语，如果直译翻译，目的语读者一定不会接受，为了使译语读者能够获得与本族读者一样的效果，在这种情况下就需要添加适当的解释性文字，以帮助译文读者理解。尤其是典故性很强的成语，意义概括，民族色彩也特别浓。这样的成语，一般采取直译加注释的方法，以便不使其失去意义和民族色彩。例如：

① "叶公好龙." يېگوڭنىڭ ئەجدىھانى ياخشى كۆرۈشى.

قەدىمقى رىۋايەتلەردە ئېيتىلىشىچە، يېگوڭ دېگەن بىر كىشى ئەجدىھاننى بەكمۇ ياخشى كۆرىدىكەن، ئۆينىڭ تام-تورۇسى ۋە ھەممە جاھازلىرىغا ئەجدىھانىڭ رەسمىننى سىزدۇرغان ھەم نەقىش قىلدۇرغان ئىكەن، ئەجدىھا بۇنى ئاڭلاپ يېگوڭنىڭ ئۆيىگە كەپتۇ ۋە تۆكلۆكتىن بېشىننى كىرگۈزۈپتۇ، يېگوڭ بۇنى كۆرۈپلا رەڭگى-رويى ئۆچۈپ، ھېچنېمىگە قارماي قېچىپتۇ. (مەلۇم نەرسە ۋە ئىشنى كۆرۈۋېرىشتىنلا ياخشى كۆرۈپ، ئەمەلىيەتتە ھەققىقى ياخشى كۆرمەسلىككە، يالغان خۇشتارلىققا تەمسىل قىلىنىدۇ)

② "刻舟求剑." كېمىگە بەلگە قويۇپ، سۇدىن خەنجەرنى ئىزدىمەك.

《لۇدوكۈنبكۈننىڭ سالنامىسى. بۇگۇنگە نەزەر》دە مۇنداق دېيىلگەن: چۇ بەگلىكىدىكى بىر كىشى دەرياسىدىن ئۆتۈۋاتقاندا، خەنجىرىنى سۇغا چۆشۈرۈۋېتىپتۇ. ئۇ كېمىننىڭ خەنجەر چۆشۈپ كەتكەن يېرىگە بەلگە قىلىپ قويۇپتۇ. كېمە بارار جايىغا يەتكەندىن كېيىن، ئۇ كېمىدىكى بەلگە بويىچە سۇغا چۆشۈپ كەتكەن خەنجىرىنى ئىزدەپتۇ، ئەمما زادىلا تاپالمايتتۇ. (ئۇسۇللننىڭ نابابلىقىغا ۋە كاجلىقققا تەمسىل قىلىنىدۇ)

③ 逼上梁山　لىياكشەنگە چىقىشقا مەجبۇر بولماق.

（《水浒传》中有林冲等人为官府所迫，上梁山造反的情节。后用来比喻被迫进行反抗或不得不做某件事。）

④ 掩耳盗铃　قۇلاقنى ئىتتىۋېلىپ قوڭغۇراق ئوغرىلىماق.

（偷铃铛怕别人听见而捂住自己的耳朵。用来比喻自己欺骗自己，明明掩盖不住的事情偏要想法子掩盖。）

以上成语的翻译采用了直译加注释的翻译方法，直译其"形"，而后加注说明其典故，让译文读者既能从中明白汉语成语的用法，又能了解汉民族文化，从而达到了传播汉民族文化的目的。翻译这类成语时，一方面直译能更好地传达出原文的形式、意义和精神，另一方面，加上注释有效地补充了原语的有关文化背景，向读者传达了原语文化内涵。汉语成语的翻译比较复杂。我们必须注意原文的思想内容，联系上下文和语言结构的整体，充分考虑汉民族的文化背景和语言特点，避免死译、硬译。因此，在实际翻译中，要结合具体的语境，能直译则尽量直译，做到从语义到风格的传递，灵活地处理文章中出现的成语。

四　汉语成语维译时需关注的几个问题

　　成语是民间文学的一种形式，它不但凝结着社会大众的思想智慧，而且也显示出社会大众的艺术才华。成语的语言言简意赅，结构紧凑均匀，韵律优美和谐。翻译时要尽可能保留原文的形象和比喻，以及其他修辞效果。根据联合式成语结构搭配的不同特点，将汉语成语译成维语时，可以采用直译、直译兼意译和意译三种不同的翻译方法，但翻译过程中应注意以下几方面的问题：

　　（1）同义词交叉搭配使用的，翻译时要考虑省略问题。对于只有字面意义，从字面上就可以理解，或者当成语的比喻义、引申义非常明显，译入语读者可以通过字面领悟它的含义时，则采用直译。同义词搭配使用的成语字面意义明显，容易理解，但往往含义重复，例如"花言巧语（ياغلما سۆز ）"，"长吁短叹"（ نۆلۇغ-كچېك تىنماق ），"生龙活虎"（ يولۇاستەك ），因此在直译时需要考虑省略问题，即前后并列的两部分词组只译出其中一部分即可。

　　（2）反义词交叉搭配，同义词和反义词搭配的，要考虑译入语的语言习惯。对于反义词、同义词和反义词搭配的，因为并列的前后两部分词组内容相反或相对，维译时一般需要将两部分都翻译出来，但需要考虑译入语的语言习惯，即要符合译入语的语言规范。

　　（3）不可译性。凡含有较明显的民族和地方色彩，或附带人名地名的成语，翻译时常常不能用译入语替换。例如"得陇望蜀" بەرىگە نېرسشپ,يەنه بەرىگە كۆز تىكمەك （源自于古典文学作品《三国演义》），如果译语读者不了解其历史背景，就会不知所云。对于这类词义空缺的成语，最好的办法便是求意为主———用另一种语言把握该词的内涵，以保留汉民族语言色彩。还有些成语无法直接译出其字面意义，也只能采用意译指明其实际意义。

　　例如"五湖四海"译为" ھەرقايسى جايلار "较为合适，若按字面直译既不合逻辑又无法解释。

　　（4）有些汉语成语只能意译，指出它的实际意义。①具有形容义的成语，如四字重叠式成语。②某些约定俗成的成语，其字面意义不合逻辑或无法解释，如"顶天立地"مەردانە，不能字面直译。③失去形象性的一些成语，需要采用意译处理。

（5）视需要成语翻译适当变通。在很多情况下，成语翻译可以采取适当变通的办法，直译和意译相结合，部分直译，部分意译，例如成语"里应外合"，"里"和"外"可以直译，而"应"与"合"则意译，ئىچكى-تاشقى تەرەپتىن ماسلاشقان这样可以使译文简洁流畅。为了使译语读者看得懂，可根据上下文添词或减词。汉语成语多是四字格组成。在译成成语时，不能仅仅从字面意义去分析，而应领会其精神实质，译出其内在思想，因此必要时要加词或减词。

成语翻译主要难在文化信息的传递，需要掌握汉语成语的结构搭配特点及其含义，使译文尽量接近原文的语意。在翻译实践中，需要直译还是意译，不必固守某种模式，在译入语中找不到同义或意义相近的成语的情况下，可以采用直译兼意译或意译的翻译方法。直译能较为完整地保留源成语的比喻形象和风格。当成语的喻义、引申义很明显，译语读者只要结合上下文语境，发挥自己的想象力就可以理解成语的含义。在直译时，需要考虑同义词搭配时的省略问题。直译尽管保留原文结构形式和色彩，但有可能出现译文"生硬、晦涩"的问题。在任何情况下，译者都应该根据文章的需要进行变通，尽量翻译出民族特色和地方色彩，使译语读者最大程度上地领略源成语语言的韵味，达到跨越文化交流的目的。

五　含有数字成语在维吾尔语中的翻译

成语是语言的一部分，多数由四个字组成。其中有好几百个含有数字的成语，认真地分析一下这些成语，我们可以从中发现一些带有一定普遍性或者规律性的东西。首先，从"一"到"十、百、千、万、亿"均有相应的成语，如：一气呵成、二者必居其一、三顾茅庐、四面楚歌、五体投地、六神无主、七上八下、八面玲珑、九霄云外、十恶不赦、百折不挠、千言万语、万籁俱寂、亿万斯年。另有极少数纯粹是由数字组成的成语，如一五一十、三三两两、三三五五、四万八千、千千万万。

1. 含有数字成语的意义：

每个成语中的数字都有其特定的含义。一般来说，成语中的数字包含以下一些意义。

（1）绝大多数是表示非确指的，只有极少数是表示确数，例如：一字之师、三纲五常、三足鼎立、三从四德、三姑六婆、四时八节、四大皆空、四体不勤、五谷不分、五体投地、六神无主、七窍生烟、七擒七纵、八仙过海、十恶不赦，等等。

（2）有的是表示"强调突出"，例如：一模一样、一丝一毫、独一无二、一清二楚、一干二净、一刀两断、一落千丈、五颜六色、九九归一、十拿九稳、十全十美、百战百胜、千真万确、万无一失，等等。

（3）有的是表示"多"的意思，以含有"三、五、百、千、万"的部分成语最有代表性，例如：接二连三、三番五次、三令五申、九死一生、百炼成钢、千疮百孔、千方百计、千夫所指、千头万绪、万变不离其宗、亿万斯年，等等。

（4）有的是表示"少"的意思，以含有"一"的部分成语最有代表性，例如：

一丝一毫、一毛不拔、一点一滴、一朝一夕、一针一线、一知半解、一鳞半爪、三言两语、九牛一毛，等等。

（5）有的是表示"繁杂、凌乱"的意思，以含有"七、八"的部分成语最具有代表性，例如：七零八落、横七竖八、七上八下、乱七八糟、七手八脚、七嘴八舌、七拼八凑、杂七杂八、七折八扣、五花八门、五光十色、千头万绪，等等。

（6）有的明显地含有贬义，以含有"三、四"的大部分成语最具有代表性，例如：说三道四、不三不四、低三下四、丢三落四、朝三暮四、推三阻四、颠三倒四、欺三瞒四、调三窝四，等等。这些成语中的数字多少含有一点"是非好坏"或"这样、那样"等意思。

2. 含有数字成语的分类

汉语成语中数字的意义归纳为以下三种：

（1）实指

有时成语中数字严格表示字面上的数量；例如：

① "一分为二" "بىرنى ئىككىگە بۆلۈنۈشى" 中的"一"和"二"，分别指实

际的"一个事物，两个方面"。

②"两全其美""ئىككىلا تەرەپ تەڭ مەمىپەتدار بولماق"中的数字的意义表示实际数目，意义是确定的。

③"一见钟情""بىر كۆرۈپ ئاشىق بولماق"中的数字的意义表示实际的数字，意思为"第一次看见就爱上"。

（2）虚指

有时数字不表示实际的确定的数量。例如：

①"十全十美""مۇكەممەل،تولۇق"中的"十"只表示"完美"的含义，此时，数词的意义不明确，具有模糊性。

②"接二连三""ئارقا-ئارقىدىن،كەينى-كەينىدىن"中的"二"和"三"只表示顺序，数字的意义不明确，表达不出实际的意义。

（3）兼指

兼指是指有些成语中的数字的原意是实指，但随着语言的发展，又有了虚指的新意，需根据具体的语言环境来判定其虚实。例如：成语"一诺千金"原指即使得到一百斤黄金，也不如得到李布的一句许诺，后来用"一诺千بىلمەك دەپ قىممەت مىڭئالتۇندىنى"形容一句许诺就价值千金。比喻说话算数。

3. 含有数字成语的翻译

翻译成语中的数词看上去似乎很容易，只需把汉语中数字照搬到维语里就可以了，但实际上并没有这么简单，在翻译前必须准确地理解成语中数字的含义。

同一个数字，在不同的语言环境中，意思也不一样。例如：

"一"这个字：

1.在"一干二净"中表示强调；

2.在"一心一意"中表示整个；

3.在"一不怕苦，二不怕死"中表示顺序；

4.在"百里挑一"中表示比例关系；

5.在"一毛不拔"中表示夸张；

6.在"一视同仁"中表示同一；

7.在"一言一行"中表示顺序；

有的成语是从典故来的，只有了解它的渊源出处，才能理解和掌握。如"一箭双雕"这个成语指射箭的技术高明，比喻做一件事达到两个目的。据《成语故事》记载，南北朝时，北周射箭功夫很好的武将叫长孙晟，北周为了安定北方的少数民族突厥人，把一位公主嫁给突厥王摄图。长孙晟到了后按照突厥人的习惯，一块儿去打猎，打猎中长孙晟用一支箭射下了两只大雕。这则成语有如此来源，翻译时首先要熟悉其渊源。

在进行翻译时，必须对成语中的数字选择恰当的处理方法。它们大致归纳为四种。

（一）直译

全部直译就是把汉语成语里的数字按字面意思直接翻译到维语中去，当成语里的数字是实义时，就可以这样处理。例如：

1."对灿烂的中国古代文化要采取一分为二的态度，剔除其糟粕，吸收其精华。"句中的"一分为二"在维吾尔语中直接译成"بىرنىڭ ئىككىگە بۆلۈنۈشى"。

2."百闻不如一见，这次参观，我才真正理解了大庆艰苦的创业精神。"句中的"百闻不如一见"在维吾尔语中直接译成"مىڭ ئاڭلىغاندىن بىر كۆرگەن ئەلا"；

3."三灾八难"在维语中直接译成"ئۈچ ئاپەت،سەككىز مۇشكۇلات"；

4."七擒七纵" —— "يەتتە قېتىم توتۇپ،يەتتە قېتىم قويۇپ بەرمەك"；

5."一寸光阴一寸金" —— "بىر مىنۇت ۋاقىت بىر سەر ئالتۇن بىلەن تەڭ"

（二）部分直译

部分直译，由于意思是重复的，只需部分直译即可。例如：

1."以他的财富来比较，他付出的钱只是九牛一毛罢了。"句中的"九牛一毛"在维语中译成"قوتازنىڭ بىرتال تۈكى"；

2."李先生是说一不二的人，你可以相信他。"句中的"说一不二"译成"دېگەندە تۇرماق"或"گەپ دېگەن بىر"，就是部分直译。

（三）意译

意译，就是根据上下文把汉语成语的含义表达出来。当成语里的数字表示的数量是象征或抽象意义，甚至根本不表示数量时，就可以全部意译。例如：

1."新生事物在它刚出现的时候常常不是十全十美的，但它有发展前途，能战胜并代替旧事物。"句中的成语"十全十美"在维语中翻译成

"كامالەتكە يەتكەن" 或 "مۇكەممەل"。

2. "我们班的同学来自五湖四海"句中的成语"五湖四海"在维语中翻译成"ھەريەر-ھەريەر"。

3. "数一数二" —— "ئالدىنقى قاتاردىكى ياكى كۆزگە كۆرۈنگەن" ；

4. "三番五次" —— "قايتا-قايتا باكى نۇرغۇن قېتىم"；

5. "百发百中" —— "ئاتقان ئوقى زايا كەتمەسلىك،مۆلچەر دەل جايىدىن چىقماق"؛

6. "三心二意" —— "ئالا كۆڭۈللۈك قىلماق،دىلغۇل بولماق" ；

7. "一刀两断" —— "ئۈزۈل-كېسىل قول ئۈزمەك"؛

（四）借译

有些成语的意义虽然可以从构成成语的各个字的意义中推导出来，即人以根据构成成语的各个词的意义推导出整个成语的意义，但整个成语却非常形象化，其中许多是以比喻性转义或借代性转义作为基础的。这样的成语往以译成维吾尔语中意义相同，形象性很强的成语或谚语。例如：

1. "一传十，十传百" —— "ئېغىزدىن ئېغىزغا كۆچمەك"

2. "倒打一耙" —— "سەن تاز دېگۈچە مەن تاز دەۋالاي"

3. "三折肱，为良医" ——

تولا كېسەل بولغان تۆۋپ بولار، ئۆچ قوي سويغان قاسساپ بويتۇ.

4. "五十步笑百步" ——

ئۆزنىڭكىنى كۆرمەي،خەقنىڭكىنى زاڭلىق قىلماق؛ئىشتنى يوق تەزى يەرتەقتىن كۆلۈيتۇ؛
خەقنىڭ ئىيىبىنى ناچماق؛ئۇچكىنىڭ ئۇچۇق تۇرسا گەپ يوق،قوينىڭ ئىچىلىپقالسا ھويت-ھويت"。

成语是一种具有定型性、习用性、历史性和民族性的固定词组。汉语中带数字的成语相当多，带数字成语的翻译是翻译工作中的一个难点。为了避免含有数字的成语影响到整个句子或整个作品的质量，要注意正确理解成语中的数字的意义，只有对成语中的数字进行正确的理解，才能运用恰当的翻译方法（直译，意译或借译等）进行翻译。

翻译实践

1. 中国有句老话："瓜熟蒂落，水到渠成"。

2. 大家以为有了出路，愁眉不展的姿态为之一扫。

3. 这两个国家的文化有着千丝万缕的联系。

4. 他是个见异思迁的人，我想他不会有多大出息。

5. 他这一阵心头七上八下，总是宁静不下来。

6. 必须互相取长补短，才能有所进步。

8. 我厂生产的地毯图案新颖、色调雅致、美丽大方、富丽堂皇。

9. 男男女女都七嘴八舌地说出他们的惦记和盼念。

10.得病以前，我受父母宠爱，在家中横行霸道，一旦隔离，拘禁在花园山坡上一幢小房子里，我顿感被打入冷宫，郁郁不得志起来。一个春天的傍晚，园中百花怒放，父母在园中设宴，一时宾客云集，笑语四溢。我在山坡的小屋里，悄悄掀起窗帘，窥见园中大千世界，一片繁华，自己的哥姐，堂表弟兄，也穿插其间，个个喜气洋洋，一霎时，一阵被人摒弃，为世所遗的悲痛兜上心头，禁不住痛哭起来。

第十七讲　歇后语的翻译

一　歇后语的定义

1. 歇后语的名称及界定

（1）"歇后语"这一名称的由来

歇后语也叫俏皮话、巧语、解后语、戏谑语、缩脚语、引注语等。

说到歇后语，人们并不感到陌生，相反却是人们非常熟悉的一种表达形式。例如："黄鼠狼给鸡拜年—没安好心"、"哑巴吃黄连—有苦说不出"（گاچا ماموُرانچ يىسه ئاغزى ناچچىق بولۇپ كەتسەمۇ،ئېغزىدىن چىقىرالمايپتۇ）、"和尚打伞—无法（发）无天"（ئۇچىغا چىققان قانونسىزلىق）、"泥菩萨过河—自身难保"（لاي بۇدساتۇا دەرياىدىن ئۆتسىمە ئۆز جېنىنى ساخلاپ قالالمايپتۇ），等等。在研究歇后语的渊源时，有些语言学家和语言学专著还述及其他有关名称。如陈望道在《修辞学发凡》中，将歇后语列入"藏词"格一节介绍；郭绍虞在《谚语的研究》中，指出歇后语源起于"射覆语"（类似猜谜的一种形式）；另外一些书上又列出诸如"隐语"、"谜语"、"谚语"、"缩脚语"、"俏皮话"等名称加以比较，大都揭示出其中一些共同之处和相异之点。下面我们来对"歇后语"这一名称的由来作一简单回顾。

"歇后"这一名称最早见于《旧唐书·郑綮列传》，书中提到"郑五歇后体"（一种"歇后"体诗）。"歇后语"一词也早已出现，但古人所讲的"歇后语"指的是歇后体诗和一种文字游戏。而我们今天所说的歇后语，古人则称作"俏语"、"方语"、"市语"，更多的是统称为谣谚。

20世纪初，白启明的"采辑歌谣所宜兼收的歇后语"一文发表后，才把歇后语作为一种民间文艺加以研究。他在文中指出，歇后语亦名"隐语"，唐朝称为"风人体"，习俗上又称为"坎儿"或"坎子"；但他在文章中并没有说明为什么要把这种语言形式称作"歇后语"。

20 世纪 30 年代，陈望道先生在其著作"修辞学发凡"中指出"歇后语"具有两层含义：一是指"古人说的歇后语"，又叫"歇后藏词语"；一是指"新兴的歇后语"，也称"譬解语"，即利用"譬解"构成的歇后语。到了 50 年代，茅盾先生指出，为了与"本来的或正规的歇后语"相区别，应该给现在人们所讲的歇后语取一个另外的名称，但他并没有具体提出改用什么名称。到了 80 年代，温端政先生从学术研究的角度出发，认为学术名称应该能够反映所指称事物的本质特征，同意茅盾先生的意见，并且通过大量的实例分析得出歇后语并不"歇后"，所以建议根据歇后语前后两部分间的关系将其更名为"引注语"。但多数学者认为，歇后语这个名称已被人们所接受，要改变很难，所以主张仍沿用"歇后语"这一名称，不作任何改变。

（2）歇后语的界定

王晓娜在《歇后语和汉文化》一书中对歇后语的界定进行了详细的探讨。她在书中指出：人们之所以称之为歇后语，从以往的论述来看，有两个依据，一是这类熟语分两个部分，后半部分可以省去；一是前后两个部分中间有较长的停顿间歇。"这个名词的意义，起名的人没有给它下过定义。我们现在细加思考，是指这一类俗习语：每句由两个部分构成，在讲说的时候两个部分中间的语气要有较长的停顿读，故得此名。"①

但是许多人都认为这两点不足为据。而其中谭永祥先生的意见颇有代表性，他认为无论是省去说，还是停顿间隔说都站不住脚。理由是，这种熟语在运用时绝大部分并不歇后，而前后部分之间也并不间隔②。因此，很多学者都认为，这种熟语并不歇后，因此叫歇后语是名不符实的。这样就又引发了两种观点，一是正名说。持这种观点的人认为，只有藏词式的歇后语才是真正的歇后语。有人认为这类熟语前后两个部分的关系是前譬后解，应叫譬解语；也有人认为这类歇后语前后两个部分是引注关系，因此应叫引注语；还有人认为这类熟语应叫俏皮话。二是约定俗成说。持这类

---

① 《太白》半月刊，第 2 卷第 6 期，1935 年。转引自《古今歇后语选释·绪论》，第 2—3 页。

② 谭永祥：《歇后语新论》，山东教育出版社 1984 年版，第 24—26 页。

观点的人认为，虽然这类熟语为歇后语名不符实，但是已约定俗成了，不必再纠缠名字。而有些先生甚至认为，说明式歇后语虽然不歇后，但是却是名正言顺的歇后语，而藏词虽然歇后，但却不应该叫歇后语①。例如：歇后语一旦"歇"了"后"，就不再是歇后语，而是藏词语。事实上，歇后语并不"歇后"；而藏词，则"词"却非"藏"不可，否则，不成其为藏词。这是歇后语跟藏词的区别所在。为了避免"歇后语"两个不同的内涵容易产生混淆我们认为，把作为"话题"带"说明"的现成话，叫做歇后语，而"歇"了"后"的语言单位，就叫它藏词语②。

　　谭永祥先生是主张严格区别歇后语和藏词语的，他所说的歇后语就是说明式歇后语，他所说的藏词语也就是藏词式歇后语。但不管他的观点如何，其分析却恰恰证明了，藏词式歇后语同隐语的关系是十分密切的，同说明式歇后语的关系也是十分密切的。由此我们可以说，其实本是同根生，都源于古代的隐语，具有文化传统的沟通渊源。正是这种共同的渊源关系决定了它们具有共同的歇后形式③。从两类歇后语的共同渊源、共同形式、共同特点来看，把说明式歇后语纳入歇后语家族中，并非特殊照顾，而实在是理所应当；同样，古人已认可的藏词式歇后语也不必现在再从歇后家族中清出去，既然后起的歇后语可以约定俗成不改名，那么早已约定了几千年的本来义的藏词式歇后语为什么非得改名不可呢？显然不管谁改名，都会给交际带来麻烦，更何况它们本来就是同根生，本来就是一个大家族的成员，何必势不两立呢？还是尊重历史和尊重现实为妥，都名为歇后语，一个冠以藏词式，一个冠以说明式，这样既说明了两者的区别，又兼顾了二者的共性，岂不是皆大欢喜？④

　　（3）歇后语的定义

　　歇后语同熟语中的成语、谚语、惯用语等成员一样具有熟语的特点，但它又以自己十分鲜明的特性，区别于其他兄弟成员。它的外在结构形态是由前后两个部分构成。前部分是形象、描写性语言，说出一件事、一种

---

① 王晓娜：《歇后语和汉文化》，商务印书馆 2001 年版，第 8 页。

② 谭永祥：《歇后语新论》，山东教育出版社 1984 年版，第 45 页。

③ 王晓娜：《歇后语和汉文化》，商务印书馆出版 2001 年版，第 13 页。

④ 同上书，第 18 页。

情态、一个物件、一个情景等，后部分是概括、抽象性语言，是对前部分的解释、说明，前后部分结合起来产生一种俏皮、诙谐的风味，这样的固定词组叫做歇后语。[①]

歇后语的词典解释是[②]：由两个部分组成的一句话，前一部分像谜面，后一部分像谜底，通常只说前一部分，而本意在后一部分。如：泥菩萨过江——自身难保。

歇后语是一种结构很有特点的熟语。它由上下两部分构成。如：擀面杖吹火——一窍不通，一根筷子吃藕——挑眼，袖筒里掖棒槌——直出直入[③]。

歇后语是汉语中由含有引注关系的两个部分组成的，结构相对固定的，是具有口语特色的熟语。[④]

《辞海》：歇后语是熟语的一种。多为群众熟识的诙谐而形象的语句，运用时可以隐去后文，以前文示意，如只说"围棋盘里下象棋"，以示不对路子；也可以前后文并列，例如"芝麻开花—节节高"（تورموشى كونسېرى ياخلانماق）。

《中国语言文字大百科全书》：歇后语是指说话的时候把一段常用词语故意少说一个字或半句而构成的带有幽默性的话语。通常有两种。（1）原始意义的歇后语，指把一句成语的末一个字省去不说，也叫"缩脚语"。如《金瓶梅》里来旺媳妇说"你家第五的秋胡戏"，就是用来影射"妻"，因为"秋胡戏妻"是有名的故事、剧目。也有利用同音字的。如称"岳父"为"龙头拐"，影射"杖"字，这里代替"丈"。（2）扩大意义的歇后语，在北京叫俏皮话，是指可以把一句话的后面一半省去不说。如"马尾拴豆腐"省去的是"提不起来"。有时候也利用同音字。如"外甥打灯笼—照旧（舅）"（تۈزيپتنچه）。

总之，歇后语是中国人民在生活实践中创造的一种特殊语言形式，是一种短小、风趣、形象的语句。它由前后两部分组成：前一部分起"引子"的作用，像谜语，后一部分起"后衬"的作用，像谜底，十分自然贴切。

---

① 王勤：《汉语熟语论》，山东教育出版社 2006 年版，第 331 页。

② 《现代汉语词典》，商务印书馆 2002 年增补本。

③ 符淮青：《现代汉语词汇》（增订本），北京大学出版社 2004 年版，第 208 页。

④ 温端政：《歇后语》，商务印书馆 2010 年版，第 20 页。

在一定的语言环境中，通常说出前半截，歇去后半截，就可以领会和猜想出它的本意，所以就称为歇后语。

二　歇后语的分类

根据划分标准的不同，歇后语可以分成不同的类型。

1. 从构成歇后语前部分的比喻不同；从歇后语后部分对前部分的不同关系，从歇后语的种种不同来源，都能够把歇后语划分为不同的类型。这里以歇后语前后部分的不同关系为据，把歇后语划分为两类：一是喻意；一是谐音喻意。[①]

2. 按照比喻部分的性质分为四类。

（1）谐音类。例如：

空棺材出葬——目（木）中无人（باشقىلارنى كۆزگە ئىلىپ قويماسلىق）

小葱拌豆腐——一清（青）二白（پاك غۇبارسىز، ناھايىتى ئىنىق）

这类歇后语，是利用同音字或近音字相谐，由原来的意义引申出所需要的另一个意义。这类歇后语往往要转几个弯才能领悟它的意思。因而也更饶有趣味。翻译这类歇后语要用意译法。

（2）喻事类。例如：

弄堂里搬木头——直来直去（ئۇدۇل؛توغرىدىن توغرا؛گەپ ئەگمتمەي）

冷水发面——没多大长劲（ھېچقانچە ئىلگىرلەش يوق）

这类歇后语，是用实在的或想象的事情作比方。如果对设比事情的特点、情状有所了解，也自然能领悟后半截的"谜底"。

（3）喻物类。例如：

秋后的蚂蚁——蹦达不了几天（ياخشى كۈنلىرى ئۆزۈۆنىغا بارماس）

棋盘里的卒子——只能进不能退

شاخمەت تاختىسىدىكى پىيەدىدەك توختىماي ئالغا ئىلگىرلەش؛خىپپم-خەتەردىن قورقماي داۋاملىق ئالغا بېسىش؛

这类歇后语，则是用某种或某些物件作比方。了解设比物的性质，也

---

① 王勤：《汉语熟语论》，山东教育出版社 2006 年版，第 358 页。

就能领悟它的意思。

（4）故事类。例如：

楚霸王举鼎——力大无穷 （ناهايىتى كۈچلۈك؛كۆچتە تەگداشسىز）

曹操吃鸡肋——食之无味，弃之可惜

（ئىچكى دېسەم سېسىق ئىشسەم، توكەي دېسەم ئىسىت ئىشسەم）

3. 根据注释方式，我们可以把歇后语分为五种类型，即描写性的歇后语、判断性的歇后语、说明性的歇后语、反问性的歇后语和感叹性的歇后语。[①]

（1）描写性的歇后语，例如：

太平洋的警察 —— 管得宽 （ھەممە ئىشقا نارلىشىشۇپ بىش）

磨道里的驴 —— 转圈子 （گەپ نەگتمەك）

（2）判断性的歇后语，例如：

脚上的泡 —— 是自己走的 （ئۆزى تىبرىغان بالا）

大年初一吃饺子 —— 都是一家人 （ھەممىسى ئۆز ئادەم）

（3）说明性的歇后语，例如：

蜂蜜里的拌糖 —— 甜上加甜 （ھەسەل ئۈستىگە شكەر قويۇش）

穿着蓑衣救火 —— 引火烧身

（ياخالدىن ياسغان كىيىمنى كىيۇپ بلىپ ئوت ئۆچۇرۇش؛ئۆزى گە ئۆزى بالا تىپىش）

（4）反问性的歇后语，例如：

半边铃铛 —— 咋响（想）的来 （بىر قولدىن چاۋاك چىقماس）

（5）感叹性的歇后语，例如：

正月十五贴门神 —— 晚了半月啦 （كىيىن قالماق）

三张纸画一个驴头 —— 好大的脸面 （يۈز ـ نابرويلۈق قىياپەتكە كەرىۋۇ الماق）

4.根据语义的聚合关系，可以把歇后语分为单义歇后语和多义歇后语，同义歇后语和反义歇后语等类型。[②]下面分别加以说明。

（1）单义歇后语。有的歇后语后一部分所表示的基本意义只有一种解释，这类歇后语叫做单义歇后语。例如：

严娜所答非所问地说："我看搞这种实验，一没设备，二少时间，三没

---

① 温端政：《歇后语》，商务印书馆 2010 年版，第 61 页。

② 同上书，第 76 页。

经验，多半是猪八戒端盘子 —— 费力不讨好！"（《双牵牛》，第 141 页)

"猪八戒端盘子——费力不讨好"这个歇后语就是：

ھەرقانچە كۈچەپمۇ ياخشى بولالماسلىق的意思。

（2）多义歇后语。有些歇后语后一部分所表示的基本意义有不止一种解释，这种歇后语叫做多义歇后语。例如：

①焦克扎说："界线得从心里划，得小葱拌豆腐，划个一清二白的才行。可不能学马立本的样子。"（浩然《艳阳天》，第 121 页)（ چەك-چىگرنى نايرىش ）

②兴隆堡的工作为啥这样难展开？三星泡为啥不许用？你当政治队长的为啥英雄无用武之地？这是小葱拌豆腐，一清二白。

（《吉林短篇小说集》，第 155 页)（ نايرىمچىلىق قىلىش ）

③我两个一块儿工作这儿多年，真是小葱拌豆腐 —— 一清二白；别说亲嘴，就连这个手指头也没有挨过一下。（袁静，孔厥《新儿女英雄传》，第 208 页)（ ناھايىتى نوچۇق-ناشكاره ）

以上三个例子中"小葱拌豆腐——一清二白"这个歇后语都表示不同的意思，例①中表示نايرىش例②中表示قىلىش نايرىمچىلىق例③中表示ناھايىتى نوچۇق-ناشكاره等。

（3）同义歇后语。有些歇后语后一部分所表示的基本意义相同或相近，这些歇后语叫做同义歇后语。基本意义相同的，如"城门里扛竹竿 ——直入直出""小胡同里赶母猪 —— 直入直出""袖筒里插棒槌 —— 直入直出"等。（ تۈپتۈز ）

（4）反义歇后语。两个歇后语的基本意义相反，叫做反义歇后语。如"黄连树上吊苦胆 —— 苦上加苦"（ ناچچىق ئۈستىگە ناچچىق قوشماق ）和"糖里搀蜜 —— 甜上加甜"（ ھەسەل ئۈستىگە شەكەر قويۇش)，后一部分意义相反，是反义歇后语；"芝麻开花 —— 节节高"（ بالداقمۇ-بالداق يوقۇرى كۆرلىمەك ）和"王小二过年 —— 一年不如一年"（ يىلدىن يىلغا ناچارلىشىپ كەتتىش)，后一部分意义也相反，也是反义歇后语。

5. 就其前后两部分联系方式而言 ，大致可分为两类 :双关式歇后语与比喻式歇后语。

（1）喻意式歇后语。例如：瞎子点灯——白费蜡。（ بىھۇده سەرپ قىلماق ）

（2）双关式歇后语。例如：四两棉花——弹（谈）不上

（ ۋەزىننى يوق؛تىتلغا ئالغۇچىلىكى يوق ）

三　歇后语的特点

　　歇后语在使用时往往只用前半部分的比喻（تەمسىل），而"歇"（قىسقارتىش）去了后半部分的说明，让听话的人、看书的人自己去揣摩领会，"歇后语"（چالا نبارە）的名称正是这样得来的。"他要是能办成这件事，那是西边出太阳。"（ئەگەر ئۇ بۇ ئىشنى قىلالىسا كۈن غەربتىن چىقىدۇ كۈن غەربتىن）"西边出太阳"（كۈن غەربتىن چىقماق），比喻说明"不可能"（مۇمكىن ئەمەس）。话说得既简洁，又含蓄，真叫一举两得。这也就使歇后语具有诙谐幽默、富有哲理的特点。下面从语言和文化的角度对歇后语的特征进行探讨分析。

　　1. 歇后语的语言特点

　　歇后语是汉语习语中最富有民族文化特征和色彩的。它在语音体系、词汇和句法等方面独有的语言特点等对歇后语维语翻译都有很大的影响。下面从语言学的角度对歇后语进行分析。

　　（1）在语音体系方面：　同音异义字广泛地用在歇后语中。正是因为同音异义字所造成的双关意义才能达到最大的幽默效果。同音异义字包括同音异义和同形异义。关于同音异义字，在汉语言中，字符是单音节，有着少数的音调种类，字符也是非曲折的。这使同音异义字能够广泛用于歇后语中，并达到意味深长的双关效果。因此，许多歇后语看起来好像是同音异义字的口头游戏。但是，同音异义字用在歇后语的归结子句中时，加大了听者的理解难度。例如"何仙姑嫁给了姓郑的——郑何氏（正合适）"（ئالماس ئۆزۈۋككە ياقۇت كۆز قويغاندەك تولىمۇ ماس كەلمەك）就是一个很好的例子。

　　（2）在词汇方面：　歇后语的词汇常用人们大众脑海里最熟悉的动物和人物的形象名词来说明一个道理，这些形象体现了中国人的思维方式和感知。例如，猪八戒（《西游记》里的人物），还有阎罗王（《死神》）、张飞（三国时期的名将）等。这些形象中有年轻的、老的、有病的、虚弱的及那些与众不同的形象。根据统计，歇后语中使用的人物形象名词，大部分用的是小说或传说中的为众人所共知的有名的神话人物、虚构人物和历史人物。例如："张飞穿针——大眼瞪小眼"（بىر بىرىگە ھەيرانلىق ئىچىدە تىكىلىپ）

（قالماق）、"猪八戒照镜子——里外不是人"（همممه يەردە ئاهانەتكه ئۇچرىماق）、"狗咬吕洞宾——不识好人心"（ياخشى نادەمنى تونۇماسلىق），等等。

（3）在语法方面：歇后语由两部分组成，基本上只有第一部分（条件从句）说出来而留着第二部分让听者自己领悟。通常，第二部分补充或进一部解释第一部分，因此组成了一个自由的句子结构。歇后语自由的句子结构能够营造轻松的氛围，只要让说话的人有更多的时间补充更多的详细资料和信息。因此，歇后语凭着独一无二的句法特征将自己和汉语其他习语区别开来。有了这个优点，歇后语可以帮助说话人制造紧张和悬念，保留潜在意义一直到最后，或不吭声或接连处暂停一下都会更吸引听众。

除此之外，歇后语在现代汉语句子中的地位，除了少数可以独立成句外，多数还是作为句子成分出现的，诸如充当谓语、宾语、定语、状语、补语等。因为，歇后语同别的成语、谚语、俗语一样，都是汉民族语言中的一种比较固定的结构，相当于一个词，并且共同构成了汉民族语言中的词汇大海洋。

① 歇后语充当句子时，往往作为一句"现成话"被引用，多见于对话中。

例如：

美国人在北平，在天津，在上海，都洒了些救济粉，看一看什么人愿意弯腰拾起来。太公钓鱼，愿者上钩。暖来之食，吃下去肚子要痛的。

《毛泽东选集》第四卷，第 1384 页）[①]

例句中的"太公钓鱼——愿者上钩"为独立成句，是借用姜子牙钓鱼的典故，比喻那些心甘情愿上当的人，同时也为后面"暖来之食"作了很好的交代。

② 充当谓语，例如：

李振声："班长！小张有一手做饭的好手艺，大雷有一身使不完的大力气，把他俩一换，完成今天的任务就像笼里抓鸡——十拿九稳。"

例句中的"像笼里的鸡——十拿九稳"在主语"任务"之后，作"任务"的谓语。

---

① 温端政：《歇后语》，商务印书馆 1985 年版，第 87 页。

③ 充当宾语，例如：

赵玉梅："我说姐姐，过去你一把撅头用坏了也舍不得扔，一双鞋补得有两重还在穿，一分钱掰成两半花，艰苦朴素，勤俭持家。这些，我都佩服。但现在……你呀，不要学老鼠子的眼睛——一寸光，应该往大处看。"

例句中的"老鼠的眼睛——一寸光"是在谓语"不要学"之后，作"不要学"的宾语。

④ 充当定语，例如：

马二弄当时是村里的伪村长，这家伙是王八吃秤蛇——铁了心的铁杆汉奸，像条哈吧狗似的跟着日寇伪军屁股后面转，王大叔早就把这群吃人的野兽恨透了！

例句中以"王八吃秤锤——铁了心"修饰"铁杆汉奸"马二弄，意指死心塌地。

⑤ 充当状语，例如：

潘仁杰听红梅提出陶诚君……便问道："陶诚君也在参加劳动，他不当医生了？""早就不当了。这个人像竹篓里的泥鳅，这边捉就往那边溜，滑得很。"

例句中以"像竹篓里的泥鳅，这边捉就往那边溜"这个比况结构作为动词"溜"的状语。

⑥ 充当补语，例如：

黑子娘觉得也好笑。"可不是，座山狼抓不着领头的工人，鬼子又一遍遍催煤，急得他像掉在缸里的耗子。"黑子说："他急死，也没有人下窑！"

例句中以"掉在大缸里的耗子，急死"，作了"急得"的补语，就生动地说明了座山狼"急"的情态。

2. 歇后语的文化特征

语言是文化的载体。一个民族的语言记载着前人的劳动和生活经验，记录着该民族的历史，蕴涵着该民族的文化心态。歇后语作为汉语习语的一部分，堪称语言的精华，在体现汉民族的文化特征方面，比之其他的语言形式更具典型性。

汉语歇后语以口头和书面的形式长期存在于大众和文人的创作之中，题材广泛，哲理丰富，凝聚着丰富的文化内涵，本文只选几个突出的方面展开。

（1）歇后语中的自然观

大量的汉语歇后语以自然山水、地理环境为表现对象。这些以山水自然为主题的歇后语反映出一个总体的意象，即以崇高广阔为美。它们传递了汉民族对伟大自然景观的赞美和敬畏，在表现自然的同时揭示了人生哲理，反映出汉民族对自然山水的重视和关注以及自然环境在人们生活中的重要地位。例如：

①黄河的水，长江的浪——源远流长

②昆仑山上扔茶壶——找不到词（瓷）了

③大江里漂浮萍——随波逐流

此外，中国经济自古以来以农业为本，春夏秋冬、四季节气与人们的生活息息相关，这也反映在歇后语中。例如：

①春笋破土——节节高

②秋天的棉桃——合不拢嘴

③八月十五的月亮——正大光明

这些歇后语涉及了不同岁时的节气变化，展示了大自然的生命力。每一条歇后语都是双关，借自然之理描绘人事，其中所蕴涵的精神是本色的、健康的劳动人民的情怀，与大自然融为一体，自然感发。

（2）歇后语中的宗教文化

宗教是人类文化的一种特殊形态，在各民族的历史进程中都起着重要的作用。很多歇后语也从宗教引用了诸如"和尚"、"尼姑"等神职称谓，或"菩萨"、"阎王"、"灶王爷"及"判官"等宗教传说中的形象，这些形象和西方宗教的神佛迥然不同，蕴涵着独特的文化气息。例如：

①　灶王爷上天——有一说一

②　和尚头上一个虱—看得分明

③　阎王爷出告示—鬼话连篇

（3）歇后语中的典籍文化

中国素来以其悠久灿烂的文化著称于世。中国古典名著是中国文化的瑰宝，而中华民族历来视祖先的典籍为权威，习惯于从古典的诗文名篇中寻求可资借鉴的典范。因此，浩瀚如海的中国经史典籍就成为了汉语歇后语丰富的源泉。仅仅源自四大名著的歇后语就数不胜数，下面各选一例。

①　刘姥姥进大观园—眼花缭乱（《红楼梦》）

② 周瑜谋荆州——赔了夫人又折兵（《三国演义》）

③ 林冲上梁山——官逼民反（《水浒传》）

④ 孙悟空七十二变——神通广大（《西游记》）

3.歇后语的社会特征

歇后语是由近似于谜面、谜底的两个部分组成的带有隐语性质的口头固定短语。歇后语是汉语里流行较广、适用灵活，富有表现力的一种定型性的语言加工形式，前半截是形象的比喻，像谜面。后半截是解释、说明，象谜底。其结构方式和语义的表达方式很特殊，就结构方式看，歇后语由前后两部分组成，这是汉语语汇中唯一的一种。就语义的表达看，歇后语有双层意义，既有语面义，又有引申义，而前后两部分又各有各的含义，前后两部分的含义之间又有密切的关系。一定的语言环境中，使用歇后语可以使语言生动活泼，饶有趣味，富有幽默感。歇后语发展到今天，已被广大人民群众所接受，并广泛运用到日常口语和各种文学和报刊杂志中，表明它有强大的生命力和社会特征。

（1）歇后语的时代特征。歇后语在自身个体的产生或消失上体现出时代特征。歇后语在不同社会历史时期，它反映的物质文化、意识形态、人的主观精神表现也是不同的，而且在词汇的气质、内涵、色彩、构成方式等方面也会与时代血脉相通。

皇帝出家——没王法（发）了

姜子牙封神——自己没位置

韩信点兵——多多益善

刘备借荆州——有借无还

包公断案——脸黑心不黑

社会发展到现在，出现了很多的新鲜事物和新现象。歇后语作为熟语的一种，迅速将社会现实中的情况体现在歇后语这一语言形式上。随着时代的来临，许多新的歇后语应运而生，反映了现代人的幽默和通俗，体现出现代人的思想观念、思维方式，带有浓郁的现代色彩。例如：

飞机上挂暖壶——高水平（瓶）

大炮打苍蝇——小题大作

打字机上的字盘——横竖不成话

上午最后一节课——饿狼传说（电子游戏名）

今天星期六——胜利大逃亡（电影名称）

在这些歇后语中出现的事物，是现代科学技术发展的产物，在现代歇后语中随处可见，所有这些变化，都不同程度地打上了时代的烙印，从一个侧面反映出时代前进的步伐。

（2）歇后语的地域特征。汉语方言分布复杂，方言区的社会生产不同，方言词汇的差异，同一对象表述之间的差异，一旦充当为歇后语句子中的成分，就会产生不同的效果。比如：西山的核桃——满仁儿；

陕西的鞋——软底儿。狗尿苔打卤子——不是好蘑菇，"狗尿苔"是东北地区一种带毒的蘑菇，其他地区的人听到这话只能是一头雾水。普通话里的"马铃薯"和"碾子"作为歇后语成分，不同地区的方言组成歇后语，其结果不同：

山药蛋下坡——滚球（山西）

土豆下坡——滚蛋（东北）

迷栩蛋下坡——滚球（河北武安）

石头碰碾子——硬碰硬

石磙碰石磙——硬碰硬

像"马铃薯"、"碾子"一类，一旦进入不同的地区，就会形成各自的方言，其表述词汇也不尽相同，显示出鲜明的地方特色。

（3）歇后语的行业特征。歇后语产生于从事各行各业的人们的口语中，人们从事的行业不同，关注的对象就不同，思维的方式也不一样，形成和使用的歇后语也不一样。如：横垄地里拉碾子——一步一个坎；马鞍套在驴背上——对不上号。这些歇后语反映了农民的生产和生活，明显带有北方农民的职业特点。双手揿到染缸里——左也蓝（难），右也蓝（难），则明显带有印染行业的特征。其他种种，例如：

剃头挑子——一头热

卖瓦盆的——要一套有一套

卖瓦盆的摔跟头——乱了套

卖盐的喝开水——没味道

卖棺材的咬牙——恨人不死

当然歇后语一经产生，其他人员也是可以拿来用的，它们属于全民族的共同语。

（4）歇后语的风格特征。歇后语被称为熟语（俗语），流行于群众的口语中，因此口语色彩浓厚，通俗易懂、自然朴实、生动活泼又含蓄幽默。如：老友聚会说到离休人员一年少于一年，我就说"黄鼠狼拖鸡——越拖越稀"，这黄鼠狼当然是指死神，大家大笑。有挚友看不破，拖着病体为儿孙服务，我就劝她不要"蛤蟆垫床腿——硬撑"了，她扑味一声笑了起来（子思《幽默风趣的歇后语》）。歇后语大多是劳动人民在生产和生活实际中为表达自己的思想感情而自发创造的，从一开始它就自觉地带有劳动人民的风格。

泥菩萨过河——自身难保

孔夫子搬家——尽是书（输）

冰糖拌黄瓜——干（甘）脆

这些歇后语的前一部分不少是描绘现实生活的事物，材料来源涉及各种事物、人物、动物、植物、鬼神和各种器物，也都是劳动人民特别热悉的，与他们的生产生话息息相关的，因此幽默生动的口语特征明显。

四 汉维文化差异及其对歇后语翻译的影响

1. 汉维文化差异

文化是一种社会范畴，是指一个社会所具有的独特的信仰、习惯、制度、性格、思维方式等的总模式，是一个社会的整体生活方式，一个民族的全部活动方式。由于地域地貌、气候气象、自然生态、风土民俗以及历史文化等因素的不同而形成了文化上的差异。

文化差异的诸多因素是影响翻译工作的一个重要因素。从表面上看，翻译好像只是两种语言或文字之间的相互转换，事实上并不是那么简单。从本质上讲，翻译活动是不同国家或不同民族之间进行的一种文化交流活动。它是要通过语言文字的表层去沟通两个民族深层的思想与文化。美国著名语言学家约翰·丁·迪尼指出："每一种语言都从文化中获得生命和营养，所以我们不能只注意如何将一种语言的内容译成另一种语言，还必须力求表达两种文化在思维方式与表达情感方面的习惯。"这段话也正好与美国著名理论学家尤金·泰达的观点："翻译不仅要跨越语言的障碍，还要逾越文化的鸿沟"相吻合。[①]因此，在语词的翻译中，译者必须要了解不同民族社会文化体现在语篇中的文化内涵，还要正确理解语词所包含的文化语义，然后根据情况采用适当的翻译策略。如果原译文语言与文化因素与译文基本一致时，可采用对等直译法；如果源语言的文化因素与译文不对等时，可采取直译加注法、意译法等。将一种语言译成不同文化的另一种语言并非容易的事，而将特定文化语境中的语词翻译成同样体现文化特色的另一种语言的语词就更加困难，如若翻译不当难免出现引起读者的误解和曲解。这就要求译者应仔细分析隐含在语词背后的易于引起语义歧义的文化因素，根据具体语篇，在不违背原文语言的表达基础上重现原文语词的文化意蕴，达到忠实原文的目的，真正实现两种语言的等值翻译。

汉民族一直以来都生活在中原地带，以农耕业为主；维吾尔民族主要生活在西北沙漠绿洲地带，以畜牧业为主。不同的生活环境和生活区域使得汉维两个民族在历史、宗教、地域、饮食等方面存在相当大的差异，语词的产生和使用在两种文化中表现出各自不同的特色，所以在翻译的过程中，坚持"信、达、雅"的基础上，采用不同的翻译方式，以达到最佳的译文效果是非常重要的。了解汉维两种语言中可译性限度及可译性限度产生的原因，比较汉、维语言表达方式的异同，有助于探索更有效的方法去缩小这种限度，使汉维翻译更趋于完善。正如翻译家傅雷所说："翻译必须像伯乐相马，要得其精而忘其粗，在其内而忘其形。而即使是最优秀的译文，其韵味较之原文仍不免过或不及。"翻译只能尽量缩短这个距离，过则求其勿太过，不及则求其勿过于不及。本文主要从历史、宗教、地域和饮食等几个方面对汉维文化差异进行分析。

（1）历史方面的差异

历史文化是指由特定的历史发展进程和社会遗产沉淀所形成的文化。由于民族或国家的历史发展不同，因而在漫长的历史长河中所沉淀形成的历史文化也不相同。历史文化只有通过语言才能得到延续和保存。因此，不同民族的历史文化可以从该民族的语言中反应出来。汉族是一个历史从未中断过的、历史悠久的民族，经历了不同的历史时期。汉语歇后语反

---

① 艾斯卡尔·依明尼牙子：《翻译与汉维文化差异》，《和田师范专科学校学报》2008 年第 28 卷第四期。

映了汉民族的历史文化。比如，"徐州进曹营——一言不发"、"周瑜打黄盖——一个愿打，一个愿挨"、"关云长卖豆腐——人硬货不硬"等。在翻译过程中，经常会碰到由于历史文化差异而造成的翻译难题。[①]历史文化的一个重要内容体现在历史典故上。因此，在翻译时应在搞清楚典故意蕴的基础上，注重文化之间的差异，采取恰当的处理方法。

（2）宗教方面的差异

宗教文化是人类文化的一个重要组成部分，指的是由民族的宗教信仰、意识等形成的文化，表现在不同民族崇尚、禁忌等方面的文化差异。儒教、道教、佛教是中国的三大宗教，它对中国人，尤其是对汉族有着深远的影响。在汉民族的传统文化中，有道教的"玉帝"、佛教的"阎王"、有神话中的"龙王"、有开天辟地的"盘古"和主宰世界的"老天爷"。反映汉民族宗教文化的歇后语有很多。如："阎王的参谋——诡计多端"、"阎罗王开店——鬼都不上门"、"三十晚上卖门神——脱货求财"等。而深受伊斯兰教影响的维吾尔族文化中并没有这些概念，伊斯兰教认为（胡大）是创造宇宙万物、主宰一切的真神。在翻译中、如若忽视文化差异，便会出现不当之处。[②]

（3）地域方面的差异

地域文化指的是所处地域、自然条件和地理环境不同而形成的差异。汉民族先民生活的地区盛产竹子，当地人的衣食住行便同竹子发生了密切关系，产生了"竹竿打月亮——挨不上边二"、"竹篮子打水——漏洞百出"、"竹笋出土——节节高"、"竹篮挑水——两头空"等等与竹文化有关的歇后语。而维吾尔族生活在沙漠绿洲地带，维语中的一些熟语反映出了绿洲的地域文化特色。[③]

（4）饮食方面的差异

饮食是民族文化中最具稳定性和民族性的部分。由于不同历史过程形成的不同民族意识进而产生了不同的文化意象，体现在两个民族饮食文化中的

---

① 巩晓：《汉维文化差异对成语翻译的影响》，《语言与翻译》2010年第1期。

② 巩晓：《汉维文化差异对成语翻译的影响》，《语言与翻译》2010年第1期，第56页。

③ 同上，第57页。

差异也就很明显。由于居住区域不同，汉民族的饮食习惯也多种多样。[①]比如：汉族主食以稻米、小麦为主，辅以蔬菜、肉食和豆制品，茶和酒是汉族的传统饮料。稻米的吃法以米饭为主，另有粥、米粉、米糕、汤圆、粽子、年糕等各种不同的食品。比如："盲人吃汤圆——心中有数"、"小葱拌豆腐——一清二白"、"一根筷子吃藕——挑眼"、"臭豆腐——闻着臭，吃着香"等。

总之，歇后语具有浓厚的民族色彩和鲜明的文化个性，蕴含着丰富的历史、宗教、地域和饮食方面的文化信息。汉维存在以上几个方面的文化差异，要准确地翻译歇后语，就必须了解其丰富的文化底蕴，运用恰当的翻译方法，真正做到翻译中的"信，达，雅"，否则就会事倍功半，甚至贻笑大方。对一些文化内涵较深刻、典故性较强的歇后语语，在翻译成维文的过程中，除采用翻译中常用的意译、套用和直译法外，还做了一些变通，这样既保留了原文形象又能帮助读者理解其意，使译文读者更好地了解汉民族文化。

2. 汉维文化差异对歇后语翻译的影响

（1）文化信息的丢失

由于汉维两个民族的文化差异，歇后语在维译的过程中造成了文化信息的丢失。所以，涉及到文化的翻译，译者很难翻译得既符合意义要求，也符合文化要求。例如：

"沟边大树——见识（湿）多"：كۆرگەن-بىلگىنى جىق.

这个歇后语用了"识"和"湿"的谐音，只有在汉语语言里才有这种转换，具有非常鲜明的民族性。在翻译中，采取意译，避开原文所具有的语言上的特点，只把歇后语的意思表达出来，虽能让译文读者理解其内容，但语言特色信息在传递中却丢失了。

（2）文化信息误导

文化的不同带来了理解上的差异。如果用本民族语言的特点和文化背景去理解别的民族的语言文化，就会导致信息获取不准确或者错误的对信息进行解读。对同一事物的褒贬不同，也常造成文化信息的误导。翻开汉民族的传统文化典籍，与龟有关的神话故事比比皆是。人们远古时期就把

① 同上，第58页。

它当作灵物和吉祥物顶礼膜拜。因此，在汉民族文明的长河中，又派生出的涓涓不息的"乌龟"文化，而在歇后语中留下了痕迹。例如：

"百年乌龟下臭卵——老坏蛋"、"乌龟不咬人——吃相难看"、"乌龟穿龙袍—黄金甲"等。如果按字面义翻译容易造成误导。

（3）文化信息的理解障碍

一个民族在其长期发展过程中，形成特有的文化背景，这种文化背景对其他民族来说，要么是陌生的，要么是迥异的，要么是相斥的，从而构成理解上的空白，交际中的障碍。在汉维两种语言中，许多词汇本身就是其所属民族重大历史时间的浓缩和忠实写照。由于不具备相应的文化传统知识，要理解异族文化是不容易的。例如：

"半路出家——从头学起"（يېڭى باشتىن ئۆگەنمەك）这个歇后语所表达的意思是离家去当和尚、尼姑。不是从小而是成年后才去当和尚、尼姑或道士的。而维吾尔族没有这种习惯，因此，理解上有障碍，给翻译带来了一定的困难。

语言与文化有着密切的关系，翻译工作者要在两种语言之间进行翻译，除了通晓两国的语言文字外，还必须具有深厚的文化功底，深刻理解两种文化之间的差异，研究文化差异对翻译的制约，寻求解决问题的途径。

五　歇后语维译策略

1. 文化差异在翻译中的处理方法

在语际交流的过程中，文化背景的差异是客观存在的事实，任何译者都无法回避。为了减少和弥补这种差异，提高跨语言和跨文化之间的交际效果，我们可以在翻译中根据具体的情况采取相应的处理方法。

（1）词汇空缺的翻译

词汇空缺指原语词汇所载的文化信息在译语中没有相对应的表达方式。由于客观事物本身的差异，加上人们在对客观事物作出反映或概括时，始终受本民族文化的影响，因此就会出现一种语言文化具有而另一种语言文化中是空缺的现象。词汇空缺包括民族文化性很强的人名、地名、新词、术语，等等。例如，汉民族传统文化中的天干地支、阴阳八卦、农历节气、中医术语、武术气功等方面的词语，在翻译为维吾尔语时无法找到相对应的词语来表达。"三钱的胡椒———一撮儿"、"药铺里的甘草——少不了的一位（味）"、"九月的菊花——黄灿灿"等歇后语是根据中医治疗经验产生的，具有明显的民族特色。因此对于此类词汇空缺的翻译，不能采用一般词语在语言中相互转换的方法，而必须采取特殊的处理方法。

（2）词义差异的翻译

词义的差异是指原语词语所承载的文化信息，与译语的对应词所承载的文化信息有区别。这种区别又可分为词义的冲突和联想意义的差异。

词义的冲突通常表现在一些字面指称意义相同，但语义内涵不同甚至相反的词语中。这样的词语容易令人望文生义，产生错误的理解，或导致错误的翻译。

翻译类似词语时，应该注意有关的语义含义在原语中和译语中是否一致，如果有出入，则要做适当的转换或调整。

另外，不同文化对一些词语的定义和解释存在差异，特别是涉及意识形态或社会制度等领域的词语。

词义差异的另一种表现形式为联想意义的不同，包括特定的词语在不同民族中引起心理联想、语用含义等方面的差异。

综上所述，文化的内容包罗万象，它同语言有着千丝万缕的联系。不同的语言反映不同的民族文化特征。语际间的翻译活动实际上也是一种文化的交流。正确理解原语中所蕴涵的文化形象和意义，并尽可能地在译语中加以保留、再现和传达，不仅是语言翻译的目标，同时也是跨文化交际的需要。在具体的翻译实践活动中，文化因素直接关系到译者所采取的翻译策略和所欲实现的翻译目的，同时也影响着翻译的效果。

2. 歇后语维译策略

汉维两个民族具有完全不同的历史文化、宗教沿革、社会知识和地理知识，由于两个民族存在思维方法和语言语义结构的差异等各种因素，歇后语翻译中很难找到完全对等的翻译，也不能将所有的翻译采用规则的语法和逻辑推理，因此我们在歇后语的翻译中要采取各种翻译方法。主要有以下几种方法：

具体采用的翻译策略如下：

（1）直译法

所谓直译法是指在不违背译文语言规范以及不引起错误联想的条件下在译文中保留汉语歇后语的比喻形象、民族历史、传统文化及地方色彩的方法。用这种方法处理歇后语的维译，将汉民族的文化介绍给维文读者。只要歇后语中生动形象的比喻不影响译文读者的理解，我们就尽可能直译，把原文的内容、形式和精神都输入到译文中去，努力减少翻译的损失。例如：

“千里送鹅毛——礼轻义重”：

مىڭ چاقىرىمچە يەردىن كەلىپ پەي سوغا قىلىش؛

گەرچە سوغات ئاددى بولسىمۇ، لېكىن مەنىسى چوڭقۇر.

“狗拿耗子——多管闲事”：

ئىت چاشقان تۇتقاندەك، ئارتۇقچە ئىشقا ئارلىشىۋالماق.

“一条绳子拴着两蚂蚱——谁也跑不了”：

بىر يىپقا باغلانغان ئىككى چېكەتكەدەك، ھېچقايسىسى قېچىپ قۇتۇلالمايتۇ.

“冰冻三尺——非一日之寒”：　　　ئالتە قات مۇز بىر كۈندە قاتماس.

（2）意译法

意译是指译文中采用新的等效的表达手段。有的歇后语出于语言结构和文化背景等缘故，无法让译文读者理解，或容易引起不理解和误会，这样的歇后语可以意译。意译法主要用于双关、谐音歇后语。例如：

带有浓厚的民族色彩文化含义的歇后语，例如：“骑着毛驴看书——走着瞧吧”，“丈二和尚——摸不着头脑”，以及利用谐音或双关语的歇后语，例如“外甥打灯笼——照旧（舅）”、“孔夫子搬家——净是输（书）”等，如果按字面直译则十分费解，可能引起误译。同时在维吾尔语中也找不到恰当的同义习语可以套用，这时就得用意译法配合上下文来处理译文了。例如：

“棺材里伸出手来——死要钱”。如译为“تاۋۇت ئىچىدە قولنى تۆرۈپ ئۇزاتماق”的话，维文读者根本不理解是什么意思，甚至会产生误解，所以把它译为：

“پۇلغا ئامراق؛پۇلنى جېنىدىنمۇ ئېزىز كۆرمەك”，这样翻译维文读者才能理解。因此，其他的也应该翻译如下：“骑着毛驴看书——走着瞧吧”：

جاهان ئۆزۈن،قېنى كۆرەرمىز

“丈二和尚——摸不着头脑”：　تېگىگە يېتەلمەسلىك

"外甥打灯笼——照旧（舅）"：بۇرۇنقىدەكلا؛كونا پەدىچە

"孔夫子搬家——净是输（书）"：دائم يىگىلمەك

（3）套译法

套译是指在歇后语维译时，既不直译，也不意译，而采取维吾尔语言中已有现成的谚语来表达的一种翻译方法。有些歇后语可以在维吾尔语中能找到对等或基本对等的谚语，这样的歇后语和维吾尔语同义习语在内容和形式上相符合。双方不仅有相同的意义和修辞色彩，而且有相同或大体相同的形象比喻。在这种条件下，不妨直接套用维吾尔语习语来翻译歇后语。例如：

"常用的铁具——不生锈"：

ئىقىن سۇ سېسىماس، ئىشلىك ئۆلگۈچىكى چىرىماس

"出了龙潭，又入虎穴——祸不单行""：

يولۇئاستىن قۇتۇلۇپ،بۆرىگە توتۇلماق

"到了黄山又想去峨眉——这山望着那山高"：　　قوشنامنىڭ قوش كۆرىنەر

"等天上掉馅饼——坐享其成"：　ئۆزمە پىش، ئاغزىمغا چۈش

"恶人先告状——反咬一口"：　سەن تاز دەبگچە،مەن تاز دەۋالاي

"放马后炮——迟了"：　تازنىڭ ئەقلى چۈشتىن كېيىن

以上歇后语可以在维吾尔语中能找到对等或基本对等的谚语，因此翻译的时候可以用套译法。

（4）加注法

指直译原文，并附加解释性。由于汉维文化存在许多差异，因此汉语中某些文化词语在维吾尔语中根本就没有对等词，形成了词意上的空缺。在这种情况下，汉译维时常常采用加注法来弥补空缺。加注通常可以用来补充诸如背景材料、词语起源等相关信息，便于读者理解。加注法可分为音译加注和直译加注。歇后语翻译中最为常用的是直译加注。

例如：

① "孔夫子拜师——不耻下问"：

كوڭنىڭ ئۇستاز تۇتۇشى؛ ناھايىتى كەمتەر （كوڭ ئۆلىما، يەنى كوڭزى. بۇ كىشى بولسا يېغىنلىق دەۋرىدىكى داڭلىق مۇتەپپەككۈر، ماناربىچچى، كوڭزى تەلىماتىننىڭ ئىجاتچىسى）

② "刘备的兄弟——红的黑的都有"：

ليۇبېينىڭ قېرىنداشلىرى بىرى قىزىل يۈز، يەنە بىرى قارا يۈز؛ قاندىقنى دىەسە شۇئوندىقى تېپىلماق؛

تۇرى تولۇق. (ليۇببى بولسا شەرقى خەن سۇلالسىنىڭ ئاخىرقى مەزگىلىدىكى سىياسىيون، خەن بەگلىكنى قۇرغۇچىسى. «ئۇچ پادىشاھلىق ھەقىقەتدە قسسىسە»دبگەن ئەسەردە ليۇببى قىزىل يۇزلۇك گۇمنيۇ ۋە قارا يۇزلۇك جاڭ فىلار قول بىرىشىپ ئاكا-ئۇكا بولۇشقان)

③ "盘古出世——就知天底下有他自己"：

پەنگۇنىڭ دۇنياغا كلىشى؛ دۇنيادا پەقەت مەنلا بار دەپ ئويلاش (پەنگۇ بولسا جۇڭگونىڭ ئەپسانۇى رىۋايەتلىرىدىكى ئىلاھە بولۇپ، رىۋايەت قىلىنىشچە ئۇ ئەلمىساقتىن تۇمانلىق ۋە قاراڭغۇلۇق ئىچىدىن زىمىننى ئايرىغان، ئۆز تېنىنى كىشىلەر ياشاۋاتقان يەر زىمىنگە ئايلاندۇرغان)

由于语言所扎根的文化土壤不同，在这种情况下，运用直译的同时，还要加上合适的注解才能传递出原文中的文化信息。注释可长可短，既可采用文中注释，也可采用脚注，还可二者合用。

综上所述，歇后语是汉民族文化的独有现象。大多数歇后语在表现其文化特征时只是与维吾尔语部分对应，甚至根本不对应。根据美国翻译理论家 Eugene A. Nida 的功能对等或动态对等理论，歇后语的翻译应力争做到忠实表达原文的意思。所谓忠实表达原文意思应指忠实表达原文的字面意义、形象意义和隐含意义三个方面。如果字面意义或形象意义与隐含意义在翻译时由于文化差异出现矛盾，字面意义或形象意义应当服从隐含意义，即歇后语的形象意义在目的语中可能会找不到对应，或者没有相同的形象，或者虽然形象相同隐含意义却冲突。这时首先要考虑隐含意义的准确传达。

在歇后语维译过程中首先要保证原语隐含意义的准确转达，在没有文化冲突的情况下兼顾形象意义和字面意义，并要根据具体的语境正确译出原文的褒贬意义。由于歇后语是汉民族文化的产物，它们必然受到汉民族文化的制约。所以，从表面意义和形象到深层内涵和文化特征，均不同程度地限制了歇后语的可译性。成功的歇后语翻译方法应达到两个目的：一是，语义等值，即目的语和原语义在意义上达到对等；二是，文化借用，即目的语和原语的文化特点应在译文中有所体现。

翻译实践

1. 爬上了热锅的蚂蚁——上得来下不去。
2. 骑在驴背上吃烧鸡——不知这把骨头扔在哪。
3. 铁锅翻了底——上面是黑，底下也是黑。
4. 铁轨上的火车——走得正，行的直。
5. 夏天的阵雨——来得快，去得快。
6. 先穿鞋子后穿袜——乱套。
7. 缺门牙的念文章——含糊其辞。
8. 上天绣花——想得倒美。
9. 烫手的粥盆——扔了心痛，不扔心痛。
10.踏着脖子敲脑壳——欺人太甚。
11.七个婆婆拉家常——说三道四。
12.六月里的蛤蟆——死不开口。

第十八讲　比喻性词语的文化内涵及其翻译

汉维语都存在着大量的比喻性词语，由于社会文化背景的差异，在比喻的主体与客体之间进行选择也不完全相同。语言具有很强的民族性，它不仅是信息的载体，也是文化的载体，是反映社会的一面镜子。而比喻是语言表达中运用得最广泛的手段之一，有人称之为"语言艺术中的艺术"。它蕴涵着丰富而独特的民族文化色彩。民族特色迥异的设喻方式给不同文字的翻译设置了障碍，增添了难度。

一　喻体与喻义之间的对应关系

比喻，俗称"打比方"即"以彼物比此物也"（朱熹）。比喻的成立条件便是本体与喻体之间有某种相似点。比喻性词语可以通过熟语（含成语、俗语、惯用语、典故、格言等诸多形式）表现出来。熟语包蕴着极其丰富的内容，是一个民族文化历史观念的反映，它反映着民族的心理意识、文化形成过程、历史传统、地域风貌等特性，具有鲜明的"民族情调"。汉维两种语言对同一本体设喻时，采用的喻体有同有异，喻体与喻体之间的对应关系也不相同。

（一）完全对应关系

由于人们对生活总是有着不同体验，对客观世界有着不同的认识，因此彼此用词、理解词义的方式、角度也总是不一样。然而我们都属于人类，生活在同一物质世界里，自然生活条件基本上是相同的或相似的。因此，我们各自的语言中就存在着不少选词、用词上的相同之处。按词汇数量的比例来说，这种偶合现象在描写客观事物时似乎最明显。例如汉语和维吾尔语把"人体上肢前端拿东西的部分"，分别称为"手"和"قول"，把"人和动物身体下部接触地面的肢体"叫做"脚"和"ناياق"。有的词不仅本义相同，而且各自语言中的引申义也吻合。

现以"头"（首）与"باش"为例说明。

这两个词在汉语和维吾尔语里的意思：

（1）"动物身体的最前部分"和"人体的最上部分"。

例如："他低下了头"："ئۇ بېشىنى تۆۋەن سالدى"

（2）物体的顶端、末稍。

例如：山顶：تاغ بېشى;棍子的两端：تاياقنىڭ بېشى

（3）首领、头目。例如：士兵头目：قوربىق بېشى

（4）首要的、为首的，总的。

例如：首席代表：باش ۋەكىل;总路线：باش لۇشسىئەن

（5）开头、最初。例如：月初：ئاي بېشى;话头：گەپنىڭ بېشى

（6）头（量词）。例如：一头洋葱：بىر باش پىياز

（7）头发。例如：（让）剃头：باش چۈشۈرمەك (چاچ ئالماق)

可见，在汉维语的比喻性词语中存在着喻体与喻义完全对应的现象。试看以下例句：

（1）名词类比喻性词语：

① 纸老虎　قەغەز يولۋاز

② 连锁反应　زەنجىرسىمان رىئاكسىيە

③ 半边天　يېرىم دۇنيا

④ 铁饭碗　تۆمۈر ناۋاق

（2）动词类比喻性词语：

① 趁热打铁　تۆمۈرنى قىزىقىدا سوق

② 坐吃山空　ئولتۇردا يېتىپ يېسە تاغمۇ تۇشمايدۇ

③ 不打不相识　ئۇرۇشمىغۇچە تېيىشماس

④ 孤掌难鸣　چاۋاك ئىككى قولدىن چىقىدۇ

（3）形容词类比喻性词语：

① 白色恐怖 ناق تېررورلۇق

② 灯下黑 چىراق تۈۋى قاراڭغۇ

③ 像狐狸一样狡猾 تۈلكىدەك ھىللىگەر

这种比喻的形似、意似属文化重合现象。然而在两种文化、两种语言中喻体、喻义完全对应的情况毕竟有限，更为常见的则是部分对应和非对应关系。

（二）部分对应关系

因为语言具有民族性，在比喻手段上表现得尤为明显，结果就出现了喻义相同而喻体不同的现象。例如：

① 胆小如鼠 توخۇ يۈرەك （直译：鸡心小胆）

② 有其父必有其子 ئالا ئىنەكنىڭ بالىسى چالا قۇيرۇق

（直译：花奶牛的犊儿杂色尾巴）

③ 家丑不可外扬 قول سۇنسا يەڭگە ئىچىدە، باش يېرىلسا بۆك ئىچىدە

（直译：手断了在袖筒里，头破了在帽子里）

④ 胜者王侯败者贼 يەڭگىنى سۇلتان، يىڭىلگىنى ئۇلتان

（胜者称王，败者遭殃）

（三）非对应关系

每个民族的语言都具有独特的民族文化背景，因而在设喻方式的运用上各具特色。如何处理具有典型民族色彩的比喻是对译者的一个考验，必须认真对待、慎之又慎。尤其是一些"似是而非、貌合神离"的比喻性词语。例如：汉语中的"红娘"一词，其指名部分是一位叫做"红娘"的婢女的名字.但其文化背景意义却是指乐意帮助别人完成美满姻缘的好心人。"梨园"一词的指名部分是指种植着梨树的果园，但其文化背景意义则是戏院或戏剧界的别称。对待同一事物，不同民族的文化感情色彩可能完全不同。例如："飞蛾扑火"（又作：灯蛾扑火）比喻自取灭亡,而پەرۋانە چىراققا تۈرۈلماق 一词在维吾尔人心目中却是追求光明的象征。 "醋"在汉语中可指与爱情相关的嫉妒之心。如"醋坛子"，但维吾尔语中的سۇ ناچچىق 一词则绝无这种文化色彩,再如"鸳鸯"一词在汉语中常用来比喻夫妻,而سۇكسۇر 一词却无此含义。

二 比喻性词语中的文化内涵

不同的民族有着不同的文化，而不同的文化之间既有联系又有区别；既有各自的个性又有普遍的共性。共性使文化之间的交流成为可能，而个性则构成了翻译中的障碍。这种障碍便来自于两种文化的差异。迄今为止，各国学术界对"文化"所下的定义已不下二百个。从广义来看，作为社会现象的文化是一定的人的群体创造和积累的物质财富和精神财富的总和。文化还是一个社会学语。按照社会学家和人类学家对文化所下的定义：文化是指一个社会所具有的独特的信仰、习惯、制度、目标和技术的总模式，是一个社会、一个民族的全部活动方式。

英国语言学家约翰·莱昂斯认为：特定社会的语言是这个社会文化的组成部分，每一种语言在词语上的差异都会反映使用这种语言的社会的事物、习俗以及各种活动在文化方面的重要特征。这一点在比喻性词语中表现得尤为突出。比喻是通过"相似联想"对本体进行设喻的，同一喻体对不同文化背景的人们所引起的联想不尽相同。历史文化背景、物质生产劳动、传统文化观念、宗教信仰等文化因素均在比喻性词语中有所表现。

（一）历史文化背景

一个民族的历史是其社会发展的真实记载。其中蕴藏着丰富的文化遗产，反映在言行上尤为明显。例如："过五关斩六将、夜走麦城、舌战群儒、鸿门宴、暗渡陈仓、逼上梁山、煮豆燃萁、指鹿为马、太公钓鱼愿者上钩"，诸如此类，它们与汉文化密切相关，显示出了鲜明的民族特点。维吾尔语中的ناپياق غوجامنىڭ ئومچى ئەمەس（不是阿帕克霍加的施舍饭：不是白吃白拿的）；كاككۆك بىلەن زىينەپتەك（像布谷和再乃普一样：天生的一对）；ئابدۇخالىقنىڭ چەمى（脸厚得像阿卜杜哈力克的靴掌：脸厚得像城墙）等都来自一定的历史典故和民间传说。

（二）物质生产劳动

劳动创造了世界，也创造了语言。比喻性词语的产生与人民的物质生产劳动密切相关。几乎各行各业都有自己的比喻性词语。例如："无规矩不成方圆、趁热打铁、无风不起浪、浑水摸鱼、未雨绸缪"等词语分别与木匠、铁匠及海洋渔业有关。"三下五除二、二一添做五"则源于汉民族的传统计算工具——算盘的口诀。

维吾尔语的 بۇرۇن چىققان قۇلاقتىن كېيىن چىققان مۈڭگۈز ئېشىپ كېتىپتۇ

（后长的犄角超过了先长的耳朵：后来者居上）。

يالغۇز ئاتنىڭ چېڭى چىقماس،چىقى چىقسىمۇ دېڭى چىقماس.

（一匹马扬不起土尘，既使扬起土尘也出不了名；单丝不成线，独木不成林）。

توخۇ داڭگال چۈشەر،تۆچكە جاڭگال （鸡梦的是土坷垃，山羊梦的灌木林）等词语折射出维吾尔先民从事过畜牧业生产的历史。

تاغدىن سورسا،باغدىن جاۋاپ بەرمەك （问的是高山，回答的是果园；答非所问）则与园艺业生产和居住的生态环境有着渊源。

（三）传统文化观念

"岁寒三友"松、竹、梅在汉语词汇中象征着坚忍不拔的优良品质和威武不屈的高风亮节，而维语中与之相对应的词只不过是三种普通植物，没有什么特殊的文化含义。有些词在一种语言文化里具有丰富内涵和外延并能引起美好的联想，而在另一种语言文化里却平淡无奇、毫无文化意义；或者在甲语言中具有褒义色彩，而在乙语言中却具有贬斥意义。比如"牛"在汉文化里被视为勤劳、忠诚的象征。古往今来不少仁人志士皆喜以牛自喻。鲁迅先生曾有"俯首甘为儒子牛"的名言，诗人藏克家亦有"老牛明知夕阳短，不用扬鞭自奋蹄"的佳句。而在维语中往往用 （牛）做喻体来形容某些蠢笨的行为或状态。

（四）宗教信仰

宗教是比喻性词语的一个来源，儒教、道教、佛教是中国三大宗教，它们对中国人，尤其对汉民族有着深远的影响。汉语中的许多比喻性词语都有着强烈的宗教文化色彩。例如："借花献佛"，"放下屠刀，立地成佛"，"四大皆空"等都具有浓厚的佛教文化色彩。而"八仙过海，各显神通"，"一人得道、鸡犬升天"，"点石成金"的内涵则与道教有着密切的关系。"杀身以成仁"、"大道之行也，天下为公"、"名不正则言不顺"等词语渗透着浓厚的儒家学说色彩。而维吾尔语中的"خۇدا ساخلىسۇن"（真主保佑），"خۇدانىڭ دەرگاھىغا كەتمەك"（去真主的营地——归天）"خۇدا تۇرۇپ، يەر يۇتسۇن"（真主打，土地吞—— 天诛地灭）等则折射出浓厚的伊斯兰教文化色彩。

三　翻译方法

（一）直译法

当比喻性词语中的喻体，喻义完全对应时可采取直译法。它能在一定程度上保留原语的民族色彩，达到使译语读者多接触原语的文化色彩并逐渐去接纳它的目的。翻译作为一种语际间的交际，既是一种语言的转换过程，也是文化的移植过程。译者在这里充当着文化传播者的角色。例如：

① 太公钓鱼，愿者上钩。嗟来之食吃下去肚子要痛的。

（毛泽东选集 1 第四卷）

تەيگوڭ قارماق تاشلايدۇ،خالىغان بېلىق ئىلىندۇ.

② 她像一个小孩子信任大人一样，信任代表主任啊!人家走过的桥比她走过的路还长啊! 《创业史》

ئۇ خۇددى كىچىك بالا چوڭلار غا ئىشەنگەندەك، ۋەكىل مۇدىر غا ئىشىنەتتى، باشقىلارنىڭ مېڭىپ ئۆتكەن كۆۋرۈكلىرى، ئۇنىڭ ماڭغان يوللىرىدىنمۇ ئۇزۇن ئىدى.

③ يىلانمۇ مەن ئەگرى ئەمەس، يولۇم ئەگرى دەپ دۇنيادىن ئۆتىدىكەن، دىمەك دۇشمەن قۇۋ...

蛇不说自己弯，反说路不直。敌人是很狡猾的……（克孜勒山下》

（قىزىل تاغ باتۇرلىرى）

نېمە بولاتتى، موزايىنىڭ يۇگۈرىشى سامانلىققىچە دېگەندەك ئىش بولدى. تۆمۈر بوۋا ئۇلۇغ كىچىك تىنىپ قويۇپ داۋام قىلدى.

④

"牛犊再撒腿跑，还是离不开草堆" 铁木儿爷爷吁了口气说。《克

孜勒山下》

（二）套用或借用法

两种语言中的比喻性词语部分对应时可采用套用或借用法，即在保留原有喻义的前提下，套用和借用译语比喻来代替原语比喻。例如：

① 给人家干活，端着人家的碗，只要能过去就过去了。《创业史》

خەلقنىڭ ئشلىگەن، خەلقنىڭ تۆزنى يىگەندىن كېيىن، بولدى قىلدۇ؟ەتكەنلى بولسا، بولدى قىلدۇ؟بتەيلى.

② 捆绑不成夫妻。他不爱你这个地方了。他想跑就让他跑。

（毛泽东选集》,第五卷）

تاشنى تاياققا تاكگنلى بولمايدۇ، سېنىڭ بۇ جايىڭ ئۇ نىڭ؟غا ياقمايدىكەن، قاچمەن دېسە قېچىۋ؟ەرسۇن.

③ 我要是一想到那火热的战斗生活，心里就恨不得一下子飞到塞外去——"好男儿当马革裹尸还"我想就是这个时候了。（青春之歌》，第171页）

ئەگەر قانلىق ئۇرۇش ھاياتى نىسىمگە كەلسىلا، ۋۇجۇدۇمدا بىرخىل كۈچ پەيدا بولۇپ، يىراقلارغا كېتىشنى ئويلايمەن. «مەرتنى مەيداندا سننا»دېيىتكەن، مېنىڭچە بۇنىڭ ۋاختى كەلىپ قالدى.

借用法是一种变通手法，把原文的字面意义直译过来不能传达原文真正的文化内涵时应改变原文的形象和比喻说法，并且要考虑到译文的文化特色，采用内涵相似的现象来加以处理。但需特别注意的是应尽量避免使用译文中具有典型民族文化特征的词语来替代原文中民族色彩浓厚的词语，否则译文会变成"四不像"，达不到翻译的目的。

（三）意译法

汉维两种语言存在着较大的文化差异，许多比喻性词语貌合而神离。既不能直译，又无法借用时，只好采用意译法。例如：

风马牛不相及　هېچقانداق ئالاقىسى يوق

快刀斩乱麻　ئىشنى كەسكىن قىلماق

翻译中，对带有典型民族文化色彩的词语应谨慎处理。

例如： 天地如此之大。难道竟连一个十八岁的女孩子的立锥（zhui）之地都没有？（青春之歌》，第 36 页）

شۇنچە ئۇتتىگى چوڭ جاھاننىڭ، ئەجابا ئون سەككىز ياشلىق بىر قىز سىغغۇدەك جايمۇ يوقمۇ؟

（جاھان شۇنچە كەڭ تۇرۇپ، بۇ 18ياشلىق قىز چاقنىمۇ سىغدۇرالمىدىمۇ؟）

"立锥之地" 典出，史记·留侯世家，灭六国之后，使无立锥之地。立锥，插锥子，形容极小的一块地方，通常多用"无立锥之地"。此处采用意译法处理得恰到好处。

翻译中文化内涵的处理是一个十分复杂的问题。王佐良先生曾指出："他处理的是个别的词，他面对的则是两大片文化。翻译者必须是一个真正意义的文化人。"翻译是两种思想文化转换的过程，作为译者，在处理比喻性词语时，在深入了解本民族文化的同时更要深入了解异域文化，真正了解原文的意思，将附加在原语上的"超语言信息，即文化信息传递过去。并力求使原语与译语在各自文化里的含义相当。作为文化传播者的译者，应努力加强和增进不同文化在读者心目中的可理解性；尽量缩短两种语言间的距离，清除由于缺乏理解，甚至误解而造成的障碍，真正使译文成为传播文化的一种媒介"。（史震天）

四 汉维谚语中植物喻体的对比分析

千百年来，人类在生产过程中认识和了解了各种植物的形态、结构、生长习性、对环境的适应性以及用途等。因此人们常把熟悉的植物特征通过比喻的方式引申到语言实践中，并依据植物的各种特征赋予其特定的情感和喻义。汉语和维吾尔语谚语中都有大量的以植物名称为喻体的词语，用植物对环境的适应性等作比喻，以形象地说明事理。但由于两个民族的社会文化背景、价值观念、心理素质和思维方式等有许多差异，植物词语的喻义表现也不尽相同。

谚语是民间文学的一个宝库，是语言文化宝库中绚丽多彩的瑰宝。语言是社会历史的产物，谚语是语言发展过程中形成的，是群众广泛流传的一种含有深刻意义的语句。它措辞简练，内容精辟，寓意深刻，韵味隽永，既闪烁着思想智慧的光辉，也闪耀着语言艺术的光彩。谚语具有口语化、智慧化、普通化、规范化、审美化等特性，被称为精美的"哲理小诗"，"科学小诗"和"智慧的语中之盐"。世界各民族的谚语都是反映自然界和社会的一定规律，而客观世界的规律不分国度和民族，因此，各民族语言中谚语所表达的思想内容总是有相通的地方。同时，不同民族的谚语又有各自的特点，它说明的事理，总结的规律，与各民族特定的历史、经济、文化、生活、风俗习惯和自然环境有着密切关系，往往带有鲜明的民族特色。每个民族都有为本民族所喜闻乐道的谚语。同一思想内容的谚语，在不同的民族语言中有不同的表达。著名的英国哲学家弗兰西斯·培根说过："一个民族的天才、机智和精神都表现在它的谚语之中。"

例如：阐明物质世界中物与物之间不是孤立的，它们之间有着这样或那样的关系或联系时，汉语说"无风不起浪"，维吾尔语用"شامال چىقمىسا دەرەخ لىكشىماس"表达说明相同的道理，却选用了不同的题材体现了不同的民族风采。

（一）汉维谚语中的植物喻体

通过对张毅编写的汉文版《常用谚语词典》和阿里木·哈德尔、张春实等人编写的维吾尔语版《维吾尔谚语》两书中谚语植物喻体（如粮谷类，蔬菜，水果类，花，油料，草木）的数量及使用频率的对比，可以看出：汉语和维吾尔语谚语中植物喻体在总数上没有很明显的差异，汉语谚语中有关植物的喻体使用频率占总数的 4.3%，维吾尔语谚语中有关植物的喻体使用频率占总数的 4.5%。但喻体种类，数量，使用频率差异较显著。

1. 汉语谚语中的植物喻体

汉语谚语中植物喻体主要有：姜、茯苓、菟丝、芝麻、山核桃、梅、铁树、香椿树、黄连树、桑树、柳树、槐树、梧桐树、银树、藤、笋、甘蔗、葫芦、瓜、冬瓜、茄子、萝卜、仙桃、杏子、枣、栗、橘子、柿子、葱、蒜、禾稻、麦糠、蒿草、藻菜、人参、扁豆、藕、叶、花（桃花、梅花、牡丹）等。汉语谚语中常用的喻体为蔬菜类和草木类，如葫芦、梧桐树、铁树、梅花等。例如：

① 虚心竹有低头叶。

相似的维语谚语：مۆۋىسى دەرەخ ئېگىلىپ تۇرار. （直译：果树枝弯着腰。）

② 买瓜看皮，买针看孔。

相似的维语谚语：قوغۇن ئالساڭ چىكىپ ئال، خوتۇن ئالساڭ بىلىپ ئال.

（直译：买瓜要看皮，买针要看孔。）

③ 嫩树枝好扭。

相似的维语谚语：چۆۋقنى ئەگمەك ئاسان، دەرەخنى ئەگمەك تەس.

（直译：扭树枝容易，扭树难）

④ 草鞋无样，边打边像。

相似的维语谚语：

تەمىنى بىلمەك دېسەڭ تېتىپ كۆر، ئېپىنى بىلمەك دېسەڭ ئېتىپ كۆر.

（直译：想知道味道就尝尝，想知道过程就试试。）

⑤ 铲草不除根，春风吹又生。

相似的维语谚语：ئوتنى يۇلساڭ يىلتىزى بىلەن يۇل. （直译：铲草要除根。）

2. 维吾尔语谚语中的植物喻体

维吾尔语谚语中的植物喻体有：ئۆرۈك（杏）、ئالما（苹果）、شاپتۇل （桃子）、ئۈزۈم（葡萄）、ئانار（石榴）، ئۆژمە（桑葚）، نەشپۇت（梨）、ياڭاق（核桃）، ماش （骆驼刺）، قوناق（高粱）، بۇغداي（大麦）، ئارپا（麦）、مايسا（青苗）، يانتاق（绿豆）، پىياز（艾蒿）، ئەمەن（杂草）، ئوت-چۆپ（灌木）، چاتقال（苇）، قۇمۇش（皮牙子）، قىزىل （西瓜）، تاۋۇز（棉花）، پاختا（葫芦）، قاپاق（胡萝卜）، سەۋزە （玫瑰）، گۈل（桃树）، شاپتۇل دەرىخى（胡麻）، زىغىر 等。维吾尔语谚语中常用的喻体为水果类、谷类，如ئالما（苹果）、بۇغداي（麦子）等。例如：

① پىيازنىڭ پوستى تولا، ئەخمەقنىڭ دوستى（تولا）.

相似的汉语谚语：傻瓜的朋友多，洋葱的皮层多。

（直译：洋葱的皮层多，傻瓜的朋友多。）

② دەرەخ سايىسىدىكى مايسا ئاجىز بولدۇ.

相似的汉语谚语：大树地下无丰草。（直译：树荫下长的树苗软弱。）

③ بۇغداي نېنىڭ بولمىسا بۇغداي سۆزۈڭ يوقمۇ؟

相似的汉语谚语：客来茶当酒，意好水也甜。

（直译：就算没有好吃的饭，也没有好听的话吗？）

④ قولى يەتمىگەن شاپتۇل ئاچچىق.

相似的汉语谚语：吃不上葡萄的说葡萄酸。（直译：够不着的桃子是酸的。)

⑤ بىر يەلمەكتە مىڭ خەمەك.

相对应的汉语谚语：一样米养出百样人。（直译：一条路有百种人。）

（二）汉维谚语植物喻体对比

1. 汉维谚语喻体不同、喻义相近或相同

人类文化共性使两个民族在比喻用词的选择上不谋而合，这也得益于两个民族长期交往中的相互交流与影响。但由于比喻往往最具民族文化色彩并受文化制约，因而汉语和维吾尔语谚语中的喻体、喻义基本等值的词语是极为有限的，绝大多数比喻，以不同的喻体来表达同样的寓意。例如：

① 维吾尔语：ئۆرۈك ئۆرۈكنى كۆرۈپ ئالا بويىتۇ.

（直译：一个杏子熟了，其他的杏子也跟着熟了。）

相似的汉语谚语：一花引来百花开。

② 维吾尔语：يانتاقتىن قورققان ئوتۇنچى ئەمەس.

（直译：怕骆驼刺的不是樵夫。）

相似的汉语谚语：怕火花的不是好铁匠。

③ 维吾尔语：قولى يەتمەسكەن شاپتۇل ناچچىق.

（直译：够不着的桃子是酸的。）

相似的汉语谚语：吃不上葡萄的说葡萄酸。

从上述例句来看，第一组例子中，维语用"杏子"作为喻体，而汉语则用"花"作为喻体。第二组例子中，维语用"骆驼刺"作为喻体，而汉语则用"火花"作为喻体。第三组例子中，维语用"桃子"作为喻体，汉语用"瓜"作为喻体。这些谚语虽然喻体不同，但喻义有着相似或相同之处。

2. 汉维谚语中植物喻体相同、喻义相近或相同

有些汉语和维吾尔语谚语尽管不能完全对应，但有时候它们也用相同的喻体来表示基本接近的大意。例如：

① 维吾尔语：پارنىكتا ئۆسكەن گۈل سوغۇققا بەرداشلىق بېرەلمەس.

（直译：温室长的花经不起天冷。）

相似的汉语谚语：温室的花草经不起风霜。

② 维吾尔语：دەرەخ چوڭ بولسا،سايىسمۇ يوغان بولۇر.

（直译：　树越高影也大。）

　相似的汉语谚语：树大好遮荫。

③　维吾尔语：．دەرەخ ئۆرۈلسە مايمۇن توزۇپتۇ（直译：树倒了猴子会跑。）

相似的汉语谚语：树倒猢狲跑。

从上述例句来看，有些汉语和维吾尔语谚语尽管不能完全对应，但他们用的喻体基本上是相同的。所以说汉维语谚语中用一个植物作为喻体，大意基本接近的谚语也不少。

3. 植物喻体在汉维谚语对应表达上的差异

汉语和维语谚语中我们还能遇到一些特殊的谚语。它们的喻体跟它对应表达中的喻义是无关的，但它们表达的意思还是相近或相同的。例如：

①　维吾尔语：．مېۋىلىك دەرەخ ئېگىلىپ تۇرار،مېۋىسىز دەرەخ غادىيىپ

（直译：结满果实的枝子垂着头，没结果实的枝子昂起头。）

相似的汉语谚语：水深不响，水响不深。

②　维吾尔语：．گۈل ئۈزمەي دېسەڭ تىكەندىن قورقما

（直译：想摘花别怕花刺。）

相似的汉语谚语：敢吃肉就不怕嘴油。

③　汉语：独木不成林

相似的维吾尔语谚语：．يالغۇز ئاتنىڭ چېڭى چىقماس（直译：单马跑无尘。）

④　汉语：豆腐好吃，磨难推。

相似的维吾尔语谚语：．نان يېمەك ئاسان،ئىش قىلماق تەس

（直译：吃囊容易，做事难。）

从上述例句来看，第一、第二组例子中，维吾尔语谚语中有植物喻体，它对应的汉语谚语中没有植物喻体。第三、第四组例子中，汉语谚语中有植物喻体，它对应的维吾尔语谚语中没有植物喻体。有时汉语谚语中运用了植物喻体而维吾尔语中没有，而有时维吾尔语谚语中运用了植物喻体而汉语中没有。虽然有些植物谚语在对应表达中运用植物喻体上有些差别，但它们所表示的内容相同或相近，所以人们使用此谚语时同样理解它所包含的内容。

（三）汉维谚语中植物喻体对比折射出的汉维文化差异

不同的民族在漫长的历史长河中孕育了独具特色的文化。谚语是一个民族日常工作经验的概括与总结，其内容精辟，寓意深邃，具有广泛的感染力，从中折射出一个民族地理环境、历史背景、社会制度、生活哲理、社会观点和态度及其丰富的文化内涵。作为一种语言，谚语的独特魅力在于它是民族文化的精邃。既反映了一个民族文化的共性又反映了其个性——受该民族的价值观念、宗教信仰、审美习惯、饮食文化、地理环境、社会制度和社会意识形态的影响。比如，居住在沿海一带，靠海生活的民族，其谚语往往涉及海上航行，经受风雨，捕鱼捉虾。而游牧民族的谚语则多涉及沙漠、草原、牛羊、骆驼和豺狼。谚语是民间流传的至理名言，措辞简练，便于记忆。谚语内容精辟，语言生动，短小精悍，通俗易懂，因而有广泛的感染力。正如培根所说："谚语是一个民族天才、机智和精神的体现。"而儒家思想则在中国的文化中留下了深深的烙印，漫长的封建社会对中国文化的影响也是显而易见的。下面从几个方面来看维汉谚语的异同折射出的文化差异。

1. 价值观念

价值是人们对什么是可取，什么是不可取的指向性考虑和评价。汉语谚语中有着极其浓厚的人伦本位色彩，它体现为倡导人与人之间的互助友爱和团结合作关系，是两千多年来中国封建社会结构所形成的产物。例如：

汉语谚语中：

① 一个篱笆三个桩，一个好汉三个帮。

② 独木不成林，单丝难成缕。

体现的就是一种典型的集体力量。

维吾尔语谚语：

①يالغۇز دەرەخ ئورمان بولماس.（直译：独树不成林。）

②بىر گۈل ئېچىلماق بىلەن باھار بولماس.

（直译：一花独放不是春。）

③بىر تال باشاققا تۆمەنمىڭ تامچە تەر سىڭەر.

（直译：一棵麦苗渗透万滴汗水。）

④بىر پىلەكتە ئون خەمەك، ھەربىرىنىڭ تەمى بۆلەك.

（直译：一藤结十瓜，瓜味各不同。）

也表示一种典型的集体力量的谚语。从上述例句可以看出维汉民族的价值观念基本相同。

2．审美习惯

任何一个民族都有自己独特的审美习惯，涉及到人们生活方式的各个方面。而该民族的谚语作为本族文化的一个重要组成部分，必定会反映出该民族的审美习惯。汉维语谚语中，虽然都常常借用植物来喻指各种不同类型的人，但不同民族对一些植物的感情色彩和认识却不尽相同，有的甚至截然相反。例如：

① "竹"在汉语里用来喻人，表示人坚强，正直的性格，而维语中不大用"بامبۇك"这个喻体。例如：

汉语：竹出大笋，芦苗出马鞭。

维吾尔语里相似的谚语:نېمه تېرىساڭ شۇنى ئالىسەن

（直译：种什么就得什么。）

② 汉民族对"花"的看法也与维族人不同，汉民族用"花花公子"表示"只追求享受，过纸醉金迷生活的轻浮阔少爷"，用"拈花惹草"表示作风不正派的男人。而维语的"گۈل"往往象征美好，用来表扬，赞美时运用。例如：

维吾尔语中：گۈل ياپراقى بىلەن چىرايلىق،نادەم ئەخلاق بىلەن.

直译：有了花瓣花儿才美，有了道德人才美。

维吾尔语中：

ياخشى بىلەن يۈرسەڭ ئېچىلار چىچەكتەك، يامان بىلەن يۈرسەڭ يېرىلار يۈرۈكۈڭ.

直译：跟好人交往会花儿开，跟坏人交往会心碎。

从不同植物喻体所表示的内容，我们可以看出维汉民族审美习惯上有很大差异。

3．饮食文化

从古到现在生活在不同地区的各民族都具有不同的饮食文化，同样维汉两种民族也有自己的饮食文化。因为文化不同，他们所用的谚语也有明显的差别。

汉民族喜欢吃米，豆类所以用水稻、豆腐、大豆、茶喻体的谚语比较多，还有看重茶，酒类的，例如：

① 种瓜得瓜种豆得豆。

② 客来茶当酒，意好水也甜。

而维吾尔族的食品类及结构上有自己的特点，主食以面食为主，副食是肉多于蔬菜，以牛羊肉为主。维吾尔族的传统饮食中，有许多为世人称道的食品，谚语中出现较多的食物名称主要有大麦、黄萝卜、艾篙等。例如：

①سۆزدىن خەۋەر يوق گۆرۈچ دەم يەپتۇ.

（直译：胡萝卜还没着落，大米已焖了好些时。）　汉语中无相似的谚语。比喻结亲的一方对婚事尚未表态，另一方却急不可待地张罗起来。

② هالۋىنى كۆپ يېسەڭ زاك تېتىيدۇ.（直译：哈勒瓦吃多了不甜。）

汉语中无相似的谚语。比喻事情超过了限度，就适得其反。

4. 地理环境的原因

由于地理环境的差异，维汉语谚语承载了其独特的民族文化特色和文化信息，它们与本民族文化传统密切相关。谚语的产生与人们长期的劳动和生活密切相关。每个民族及其人民都生存在一个特定的自然环境中，因而不同民族谚语的生产和该民族的地理环境密切相关。中国地处亚洲大陆，是一个内陆国家，陆地与人们的生活息息相关。中国自古便是农业大国，因此有很多谚语与农业有关，充满了乡土气息。如："六月不热，五谷不结"，"六月盖了被，田里不生米"。

汉族人生活在空气比较潮湿的地区，他们的生活大多与水稻、竹、姜、麦糖等植物有关。于是就产生了这些植物作为喻体的谚语。例如：

① 竹竿当尺难量天。

② 生姜断不了辣气。

而新疆是个缺水地区，所以在这里生活的维吾尔族人谚语中多用为自己熟悉的麦子、石榴、苹果、棉花、西瓜等抗旱植物作为喻体使用。例如：

① بۇغدايىنىڭ باھانىسىدا قارمۇق سۇ ئىچىپتۇ.

（直译：大麦的缘故，杂草喝水了。）（跟着占便宜）没有相似的汉语谚语。

② ئانارنى چۆلگە تىك،ئەنجۈرنى كۆلگە.

（直译：石榴树要栽干旱处，无花果要栽湿处。）　没有相似的汉语谚语。

5. 宗教信仰

宗教是一种社会行为，一种社会意识形态，是民族文化的重要组成部分。其历史几乎和人类文明历史一样悠久，在各民族的历史发展中都起着重要作用。宗教是一种社会意识形态，它以超脱现实的形式反映了人类的信仰、崇拜和心灵寄托，在一定程度上影响了人们的语言生活，这从谚语的宗教性中可以明显看出。中国的传统宗教主要有佛教、道教、儒教，其中佛教影响最大。汉语里有相当多的谚语来源于佛教文化。维吾尔人民在历史上曾信仰过萨满教、摩尼教、景教、佛教。伊斯兰教传入以后，其逐渐成为全民族信仰的宗教。伊斯兰教对维吾尔族的政治、经济和文化生活有着广泛与深远的影响。因此，维吾尔语中也有不少是与宗教文化联系在一起的谚语。例如：

维吾尔语中：قۇشناچمننك ئبشىنى نوخشاتقان موللامننك ئوت يبشى.

汉语中有相似的：巧妇难为无米之炊。

汉语中：和尚头上放豆子。——白费劲儿的意思。

（没有相似的维吾尔语谚语。）

在汉民族的生活中佛教占有一定位置，因为是信仰不同，在运用谚语时，即使表示的是同一个意思，但是在运用喻体上还是存在很大的差异。

由此可见，由于上述的一些原因，维吾尔族和汉民族谚语中运用喻体上形成了一定的差异。不同的植物喻体折射出不同的文化差异。

翻译实践

1. 最近不知道为什么他瘦得像干柴棒了。

2. 他的步伐变得沉重，看上去真是老态龙钟了。

3. 我们要趁现在年轻，学好各科知识，全面培养综合能力，因为"艺多不压身，艺高人胆大"。

4. "打他妈的个落花流水呵！"他一边喊，一边和十几个人一道从墙上跳了下去。

5. 他已经发现眼前这个粗鲁简单的小伙子真动了肝火。这句话说出去，必然火上加油。

6. 母亲的眼里流下了眼泪。

7. 一本书就像一个大家庭，思想内容会聚一堂。看书就像走亲访友，认识圈子不断增强。每本书都是物与我的交融；每本书都是过去和未来的纽带。看书不仅能洞察世界，而且能洞察自己。现在，看电视的人多了，看书的人少了。随着节目越来越娱乐化，电视屏蔽了严肃的思考。过去的人即便看书不多，也会修饰得不乏品位。现在的人却常常对书籍不屑一顾。登高利于远望，看书利于深思。其实，看书并不一定要看成我们的生活方式，但是看书却一定有助于改变我们的生活方式。

第十九讲　词语的色彩意义在维译中的表达

　　词的色彩意义多见于政论文体和文艺文体中。比如政论文文体，为了渲染某种气势，强化某种论点，从感情上打动读者，达到宣传鼓动的目的，也会运用带有肯定、否定、贬赞美、憎恨等的感情色彩词。文艺语体由于其生动、优美的特点而富于形象性、音乐性、感染性等艺术效果，自然要用到大量的感情色彩词，使作品的语言显得文雅、活泼、亲密、冷淡、幽默等。

一　感情色彩在维译中的表达

　　对于感情色彩相一致的词，直译是较为常见的手法。例如：

美　گوزەل ئەخلاق　译语与原语具有相等的赞美、喜爱的褒义感情色彩。

蜜月　شىرىن ئاي　译语与原语具有相等的喜悦的感情色彩。

红红的　قىپقىزىل　译语显示出了与原语相同的亲切、喜爱的感情色彩。

甜甜的　تاتلىق

译语未能体现原语亲切、喜爱的褒义色彩，采用了具有中性色彩的词。

伟大　ئۇلۇغ　均具有赞美、敬慕的感情色彩。

虚心　كەمتەر　译语与原语具有相等的赞美的感情色彩。

前辈　پىشقەدەم　译语与原语具有相等的褒义色彩。

纯洁　پاك　译语与原语具有相等的赞美、喜爱的褒义色彩。

逝世　ۋاپات بولماق　译语具有和原语同样庄重的感情色彩。

花儿　گۈل　译语用中性词，丢失了原语所含的亲切、喜爱的感情色彩。

哺育　باقماق　译语未能表达出原语所含的褒义的感情色彩。

恶棍　مۆتەھە　译语与原语具有相等的厌恶、鄙视的贬义感情色彩。

走狗　يالاقچى　译语与原语具有相等的贬义的感情色彩。

狡猾　ھىلىگەر　译语与原语具有相等的贬斥的感情色彩。

诬蔑　قارا چاپلىماق　译语除了具有相当的愤怒的感情色彩外，还增加了形象色彩。

怯懦　قۇرقۇنچاقلىق　译语表达了原语的贬义色彩，但程度减弱。

刺耳　قۇلاققا سەت ناگكىلانماق　感情色彩等值。

小人　پەسكەش　两种词汇具有贬义色彩，但译语的贬斥程度比原语大。

吝啬　بېخىل　译语与原语具有相等的鄙视的感情色彩。

败家子　بۇزۇپ چاچقۇچى　两者在色彩意义上一致，都有贬义色彩，但译语的所指范围扩大。

暴君　زالم پادشاه　译语与原语具有相等的厌恶的感情色彩。

小孩儿　كچىك بالا　译语丢失原语所含的亲切、喜爱的感情色彩，换用中性词。

嘴脸　ئەپتى بەشەرسى　译语的感情色彩完全和原语相一致，都是鄙视、厌恶。

老头儿　قاقباش　译语与原语具有相同的亲切的褒义色彩。

小鬼　شاكچىك　译语用原语相对应的具有亲切、喜爱色彩的词成功地表达出原语的感情色彩。

风流　توھپىكار،رومانتىك　该词属于感情色彩部分对应，译文译出原语的含义，但色彩减弱。

马马虎虎　بەخەستەلىك　译语用含有相应的贬义色彩的词表达出了同等的色彩意义。

老妈子　نايال خىزمەتكار　译语未能表达出原语鄙视的感情色彩。

戏子　چاكچىلىكەش　译语未能表达出原语所含的贬义色彩，采用中性词。

恶习　يامان نادەت　译语与原语的感情色彩一致，均为厌恶的感情色彩。

① 五年来，我们为实现祖国和平统一做了大量卓有成效的工作。我国

政府恢复对香港行使主权。洗雪了中华民族<u>百年屈辱</u>，可以<u>告慰</u>无数的革命先烈和前辈，这是每个中国人都感到<u>欢欣鼓舞</u>的<u>盛事</u>，也受到国际社会的普遍赞扬。

（《汉维互译实用教程》，第 31 页）

分析：该文中的画线词语除了"屈辱"所带有的悲凉、痛苦的感情色彩外，其余的词所折射出的是肯定、赞美、敬慕、喜悦的色彩。"卓有成效"的程度减弱，将"告慰"的内涵意义用"نارام تايماق"表达出来，使之具有了同样的赞美的感情色彩。其他画线词语的感情色彩意义相对应。

译文：

بىز بەش يىلدىن بۇيان، ۋەتەننىڭ تىنچ يول بىلەن بىرلىككە كېلىشنى ئەمەلگە ئاشۇرۇش ئۈچۈن نۇرغۇنلىغان ئۇنۇملۇك خىزمەتلەرنى ئىشلىدۇق. ھۆكۈمەتىمىز شىيگگاڭغا يۇرغۈزىدىغان ئىگىلىك ھوقۇقنى ئەسلىگە كەلتۈردى. شۇنىڭ بىلەن جۇڭخۇا مىللەتلىرىنىڭ 100يىللىق ئار-نومۇسى ئاقلاندى. سان-ساناقسىز ئىنقىلابى قۇربانلارنىڭ قۇرۇق ۋە ئەجدادتلىرىمىزنىڭ روھى ئارام تاپىدىغان بولدى. بۇ ھەربىر جۇڭگولۇقنى شادلاندۇردىغان كاتتا ئىش، شۇنداقلا خەلقئارا جامائەتچىلىكنىڭ ئۇمومىيۈزلۈك ماختىششغا سازاۋەر بولغان ئىش!

② 好个"友邦人士"！日本帝国主义的兵队强占了辽吉，炮轰机关，他们不惊诧：阻断铁路，追炸客车，捕禁官吏，枪毙人民，他们不惊诧 。中国国民党治下的连年内战，空前水灾，卖儿救穷，砍头示众，秘密杀戮，电刑逼供，他们不惊诧。在学生的请愿中有一点纷扰，他们就惊诧了。（鲁迅《友邦惊诧论》）

分析：鲁迅在这篇文章中，为了渲染气氛，强化自己的论点，从感情上打动读者，运用了大量的带有感情色彩的词来达到讽刺、嘲讽、挖苦的目的。由于文章旨在揭露国民党政府消极抗日，屈膝投降，对内镇压的丑恶面目，文章采用了一组措辞强烈的贬斥色彩浓重的词语，在主体心中引起了强烈的愤怒与憎恨。译文全部采用直译的手法，成功地将这种感情色彩表达了出来。

译文：

خوجىۋۇ (شۇنداقلا) «دوست دۆلەت ئەربابلىرى ئىككەنده!»ياپون جاھانگىرلىكىنىڭ ئەسكەرلىرى لياۋجىنگنى، جىلىننى بېسىۋالسا، ئىدارە-نۇرگانلارنى توپقا توتسا، ئۇلار ئەجەپلەنمەيدىكەننا! تۆمۈر يوللارنى ئۈزۈپ تاشلىسا، يولۇچىلار پويىزىنى بومبارىدىمان قىلسا، ئەمەلدارلارنى تۇتۇپ قامسا، خەلقنى ئاتسا، ئۇلار ئەجەپلەنمەيدىكەننا! جۇڭگو گومىنداڭنىڭ ھۆكۈمرانلىقى ئاستىدا يىلمۇيىل ئۇدا

ئىچكى ئۇرۇش بولۇۋاتسا، مىسلسىز سۇ ئاپىتى يۈز بېرىۋاتسا، بەزىلەر گادايلىق دەستىدىن پەرزەنتلىرىنى سېتىۋېتىشقا مەجبۇر بولۇۋاتسا، بەزىلەرنىڭ كاللىسى كېسىلىپ سازايى قىلىنىۋاتسا، بەزىلەر مەخپىي ئۆلتۈرۈلۈۋاتسا، توك بىلەن قىيناپ سوراق قىلىنىۋاتسا، ئەجابا ئۇلار بۇنىڭغىمۇ ئەجەپلەنمەيدىكنا! ئوقۇغۇچىلارنىڭ مۇرائىجىنتىدە ئاز غىنە مالمانچىلىق ئۇلسا ئۇلار ئەجەپلىنەنمدىكەن!

③ 他显得格外苍老，格外沉默。(《汉维翻译教程》，第 101 页）

分析：给人以悲凉、压抑的感情色彩。译文采用中性词，丢失了原文的那种悲凉的感情色彩。

译文：

ئۇ ئادەتتىن تاشقىرى قېرىغان، ئىنتايىن جىمغۇر بولۇپ كەتكەن ئىدى.

二　形象色彩在维译中的表达

向日葵	ناپاتپ پەرەس	鸡冠花	تاجىگۈل	形象色彩对等
猫头鹰	مۈشۈك ياپىلاق	眼镜蛇	كۆزەينەكلىك يىلان	形象色彩对等
金钱豹	قاپلان		译出原语形象色彩的含义	
梅花鹿	چىپار بۇغا	卷心菜	كاشلك بەسەي	换用不同形象
吊桥	ئاسما كۆۋرۈك	喷泉	فونتان	形象色彩对等
流星	ئاقار يۇلتۇز	松涛	قارغاي شاۋقۇنى	形象色彩对等
林海	بىپايان ئورمان	笔直	توپتوز	译出原语形象色彩的含义
冰凉	مۇزدەك	雪亮	ئاپئاق	形象色彩对等
油光	پاقىراق	粉碎	كۆكۈم-تالقان قىلماق	

译出原语形象色彩的含义

蜂拥	توپ بولۇپ ماڭماق	译出原语形象色彩的含义		
火海	ئوت دېڭىزى	蚕食	پىلە قۇرتىندەك يىمەك	形象色彩对等
柳眉	قەلەم قاش	换用不同形象		
夜幕	تۈن پەردىسى	咆哮	ھۆكۈرمەك	形象色彩对等
龟缩	تۇغۇلۇۋالماق	雀跃	سەكرىشىپ كەتمەك	悠然 بىغەم

译出原语形象色彩的含义

绿油油	ياپيەشىل	喜洋洋	شادلانماق	矮墩墩 دۆغلاققىنە

形象色彩对等

甜丝丝　تاتلىق　　　　　硬邦邦　قاتتىق　　译出原语形象色彩的含义

酸溜溜　چولۇمەل،ناچچىق،نچى سىرىلماق

维吾尔语之相对应的范围扩大

纷纷扬扬　لەيلىدەپ چۈشمەك　　　　　　　形象色彩对等

心如刀割　يۈرىكىنى پىچاق بىلەن تىلىۋەتكەندەك　形象色彩对等

大海捞针　دېڭىز تېگىدىن يىڭنە ئىزدىمەك　　形象色彩对等

垂涎三尺　شولغەي ئېقىپ كەتمەك　　　　　译出原语形象色彩的含义

含苞待放　ئېچىلىش ئالدىدا تۇرغان غۇنچە　　译出原语形象色彩的含义

心惊肉跳　يۈرىكى قىيىدىن چىقىپ كەتكۈدەك قورقۇپ كەتمەك

译出原语形象色彩的含义

泪如泉涌　كوزىدىن ياش قۇيۇلماق　　　　　译出原语形象色彩的含义

目瞪口呆　داڭقېتىپ تۇرۇپ قالماق　　　　形象色彩对等

隔墙有耳　تامنىڭمۇ قۇلىقى بار　　　　　形象色彩对等

火上浇油　ئوت ئۈستىگە ياغ چاچماق　　　形象色彩对等

以上是形象色彩在静态下的表达，现在我们来看在具体语境中的形象色彩是如何表达的。

①　六月十五日那天，天热得发了狂。

街上的柳树像病了似的，叶子挂着层灰土在枝上打着卷，枝条一动也懒得动，无精打采地低垂着。马路上一个水点也没有，干巴巴地发着白光。便道上尘土飞起多高，跟天上的灰气连接起来，结成一片毒恶的灰沙阵，烫着行人的脸，处处干燥，处处烫手，处处憋闷，整个城市像烧透了的砖窑。

（《汉维翻译教程》，第 193 页）

分析：该段使用了一系列动态的形象色彩词语如："发狂、挂、打卷、低垂、飞、烫、烧透"来描绘三伏天热的程度。此外，还使用了重叠词如"处处、干巴巴"以及"灰土、灰气、灰沙阵"这几个带"灰"色的词语，获得临时形象色彩的"砖窑"，显示出生动、鲜明的形象性，极为逼真地描绘出暑天酷热难耐的景象。译文采用了与原文形象色彩一致的词语，保留了原语的形象色彩。

译文：

6-ئاينىڭ 15-كۈنى ئاجايىپ ئىسسىپ كەتتى. كوچىدىكى سۆكەتلەر خۇددى كېسەل تەگكەندەك كۆرۈنەتتى. ئۇنىڭ يوپۇرماقلىرى بىر قەۋەت چاڭ-توزاڭ قاپلىغان ھالدا شاخلىرىدا بۇرلىشىپ تۇراتتى؛ شاخلار مەدراپ قويۇشقنمۇ ھورۇنلۇق قىلىۋاتقاندەك سالپىيىپ تۇراتتى. كوچىلاردا سۇنىڭ تامچىسىمۇ كۆرۈنمەيدۇ؛ قۇرۇپ قاغجىراپ ناپاق پارقىراپ تۇردۇ. يولنىڭ چىتىدىن كۈتۈرۈلگەن چاڭ-توزاڭلار نىڭىز نۇرلەپ، ئاسماندىكى كۈل رەڭگ تۈتەك بىلەن قوشۇلۇپ، ئىنتايىن دەھشەتلىك توپا-تۈمان پەيدا قىلاتتى-دە، كېپتۈۋاتقانلارنىڭ يۈزلىرىگە ئۇت ياقاقاندەك تېگەتتى. ھەممىلا جايدا قۇرغاقچىلىق ھۆكۈم سۈرەتتى. ھەممىلا يەر پۇت-قوللارنى كۈيدۈرەتتى. نادەمنىڭ نەپسىنى بوغاتتى، پۈتكۈل كونا شەھەر ۋايىغا يەتكۈزۈپ ئۇت يېقىلغان خۇمدانداك بولۇپ، نادەملەرگە نەپەس ئالدۇرمايتتى.

② 他抬起头来，天空像墨一般漆黑，周围的一切都在冰冷的空气中冻结着了，只有他周身的热血在奔腾着，冲击着他那炽热的心。

（《汉维翻译教程》，第 196 页）

分析："墨一般"这一比喻的运用，更加衬托了"漆黑"，使其具有了浓重的形象感。"冰冷"与"炽热"，"冻结"与"奔腾"的对应，具有了强烈的静、动态对比，形象地描绘出主人公那充满激情的斗志。译文对"墨一般漆黑"采用了换用形象的手法，等值地再现了原语的形象色彩。

译文：

ۋاڭ گۈگۈبۇ بېشىنى كۈتۈردى، ئاسمان قازان كۈمتۈرۈپ قويغاندەك قاپقاراڭغۇ بولۇپ، ئەتراپتىكى نەرسىلەرنىڭ ھەممىسى مۆزدەك سوغۇق ھاۋا ئىدا قېتىپ كەتكەندەك تۇراتتى، پەقەت ئۇنىڭ پۈتۈن بەدىنىدىكى ئىسسىق قان ئۇۋركەشلەپ يالقۇنجاپ تۇرغان قەلبىنى ئۇرتمەكتە ئىدى.

③ 他是没有笼头的马，天天逛不了，那里肯在家一日呢？
（《翻译理论与实践》新疆大学 1983，第 47 页）

分析：译语保留了原文的形象色彩。

译文：

ئۇ ھازىر يۈگەنسىز ئات بولۇۋالدى، كۈن بويى ئۇيۈندىن خالى بولالماي يەردە تۇرغان يەردە، ئۇنى ئۇيدە ئۇلتۇردۇ دەمسىز؟

④ 中国有一句古话"瓜熟蒂落"，"水到渠成"。
（《翻译理论与实践》，第 40 页）

分析：译文采用保留原语形象的方法，再现了原语的形象色彩。

译文：

جۇڭگودا:«قوغۇن پىشسا ساپىقىدا تۆرماس»، «سۇ كەلسە نېرىق بولۇر»دېگەن گەپ بار.

三　民族色彩在维译中的表达

词的民族色彩通常是由民俗词语来体现的，民俗词语是对一个民族的风情、习俗的直接反应，具有相当浓厚的民族色彩。对于这类词语的翻译，译文应该尽可能地体现原文的民族色彩，但是由于民族文化、语言的差异，一些色彩浓厚的词语在译文中无法找到对等的词，造成了词汇空缺。因此，民族色彩词语可以说是翻译中的难点。但这并不意味着这些词汇是不可译的。

汉语中的有些词由于是汉民族独有的，它本身就呈载有民族色彩，比如汉民族的节日；还有来自典籍、史书、谚语、歇后语等的词语，均反映了汉民族的风俗习惯、宗教信仰、文化心态而具有鲜明的民族色彩。例如：

龙（直译）نەجدىها　该动物是汉民族崇拜的图腾。它产生的联想意义是与译文不等值的。

凤（直译）سۇمۇرۇغ　是皇后的象征。但在译文读者中不会引起相同的联想。

龟（直译）تاشپاكا　长寿的象征。译文则无此象征意义。

松（直译）قارىغاي　坚毅、刚直的象征。色彩不等值。

鸳鸯（直译）سۇقسۇر　忠贞的爱情和恩爱夫妻的象征。译文无此象征意义。

春节（直译）باهار بايرىمى 汉民族最重要的传统节日，在此期间，有守岁、乞饺子、放鞭炮、贴春联等习俗，但在译文读者中不会产生同样的联想。

踏青（直译）باهار سەيلىسى　清明节时的活动之一，伴随有放风筝、荡秋千、斗鸡等活动。译文的色彩不等值。

清明节（意译）چوكان تال بايرىمى　祭祀、扫墓的日子。色彩不等值。

中秋节（意译）تاۋۇز چاغنى　有祭月、拜月、赏月的习俗。色彩不等值。

泰山（意译） قېيىن ئاتا 　　出自典籍，喻指妻父。色彩不等值。

月老（意译） نەلچى 　　亦称"月下老人"，出自典籍。色彩不等值。

西施（意译） ساھىپجامال 　春秋战国时代的美女。后喻指美丽的女子。色彩不等值。

王母娘娘（意译） تەڭرى نانا 　源自道教。色彩不等值。

中医（音译） جۇڭيى 　　　功夫（音译） گۇمبا

卧薪尝胆（直译） شاخ-شۇمبا ئۇستىدە يېتىپ ئۆت يالىماق،

ئىنتىقام ئېلىشقا تەييارلانماق؛ 　　出自《史记》。色彩不等值。

逼上梁山（直译） لىياڭشەنگە چىقىشقا مەجبۇر بولماق 　出自《水浒传》。色彩不等值。

三顾茅庐（直译） كەپىنى ئۆچ قېتىم زىيارەت قىلماق،

ئۆزمەزبىپگە قايتا-قايتا تەكلىپ قىلماق. 出自《三国演义》。色彩不等值。

放下屠刀，立地成佛（直译） جاللات قىلىچىنى تاشلاپ راھىب بوپتۇ،زالىم قامچىسىنى

تاشلاپ ئالىم بوپتۇ 　源自佛教谚语。色彩不等值。

借花献佛（意译） كىشىنىڭ جۇۋىسىدا تەرلىمەك 　源自佛教。转换了喻体，但色彩等值。

情人眼里出西施 چىرايلىق-چىرايلىق ئەمەس سۆيگەن چىرايلىق （意译）色彩等值。

以下例句中具体看民族色彩词的翻译。

① 刘姥姥道："阿弥陀佛！这全仗嫂子方便了。"周瑞家的说：姥姥说那里话？俗话说得好："与人方便，自己方便。"不过用我一句话，又费不着我什么事。 （《汉维翻译教程》，第38页）

分析："阿弥陀佛"是具有佛教色彩的民族色彩词，翻译使用了音译法，体现了原语色彩。

译文：

ئامىتابا!-دېدى لىيۇ موماي،-بۇنىڭ ھەممىسى يەڭگىمىزنىڭ ھىممىتىگە باغلىق.

نەدىكى گەپنى قىلىۋاتىسىز ئاپىكا؟-دېدى جۇرۇينىڭ ئايالى،-قەدىمقىلارنىڭ :«قول-قولنى يۇسا، قول قوپۇپ يۈزنى يۇيدۇ» دېگەن خاسىيەتلىك تەمسىلى بار. ئاغزىمنىڭ بىللا كەپتىدۇ شۇ، نېمەم خوراپ قالاتتى.

② 那是借口，是假的，指桑骂槐。声东击西，实际上还是为村长买砖墙的事。(《汉维翻译教程》，第41页)

分析："指桑骂槐"出自《红楼梦》第十六回。译文采用了转换的手法，将该词的色彩体现了出来。

译文：

ئۇ بىر باھانە، يالغان، قىزىم ساڭا ئېيتاي، كېلىنىم سەن ئاڭلا دېگىنى، ئۇياقتىن شەپە بېرىپ قويۇپ، بۇياقتىن زەرەبە بەرگەنلىكى، ئەمەلىيەتتە يەنىلا شۇ يېزا باشلىقىنىڭ خىش تامنى سېتىۋالغانلىقىنى دەپ تەمگەشكەن گەپ.

③ 供桌安好，灵位牌立好，众人依次行了礼。(《汉维翻译教程》，第49页)

分析：译文对画线词语采用了意译的手法。由于宗教信仰的不同，译文语言中没有与原文相对应的词，对于上述词语的处理，译语创造了新词，较好地传达了原文的民族色彩。

译文：

نەزىر جوزىسى راسلىنىپ، ھازا تاختىسى قادالغاندىن كېيىن، ھەممەيلەن قاتار چوقۇنۇپ چىقتى.

④ 每年的农历腊月，乃是一年收获之后的农闲季节，各村的农民便演戏诸如龙灯、高跷、舞狮、旱船、秧歌之类的节目。(《汉维翻译教程》，第225页)

分析：上述词语是汉民族在欢庆节日时的传统节目，具有相当鲜明的民族色彩。译文对"龙灯、舞狮、旱船"采用了直译法，对"高跷"采用了意译法，对"秧歌"采用了音译法。

译文：

ھەر يىلى قەمەرىيە 12-ئاي يەنى بىر يىللىق ھوسۇل يىغىۋېلىنغاندىن كېيىنكى دېھقانچىلىقنىڭ بوش مەزگىلى بولدۇ، دېھقانلار ئەجدىدىھا پانوس ئويۇنى، ياغاچ ئاياق ئويۇنى، شىر ئويۇنى، ياگگەر ئويۇنى قاتارلىق ئويۇنلارنى تەييارلىدى.

(古丽娜尔·胡吉西)

翻译实践

春

1. 春天并非总是一模一样。四月，有时不知怎地一跃，就来到了弗吉尼亚的山坡上——自然的大舞台上转眼到处生机勃勃。郁金香组成了大合唱，连翘展示出优美的舞姿，洋李奏起了华彩乐段。一夜之间，林木着装，绿叶瑟瑟。

2. 四月有时又蹑手蹑脚，像我的小孙女一样，羞羞答答地倚在门外，向里探探头，一闪又不见了，只是在门厅里咯咯地笑。"我知道你在那儿藏着呢。"

我喊道。"进来！"春天这才悄然跑进了我的怀抱。

3. 山茱萸的蓓蕾，淡绿清雅，表面点缀着褐色斑痕，活像一只完美无缺的小杯，一撮撮种子，半隐半现地藏在里面。我敬畏地观察着这蓓蕾，暗自发问：一个月之前，这些种子在什么地方呢？苹果花开，展示出一片片染了玫瑰红的象牙色薄绸。一切冬眠的东西都在苏醒——美丽的樱草花，纤细的蝴蝶花，还有蓝色的草夹竹桃。大地开始变暖——这，你既可以嗅到，也可以触摸到——抓起一把泥土，四月便揉碎在你的手心里了。

4. 黛色的兰岭山，那是我居住的地方，它像臀丰乳高的女郎，依然安睡在浩瀚的天幕之下。后来，她终于伸开懒腰，慢慢醒来了。一阵阵和煦的风，像少女的柔发，将帆船似的云朵吹送到温和的天空。下雨了——催人入睡的喜雨——像燕麦片粥一样微暗的原野，起初淡绿素雅，继而翠绿欲滴。

5. 这使我想到一个话题，它像一首乐曲不断萦绕在我的脑际，平淡无奇，却又奥秘无穷：生命绵延不断。一切一切都在于此。任何事物，现在如此，以往如此，将来也必定仍然如此。

6. 我是一个新闻工作者，并不是传道士。我决不会就"上帝的存在"而挥笔撰文，上帝不属于我工作的范围。一天下午，我在院里漫步，无意中停下来，拾起一颗橡子——那是一颗粟色的光滑的摸一摸凉凉爽爽的橡子。冠毛茸茸的顶部早已磨平，酷似保险箱的隆起球形旋钮。它没有丝毫出奇之处。成千上万颗这样的种子撒满了草地。

7. 我不知道塔瑟斯的保罗在通向大马士革的大道上，突然被圣光包围时看见了什么，但是我知道他的感觉如何。他大吃一惊，情不自禁地颤抖着；而那天下午，我也跟他一样。高耸入云的橡树拔地而起，它不正是从一颗如此这般微不足道的种子里迸发出来的吗？而橡树本身蕴藏着的生殖力足以孕育出一片又一片的橡树林。神秘的色彩，雄伟的气魄，壮观的形象，这一切的一切，都封锁在这只微小然而奇妙的保险箱内。

8. 这种令人倾倒的时刻，逝去了还会再来。二月里的一天，我下山去拔石南和忍冬根。我把手伸进腐败的枯叶和碎树皮中去挖。看，在这层毫无生气的枯枝败叶底下，一棵根茎正朝着那看不见的冬日，伸出一个干劲十足的绿芽来。我不想把这说成是神的启示。我发现的大概不过是一棵野生的蝴蝶花罢了。

9. 这株蝴蝶花决不仅仅是为了一己的生存而挣扎，它是在准确无误地按照自然发展进程而生长着，它是在响应那比人类启蒙时期还要古老的节奏与力量。它在从久久逝去的冬日的片片枯叶中奋力汲取生命。于是，我把这只势不可挡的幼芽重新埋好，再用铁锨拍了拍，让它稍安勿躁：春天一定会来的。

10. 这个平凡主题又奏起了一章：春天来了。花园里芸香银莲，花团锦簇，像一列列光彩熠熠的小铅兵一样，整齐排列在石墙头。山茱萸像无拘无束的云朵飘浮在山间。

11. 这是万物复苏的时节。那些已经死去或貌似死去的东西都复活了——僵硬的枝条柔软起来，暗褐的大地泛起了绿色。这便是奇迹之所在。这里没有死亡，有的只是千真万确的永恒的生命。

12. 春天，我们用铁锨翻开园子里黑油油的沃土，打碎土块，把地面平整好了，再把那些毫无生气的豌豆种子成垅成行地播下去。这都是些平凡至极的劳作，这里有什么激情可言呢？

13. 可是你瞧，雨下起来了。阳光也暖和起来了，接着，奇迹来了。这便是那萌芽的过程。什么样的萌芽？生命的萌芽，神秘的萌芽，奇迹的萌芽。干瘪的种子裂开了，卷曲的绿叶伸展了。这里包含着一种信息，它胜过任何教会的仪式、任何教义，任何有组织的宗教。有谁不信，我的豌豆田可以打消他的怀疑。

14. 春天处处带来赏心悦目的复苏景象，生命在继续，死亡不过是一个早已逝去的季节而已。大自然从不步履蹒跚，从不三心二意。一切都是有条不紊。一切一切，从来都是这么有条不紊。

15. 如果愿意，你就去看一看吧！看一看芸香银莲，看一看无边的豌豆田，看一看顽强的小草——它们早已伸出叶尖，沿街铺展开去。这便是世界何以无止境的原因。过去如此，现在如此，将来也永远如此。春回大地，此时此刻，又有谁还惧怕那遥远的秋天呢？

第二十讲 汉维常用修辞翻译研究
——借代、夸张、对偶为例

一 修辞的定义和功能

修辞：源于希腊文 rhetorica，本意为演讲的技艺。rhetoric 也是"修辞学"的意思。西方古典的"rhetoric"和古代汉语中的修辞都是强调"说服"作用，是以论辩演说来达到说服的目的，也就是说，说服的"目的"，必须依赖词格当以"技巧"或"手法"来表达。由此可见，修辞和演讲甚至可以说是语言从来都是紧密联系的。修辞是一种语言现象，它只存在于语言之中。修辞是以词汇、语法为基础的高一级的语言现象。

修辞有许多定义，这些定义虽然一定程度上都反映了修辞的本质特点，但国内外学者的定义中还是存在不同的观点。柏拉图的学生、古希腊哲学家和科学家亚里士多德的定义是"修辞术是一种能在任何一个问题上找出可能的说服方式的功能"。现在修辞学是一门独立的科学。语言学之父索绪尔就认为："修辞学力图（也有充分理由）成为一门纯客观的科学。它记录事实并将他们分类。"西方现代修辞学的创始者是他的学生巴利。由此可见，修辞学是一门语言科学，是以语言的表达效果和规律为研究目的的学问。整个语言学的社会形象都离不开修辞学。

修辞定义一：是在一定的语境中呈现出来的表义手段，它是一种语音和语义相结合的语言现象，这种语言现象是普遍地存在于语言实践中的。

修辞定义二：修辞是以语言结构阶段为单位，以辞律、辞格为方式的一种表达语言信息的体系。

修辞定义三：指人们在特定的语言环境中进行交际时，运用语言手段和一定的非语言手段加强言语表达效果的言语现象。

修辞定义四：只在具体的言语环境里对语言进行选择、加工来增强表达效果的一种言语活动。陈望道《修辞学发凡》指出："修辞不过是调整语辞使大意传情能够适切的一种努力。"

修辞定义五：美化语言。张弓《现代汉语修辞学》指出："修辞是为了有效地表达意旨，交流思想而适应现实语境，利用民族语言各因素以及美化语言。"

修辞定义六：语言中有关提高语言文字的表达效果的规律规则的总和。《修辞学导论》

修辞，狭义上就是指语文字修辞；广义上包括文章的谋篇布局，遣词造句的全过程，同时也包含语言文字修辞。常用的修辞有：比喻、借代、拟人、双关、对偶、夸张、仿似等等。广义的修辞中可以包括风格和语体，狭义的修辞不包括风格和语体。

修辞受传统文化的影响，它与一个民族的文化传统有密切的关系。修辞学就是要分析由各种修辞手法构成的美或不美甚至丑的语言的形式和特点，揭示它们内部固有的规律，对人们正确地、熟练地运用语言起到作用，让语言更为优美。

（一）借代的定义及其分类

陈望道的《修辞学发凡》第一次明确地将借代定义为：舍去人或事物的本来名称，而借用与它相关的人或事物的名称来替代。

借代（ئالماشتۇرۇش/ۋاكالەتلەندۈرۈش）就是用 A 事物的名称来代替 B 事物的名称。A、B 两事物在某方面有着密切的联系，当提到 A 事物时，人们便自然想起 B 事物，这就是借代的基础。借代能突出事物的特征，增强语言的形象性，并富有诙谐幽默的情趣。王希杰称："借代的定义不应当用'名称'，因为'名称'是名词，但是借代却并不局限于名词。"他倾向于用"事物"来代替借代定义中的"名称"。考察借代实例发现，除名词（组），代体外还有其他词性，代体词性不仅不限于名词，而且借代关系的两个事物也不限于物理世界的相关关系，还包括文化赋予它的相关关系。笔者认为借代的定义是：人和事物的名称不要直接的说出来，而是用与本体相关的事物或人代替。借代中被借代的叫"本体"，替代的叫"代体"，"本体"不出现，用"代体"来代替。

借代分旁借和对代两种。旁借"是随伴事物和主干事物的关系"。旁借的方式总共有四组。"事物和事物的特征或标记相代"、"事物和事物的所在或所属相代"、"事物或事物的作家或产地相代"、"事物或事物的资料或工具相代"。对代中借来代本名的，是同文中所说事物相对待的事物的名称，也可以分作四组："部分和全体相代"、"特定和普通相代"、"具体和抽象相代"、"原因和结果相代"。

由于维语的修辞研究尤其是修辞格研究比较滞后，因此研究的范围只限于几种常用的修辞格。没有一个有关修辞格的书中提到提到过借代，几乎很少见有关借代的论文。对于借代在维吾尔语中也没有统一的说法。《福乐智慧的修辞学研究》中作者第一次提到了维吾尔语借代这个修辞格并指出了六种类型。尤里瓦斯·热西丁编的《修辞常识》这一书中，作者借用英语借代的分三类。

借代主要是以词作为语言手段的修辞格，同一个借代用得频率高、时间久了，借代义就会相对凝固，成为借词意义的一部分，即词的借代义。临时性是区别借代辞格和词的借代义的标志。一个词义如果只是临时借来代替本体事物的，是借代辞格。如果这个意义已经在这个词中相对凝固，成为词义的一部分，是词的引申义。借代辞格的临时性具有区别性质，应该体现在定义上。作为一种修辞格的借代，同其他辞格的区别性特征主要有两条：

（1）两者之间必须具有相关关系。

（2）表示具有相关关系的对象的词语直接呈现在话语中，在场者，直接表示被表述的对象;而表示被表达的对象的语言符号退居幕后，成了不在场者。

（二）借代的语用功用

1. 可以使语言具体形象，易于理解

借代可以把抽象的概念变得具体化、形象化，以易于接受者的解读。例如：

① 四十多年的炮火硝烟，炼就他一双锐利的眼睛。（柯岩《我的爷爷》）

②خانلىق نېمه كويدا بولار نېمه كويدا، بىزبۇ يەردە غەم، ئۇلار ئەتتىدىن كەچكىچە خا خا خا بىلەن —دەيىتتى غەزەپ بىلەن. (زوردۇن سابىر «نانا يۇرت»)

例①中的"锐利的眼睛"代"敏锐的观察力"，例②中的"خا خا خا"代"吃喝玩乐"这都是具体代抽象。结合文内语境"锐利的眼睛"与"خا خا خا"更是生动形象，耐人寻味。

2. 可以使语言简洁精练

借代可以以少数胜多数，把复杂的概念更加简单化。多表现为以专名代通名，以实数代虚数。

① 冰冻三尺，非一日之寒。

②ئەمەر كەشىشگە يەتمىش ئىككى خىل ھۆنەر نازلىق قىلدىۇ.

例①的"三尺"代"很厚"，"一日"代"很短时间"。

例②中的"يەتمىش ئىككى خىل"代替"很多"都是用实数代虚数。这种简单的表达方式，使接受者体会到更多的含义。

3. 可以使语言富于变化，避免重复

① 浔阳地僻无音乐，终岁不闻丝竹声。（白居易《琵琶行》）

②ئالما ساتقىلى چىقسام،قىزىلسىنى تاللايدۇ.
ئالەمدە كىشى يوقتەك كۆڭلۈم سېنى خالايدۇ.
(«ئۇيغۇر خەلق ماقال-تەمسىللىرى»)

例①以"丝竹"代"音乐"，例子②"قىزىلسىنى"代"苹果"，巧妙地避免了同词重复，而且给读者增添了解读的乐趣，可谓一举两得。

4. 可以使语言变得幽默诙谐，达到讽刺的效果

① 早晨，警察到门，吩咐道，"挂旗!"，"是，挂旗。"各家大半懒洋洋地踱出一个国民来，撅起一块斑驳陆离的洋布，这样一直到夜，——收了旗关门；几家偶然忘却的，便挂到第二天的上午。（鲁迅《呐喊·头发的故事》）

②بۇ تۆمۈر خورازدىن ئۆمۈت كۆتۈپ ئۇلتۇرغۇچە، قاتتىق نان غاجىلغان ياخشى.

例①的"洋布"代外国的国旗，表达了作者对洋国旗的不屑。表达诙谐幽默，讽刺有力。例②的"تۆمۈر خوراز"代"小气"，幽默的方式达到了讽刺的效果。

（三）维汉语共同的借代模式

1. 以部分代全体，即以事物的主要特征指代该事物。

例如，用"半天"代替"很长时间"，"娥眉"代替妇女，"嘴巴"（嘴巴们）代替人，借代的这种模式使形象生动并美化了语言。

① شۇئدەمدە نۇرغۇن كۆزلەر ئۈنىڭغا تىكىلگەن ئىدى، ئالىم جىددىيلىشىشىشكە باشلىدى.

② 男生都喜欢长得漂亮的美眉。

例①中的"كۆزلەر"代替"人"，例②中的"美眉"指的是"女孩"。

2. 以事物的属性代替该事物。

① ئىككى قات بولغاندىكىن ئارام ئىبلىشقا دىققەت قىلىڭ، چارچاپ قالسىڭىز بولمايدۇ.

② 今梁赵相攻，轻兵锐卒必竭于外，老弱罢于内。（《左传·文公十二年》）

例①的"ئىككى قات"代"孕妇"。例②中的"老弱"指代"年老和衰弱的人。"

3. 以人物生理上的特征或标志代人物。

① ئەمدىلا خەت تارتقان بۇرۇتلىرى ئۇنى باشقىچە سالاپەتلىك كۆرسىتەتتى، ھەممە نادەم ئۈنىڭ ئەتىراپىدا پەرۋانە بولاتتى.(رىفات نۇرى«چالقۇشى»)

② 一条灰色的多结的粗绳子，像蚯蚓爬在花朵上一般套在那不幸姑娘的脖子上，摩擦着她细嫩的皮肤，穿过她那比乌鸦羽毛还黑亮的波浪般的头发露在外面。（雨果《巴黎圣母院》）

例①中的"خەت تارتقان بۇرۇتلىرى"指的是开始发育年轻的小伙子，例②中的"细嫩的皮肤"代"女孩"，可以看出是个年轻的女孩。

4. 以专名代通名。

① قايسى پەرۋان نوت ئارا ئۆرتەنمەندى، ياكى ئوت پەرۋانغا گۈلشەن ئىدى.

قايسى بۇلبۇل گۈلگە شەيدا بولمىغان، ياكى گۈل بەرگىدە شەبنەم قانمىدى. («غەزەل ۋە مۇشەممەس»)

② 他是这个村里出了名的红娘。

例①中的پەرۋان،بۇلبۇل،گۇل،توت等代情侣和爱情，例②中的"红娘"是古代爱情戏《西厢记》里面的人物，戏中的男女主角在侍女红娘的的帮助下，私自结合。后来用做媒人的代称。

5. 以事物或人代地名。

①سۆكسۆك قامغاق كۆچكەندۇ نەگە، پۇركننىپتۇ بۇ يەر ئورمانغا.

نە ئورمانكى يوللار ۋبشكلار، بوي سوزۇپتۇ كۆككە ئاسمانغا،

كەك دالدارنى ئاق قەغەز دېسەك، ۋبشكلارنى بىر قەلەم دېگەن.

سىياه بولۇر نەپەت ئۆنىنگغا،پۇتەر ئۇندىن بىر ئىكرام بىلگىن.

(«توي ئاقۇسى»)

② 在世界上最浪漫的城市度蜜月是每个新婚男女的愿望。

例①中的 "ۋبشكلار"指代的是石油城市"克拉玛依"，例②中的"浪漫的城市"指的是"法国巴黎"，巴黎有世界上"最浪漫的城市"之称。

6. 以具体代抽象。

①پۇت يۈگۈركى ئاشقا، ئېغىز يۈگۈركى باشقا.

(«ئۇيغۇر خەلق ماقال-تەمسىللىرى»)

② 那小子并非是个傻瓜，不久也就察觉了他的心意，也不由得懂了情，整天只想念着她，把什么都抛在脑后了。(薄伽丘《十日谈》)

例①中的"ئېغىز"指的是"话语"，"话语"人不能看到，嘴巴才是能看到的器官，所以具体的"ئېغىز"来代抽象的"سۆز، تىل"。例②中的脑后指的是"什么事都不管了，抛弃了一切"。

7. 以原料代成品

①نەملگە كېرسەك ئەلگچە، سۇغا كېرسەك بىلگچە.

② 敌方的火药和人数比我们多，为了新中国我们要战到底。

(《翻译理论教程》)

例①中的"سۇ"是形成يادەم的原料，例②中的"火药"指的是武器。

8. 以实数代虚数

①يامۇلدا تولا يېتىپ، چېچىم بىر قۇچاق بولدى.

يامۇلنى تىنشەر چاغدا، قوۋۇرغام پىچاق بولدى.

（«سادىر پالۋان قوشاقلىرى»）

② 烽火连三月，家书抵万金。（唐杜甫《春望》）

例①中的"بىر قۇچاق"指的是"非常多"，并非实数。"万"是实数，这里是虚指，"万金"，表示极为贵重。

9. 借数量代事物

①يۈزى كەلسەمۇ بىزنى قىلچىلىك قورقىتالمايدۇ.

② 子曰，吾十有五，而志于学。三十而立。四十而不惑。五十而知天命。六十而耳顺。七十而从心所欲，不逾矩。（孔子《论语》）

例①中的"يۈزى"在句子中指的是敌人。例②中 "三十"，"四十"等代替"三十岁"，"四十岁"等年龄。

10. 借工具代工具使用者或相关事物

①كەچتىمممەن زامانىڭدىن، ياشقىنم-يامانىڭدىن.
ناق سەللە، يىپشىل سەللە، بىزارىمەن تامامىڭدىن.

（«قەدىرخان يەركەندى»）

② 如今人为刀俎，我为鱼肉，何辞为。（《史记·项羽本纪》）

例①中的"ناق سەللە،يىپشىل سەللە"原为"帽子"，在句子中指的是毛拉"موللا，شەيىخ"。例②中"刀俎"原为"宰割的工具"，这里指的是宰割者或侵略者。

（四）借代辞格的翻译方法

1. 直译法

直译就是将原文所要表达的思想内容逐字逐句，一对一地翻译成译入语，重现原文的内容、形式以及句式修辞等。为了完整的保留原文修辞的特色，译者翻译这类修辞格时应该尽可能采取直译。例如："تۆمۈرنى قىزىقىدا（趁热打铁）、"（手无寸铁）（قولدا تۆمۈرنىڭ سۈنقىمۇ يوق）"سوقماق"等词语在维汉中的意象完全一样，所以可以使用直译的方式保持原文的风格。

① 他家里有许多张嘴巴要喂。ئۇ ئۆيىده نۇرغۇن ئېغىزنى بېقىشى كېرەك.

② 小王是我们学校的牛顿。شاۋۋاڭ بىزنىڭ مەكتەپتىكى نيوتون.

例①和例②中的"嘴巴""牛顿"无论是人的思维方式还是句子结构都和汉民族一致，可以直译。人类的社会实践会有许多相同或相似的地方，相同或相似的实践产生相同的逻辑思维，反映在语言中会有相同的表现方法。语言中的文化重合现象是不可避免的。

2. 引申法

在汉维借代辞格中，当人名或地名所指代的抽象意义对我们来说十分陌生时，如直译或意译可能会晦涩难懂，所以要从该替换的根本含义出发进一步加以引申。所谓引申，是指根据上下文不拘泥于词的字面意义或词典上提供的译义释义， 而对词义作出必要的调整变动，或另辟蹊径。如：

①بۇ مېنىڭ كىندىك قېنىم تۆكۈلگەن جاي.

这是我出生的地方。

②ناقساقاللارنىڭ نارلىشىشى بىلەن بۇ ئىش تەخىمۇ مۇرەككەپلىشىپ كەتتى.

就是因为他们多管闲事，这件事就这样泡汤了

例①和例②中的"كىندىك"的本义是"肚脐眼儿"，在句子中引申为"出生地"，例②"ناقساقاللار"的本义是"老大、头儿"，在句子中引申为"多管闲事的人"。用引申法来翻译简洁明了,能够表达出原文作者的真正含义"使译文读者能体会到作者的思想感情。"

3. 意译法

意译法是指在翻译的过程中受到译语社会文化差异的局限，不得不舍弃原文的字面意义而采用和原文意义相近的词语来表达。意译的翻译手法较为自由、灵活，在翻译借代辞格的过程中考虑目标读者因文化而产生的阅读和理解上的差异，不拘泥于原文的形式，适当的就字面意思进行灵活的变动，使译文在表达思想上起到与原文相同的作用。

①ھازىر ئۇ 24 ياشقا كىرىپ قالدىغۇ دەيمەن، ئەھتىمال ياتلىق بولۇپ بولغاندۇ.

现在她该二十四岁了。也许都有了爱人和家庭。《神圣的使命》

② 秋天的后半夜，月亮下去了，太阳还没出来，只剩下了一片乌蓝的天；除了夜游的东西，什么都睡着了。（鲁迅《药》）

كۈز كۈنلىرىنىڭ بىرى، تۈن يېرىمدىن ئۆتۈپ، ئاي ئۇلتۇرۇپ كەتكەن تاڭ تېخى سۆزۈلمىگەنچكە، ئالەم قاپقاراڭغۇ، تۈن سەييارلىرىدىن باشقا، ھەممە جان-جانۇۋارلار ئۇخلاپ قالغان ئىدى.

例①原文中的"家庭"的直译是"ئائىلە"，译文用"ياتلىق بولۇش"翻译更生动地描述了原文的内容，例②的"什么"指的是"一切都睡了"，译文的"جان-جانۇۋار"补充了原文的内容。由此可见，从原文的内在含义出

发，结合语境和翻译的表达习惯，在译文中对某些词句作出一定的调整，以达到忠实原文翻译风格的目的。

4. 解释法

解释法也叫加注法。这种翻译方法的优点是可以最大限度地保留原习语中的意象，有利于促进两种文化交流，缺点是容易造成译文累赘。特别是牵涉到典故的意象时，加注法的缺点就显现了。如：

① 先生，给现洋钱——袁世凯，不行吗？（叶圣陶:《多收了三五斗》）

ئەپەندىم، يۈمنشىكىيدىن بىرەرنى بەرسىڭىز بوپتىكەن.

② ئۇ بىزنىڭ جەمەسىننىڭ ئىشچان سايماخۇنى.

"袁世凯"代印有袁世凯人头像的旧制银币，俗称"袁大头"。例②"سايماخۇن"代"妻管严"，来自于著名的话剧《كۆتۈلمىگەن توي》。两个都是具有文化色彩的人物，直译后在文外解释。这说明翻译时要尊重两个民族的文化传统和语言习惯，否则会发生"排异反应"，造成笑话。这样译出语种浓厚的文化意蕴和特殊的修辞语义保留下来并促进文化的交流。

（五）夸张的定义及其分类

夸张（hyperbole）一词源于希腊语的 hyperbole，意为 excess（超过）。夸张是一种应用广泛、表达力很强的描述性辞格。

定义：（1）艺术手法之一。用来渲染气氛、突出形象、加强艺术效果。（2）辞格之一。又名"夸饰"。故意扩大或缩小客观事物，但是人仍感到真实而合理。夸张以真实性为基础，允许于事无据，但不能与之相悖。夸张是在实事的基础上的创造艺术，换句话说，夸张是有意的超过现实的修辞方式。夸张是必须具有一定的客观依据的，它应该符合艺术表现的真实性原则。

1. 按意义标准分类

按意义标准，维、汉夸张可以分为扩大夸张、缩小夸张、超前夸张三大类。

（1）扩大夸张

就是故意把事物的数量、特征、作用、程度等故意向大、快、高、重、长、强等方面进行伸展夸大，也叫积极夸张。如：

①ئەگەر ئۇ كۆلسە كۆك تەگكەرمۇ كۆلىدۇ، يىغلىسا كۆك تەگكەرمۇ يىغلايدۇ.《ئۇغۇزخان》

② 穿的虽然是长衫，可是又脏又破，似乎十多年没有补，也没有洗。

（宋振华《现代汉语修辞学》）

（2）缩小夸张

就是故意把事物的数量、特征、作用、程度等故意向小、慢、矮、轻、短、弱等方面进行收敛缩小的夸张，也叫消极夸张。如：

① پىت تۆچەي ئادەم بىلەن تۆي تۆتماق تەس.

② 地上是冰凉的，身子一贴着地皮，那寒气嗖嗖地直接往肚皮里钻。平日厚重严实的棉衣，这工夫仿佛变成一层薄纸，不顶事了。

（谢雪涛《老虎团的结局》）

例①的"پىت تۆچەي"是表示"小心眼、小气"。例②把"棉衣"说成"薄纸"，是故意往"薄"处说。

（3）超前夸张

就是在两件事中，故意把后出现的事说成是先出现的或是同时出现，或者把本来同时出现的事物说成有先有后。例如：

①بىر تۆينى سۇ باسسا، مىڭ تۆي ئەنسىزلىنەر.

（《ئۇيغۇر خەلق ماقال-تەمسىللىرى》）

② 安拉之信士，长生不老，与世共存吧！（艾布·努瓦斯）

在例①②中都使用了超前夸张，尽管事实上不能发生，但在诗中允许发生。

2. 按构成标准分类

（1）一般性夸张（直接夸张）

就是不借助其他修辞方式，语句本身就直接带有扩大或缩小的成分，事物的某些特征所表现出来的夸张，也叫直接夸张。例如：

① كۆزنى يۇمۇپ ئاچقىچە ئاللە يىل نۆتۈپ كەتتى.

② 我从乡下跑到京城里，一转眼已经六年了。（鲁迅《一件小事》）

在例①②中都把"六年"时间直接说成"一转眼"，夸张时间过得快。

（2）借助性夸张（融合性夸张）

就是借助比喻、拟人、借代等其他修辞方式进行夸张。这种夸张与别的某个辞格交际运用，相辅相成，兼具两者的修辞效果，往往比一般性夸张在内涵、形式、效果等方面更加丰富、灵活、强烈。两种或两种以上的修辞格融合在一起使用，可以互相补充，艺术效果更为显著。也有人称之为间接夸张或融合性夸张。如：

① ياخشى سۆز تاشنى يارار، يامان سۆز باشنى يارار.

（《ئۇيغۇر خەلق ماقال-تەمسىللىرى》）

② 大家略有点兴奋，但又很冷漠，不大相信，因为这一类不甚可靠的传闻，是谁都听得耳朵起茧子的。（鲁迅《离婚》）

例①的借代"تاش"进行夸张，例②的"耳朵起茧"用借代来夸张，形容听得多，听得厌烦。

（六）维汉语共同的夸张模式

1. 数量的夸张

数量的夸张，放大者极言其数量之多，缩小者极言其数量之少。

①يەتته مىڭ چەرىك چىقتى، مىڭگەن ئاتلىرى قاشقا.

چەرىك ئاتتىدۇ تاشقا، سادىر ئاتتىدۇ باشقا.

（《سادىر پالۋان قوشاقلىرى》）

② 白发三千丈，缘愁似个长

不知明镜里，何处得秋霜（李白《秋浦歌》）

例①中的"يەتته مىڭ چەرىك"是夸张敌人非常多，例②中的"三千丈"是夸大白发的长度，在汉语中数量上的夸张常用三、九、百、千、万等数词及"九牛一毛"、"百战百胜"等等。

2. 时间的夸张

时间的夸张，放大者极言时间之快、动作之速，缩小者极言时间之慢、动作之缓。

①يارسىز مىڭ يىل ياشىسسام، ئۆتكەن كۈنۈم بىر كۈنچە يوق،

ئىشىق ئوتىنىڭ ئالدىدا، دوزاق ئوتى ئۇچقۇنچە يوق.

（《ئۇيغۇر خەلق قوشاقلىرى》）

② 人生在世，若白驹之过隙，居然而已。(《庄子·知北游》)

例①中的"ملكینل"表示时间过得非常慢，夸张时间之慢。例②中的"白驹之过隙"夸张速度非常快，一眨眼的瞬间。

3. 物象的夸张

物象的夸张，放大者极言其性质的强壮；缩小者极言其性质之微弱。

①ئانا يۇرتۇڭ ئامان بولسا رەڭگى رويۇڭ سامان بولماس.

(ئۇيغۇر خەلق ماقال-تەمسىللىرى»)

② 力拔山兮气盖世，时不利兮骓不逝。(《史记·项羽本纪》)

例①中的"رەڭگى رويۇڭ سامان بولماس"为缩小的夸张，例②中的"力拔山兮气盖世"为放大的夸张。

4. 动词的夸张

用加快或缓慢动作的速度来夸张描述的对象。

①ئىستىمال سەۋىيەسىنىڭ ئۆچقاندەك يوقۇرى كۆتۈرۈلىشگە ئەگىشىپ، مال باھاسىمۇ تەڭ ئۆرلەشكە باشلىدى.

② 他放下心，日逐腾云驾雾，遨游四海，行乐千山。(吴承恩《西游记》)

例①中的动词"ئۆچقاندەك"表示消费水平提高的速度非常快，例②中的"腾云驾雾"表示他在各地逍遥。

5. 名词的夸张

用名词来夸张，将对象描述得淋漓尽致，更生动、更形象化。

①ئەگلەننىڭ ناھايىتى تېزلا قايتىپ كەلگەن خەۋىرىنى ئاڭلىغان نادىل، پۈتى كۆيگەن توخۇدەك تىپىرلاپ ئولتۇرۇلمايلا قالدى.

② 正在进行野餐的时候忽然下起了倾盆大雨，人人都淋得像落汤鸡。

例①和例②中的"پۈتى كۆيگەن توخۇ"、"落汤鸡"都是特有的夸张语用形式，不能直译为"被烧的鸡"或"سۇغا چۈشكەن توخۇ"，意译为"热锅上的蚂蚁"和"سۇغا چۈشكەن مۇشۇك"则更能体现维汉民族夸张的文化特点。

6. 形容词的夸张

利用短语、古典、比喻等手段来进行夸张。放大者极言其性质的强壮，缩小者极言其性质之微弱。

①كىچىك خېنىم ماڭا ئازراق ئۇسۇزلۇققا سۇ بېرەسىزمۇ، ئۇسساپ ئۆلەي

دېدىم. (《چالقۇشى》)

② 他的身材又高又瘦，真像一根竹竿。

例①中说作者用"ئۇسساپ ئۆلەي دېدىم"的方式夸张地形容自己"口渴"，例②以"一根竹竿"来夸张他很瘦。

7. 空间夸张

空间的夸张，放大者极言其高度之长，面积之广，体积之大；缩小者极言其高度之短，面积之窄，体积之小。如：

①كاتەكتەك ئۆيىده سولۇنۇپ ئولتۇرغاندىن، سەرتقا چىقىپ كاللاڭنى ئارام ئالدۇرۇپ كەرگىن.

② 一场大雨过后，操场变成了"太平洋"。

例①的"كاتەكتەك"表示面积很小，用的是缩小，而例②中的"太平洋"表示之广，用的是扩大夸张。

8. 人情的夸张

①مېنى سورسىساڭ ئۇشبۇ ھالدا رەڭگىم سېرىق كۆزۈم يولدا،

ئاق يۈزۈڭگە تۆتما پەردە تەرھى نالە قوللىرىكگنى. (《غەرىپ سەنەم》)

② 君不见黄河高堂明镜悲白发，朝如青丝暮成雪。(李白《秋浦歌》)

例①中的"رەڭگىم سېرىق"用夸张人情的方式来表达对爱人的思念和感情，例②中诗人以"青丝暮成雪"来表达人生苦短的悲哀。

（七）夸张的语用功能

1. 夸张产生情感美

情感是艺术创作的动力，也是艺术创作的核心。因为夸张能够充分地表现情感美，所以用夸张来表达对人或事物的情感，可以增强感情。夸张总是以超过实事的方式来抒发说者的主观情感，增强语言的表达效果，能够达到语言的艺术美。

运用夸张加深语言的印象，突出思想的表达或事物特征。夸张能使描写对象更加雄伟壮丽，增强感染力。无论如何运用夸张，人们都能看到事物的本质和特点，从而感受到深刻的印象。

①تۈننى كۆندۈزدەك قىلۇر خانەمدە بۇ چىراق،

نۇرنى ئالغان قۇياشتىن نۇرى جەۋھەر بۇ چىراق.

《ئابدۇخالىق ئۇيغۇر شېئرلىرى》

② 万里悲秋常作客，百年多病独登台。（杜甫《登高》）

例①中诗人用夸张的方式来表示对自由的追求，赞美光明，使读者更深刻地体会到当时社会的人们对自由、正义的追求。例②诗人用夸大方式把悲伤融入文体中，情景交融，使读者深深地感到他那沉重的感情。

2. 通过夸张获得幽默、讽刺的效果

夸张的讽刺效果比任何一种修辞都强得多，在一定的语言环境中能达到幽默讽刺甚至是反语的效果。夸张对于作者抒发情怀、表达强烈情绪有极大的推动作用。

①ئنچۇك ئەر سانالۇر مىگلەر دۈشمەننى، مىڭ غەيۇەت قىلمىسا ئۇنى ھەر كۈنى.

كۆر، ئەتتەن قاچقان ئۇ بۆرە بولارمۇ، ئاگلانسا كەيىندىن مىڭ ئەتتەنگ

ئۇنى. 《قۇتاتغۇبىلىك》

② 我们看见那些受人尊敬的小财东，往往垂着一尺长的涎水。

（毛泽东《中国社会各阶级的分析》）

例①中诗人用讽刺的夸张批评伪君子，例②从表面上看，羡慕小财东，但实际上是讽刺资产阶级的本质。

3. 通过夸张产生丰富的想象

夸张能引起听读者丰富的联想，它通过超越客观现实的描述来感染听读者，夸张创作的艺术效果往往是出乎预料的。夸张塑造的人物，能增强语言的感染力，引起人们的联想。

①مۇئەللىمە: قىزنىڭ يۈزىنى جانابىي ئاللا ئۆزى بوياپ قويۇپتۇ، مۇدىر باي ئەپەندىم.

مۇدىرپەي: فەرىدە قىزىم ئاناڭ سېنى گۈل شەھرىتى بىلەن ئىمىتكەنمىدى؟

《چالىقۇشى》

② 千山鸟飞绝，万径人踪灭。（柳宗元《江雪》）

例①作者运用夸张来描述，使听读者自然而然的产生好奇心和求知欲，诱导人们去想象并探究这个女人外貌的特征，从而联想到她是一个多么美丽的女人。例②用"千山""万径"这样夸张的字眼，随之在联想与想象的作用下，立刻在读者眼前呈现出油画般的场景。

4. 夸张可以将抽象的事物具体化

使读者易于将抽象事物与具体事物相联系，易于在作者与读者间产生共鸣。人的愁绪、忧虑说来的确很抽象，而抽象的事物是难以量化的。把抽象的事物与具体的事物联系起来，用具体事物来表达抽象事物的强度，来增强抽象事物情感的感染力不失为一种很好的方法。

①بىلمدۇر تۆگمەس، يوقالماس مۆلۈك، بولغۇسى سەپەردە دەرياغا كۆزۆرۈك.

نۇر بىلەن ئاسمانغا يول سالدى ئالەم، قەلەم نۇزۇستىدە ئاسمانغا تۇزۇرۈك.

（«نەخمەت زەمىدى شېرلىرى»）

② 日照香炉生紫烟，遥看瀑布挂前川，

　飞流直下三千尺，疑是银河落九天。（李白《望庐山瀑布》）

例①中诗人巧妙地使用夸张方式把抽象的概念更加具体化，使读者易于理解。在读者的心里唤起了一定的具体的影像。例②中诗人把瀑布的高度写成"三千尺"来具体地夸张，使读者很自然地想象出瀑布的美丽景色并联想到那悬空高挂的倾泻。

（八）夸张辞格的翻译方法

维汉语夸张的翻译应注意维汉语言的语用差异以及由此而产生的文化差异。维汉语中夸张是十分相似的修辞格，因此在翻译时为了再现原文的修辞效果，做到译文忠实于原文，尽量以直译为主，同时由于维汉文化的差异，在尽量保持原作风貌的前提下，应随时对维汉两种语言的语用习惯加以对比，根据不同的语境选择合乎语言习惯的表达方法来灵活处理不同语言中的夸张辞格，更好地处理和翻译原文。

1. 直译法

维吾尔语夸张和汉语夸张都是运用丰富的想象，所以在表达方式上都有相似之处。故意夸大或缩小事物的某些方面，来抒发强烈的思想感情，以期加强语言的表现力。因此，夸张辞格一般可采取直译，以再现原文的修辞效果。例如：

①ئۇ يىققىن ئەترائتىكى ھەممە يەرگە چېچىپ، قىزى ئۈچۈن مۇزاپىق تۇرالغۇ ئىزدەۋاتاتتى.

她并且在附近一带到处奔波，要给女儿找一所适当的住宅。

（简·奥斯丁《傲慢与偏见》）

②كىشىنىڭ تۈگمىدەك ئەيبىنى كۆرۈلۈر ، ئۆزىنىڭ تۆگىدەك ئەيبىنى كۆرۈلمەس.

看得见别人纽扣般的过错，看不见自己骆驼般的错误。

以上对于这种夸张翻译起来并不困难，用汉语夸张直译即可。

③ 狂风吹不倒它，洪水淹没不了它，严寒冻不死它，干旱旱不死它。它只是一味地无忧无虑地生长。（ 陶铸《松树的风格》）

بوران ئۇنى يىقىتالمايدۇ، كەلكۈن ئىبقىتالمايدۇ، قەھرىستان توڭلىتالمايدۇ، قۇرغاقچىلىق قۇرۇتالمايدۇ. ئۇ ئەنە شۇنداق غەمسىز ئۆسىدۇ.

2. 意译法

翻译时，原文中的词语并不是在任何情况下都必须在译文中加以机械的复制， 原文中的词语有时可改用别的意思来表达。在进行翻译的时候，有时候要加注解释才能明了属于特定文化的典故。

①بىر كۈنى، خەن لاۋليۇ مېنى جازالاپ، چىنە سۇنۇقلىرى ئۈستىگە تىزلاندۇرۇپ قويدى، چىنە سۇنۇقلىرى جان جېنىمدىن ئۆتۈپ كەتتى.«بوران چاپقۇن»

有一天，韩老六罚我跪在碗碴子上面，尖碗碴扎进皮骨里，那痛啊！

例①中译文的翻译采用了意译的翻译方法，原文中"جان جېنىمدىن ئۆتۈپ كەتتى"是"刺骨刺痛、伤透的心"，而在译文中根据语境和人物身份的需要，使用了意译的翻译法，更突出人物的语言特色及其人物当时的内心感受。

3. 套译法

套译法指在翻译时，既不音译也不使用新词意义，而是套用译入语已有的固有模式进行翻译，也可以成为仿拟法。就是指套用这些固定的语言习惯和表达方式。有些修辞手法很难用另外一种修辞手法来替换。翻译中称这种方法为移植或异化。我们可以使用语言中相似的表达方式来翻译。套译和直译相结合，是翻译的变通方法，既增强译文的可读性，又避免因直译造成的民族色彩的丢失。一些维汉谚语、俗语表达的整体概念具有相似之处，表达维汉民族某些共同的心理特点，因此适于套译法。例如：

"مىڭ ئاڭلىغاندىن بىر كۆرگەن ئەلا"（ 百闻不如一见 ）

"بىر چالمدا ئىككى ئاختەك سوقماق" (一箭双雕）

"پۇلنى سۇدەك خەجلىمەك" (挥金如土）

"ئاختا ئىچىدە ئوت ساقلىغىلى بولماس" (纸里保不住火）等等。有的维吾尔语词语和汉语同义词语在内容和形式上都相符合，双方不但有相同的意义和修辞色彩，并且有相同的或大体相同的形象。在翻译时如果遇到这种情况，可以使用套用翻译。例如：

① 正在进行野餐的时候忽然下起了倾盆大雨，人人都淋得像落汤鸡。

دالا تامىقى يەۋاتقاندا تۇيۇقسىز شاقىراپ يامغۇر يېغىپ، ھەممە ئادەم سۇغا چۈشكەن مۈشۈكتەك بولۇپ كەتتى.

如果按照字面意思直接翻译，则很难保留原来的修辞效果和意思。我们不妨放弃原文的修辞，而使用另外一种修辞，原文中的"落汤鸡"换成维语的"سۇغا چۈشكەن مۈشۈكتەك"来翻译则读者更容易理解。它可以忠实传递文化信息，使读者不但得到了语义信息，同时也学到了该民族文化，丰富了他们的文化知识。这是任何其他方法所达不到的，尤其是一些意象并不带有十分明显的民族文化特征时，更应该这样做。我们可以采用保留修辞格、转换替换形象的方法来解决这个问题。例如：

② 情人眼里出西施。 چىرايلىق چىرايلىق ئەمەس، سۆيگەن چىرايلىق.

这里"西施"指代"چىرايلىق"，译为"چىرايلىق"远比"西施"要好得多。因为"西施"是一个富有汉族文化内涵的词汇，这种归化是让人难以理解的，当然不可取。在翻译中，我们要保持源语言的本来韵味，同时也要使译文符合汉语语言文化的习惯。维吾尔语中也如此，有些词语不能直译，而要仔细研究、探讨原修辞格的确实意义，搞清楚后再在汉语中找到一个同义的意象代替。例如：

③ئۇنىڭ مىڭ جېنى بولسىمۇ بۇ مەسئۇلىيەتنى ئۈستىگە ئېلىپ بولالمايدۇ.

就算他有九条命也承当不起这个责任的。

④ بۇ ھۆر پەرىنى قايسى تەرەپقە بىلەن قولغا كەلتۈردۈڭ؟

（ناۋايى«چاھار دەرۋىش»）

你是怎么得到这个美人的？

维语中的"مىڭ جېنى"和汉语的"九条命"对等，所以在翻译时可以互相替换。如果保留源语言形象会造成译文理解上的困难，也不符合译文的表达习惯，会给目标语读者的阅读带来阻碍，所以译文放弃了源语言的形象，例④中用目标语的形象"هۆر پەرى"来代替源语言形象"美人"，既符合目标语读者的要求，也准确地传达了源语言的意义。

4. 虚译法

数量的夸张在维汉两个民族的生活中都存在，有些数量的夸张习惯于在比较模糊、抽象的前提下运用语言，人们使用夸张的目的并不是要求对方严格按照字面意义来理解，所以翻译时为了使译文通达，对夸张中的数字有时不可照搬实译过来，而应采取虚译的方法。

例如：汉语成语中，"十全十美"、"百岁千秋"、"万水千山"、"千叮万嘱咐"等等，都是运用了数量方面的夸张手法。

维吾尔语中的"مىڭ ئۆلۈپ بىر"、"مىڭ بىر بالادا"、"مىڭ ئاگلغاندىن بىر كۆرگەن ئەلا"、"يەتمىش پۇشتى"、"تەرلىش"等等。

① مىڭ بىر بالادا ئۇنى تاپسام، ئۇ ئاللىبۇرۇن ئۇ دۇنياغا كەتكەن ئىكەن.

千辛万苦的找到他，但他已经不在人世了。

句子中的"مىڭ بىر بالادا"在汉语中意思是"好不容易"不能直译为"一千个灾祸"而应采取虚译的方法，译为"千辛万苦"更符合汉语夸张的语用形式。同时，在中国古典文学中，"三"、"九"多虚指，形容很多，不是实实在在的数目"三"和"九"。

例如："三思"、"九霄"、"九泉"、"三弯一转"、"九死一生"。

② 后宫佳丽三千人，三千宠爱在一身。（白居易《长恨歌》）
ھەرەمدە مىڭ گۈزەل، مىڭ گۈزەل بىر لا كىشنى سۈيەر.

③ 尔来四万八千岁，不与秦塞通人烟。（李白《蜀道难》）
چىنلىڭ بىلەن سىچۈەن ئارلىقى مىڭ يىل يىراق.

例②中的"三"不是确数，也不是实数，表示的是"很多"的意思。在这里以数量夸张的方式来表示后宫的女人多。翻译时，用"مىڭ گۈزەل"来翻译，不仅能达到维吾尔语的夸张效果，而且还能保持原文的所体现的内容。例③中描写的是蜀道的艰难。由于秦岭的阻塞，"四万八千岁"来形容时间之漫长，是夸大时间长久的一种夸张方法，不是确数。翻译时用"مىڭ يىل يىراق"更符合维吾尔语的表达方式。

（九）对偶的定义和分类

对偶是指把字数相等、结构相同或相似、平仄相对的两组平行语句组合成有机整体的方式。也就是说把字数相等、结构相同、意义相关的两个句子或词组对称地排列在一起。

对偶虽然在维吾尔语言实践中存在，但未单独列在维吾尔语辞格中。在维吾尔语中的对偶不是一种辞格，而是诸多诗体中的一种表达方式。在维吾尔语中对偶叫做"پارالللىزم"或是"ناننتنزم"。使用相对的词、词语或短语，加强语言的功能。

对偶按上句和下句的语义关系等，可分正对、反对、串对、当句对、互文对、倒装对、借对、合掌对等几种。

正对：上下两联在语义上内容相同，意思相近、相互补充、相互映衬。例如：

明月松间照，清泉石上流。

竹喧归浣女，莲动下渔舟。（王维《山居秋暝》）

反对：上下两联在语义内容上正好相反，形成强烈对照。例如：

男儿爱后妇，女子重前夫。（辛延年《羽林郎》）

串对：上下两联在语义内容上，或者时间、空间等方面有先后之分，或者具有因果、条件、假设、递进关系。例如：

白首放歌须纵酒，青春作伴好还乡。（杜甫《闻官军收河南河北》）

互文对：起句对句是互文，语义互相补充，合起来构成完整的意思。例如：

迢迢牵牛星，皎皎河汉女。（《古诗十九首·迢迢牵牛星》）

倒装对：对偶同倒装句结合，对偶句子内部的次序是倒装的。例如：

竹喧归浣女，莲动下渔舟（王维《山居秋暝》）

借对：借用同音词来构成的对偶。例如：

厨人具鸡黍，稚子摘杨梅。（孟浩然《裴司士员司户见寻》）

对偶在中国书籍名称中常用的，也是章回体小说回目常用的手法，还是现代报纸杂志稳重标题常用的手法。对偶表现了中国人的民族思维和集体意识。中国人从小就接受了对偶的训练。对偶在中国民间常常是开玩笑，做游戏的一种手段。

（十）维汉语共同的对偶模式

1. 上下两联字数必须相等

① 爱人者，人恒爱之；

　　敬人者，人恒敬之。（《孟子·离娄下》）。

②ئەمگە كەرسەڭ ئېلىكچە، سۇغا كەرسەڭ بىلىكچە.

（«ئۇيغۇر خەلق ماقال-تەمسىللىرى»）

例①中的汉语对联上联和下联字数相等，词性一致，都由六个字组成。例②中的维吾尔语对偶也同样字数相等。汉语对偶的字数要求必须是相等的，但是维吾尔语的"پاراللېلىزم"有时不局限于字数。

2. 结构相同或相似

① 赤道弯弓能射虎，

　　椰林匕首敢屠龙。（叶剑英《远望》）

②تاغ ئۆرۈلسىمۇ ئۆگمەيدىغان، بومبا پارتلىسىمۇ تەۋرەنمەيدىغان.

（刘珉《维汉修辞格概要》）

例①的词性相同，结构一样，语气一致，意义紧密相关。名词"弯弓"对"匕首"。例②名词"تاغ"对"بومبا"，动词"ئۆگمەيدىغان"对"تەۋرەنمەيدىغان"，动宾结构。虽然"پاراللېلىزم"的对仗不一定工整，但末尾一般都是押韵的。所以汉语对偶和维吾尔语"پاراللېلىزم"的语法结构大致相同。

3. 上下两联语义上必须具有相关、相对、相应关系。

① 支离东北风尘际，飘泊西南天地间。

　　三峡楼台淹日月，五溪衣服共云山。（杜甫《咏怀古迹》）

②ئۆمۈر بىغىڭ بەختتىن پۇراق چاچار تەر توكسەڭ،

　　دىلىڭدىكى ئارمانلار چىچەك ئاچار تەر توكسەڭ.

（ئەنۋەر ئابلەت«ئىككى غەزەل»）

例①上句和下句在意思上相似，通过整齐的语言形式，内容上互相补充，"东北"与"西南"相对。例②前后两句内容是平行的，"بىغىڭ"与"چىچەك"相关，意念上相补相衬，能够形成整体性。

4. 上下两联平仄相对

① 野径云俱黑，江船火独明。（杜甫《春夜喜雨》）

②نهسسههت ئاچچىق،مئۆسسى تاتلىق. （«ئۇيغۇر خهلق ماقال-تهمسىللىرى»）

对偶除了字数相同、词类相当、结构对称之外，还讲究平仄。两个例子的字数相等，结构相同，上联和下联的平仄相对，都表达相互对成的内容。

（十一）对偶的语用功能

1. 强有力的说理效果

① 君子坦荡荡，小人常戚戚

②پۇت يۇگۇركى ئاشقا،ئهغنز يۇگۇركى باشقا

无论是汉语对偶还是维吾尔语的"پاراللىلىزم"，两个平行语中都蕴藏着非常丰富的内容，从事物的对立统一中说明深刻的道理，增加了思想内容的广度与深度，以丰富而又深刻的寓意给人们以启迪。

2. 节律感强

① 日出江花红胜火，春来江水绿如蓝。（白居易《忆江南》）

②كۇلۇپ باقتى ئۆرلهپ گۈزهل قىز يۈزى،
يوردى جاهاننىڭ ههر ئىككى يۈزى.«قۇتادغۇبىلىك»

对偶读起来有起有落，整齐匀称的形式美感和铿锵有致的节奏感受，具有视觉和听觉上的整齐均衡和谐的形式美感特征，给人以美的享受。

3. 体现语言的艺术性

① 少壮不努力，老大徒悲伤。（《长歌行》）

②ياخشى ئاتقا بىر قامچا، يامان ئاتقا مىڭ قامچا.
（«ئۇيغۇر خهلق ماقال-تهمسىل»）

对偶具有形式上的对称美，对偶文字匀称、整齐，语句凝练、集中，使语言生动活泼，富有变化。而且容易感知，易于记诵，往往蕴含着妙言隽语，因而行文美观。对偶在两种语言的书法中常见，因为对偶书写本身造就了语言的艺术美。

4. 体现民族特色

对偶体现了汉民族对对称美、平衡美的追求。

① 竹叶于人既无分，菊花从此不须开。（杜甫《九日》）

②سەللە يوغان ئنمان يوق، داستنخان يوغان بىر نان يوق.

（«ئۇيغۇر خەلق ماقال-تەمسىللىرى»）

对偶有鲜明的民族特点。因生活环境及自然条件不同，对偶在内容和表现手法等方面有着显著地民族风格和地方色彩。例①的"竹叶"代表汉民族的"酒文化"，例②中的"سەللە"、"نان"都反映出维吾尔族的生活方式。

（十二）对偶辞格的翻译方法

1. 直译法

当对偶词句的结构与意义在汉维两种语言中能够找出对应的表达时，应尽可能地使用直译方法，为了减少翻译中的损失，把原文的内容、形式和精神都输入到译文中去，尽可能保留汉语中的对偶形式。例如：

① 顺天者存， 逆天者亡

ماسلاشقانلار ياشايدۇ، ماسلىشالمىغانلار شاللىنندۇ.

②توگننى شامال يىقىتسا، ئۆچكىنى ئاسماندا كۆر.

（ئۇيغۇر جەلق ماقال-تەمسىللىرى»）

假若风能刮倒骆驼，山羊便会刮上天。

例①的汉语对偶句，不论是形式、意义还是句法关系，在维译文中都得到了完美的再现。同样，在例②的翻译中得到了完美再现。

2. 意译法

对于对偶来说，对语义的把握是极其重要的，对偶翻译中词义与句义的翻译是最关键也是难度最大的。在汉语的对偶表达中，有些词语和句子表达的意思与它的表层形式有着极大的距离。作为译者要特别注意句中对应词所表达的确切含义，以便准确地表达出它们的言内意义。例如：

① 金窝银窝，不如自己的草窝

ئۆز ئۇيۇمنىڭ خوشلىقى پۇت-قولۇمنىڭ بوشلىقى.

（«ئۇيغۇر خەلق ماقال-تەمسىللىرى»）

② 吃一堑，长一智。

بۇرۇننغا سۇ كىرمىگنچه، ئەقىل تاپماس.

（«ئۇيغۇر خەلق ماقال-تەمسىللىرى»）

例①和例②中汉语表达的思想内容和维吾尔语的一样，但是使用了不同的意象。维吾尔语也如此。译文完全按照词语的原有意义进行翻译，并且译文的翻译达到了语言意义和语境意义的一致。

3. 弥补法

有些修辞在翻译时需要综合分析，解析作者要表达的意思和写作特点，在忠实原文的情况下，采用最优的翻译方法。另外还有一些对偶是不可译的，由于不同语言文化的不对等性，无法通过直译或意译在译入语中找到相同的文本，就需要采用弥补法，通过增译、重写等手段，对原文的形式进行弥补，使其不失原文的感染力。从而更忠实通顺地表达原文的思想内容。有些对偶的翻译需要综合分析，解析作者要表达的意思和写作特点，在忠实原文的情况下，采用最优的翻译方法。例如：

① 学而不厌，诲人不倦　　زېرىكمەي ئوگەنمەك، ئېرىنمەي ئوگەتمەك.

②نارمان بار، دەرمان يوق.　　（ئۇيغۇر خەلق ماقال-تەمسىللىرى）

有心愿无力气，力不从心。

译文采用了增字译法，准确地表达了原句的含义。这两句话如果采用直译法，要么使译文读者不知所云，要么使译文牵强附会。上文的翻译帮助译文读者更好地理解了原文。

4. 换译法

无论采取何种方法翻译都要尊重民族文化特点，尊重各自的语言习惯，尊重各自的逻辑思维习惯。翻译等值只能是相对的（最接近的）不可能是绝对的，由于文化差异，许多语言形式是复制不出来的，那就只好背离形式而将内容信息保留下来，这也就达到了翻译的目的。例如：

①ئاپتاپنىڭ چىقىشىغا باق، سۇننىڭ ئېقىشىغا （باق）.

（ئۇيغۇر خەلق ماقال-تەمسىللىرى）

　　风驶舵，顺水推舟

　　上天无路，入地无门（走投无路）②ئاسمان يىراق، يەر قاتتىق

例①和例②都具有浓厚的民族特色。同样的美感很难在翻译中表达出来，我们不排除一部分对偶可以找到很恰当的对应，但也不得不承认该辞格的难译。用补充优化的方法来翻译这些句子同样能传达出原文的美感。

5. 阐释法

有一部分对偶句由于语言结构和文化背景的缘故，在汉维两种语言中都无法找到对应的形式。这时，我们没有必要去追求原文的形式，用阐释的方法来翻译，会起到达意的效果，这样会帮助译文读者更好地理解原文。

①پىيازنىڭ پوستى تولا، ئەخمەقنىڭ دوستى تولا. 愚蠢的人交得朋友多.

（«ئۇيغۇر خەلق ماقال-تەمسىللىرى»）

②司马昭之心，路人皆知。 《三国志》 قارا نىيىتى ئوچۇق ناشكارا. سىما جاۋ

例①中的"پىياز"是新疆特有的蔬菜，所以"洋葱"在译文中尽量用解释的方式体现出原文的内容。例②中的 "司马昭"是来源于汉民族的寓言故事或历史传说，对维吾尔族来说是陌生的人物，用阐释的方法来翻译，读者易于理解。

6. 淡化法

汉民族的美学观念中特别强调平衡对称美，在前后两部分有并列关系的对偶句中，前后词语对称，意义重复，后一部分只是前一部分的补充和强调，而维语一般没有相应的表达形式。例如：

① يالغۇز ناتىنىڭ چىكّى چىقماس، چىكّى چىقسىمۇ دېكّى. （چىقماس）（ئۇيغۇرخەلق ماقال-تەمسىللىرى»）

独守难遮天上月，独狗难猎万中山。

② هالىگّا بېقىپ هال تارت، خالتاگّا بېقىپ ئۇن. （تارت）

量力而行 （«ئۇيغۇر خەلق ماقال-تەمسىللىرى»）

由于维吾尔语忌词语和意义的重复， 以上对偶句译成汉语时，同义并列的现象都消失了。例①和例②分别局部省略了重复词"تارت" 与"چىقماس"。充分体现了维吾尔文在意义和用词上忌重复的行文习惯。

二 影响维汉修辞翻译的因素

语言差异是民族文化所形成的民族思维方式差异在表达方式上的体现。语言结构产生差异的根源是文化来源的不同。语言的各个层次都能反映出维汉民族心态引起的文化差异。一个民族的文化传统在语言上打下了深深的烙印，这些包括习俗、信念、文化心理等诸多因素。我们探讨这些差异的目的是为了更好地为语言翻译服务，认识到这些差异形成的原因，我们可以更好地理解，以便更准确地对汉维修辞格进行翻译。

（一）思维、认知差异

萨巫尔在其《语言论》中明确指出："语言是通向思维的惟一途径。"这充分说明了思维和语言是一个事物的两个方面，也就是说没有语言就没有了思维和意识，反之亦然。统一思维与语言的关系，必然会导致思维方式对语言表达方式的影响。思维方式是人们在有意识的总结概念、进行判断和推理时自觉或不自觉时运用的模式。一个民族的总体思维方式依赖于该民族的自然地理环境和基本生产生活方式，并受经历的历史、科学和文化的发展程度的影响。这种思维方式的来源与民族的生活方式有着密切的关系。

来自不同文化背景的人们所拥有的思维习惯、表达方式和价值观都是不同的。因此，在修辞的使用过程中，所用的表达方式也有各自的特点。比如，汉民族深受儒家思想的影响。因此中国人偏重人文，凡事求和，关注大同思想。长久以来过着游牧生活的维吾尔族人则更偏重大自然，伊斯兰教对维吾尔族的思维影响也不小；维吾尔族的思维方式往往离不开宗教的影响。

例如：توخو يۆرەك胆小如鼠，维吾尔人眼中，توخو 是胆小、懦弱的象征，汉族人则认为这样的角色只能是"老鼠"，所以才产生了这不同的修辞方式。汉维两个民族所产生的相同联想会表现在不同的事物上。例如：汉语的"家丑不可外扬"，在维语以"قول سۆنسا يەڭ ئىچىدە،باش يېرىلسا بۆك ئىچىدە"来表示。汉语的"山中无老虎，猴子称霸王"，在维语中"بۆرە يوق جاڭگالدا،مايمۇن شاھ بولار"。

由此可见，两个民族对客观世界的存在有着不同的认知思维。

关于"死"，几乎是各个民族都比较忌讳的字眼，所以对死的禁忌是各个民族都存在的，但是用修辞却各不相同。例如：

在维语中كۆز يۇمدى،ئالەمدىن ئۆتتى،تۆگەپ كەتتى等词语来表示"死"，而汉语则用"告别人世、驾鹤西游、魂归西天"等词语表示。

汉民族惯于使用具体、形象的词语来表达虚的、抽象的概念。而维吾尔族则常使用含义概括、指称笼统的抽象词语来表达复杂的理性概念。例如：

①ياخشى سۆز تاشنى يارار، يامان سۆز باشنى.

除此之外，两个民族对事物的认知截然不同，例如维语中的"قاپاق باش"（葫芦头）象征脑子不好使、反应迟钝的笨蛋。而汉语中对"葫芦"只是一种植物。

由于汉维两民族所处的环境不同，各有独特的审美观。民族心理特征的不同和风俗习惯的不同，直接影响了语言使用者的认知思维。也就是说针对同一个事物两民族可能产生不同的认知和诠释，从而产生不同的价值观，最终在承载着不同民族文化内涵的语言层面上表现出来。

例如维吾尔族的意识中"پەرھات-شىرىن""لەيلى-مەجنۇن""غەرىپ-سەنەم"等人物是爱情、情侣的象征，而汉语中的"祝英台和梁山伯"、"鸳鸯""牛郎织女"才是真爱的象征。维语中以"ھۆر پەرى"来借代非常美的人物，而汉语用"西施"来表示美人。维族人认为"情人"又如"كاككۆك"，"پەرۋانە"，这在维吾尔文学中很常见。例如：

②سەھەردە نۇيغنتىپ دىلنى خۇمارلىق سايرىدىڭ كاككۆك،

باھارنى سەن زىمىستاندىن كۈيۈگكدە نايرىدىڭ كاككۆك.

《غەزەل ۋە مۇخەممەسلەردىن》

（二）宗教信仰

宗教信仰是人们生活的一个重要组成部分，它贯穿于人们的精神生活和社会生活，最终在语言上得到充分的体现。宗教文化必定是由民族的宗教信仰、意识等所形成，宗教文化具有民族性。不同宗教是不同文化的表现形式，宗教依赖于文化，有其具体的文化前提。汉族人信奉佛教和道教，心目中只有"开天辟地"的盘古和主宰自然界的"老天爷"。儒教、道教、佛教是中国三大宗教，它们对中国人；尤其是对汉民族有着深远的影响。维吾尔族的信仰是伊斯兰教，他们经常诵读的是《古兰经》，伊斯兰教认为"安拉"是创造宇宙万物，主宰一切的唯一真神，因而在宗教方面存在着很大的差异。翻译中稍有不慎，便会出现失当。汉语中许多词语都含有强烈的宗教文化色彩。例如："一尘不染"、"一人得道，鸡犬升天"、"借花献佛"、"点石成金"　等有浓厚的宗教色彩。而维语中的"خۇدانىڭ دەرگاھىغا"，"موللامنىڭ دېگىنىنى قىل، قىلغىنىنى قىلما"，"كەتمەك" 等无不渗透着浓厚的伊斯兰文化的宗教色彩。例如：

① خۇيتەھەندىن قىچىپ تاراۋغا تۈتلىپتۇ.　　躲得过初一躲不过十五

　　汉语中的"九霄云外"、"三灾八难"等成语都具有浓厚的佛教色彩，"三灾八难"是佛教用语。在翻译成维吾尔语时大多借用维吾尔语成语。例如：

② 宝玉不觉心中大畅，将疼痛早丢在九霄云外……《红楼梦》
بىۋيۇننىڭ ئاغرىقى يەتتە قەۋەت ئاسماننىڭ نېرىسىگە ئۇچۇپ كەتتى.

③ 从小儿三灾八难，花的银子照样打出你这个银人儿来了。《红楼梦》
كىچىككىگىدىن تارتىپ، تۈرلۈك بالايى ئاپەتلەرگە شۇنچىلىك كۆپ كۆمۈش سەرپ قىلدۇ قكى، بۇنى قۇيدۇرغان بولساق سەندەك بىر كۆمۈش نادەم پۇتۇپ چىققان بولاتتى.

　　有些修辞词汇虽然都有对应的词汇，但由于它们所蕴含的宗教文化信息不同，不同的语言中代表不同的事物。在翻译时需特别注意。例如自古以来"龙"在汉民族文化中享有崇高地位，是"神圣、高贵、吉祥、民族精神之象征"。而维吾尔语中的"龙"则是传说中的一种庞然大物，在民间故事中，它被描绘成一个怪兽，是毁坏人间美景的怪物，成了"魔鬼""暴君"的代名词。

　　从宗教角度综观维吾尔文化传统，维吾尔人除了伊斯兰教以外曾信奉萨满教、摩尼教、拜火教、佛教和苍天崇拜。萨满文化传统不同程度地保留至今天。维吾尔文学和谚语中大量存在着有关日、月、星辰的修辞方法。例如：

④ ئاسمىنىمدا ئايىمسەن، بوينۇمدا تۇمارىمسەن،
كىچەلىرى نۇر چاچقان، يورۇق چىراقىم سەن.

«ئۇيغۇر قوشاقلىرى»

（三）民俗差异

每个民族都有各自的民族文化背景，它表现为独特的民族文化传统和风俗习惯。所以，论及民族特点，除了民族的生存环境外，还要考虑到民族文化大环境。通过对比分析，我们认为汉维语修辞在语言形式方面各有其鲜明的民族特色。在具有汉语特色的修辞手段中，有许多是富有表现力和富有生命力的事物，为广大汉族人民所喜闻乐见。在具有维吾尔语特色的修辞手段中也是如此。由于各个民族对客观事物的观察和认识不尽相同，便形成了他们在艺术思维及其表达方式上的特点。深入探讨汉维语言的特色与汉维语修辞的种种联系，比较各种修辞手段，把那些新鲜活泼、生动有力的东西继承下来发扬光大，并去创造新的有汉维语特色的修辞方法，将有利于进一步增加汉维语修辞的民族特色，表现汉维语鲜明的民族风格。

例如"狼"、"鹰"、"羊羔"、"鹿"、"黄羊"等曾是维吾尔人游牧生活时司空见惯的动物，生活在那个环境或熟悉那个环境的人一定是知道它们的习性和品格的。因此，在维语中常见这些词语。"يانتاق يېگەن", "مۇنچاق", "قىل ئۈستى", "پىت ئۆچىي", "ئابدۇخالىقنىڭ چەمى" 都是维语独有的表达方式。

①قوچقاچ بولسىمۇ قاسساپ سويسۇن.«ئۇيغۇر خەلق قوشاقلىرى»

②توگدەك بويۇك بىلەن تۆگمەندەك بالا بىلەن تەك بولما.

«ئۇيغۇر خەلق قوشاقلىرى»

③بىر سېپىسق ئالما بىر سېۆەت ئالمىنى سېسىتار.«ئۇيغۇر خەلق قوشاقلىرى»

例如唱红脸、老油条、瞎子吃汤圆、跑龙套、功夫、对牛弹琴、炒冷饭、胸有成竹、半路出家等等是汉族人特有的说法。

④只要功夫深，铁杵磨成针。

⑤情人眼里出西施。

⑥丢下这一枚石子，并没有试出他的水深水浅。(《穆斯林的葬礼》)

例⑤中的"西施"是汉民族传统文化中的美人，反映了汉民族特有的文化习俗，它所包含的内容不仅仅是一个人的名字，还相当于维语中的"لەيلى"例⑥中的"水深水浅"指的是底细，不了解汉民族习惯的读者来说无法理解。

生活在新疆的维吾尔族人，其语言具有浓厚的地域特色和口语色彩极为丰富的民间文化特色。维吾尔语的成语和谚语都是源自民间，并以口头形式流传下来的，通俗而富有意义的语句，这些成语和谚语中的修辞手法，体现了维吾尔族的民族特色和地域特色。除此之外，不同的生活方式、自然环境和宗教等各种因素在两种语言中产生了大量具有民族特色的词汇。例如：

⑦توخۇ داڭگال نۆچكه جاڭگال چۇشسۇ.«ئۇيغۇر خەلق قوشاقلىرى»

维吾尔人重农牧心理的形成与他们生存背景场之间的内在联系。正是由于这种共同心理，维吾尔语中的修辞便具有了以有关农牧业的事物以及跟他们的生活密切相关的自然物的特点。在维吾尔修辞中，大都是通过自然界里美好事物来予以描绘，用大自然中可直接感触到的给人以美感的千姿百态的花草树木、湖光山色、日月星辰、动物，将女性美的特征紧密联系起来，对其种种仪态予以更富感染力的描绘、展示、使之锦上添花。例如：

"ناي يۇزلۇك، قوي كۆزلۈك"、"كۆز قارچۇغى"、"نون گۈلىنىڭ بىرى نېچىلمىغان" 等等。

（四）地理环境

文化的形成离不开人们赖以生存的自然环境的影响，特定的地理环境造就了特定的文化，特定的文化又产生了特定的语言文化及相应的表达方式。不同的民族生活在不同的自然地理环境中，由于地形、气候、物质生活环境的不同会产生地域文化差异。

汉族先民生活的地区盛产竹子，汉人与竹发生了密切关系。在创造成语时，竹便自然而然地引起了汉民族的丰富联想，如"胸有成竹""势如破竹""青梅竹马""雨后春笋""滥竽充数"等与竹文化有关的词语[1]。例如：

①故乡吴江多好山，笋舆蒗舫相穷年。（范成大《题金牛洞》）

例①中的"笋"代"竹子"。除此之外，"黄河""长江"也是汉文化的重要一部分，因此在语言表达上他们所联想的自然与河的事物有关。植物、动物、自然环境等方面也能看出两个民族的地理环境的不同。

例如：

---

[1]李纯：《维吾尔语比喻与地域文化探究》，《昌吉学院学报》2011 年第 6 期。

② 功名富贵若长在，汉水亦应西北流。（李白《江上咏》）

③ 蜀道之难难于上青天。（李白《蜀道难》）

④ 武侯祠堂不可忘，中有松柏参天长。（杜甫《夔州歌十绝句》）

例②③④以夸张的方式折射出汉民族的地域文化。

而新疆也具有不同于其他地区的地域文化，所以维吾尔语的修辞也带有较强的区域性。维吾尔语中常见沙漠、戈壁、雄鹰、苍狼、骆驼、牛羊、骏马、巴达木、红柳、胡杨等词语。这些词语生动地体现了新疆的地域文化。"ساماندا سەككىز" , "ئات ئايلىخانغا يول سارسخانغا" , "توگننىڭ قۇيرۇقى يەرگە تەگمەس" , "قۇم چىچەكلىگەندە" , "موز ئاينىڭ يۇغۇرشى سامانلىققىچە" 等词语带有浓郁的新疆地域特征。例如：

⑤ يىراق بولسا كىشنىشمەر، بىققىن بولسا تىپشار.

⑥ يالغۇز ئاتنىڭ چىڭگى چىقماس، چىڭگى چىقسىمۇ دىڭگى چىقماس.

维吾尔族人长期居住在西北戈壁沙漠，在与恶劣的环境做斗争的过程中，形成了他们崇尚阳刚之美的审美心理，因此往往选取牧民们熟悉的动物来表现男子的刚劲勇猛的地域文化色彩。例如：

⑦ سوقۇۋشقاندا يولۇۋاس يولۇۋاس كەبرەك، تۆتۆۋشقاندا يىلپىز كەبرەك.

《قۇۋتادغۇ بىلىك》

"تاغنى تالقان، چۆلنى بوستان قىلماق"

"تاغدىن سورسا باغدىن جاۋاب بەرمەك" ,

"نۆژمە كۆۋگۇل"

"پۇل بولسا جاڭگالدا شورپا"

"ناناررنى چۆلگە تىك، ئەنجۇرنى كۆلگە" "" 等折射出维吾尔人浓郁的沙漠、绿洲的地域文化特色，雄鹰、暴风、戈壁、沙、狼、商队、骆驼、石子等词语折射出的是具有鲜明特色的戈壁沙漠文化信息。例如：

⑧ قۇيۇۇن چىققاندا ھەممەندىن بالدۇر، ئۇچىدۇ قامغاق بىچارە مەغرۇر,

قىزىل يۇلغۇن تۆرۇۋپتۇ ياشناپ، چۇنكى ئۇننىڭ يىلتىزى چوۋقۇر.

（تەيپىپچان ئىبلىيۇپ شىبىرلىرى）

骆驼是沙漠中的主要运输工具，舟是海洋中的交通工具，从这一角度看，它们之间具有相似性。骆驼是在沙漠地区所独有的动物。它是一种吃苦耐劳、忍饥耐渴，可长途跋涉的动物，并且享有"沙漠之舟"之美誉。骆驼在维吾尔语里是带一点神圣色彩的称呼，它被维吾尔族当作象征物使用。例如：　　　　　"توگننىڭ قۇيرۇقى يەرگە يەتكەندە", "بوتىلاق"

"توگگە مىنىپ توگە ئىزدەش."

（五）语言体系差异

维汉之间最根本的差异在于汉语和维语属于根本完全不同的语系。存在语音、形体和语义方面很大的差异。汉语是孤立语，属于汉藏语系。汉语属于一种包括音形义三者结合的语言。汉字由独特的象形字组成，词主要由词根的复合构成。语法关系相对丰富，重意不重形，省略现象多。词的地位及词与词之间的关系常通过语序来表达。汉语的形在很大程度上可以表达意义，表意性强，字与字的结合相对容易。汉语中元音、音节的声、韵、调，词汇的双音节化占优势，丰富的量词和语气词，以及较固定的语序等就是汉民族语言体系的特点。

而维吾尔语是属于阿尔泰语系，是黏着语。是一种字母语言，其中维吾尔语的形一般不能表达意义。重视外在逻辑形式，派生词和复合词通过词根语词缀或词根间的组合构成。维吾尔语的动词有语法规则，动词有规定的动词的时、体、态、式的变化，形容词有级的变化，名词有人称和数的变化，语法关系主要通过助词及其他各种附属成分来表示。语序相对自由。有时一个元音可以作为一个音节来使用，字母形体因独写或在词首、词中、词尾的位置而略有不同。因此，维吾尔文字不具有上述汉字所具有的独特的修辞方式。汉语和维吾尔语谱系不同，形态各异影响了语言的交际功能。例如：

تىلنىڭ سۆڭكى يوق	话由人说
قورسىقىدا ئۇمۇچى بار	学识渊博
تەرناق تاتلىماق	难为情
سۇغا چىلاشماق	成不了事
سۇنى كۆرمەي ئۆتۈك سالماق	盲目从事
تىلى ھەسەل، دىلى زەھەر	口是心非

（六）历史文化的差异

每个民族在长期的历史长河中形成了独自的文化观念，这些文化观念在语言中充分地表现出来。特定的历史发展和社会遗产沉淀形成历史文化。

由于民族之间和国家之间的历史发展不同，所以在其漫长的历史过程中所沉淀形成的历史文化也不相同。文化历史背景的典故中有一部分可以在词典中查到，但有一部分无法查找。随着社会和语言的不断发展，往往会产生新的典故，由于文化差异而导致的翻译问题，在翻译修辞的过程中很常见。语言的各个层次都能体现出历史典故，它是文化的重要一部分。历史典故是民族历史文化中的精髓，它最能体现出不同的历史文化特点，因为它具有浓厚的民族色彩和鲜明的文化个性，蕴含着丰富的历史文化信息。历史典故用简单的符号传达了复杂的信息，具有多重意义。"铁面包公"、"龙城飞将"、"曹操"、"孔夫子搬家"等都是汉文化中的历史人物。例如：

① 三个臭皮匠，顶个诸葛亮。　　　　　كۆپىنىڭ ئەقلى كۆپ.

② 司马昭之心，路人皆知。　《三国志》.　قارا نىيىتى نوچۇق ئاشكارا.

诸葛亮、司马昭都是汉文化中的历史人物，带有明显的历史文化色彩。不懂汉族历史文化的人来说，只是一个普通的人名而已，翻译时不能体现出原文的文化信息。每一个历史典故在成语中都包含着丰富的历史文化信息，都是一个生动的历史故事。例如"刻舟求剑"、"掩耳盗铃"、"助纣为虐"、"井底之蛙"、"剖腹藏珠"等来源于汉民族的寓言故事或神话传说，反映了一定的汉民族的历史文化。

维吾尔语中的"قارا تاغلىق ناق"、"جاللات خېنىم"、"نامانىنساخان"、"ناپاق غوجا"、"ئەپەندىم"、"سېپىت نوچى"、"تەپىنىم"、"تاغلىق" 等等源于维吾尔历史人物或历史事件。例如：

③ئەپەندىمدەك ئىش قىلماي، ناۋال ۋەزىرىمەكنى تۆگەت.

④ئۆزەمكنى چەن تۆمۈر باتۇر چاغلاپ قالدىگەمۇ.

⑤لەيلىنى كۆرۈش ئۈچۈن، مەجنۇننىڭ كۆزى بولۇشى كېرەك.

例③中的"ئەپەندىم"是以幽默的方式讽刺腐败的地主，帮助老百姓的历史人物，在这里表示不要做可笑的事。例④中的"چەن تۆمۈر باتۇر"表示有勇气的大力士。例⑤中的"لەيلى"和"مەجنۇن"是一对情人。这些人物都是来源于维吾尔神话故事其比喻反映了维吾尔民族的历史文化。

因此，在翻译时应在搞清楚典故的明确含义，针对不同文化之间的差异，采取适当的处理方法。通过以上例子可以看出，汉维互译过程中，双方语言是紧密联系的，它们不能孤立存在。这是因为翻译不是绝对自由的，而是相对自由的。翻译往往要受一定的历史文化的制约和限制，其根源是汉维历史文化间存在着的差异。

（七）时代差异

使用语言时所表现出来的时代特点的综合叫做时代差异。不同时代有不同的生活、思想文化、时习风尚，它们会在语言的使用上得到反映，言语具有鲜明的时代感，同其他时代的言语作品相比，格调完全不同。词语的变化和发展是反映语言时代风格的最鲜明的标志。无论是汉语或是维吾尔语，随着时代的发展，在两种语言中的词汇会不断地更新。例如：

① 赤日炎炎似火烧，

田野禾稻半枯焦。

农夫心内如汤煮，

公子王孙把扇摇。（施耐庵《水浒传》）

② 这是革命的春天，这是人民的春天，这是科学的春天！让我们张开双臂热烈地拥抱这个春天吧！（郭沫若《科学的春天》）

例①中的"公子王孙"属于旧时代的词语，例②中的"科学"属于新时代的词语。

维吾尔语也有此类现象，维吾尔语保存旧词同时不断地产生新词，这些新词丰富了维吾尔语的修辞方式。例如：

③ ئۇ ھۆكۈمران شاھ، خىيالىغا كەلگەن كەملگەن ئۇشكارلىغان ئۇشنى دەپ ھۆكۈم قىلدى. （نزارى）

④ يېقىنقىندىن بۇيان ئايپاتەمەلەر كۆپلەپ كېپتۇ ئاتىدۇ

例③中的"شاھ"是来源于古代的旧词，例④中的"ئايپاتەم"是新词，来自于一个小品，表示"剩女"。

新词缀构成的流行词语，也可以说是新事物、新技术和新文化的概括和反映，表现在修辞意义上主要是简洁、形象、生动。

（八）饮食文化差异

饮食也是民族文化中最具稳定性和民族性的部分。在饮食文化历史发展过程中，饮食文化的积淀引申出许多文化色彩浓郁的词语。由此可见，汉维两个民族由于不同的民族意识的形成过程和不同的历史，均产生了不同的文化意象，这也明显的反映出两个民族饮食文化的差异。

　　馕是维吾尔族生化中不可缺少的主食，自然也具有丰富多彩的馕文化。馕作为维吾尔族生活中主要食物。千年不变的生态环境使馕文化与古代维吾尔族生息繁衍的生存环境形成了一种共生关系。由于浓厚深重的文化积淀，与之有关的词语在维吾尔人的日常生活中俯拾皆是。例如："نان قېپى"、"نان نۇرسۇن"、"نېنى پۆتۆن"、"سىنگەن نېنىڭنى يە" 等等。

　　①.قۇمۇ بۇغداي سۆزۈڭ بولمىسا، بۇغداي نېنىڭ

　　②.ئنككى نان تاپسا بەردە داپ چېپلىپتۇ

　　从例①的"بۇغداي"可以看出，维吾尔族人日常生活中以面为主食，汉族人通常以米为主食。在这里表示"好话，礼貌"。例②表示"肚子饱了就开始忘记过去的贫困"。除此之外，维吾尔语中还有由饮食文化的积淀而引申出了"يەلكەتەك ياقتى,"、"ماي تارتماق"、"نېچىتقۇلۇق قىلماق. خېمىر تۆرۈۋچلىق قىلماق"等词语。例如：

　　③.كاۋاپىمۇ كۆيمەيدىغان، زىخمۇ كۆيمەيدىغان

　　④.ئنككى قوشقارنىڭ بېشى بىر قازانغا پاتماس

　　例③的"كاۋاپ"也是维吾尔族人最爱吃的食物之一，在这里表示"好办法"，例④ 表示"一山不容二虎"。

　　汉民族的酒文化比任何一个民族都丰富多彩，汉民族几千年来对"酒"有着特殊的感情。日常生活中离不开酒，因此，在语言中，汉民族也乐于选用"酒"来表达思想。例如：

　　⑤ 慨当以慷，忧思难忘。

　　何以解忧，惟有杜康（曹操《短歌行》）

　　⑥ 每个人都向王又天敬酒，使他简直应接不暇。幸而他是海量，没有醉倒。（姚雪根《李自成》）

　　例⑤中的"杜康"是人名，伊士珍《娘嬛记》中卷说："杜康造酒，因称酒为杜康。"例⑥中的"海量"是对酒量的夸张。

　　汉语中也同样饮食文化的积淀而引申出了文化色彩浓郁的词语。"钟鸣鼎食"、"膏粱锦绣"、"膏粱文绣"、"锦衣玉食"、"吃官司"等等。例如：

　　⑦ 谁知这样的钟鸣鼎食之家，翰墨诗书之家，如今的儿孙，竟一代不如一代了。（曹雪芹《红楼梦》）

　　⑧ 东家门里有酒肉，

佃户家中无米面。（贺敬之《白毛女》）

⑨　打江山不是容易的，并不是别人做好一碗红烧肉放在桌子上，等待你坐下来狼吞虎咽。（姚雪根《李自成》）

例⑧中的"钟鸣鼎食"表示幸福生活。以例⑨中可以看出汉族人日常生活的饭菜类型。

（九）生产文化的差异

作为一个古老的农牧民族的维吾尔族生活的部分地区，如山区高原的生态条件，仅适合于游牧和狩猎。这种经济生活方式，像古代商业民族为了经商而漂洋过海一样，使维吾尔人为了生存而随着季节和气候的变化，经常逐水草迁徙，过游牧生活。但是，由于自然环境的原因，为他们由起初的牧业、狩猎为主，农业为辅的生活方式转入农牧并重发展的经济生活方式创造了条件。然而，由于游牧生活传统的惯性，有关动物的修辞方式在维吾尔语中比较多。

例如："قوي"　落叶归根，"نۇقۇرى ئېگىز"　眼光高"تاپىدۇ نۇقۇرىنى نايلىنىپ نات"　"ناىدىگدا قبتق نچمسگەن"，各种各样"بىر پەلەمكتە ملك خەمەك"，宝贝"قوزام"大眼睛"كۆز"不是一路人"نۇرۇق كالننك پوقى يوغان"　等等，生活在草原或熟悉草原生活的人，常用雄鹰、苍狼、牧草、牛羊、骏马、等词语来作修辞。

①ئالا ئنەمكننك بالسى چالا قۇيرۇق 有其母必有其女

②ناتتىن چۇشسمۇ ئۇزرمگگدىن چۇشمەس 死要面子活受罪

③مەن ئالدرايمەن ماگغەلى،ئىشىگم ئالدرايدۇ ياتقىلى. 皇上不急太监急

古代的维吾尔先民从狩猎经济发展到游牧经济以后，就把饲养好牲畜当成头等大事，像爱护眼睛一样爱护牲畜。他们在适应和改造大自然的同时，保持了原有的文化传统，生产方式和生活上原有的畜牧业与农业都有密切的关系。在维吾尔文学作品中比比皆是，从中体现出独特的维吾尔族文化。

例如："نۇزمە كۆكۈل"　花心"سامان قۇرساق"　没有知识。

④كەتمەن چاپقاندا دوست ئندۇق، ياگاق چاققاندا ئايرىلدۇق.
有苦的时候是朋友，有钱的时候互不认识。

⑤نۇسما كىپتدۇ، قاش قالدۇ؛سۇ كىپتدۇ، تاش قالدۇ.
（水流了石头在，乌斯玛褪了眉毛在，比喻人世间的一切都是过眼烟云，不能久留）

生活在农村或有农村生活体验的人所熟悉农事、牲畜、禾稼、土地、粪肥，便常以此来做比。生活在海边的人，每天和海洋打交道，自然是与海洋、海产、渔船等相关。长久以来，汉民族历史上地处内陆沿海地区，农业生产一直是汉民族社会经济的重要支柱，整个社会到现在为止以农业为基础，从古到今受农耕文化影响很深，人们的生活及生产活动主要依赖于土地，属于农耕文化。在农业社会中，庄稼是主要的生活资料，因此反映在语言上，汉语言中大量引用农作物的形态特征或与农业生产相关的事物和现象作修辞。例如：

⑥ 春种一粒粟，

　　秋收万颗子。（李坤《悯农》）

⑦ 你只有谷城县弹丸之地。池塘小，难养大鱼。（姚雪根《李自成》）

⑧ 和露摘黄花，带双分紫蟹，煮酒烧红叶。（《双调夜行船·秋思》）

此外，汉民族的祖先早在四五千年前的新石器时代就从事织造了。在语言中，汉民族也乐于选用桑、蚕、丝等作为代替和事物。因为历史悠久的丝绸生产，培养了汉民族人民对桑、蚕、丝、绸的特殊感情。

维汉两个民族之间的地理环境、生产文化、宗教信仰、历史文化以及人们的思维方式、价值取向等的差异，导致维汉民族在夸张、借代和对偶等修辞的意象及其联想意义方面截然不同。在维汉互译中，由于受到这些因素的影响，使译文有时达不到理想的水平。因此，在对维汉修辞进行互译时，要灵活应用翻译方法，使原文和译文保持一致。修辞的翻译相当复杂，它不仅涉及到语言还涉及到文化、认知等诸方面。文学及文学翻译本身存在特殊性，而且修辞在文学中有着不可替代的作用，是否能准确地表达原文的思想、精神和风格取决于是否能正确体现出原文的修辞格。因此，我们在进行文学翻译实践时，必须将修辞的翻译作为一项重要内容进行考察，并采取恰当的翻译手段来对修辞翻译进行弥补，实现译文与原文真正意义上的动态对等，再现原文的色彩。

翻译实践

1. 你们杀死一个李公朴，会有千百万个李公朴站起来！（《最后一次

讲演》)

2. 两岸青山相对出，孤帆一片日边来。(《望天门山》)

3. 足迹遍天下　心知唯故人

4. 朋友千个少　冤家一个多

5. 教室里静得连根针掉在地上也听得到。

6. 天空中下起了豆大的雨点。

7. 他家穷得快揭不开锅了。

8. 这块地方没有巴掌大，怎么能盖房子呢?

9. 岁寒知松柏　患难见交情。

10. 雪花又像珍珠一样亮闪闪，犹如一群活泼可爱的小精灵，在空中跳来跳去，犹如星星般点缀茫茫夜空。

11. 微笑，它带给我们的是很多愉悦与欢畅的心情，可以将它比作一把火、一片温暖的阳光、一个最让人心动的表情……微笑，它犹如灿烂的阳光，犹如一把黑夜的火把，让光明和温暖穿越冷漠的空间，传递着一腔热情、一份关怀、一份温暖、一份宽慰……

12. 每年初夏四月下旬，紫藤开花时节，一串串紫藤花，从棚架上挂下来，最长约十公分，紫色、白色、粉红，犹如一盏盏小灯笼，一只只在微风中飘飞的蝴蝶，静坐在棚架下，空气中飘逸着一阵阵清香，一阵陈芬芳，和谐又安详，彷佛置身于武陵桃花源中，一切烦脑，扰愁，都飞到九宵云外，离你而去了。

13. 生活中，感动、亲情、友情、爱情、痛苦、忧伤、挫折、困境，犹如人生的老朋友，常常伴随左右。面对痛苦、忧伤、挫折、困境的人生，有两种态度，一种是主动迎接，另一种是被动承受，只有主动迎接的人，人生才会活得精彩。

14. 要说渴，真有点渴，嗓子冒烟脸冒火，我能喝他一条江，我能喝他一条河。

15. 当破碎的心凝结了凝结，沉淀成沉淀，磨灭掉磨灭，才发现岁月早就划破我的脸，而时间他对我诮笑，那么耀眼，那么妖冶，忽而发现，自己离曾经的那天，那么遥远……

附录：翻译实践

对照翻译：

风中的麦勒梗

◎ 禾素 （傣族）

从小就喜欢爬树，外婆家若大的园子里能爬的树几乎我都在上面待过，特别是门前那棵耸入云端的蔓勒梗[1]，更是我避难躲闲的好去处。那时的我常被外公责怪像个没人管教的野小子，一点没女儿家的温婉秀气。

平时家里每个人都在忙自己的事，外婆爱在厨房里忙乎，妈妈喜欢在灶前陪着；爸爸得空便在院子里抢着大斧头劈柴；新婚的冒弄（大舅）总是和媳妇躲在屋里叽叽咕咕傻笑；婉晏（小姨）喜欢在外面疯跑总不着家；冒二（二舅）用发蜡将头发梳得油光水滑，披着毯子拿着手电筒就猎哨（串姑娘）去了，喷在身上的香水隔几里地都能闻到；大姐文静，学习特好，放学后只会搬个矮凳子坐在屋前的长廊看书做作业；二姐活泼好动，常住体校里少回外婆家来；我和外公则井水不犯河水，各有各的领地，他一躺在蔓勒梗树下闭目养神，我就非得爬到他头顶的树梢上坐着。我总认为自己与常人不一般，觉得自己应该是只鸟儿才对，试过撑着一把雨伞从树上飞下来，脚摔得跟煮过的猪蹄似的，锃锃发亮，外公紧张地检查了后，嘴里尽管严厉地训斥着，我还是瞥见他眼神里闪过那一丝的疼爱。

我们方家在当地是个大家族，为芒市——勐焕（意即黎明之城）历代世袭土司的后裔，先祖在清朝时曾被赐封为正四品官员。到了曾祖这一辈，家道开始没落，解放前夕大家庭里还有九十多口人，全靠我的曾祖母（我们唤作祖祖）一个人在打理。听母亲说，虽是大户人家，祖祖的家教很严格，对自己的子孙相当严厉，家里的长工却备受老人的好。解放后，整个方家解体，只剩下嫡系的几个，房屋只剩居住的那几间，祖祖在我出世的头几个月便去世了。

外公是我们方家的才子，十二岁时祖祖将他送往缅甸求学，曼德勒的召勐[2]见外公聪明伶俐甚为喜爱，遂收为义子。在缅甸十三年漫长的求学生涯中，这位曼德勒的统治者为好学的外公提供一切费用，解决了外公的后顾之忧。直到外公二十五岁，祖祖给他说了一门亲事，催他回乡成亲，外公思母心切，着急返家，召勐多番挽留不住，只好伤感地让他离开曼德勒。据说芒市的第一辆自行车就是外公从缅甸骑回来的，这辆英国产的自行车是召勐送的礼物。外公能说一口流利的英语，精通缅文、傣文、汉文，当年还执笔译写了不少傣剧，在村村寨寨的露天剧场上演。我小时候常搬着小板凳与两个姐姐跟在母亲身后，到奘房[3]门口的戏台前坐着看外公译写出来的傣戏。小小年纪的我，痴迷于那些神奇的故事，更对故事以外的世界无限向往。外公对汉语的精通已经达到能在后台拿着一本汉语剧本，直接口译为傣语，供台上的演员作台词，听老一辈的人说起外公的神奇之处，都免不了要啧啧称奇！

我小时候其实很怕外公，他的严厉体现得最为明显的地方就在饭桌上。

我们傣族按习俗，女人是不上桌吃饭的，特别是在有客人来的时候。一般都是男人在外面饭桌上吃，女人在厨房里吃。外公很开明，我们一家老老少少历来都围在一个桌子上吃饭，那个年代里，这是寨子里很多女人羡慕的事。

外公在大原则上宽松，细节上却对我们三姐妹要求甚严。从言谈举止待人接物到吃饭的仪态动作都有讲究：见到长辈要礼貌称呼；从长辈面前走过一定要稍稍弯下腰表示尊敬；不许贪图小便宜，宁吃大亏，不贪小惠，记住受人手短，吃人嘴短；少说话，多做事，不要夸夸其谈，口无遮拦；做人要讲诚信，答应别人的事一定要做，做不到的事不要轻易许诺；要学会忍耐，光吃得苦中苦不够，还得要多读书（外公当年响应国家对边疆少数民族特别培养的政策，送母亲和二孃到省城深造，母亲中专毕业，二孃云南民族学院本科毕业，在那个连吃饭都困难的年代，能有这样的坚持实属不易）。饭桌上的规矩更多：吃饭不准说话；不准跷着二郎腿；嚼菜时不能张大嘴吧唧吧唧发出声响；不准狼吞虎咽；别人夹菜时不准插手；不准用筷子翻菜；大人夹菜给自己时不能用筷子去接，要双手抬起碗有礼貌地接；最重要的一点，不准剩饭！碗里所有的饭菜都要吃干净！以上各点若犯就罚抄唐诗。在当时的傣族村寨里，这更是一件稀奇得不得了的事！李白那首《静夜思》，还有李绅的《悯农》我都已经熟得不能再熟，还常常在被罚抄之后，跑到姐姐面前装模作样学着李白的样子，摸着胡须摇头晃脑吟唱：床前明月光，疑是地上霜，举头望明月，低头思故乡……那傻头傻脑的所谓李白形象，惹得姐姐不停"咯咯咯"地笑。那时候的我们，哪晓得故乡是什么概念，乡愁又是什么滋味！明晃晃的月亮挂在头顶，大片大片的月光洒落在高高的蔓勒梗树下，肆意追逐着快乐的我们嬉笑奔跑，让我觉得做错事被罚抄唐诗宋词反倒是一件叫人愉快的事。儿时愚笨的我怎么也学不会拿筷子，夹菜的时候，食指总是不老实地翘起来指着别人，这时外公就会用筷子狠狠敲我，痛得我眼泪直飙出来，那翘起的手指头赶忙缩回，外公还不依不饶用严厉的眼神盯着我半天，吓得我大气都不敢出。这要命的疼让自己记住下次绝不能再犯，谁知到了下次又是被敲打得眼冒金星才记起不该伸出手指来！到如今吃饭偶尔伸出食指，还会条件反射般地赶快缩回，仿佛外公的筷子马上就要敲过来，那凌厉的眼神似乎还在桌子对面盯着自己。在无数次被处罚的抄抄写写中，我已经养成一个好习惯：碗里不管有多少饭，不管自己有多饱，一定要把它吃得干干净净。甚至自己的孩子，也沿袭了外公的这一套教学法，在今天这个物欲横流的社会，竟然也保持了这一传统美德。外公的影响力穿越了三代人，可谓相当深远。

　　听二嬢说起，当年政府曾派人来家里请外公到政协担任某职务，外公自由自在惯了，最后还是选择留在家里，看看书喝喝茶抄抄经文唱唱傣剧，过着闲淡散漫的日子。外公是个相当节俭的人，十三年曼德勒的王室生活没有改变他，依然保持着不铺张浪费的生活习惯。有时饭桌上掉几粒饭，他都拾起来放进嘴里，眯着眼细细嚼着，像吃着世间最美味的东西。最爱看外公喝汤的样子，他喜欢喝一种晒干的蚕豆泡软后和干腌菜一块煮的酸汤，记忆中的他总是优雅地翘着尾指，拿着瓷勺，从碗里轻轻地舀一勺汤，微微倾斜着头，慢慢喝一口，半眯的眼睛望向远处，仿佛想起一些杳渺的旧事。

　　小学三年级时，外公家已经很穷很穷，爸爸和妈妈都在商业部门工作，生活还算过得去，因此我和爸爸经常会送些米呀菜呀的过去接济他们。满腹经纶、才华横溢的外公，最后唯有选择拿起锄头和两个舅舅牵着牛去耕田犁地，分到的几亩田地刚好在我家屋后的那片田野上。黄昏从田里归来，经过我们在商业局大院的家，有时外公会进屋歇歇脚，坐在院子里，淡淡抽着纸烟，看着拴在门外的水牛，看着远处天边烧得通红的云彩，平静的脸上看不出有什么愁苦。有时姐姐英语作业不会做，外公便耐心指教，听他朗朗地诵着课文，我觉得不可思议，这个晒得满脸黝黑瘦小、皱巴巴的裤管卷到膝盖头的傣族老倌竟然能说那么一口标准流利的英语！我的身子不自禁地挺起来，真为有这样一个外公而骄傲！每回母亲总爱拦着外公和舅舅在家里吃饭，在那困难的年代，留的次数多了，某次父亲面上便微有愠色，外公依旧很优雅地吃完那顿饭，我的食指伸出来他还照样狠狠地打，可从那以后，就再也没见他路过我们的家。

外公晚年不是很如意，我上初一那年，他忽然中风半边瘫痪，大多数的日子都得在阴暗的屋里度过。早晨舅舅会扶他出来，靠在躺椅上晒晒太阳。外公门前那棵高高的蔓勒梗树，此时倒真派上了用场，能给孤独的外公遮遮阴挡挡风做做伴。

本来这种树是没有人会把它种在家里的，也不知是从哪飞来的鸟衔来一粒种子，播在了外公门前的空地上，蹿起了老高的苗。冒二差点将它随手拔掉，被外婆拦住说留着留着，既然菩萨让鸟儿送来咱家，又长得好好的，就留下它吧！这种树尽管结了果子只能看不能吃，却也有着别样好处。嗬，后来蔓勒梗长成大树，才知道蔓勒梗的别样好处原来还不少呢！外婆爱弄些小东西拿到市集去卖，帮补一下家计，蔓勒梗的叶子又宽又大很美观，外婆将它们摘下来，用水洗净，包上自己要卖的花呀菜呀果呀，用竹篾条捆上，一包包拿到市集去卖。蔓勒梗的叶子表面光滑，背面粗糙很有质感，像硬硬的磨砂纸一般，这使它有了一个更大的妙处，就是任何脏了污了的用具，只要外婆随手扯一把叶子擦几下，手里的东西马上就会变得锃明透亮起来。此时的外公也开始喜爱这棵虽不起眼却仿佛知寒懂暖的树，时不时会伸出手来抚摸那并不光滑的树干，或呆看着树下排着队经过的蚂蚁。偶尔也会抬起头，目光深远地穿过头顶上的枝叶，嘴里喃喃地不知说着什么话语。生命盎然的蔓勒梗此时早已成了鸟儿的乐园，人不能忍受的酸涩果子，竟成了鸟儿的美食！每当外公凝神相望时，蔓勒梗像能听懂似的，哗哗地摇曳着每一片树叶，在风中向外公致意。鸟儿也欢唱跳跃着，惹得鲜红的果子也禁不住这份快乐纷纷往下落。高大的蔓勒梗树下，总是有着外公努力挺直腰杆安坐着的身影，树和人，渐渐成了家人眼里的一道风景，许多年过去，这个画面仿佛在我心中定格，挥之不去。

有个周日我独自跑回外婆家去，一进门就见坐在蔓勒梗树下的外公，吃力地扶着粗壮的树干，好像在尝试着想自己站起来！我三步并作两步跑过去扶外公坐下，外公面有难色，脸憋得通红。我问外公你怎么啦？是想站起来吗？外公嗫嚅半天挤出几个字：我……憋得难受！原来外公内急！我唤了几声，家里竟然没一个人，厕所太远我独自根本扶不了，一时间急得满脸通红，不知怎样才好。就在此时，外公忽然说：小安（汉语三儿之意），先扶我站起来，用你的背顶着我的背。

我一下子明白了外公的意思，他为免彼此都尴尬，想出这个办法，既可以支撑他的身体又可免却我羞于看到他的窘况。

我含着泪扶起外公，滚烫的小脸沁出密密的汗珠，慢慢转过身，双脚死死抵住脚下的草地，小小的脊背吃力但紧紧地顶住外公干瘦的后背，外公手扶着蔓勒梗粗壮的树干站稳了，终于解决了这个大难题！外公如释重负，坐下来长长舒了口气，然后鲜有地露出笑脸看着我说：安，你咋个一下子就长高了这么多！都长成个罕丽[4]的小仆哨啦！抬头看看头顶上的树又接着说：你看，蔓勒梗已经不再长了，它和外公一样都老喽！如今你长大了，再不能爬到外公头顶的树梢上去坐着，也不敢撑把雨伞就往下跳了吧？如今的蔓勒梗，可是再也承托不住我们家的小安喽！头顶上的蔓勒梗也凑起热闹来，噼里啪啦掉下几个艳红红的果子，打在我们身上，我俩开心地大笑起来！外公拍拍我的手说：记得要好好念书，你从小脾气就倔，又爱弄些稀奇古怪的事端出来，人是聪明的，就怕你玩心过大不懂得收敛，女孩家还是安静些好！那不爱听人管教的毛病也得改，大人说得对就要听，就算你认为不对的也得听着，父母长辈总不能害了你，都是为了你将来好。你外公这一生失败之处就在于太过崇尚自由，没有什么理想抱负，你们不同，生在幸福的年代，将来应该学以致用，回馈养育自己的亲人和国家。长这么大，我还是第一次那么安静地坐在一个人的身旁不停地乖乖点着头。那个星期天的早晨，记忆里最温暖的画面，每每念及，眼前便会无端地模糊起来，嘴角却又不自禁地泛起淡淡的微笑。

第二年清明前夕，外公去世了，在病痛的折磨中结束了他的一生，享年七十六岁。外公生前吩咐，丧礼一切从俭。到了发丧那天，已由不得老人家的心愿，几乎整个寨子的人都来为他送行。本是晴朗的天飘起绵绵细雨来，给葬礼更添了几分愁绪。据说辞世的人入土为安前刚好遇着下雨，灵魂就能飞到天上去，这雨丝，应该就是上天派来迎接外公的吧？寨子里年轻的载弄[5]都争着要抬外公上山，小一辈的族人早已争先恐后从外公家门前排成一条长龙直跪到寨子口，这条队伍越长，代表老人在村里的地位越高，跪拜着的后辈们等待老人的棺木从自己的头顶抬过，只要虔心祷告，老人的智慧和福气便会遗落在自己身上……当载弄们响亮地吆喝着抬起棺木从我们头顶飞一般走过时，我流着热泪虔诚地匍匐在这片曾留下外公多少汗水和足迹的土地，祈求外公将他的坚强和智慧遗留在我身上，希望自己将来也能成为外公这样博学多才品格高尚，并且低调内敛无论生存状况怎样都要活得有自己尊严的人。

外公门前的那棵蔓勒梗，在他去世后的一个雨夜里，被风连根拔起，轰然倒地。傣族信奉树神，坚信每一棵树都住着一个神仙，想必蔓勒梗树上也住着一个守护神吧，主人离世，守护神的灵魂就相随而去。外公与蔓勒梗在最后的岁月相依相伴，树不离人人不离树早已融为一体。树是普通的树，人是平凡的人，正是这份不张扬的平凡普通才凸显出各自的不平凡来！

多年以后，当我们离开家走向世界，故乡的概念才一下子变得清晰明确。在异乡无数个月光如水的夜晚，眼前时常会出现外公门前那棵在风中摇曳着的蔓勒梗，仿佛听到树下我们稚嫩的声音笑嚷着："床前明月光，疑是地上霜，举头望明月，低头思故乡。"那月光下嬉闹追跑的时光，让我蓦地咀嚼出了真正乡愁的滋味。

原来故乡就是外公家圆圆的饭桌；是饭桌上外公不留情面的敲打；是墙角处静悄悄开放的白兰春；是庭院里那棵高高的蔓勒梗；是自己整蛊作怪诵读唐诗的声音；是雨中为外公送葬那条跪拜着的长长的队伍。

不走出故乡的人，哪里会知道故乡到底为何物！再看这世间种种，河流在变，山川在变，树终有一日会在风雨中倒下，人也会经历生老病死来来去去。唯有故乡，永远站在原地，在每一个晨露闪耀的清晨，在每一个风雨飘摇的夜晚，热切等待着她远在异乡的孩子，裹挟着一路风尘从远方归来；也唯有亲情，像一坛尘封的老酒，在某个月夜发酵，仿佛看见那棵高大的蔓勒梗树下，外公正努力挺直腰杆安坐着的身影，在夜风中轻轻摇

曳的蔓勒梗，筛下大片大片的月光，如大片大片的念想静静流淌，让我醉
倒在异乡的秋风里。

《民族文学》2012 年第 3 期

注释：

[1]蔓勒梗，傣语，意为酸涩的野枇杷果。
[2]召勐："召"意为"主人、头领、大王、官家"等；"勐"为地方之意。
[3]奘房：傣族佛寺。
[4]罕丽：傣语，漂亮。
[5]载弄：傣语，大哥。

خىي سۇ　(دەيزۇ)

مەيىن شامالدا يەلپۈنگەن مەنلپيگبك دەرەخى

مەن كىچىك چاغلىرىمدىن تارتىپلا دەرەخلەرگە يامىشسشنى ناھايىتى ياخشى كۆرەتتىم،
چوڭ ئانامنىڭ ئۆيىننىڭ چوڭ ھويلىسىدىكى بارلىق يامىشىپ چىقىلى بولدىغانلا دەرەخلەرنىڭ ئۈستىگە
چىقىپ تۇرۇپ باقان ئىدىم، بولۇپمۇ ئىشىك ئالدىدىكى، ئۇ كۆككە تاقاشقان مەنلپيگبك دەرەخى بولۇپ،
ئۇ دەرەخ مېنىڭ يوشۇرۇنۇشۇۇم ئۈچۈن ئەڭ ياخشى يەر ئىدى. ئۇ چاغدىكى مەن، دائىم چوڭ دادامنىڭ
نەزىرىدە، قىز بالىغا خاس مىجەز-خۇلقى يوق، تەربىيەسىز بىر ياۋا بالا دەپ ئەيىپلىنەتتىم.

ئادەتتە، ئۆيدىكىلەرنىڭ ھەممىسى ئۆزلىرىنىڭ ئىشى بىلەن بولاتتى، چوڭ ئانام ئاشخاندا بىر ئىشلار
بىلەن مەشغۇل بولاتتى، ئانام بولسا، ئوچاق بېشىدا ئۇنىڭغا ياردەم قىلاتتى؛ دادام بىكار بولسا ھويلىدا،
چوڭ پالتا بىلەن ئوتۇن يارىاتتى؛ بىگىلا توي قىلغان تاغام ماڭنىڭ بولسا، دائىم نايالى بىلەن ھوجۇرسىدا

بىر نەپەسلەر دىسكىسپ كۆلۈشەتتى؛ نەۋرە سىگلىم ۋەنيەن بولسا، سەرىتتا يۇگۇرۇپ ئۇيىناپ ئۆيىگە ئاساسلىنچە كەرمەيتتى، ئىككىنچى تاغام ماۋىبەر چاچ مىبى بىلەن چىچچەنى مايدەك پاقىرتىپ، ئەندىيال بىلەن ئۇرۇنۇپ، قولۇڭغا قول چىراغنى ئىلىپ قىز كەلتۈرۈشكە كەپتەتتى، ئۇ ئۇستىگە سەپكەن ئەتترنىڭ پۇرىقى نەڭچە چاقىرىم يەرگىچە ئادەمنىڭ دىمىقىغا ئۇرۇناتتى؛ چوڭ ئاچام ئۇغىغنى-بىسىق، ئۈگۈنىنشى ئىنتايىن ياخشى بولۇپ، ئۇ مەكتەپتىن قايتىپ كەلسلا، پاكار نۇرۇنۇدۇق بىلەن هوجىرنىڭ ئالدىدىكى ئۇزۇن كەتكەن كارىدوردا ئۇلتۇرۇپ تاپشۇرۇقنى ئىشلەيتتى؛ ئىككىنچى ئاچام ناھايىتى ئۇچۇق ھەم ھەركەتچان بولۇپ، تەڭتەربىيە مەكتەنۆدە تۆراتتى، ئۇ چوڭ ئانامنىڭ ئۆيىگە بەك ئاز كەلەتتى؛ مەن ۋە چوڭ دادام ئىككىمىز ئىككى دۇنيا بولۇپ، بىر-بىرىمىزگە دەخلى-تەرۇز قىلمايتتۇق، ئۇ بولسا مانلىپىگۇڭ دەرخى ئاستىدا كۆزىنى يۇمۇپ ھوزۇر ئالاتتى، مەن بولسام ئۇنىڭ ئۇستىدىكى دەرەخ شبخەۇغا چىقىپ ئۇلتۇراتتىم. مەن دائىم ئۆزەمنى باشقا نورمال ئىنسانلاردىن پەرقلىق دەپ قارايتتىم، ھەم ئۆزەمنىڭ ئەسلىدىنلا بىر قۇش بولۇشۇم كېرەككلىكنى ھېس قىلاتتىم، مەن كۈنلۈك بىلەن دەرەختىن ئۇچۇپ چۇشۇشلەرنىمۇ سىناپ باققان ئىدىم، ئەمما يىقىلىپ، پۇتلۇرۇم گويا قايىنتىلغان چوشقا پاچىقىدەك ۋىللداپ كەتكەنلىكىدە، چوڭ دادام جىددىدلىك بىلەن تەكشۈرۈپ قاراپ باققاندىن كېيىن، ناغىزدا گەرچە مبنى قاتتىق تەنقىتلەۋۇاتقان بولسىمۇ، ئەمما ئۇ ئۆزىنىڭ كۆزلىرىدىكى ماڭا بولغان ئامراقلىق ھېسسىياتنى يوشۇرالماي قالغان ئىدى.

بىزنىڭ فاك ئائىلىسى يەرلىكتىكى نامى بار ئائىلەلەرنىڭ بىرى ئىدى، شەپەق شەھرى دەپ ئاتالغان ماكىدىكى قەدىمسقى قەبىلەنىڭ ئەۋلاتلىرى بولۇپ، ئاتا-بوۋىلەرىمىز چىڭ سۇلالىسى ۋاقتىدا، يۇقىرى مەنسەپلەر تۇتقان كىشىلەر ئىدى. بوۋاملارنىڭ دەۋرىگە كەلگەندە، ئائىلەمىز زىمىنپىلىشىشكە باشلاپ، ئازاتلىقنىڭ ھارپىسدا، ئائىلەمىزدە پەقەت توقساندىن نارتۇقراق كىشى قالغان بولۇپ، ھەممە ئىش موماملىڭ (بىز ئۇنى زۇۋزۇ دەپ ئاتايمىز) زىمىسىگە يۆكلەنگەن ئىكەن. ئانامنىڭ دېپىشىچە، نامدار ئائىلە بولساقمۇ، زۇۋزۇنىڭ ئائىلە تەربىيەسى ئىنتايىن قاتتىق ئىكەن، ئۆزىنىڭ نەۋرىلللىرىنى قاتتىق باشقۇراتتىكەن، پەقەت ئۇ خىزمەتچىسلا ئۇنىڭ مۇلايىملىقىغا ئۇچرىغان ئىكەن. ئازاتلىقتىن كېيىن، پۇتۇن فاك ئائىلىسى پارچىلىنىپ، پەقەت بىر قانچە ئەۋلادى، ھازىر ئۇلتۇرۇۋاتقان ئاشۇ بىر قانچە ئۆيغىزلا ئۇ ئۆي قالغان بولۇپ، زۇۋزۇمۇ مەن تۇغۇلۇپ بىر قانچە ئايدىن كېيىنلا ۋاپات قىلغان ئىكەن.

چوڭ دادام بىزنىڭ فاك ئائىلىسىنىڭ تالانت ئىگىسى بولۇپ، ئۇ 12 ياش ۋاقتىتتا، زۇۋزۇ ئۇنى بۇرمىغا ئىلىم تەھسىل قىلىشقا ئەۋەتكەن ئىكەن، ماندپلىنىڭ ئەمەلدارى چوڭ دادامنىڭ ئەقىل-پاراستىدىن ئۇنى ياخشى كۆرۈپ قالىپ، ئۇنى تۆتۇق ئوغلى قىلىپ بىقىۋالىدىكەن. بۇرمىدكى 13 يىللىق ئۆزۇن بىر ئۇقۇش جەريانىدا، بۇ ماندپلىنىڭ ھوكۇمدارى، بۇ تەرسشجان چوڭ دادامنىڭ ھەممە چىقىمىنى كۆتۇرۇپ، ئۇنىڭ ماددى جەھەتتىكى غەملەرنى يوق قىلغان ئىكەن. چوڭ دادام 25 ياشقا قەدەم قويغاندا، زۇۋزۇ ئۇنىڭغا توي ھەققىدە گەپ قىلىپ، ئۇنى يۇرتقا قايتىپ توي قىلىشقا ئالدىراتقان، چوڭ داداممۇ ئانسسنىڭ رايىغا بىقىپ، ئۇيىگە تىزراق قايتىشقا ئالدىراپتۇ، ئەمەلدار قانچە قېتىم قالدۇرۇپ قىلىشقا كۇچۇگەن

بولسمۇ قالدۇرۇلماي، ئاخىرى ئامالسىزلىق بىلەن ئازراپلانغان ھالدا ئۆزىنڭگا ماندىپلىدىن ئايرىلىشقا رۇخسەت قىلغان ئىكەن. ئاككىلاشلارغا قارىغاندا، ماڭ شەھەردىكى بىرىنچى ۋ بلسىپىتنى چوڭ دادام، بۇرمىدىن مىنىپ كەلگەن بولۇپ، ئۇنى ئەھمىدار سوغا قىلغان ئىكەن. چوڭ دادام ئىنگلىسچىنى ناھايتى ياخشى سۆزلەيدۇ، بۇرما،دەيزۇ ۋە خەنزۇ تىللىرىغا پىششىق بولۇپ، ئەينى ۋاقتتا تېخى نۇرغۇن دەيزۇ دىراممسسنى ئۆزى قەلەم تەۋرەتىپ يازغان ۋە تەرجىمە قىلغان بولۇپ، بىزا-ئقىشلاقلارنىڭ ئۇستى ئۇچۇق مەيدانلىردا ئوينالغان ئىكەن. مەنمۇ كىچىك ۋاقىتلىرمدا، كىچىك نۇرۇندۇقۇمنى كۆتۆرۈپ، ئىككى ئاچام بىلەن بىللە ئائىنمز بللە ئىكگىشىپ، بۇتخانا ئالدىدكى سەھنننڭ ئالدىدا ئۇلتۆرۇپ چوڭ دادام يازغان ۋە تەرجىمە قىلغان دەيزۇ ئوپېراسسنى كۆرەتتۇق. كىچىك چېغمدىكى مەن، ئۇ غەلتە ھېكايىلەرنڭ ئىچىگە كىرىپلا كەپتەتتم ۋە ھېكايە سىرتىدكى دۇنياغا دەرىجدىن تاشقىرى ئىنتىلەتتىم. چوڭ دادامنڭ خەنزۇ تىلى سەۋىيەسى، سەھنە ئارقىسىدا، قولغا خەنزۇچە سىنارىيەنى ئېلىپ، ئۇنى بۇۋاستە دەيزۇ تىلىغا تەرجىمە قىلىپ سەھنەدكى ئەرتسلەرنڭ دىيالوگىغا يارىمدم قىلالايدىغان دەرىجىگە يەتكەن، مەھەللە ئاقساقاللىرى چوڭ دادامنڭ كارامەتلىرىنى ھەر قېتىم تەكىتلىگەندە، ھەممىسى ھاياجان بىلەن ئاغزى-ئاغزىغا تېگىشمەيى ماختىشىپ كېتەتتى.

كىچىك چېغمدا، چوڭ دادامدىن بەكلا قورقاتتىم، ئۇنڭ ۋەكى ئەڭ روشەن ئەكسى ئىپادىلىنىندىغان يەر تاماق ئۆستىلى ئىدى.

بىز دەيزۇزۇ مىللىتى، ئۇرۇپ-ئىئادتمز بويىنچە، ئايالىلار تاماق ئۆستىلىندە ئۇلتۆرۈپ تاماق يېمەيمىز، بولۇپمۇ، مېھمان كەلگەن چاغلاردا تېخىمۇ شۇندۇاق. ئادەتتە، ئەرلەر تاماق ئۆستىلىندە ئۇلتۆرۈپ تامام يېيدۇ، ئايالىلار بولسا ئاشخاناندا تاماق يەيدۇ. بۇ جەھەتتە چوڭ دادام يول قويۇۇشچان بولۇپ، بىز بىر ئائىلە چوڭ-كىچىك ھەممىمىز، تاماق ئۆستىلىندە ئۇلتۆرۈپ بللە تاماق يېمىز، ئۇ چاغلاردا، بۇ، يېزىمىزدىكى نۇرغۇن ئايالىلارنڭ ھەۋەسى كەلىدىغان بىر ئىش ئىدى.

چوڭ دادام، چوڭ پرىنسپلىاردا يۇمشاق قول بولۇپ، ئىنچىكە ئىشلاردا، بولۇپمۇ بىز ئۇچ ئاچا سىڭلغا قاتتىق تەلەپ قوياتتى. گەپ-سۆزلەر ۋە يۈرۈش-تۇرۇشتىن تارتىپ، باشقىلارغا مۇئاملە قلىش ۋە نەرسە ئېلىشتىن تارتىپ، تاماق يېگەن چاغدكى ئىپادە، كىيىنىات، ئاۋاز چىقىرىش ۋە نەپەس ئېلىشقىچە بولغان ھەممە ئىشتا دىققەت قلىشىمىز كېرەك. مەسىلەن، چوڭلارنى كۆرگەندە، ئەدەپ بىلەن ئۇڭلارنڭ ئىسمىنى ئاتاپ سالام بېرىش؛ ئۇڭلارنڭ ئالدىدىن ئۆتكەندە بولسا، بەلنى ئازراق ئېگىپ ھۆرمەت بلىدۇرۇش، كىچىككىنە مەنىپەتكە بىرلبلمەسلىك، چوڭ زىپىان تارتىش بولسمۇ، كىچىك مەنپەتكە ئىنتىلمەسلىك، ئالغاننڭ قولى قىسقا، يېپگەننڭ گېپى پوق دېگەننى ھەر دائىم ئىستىن چىقارماسلىق؛ ئاز گەپ قلىپ، كۆپ ئىشلەش، گەپ-سۆزدە مەغرورلۇق قلماسلىق، ئۇچۇق سۆز بولۇش؛ ئادەمىيلىكتە سەمىمىنى بولۇشنى ئاساس قلىش، باشقىلارغا ۋەدە قىلغان ئىشنى چوقۇم ئورۇنلاش، قولىدىن كەلمەيدىغان ئىشقا ئالدىراپ ۋەدە قلماسلىق؛ سۆزۇر قلىشنى ئۆگىنۆپلىش، ھەر قانداق قىيىنچىلىق ئىچىدە قالغان بولسمۇ، يەنە بىلىم ئېلىش ئۇچۈن ئۇقۇش كېرەك. (چوڭ دادام، ئەينى ۋاقتتا، دۆلتىمىزنڭ

چىگرا رايۇئنلاردىكى ئازسانلىق مىللەتلەرنى ئالاھىدە يپتىشتۈرۈش سىياستىگە ئاۋاز قوشۇپ، ئانام ۋە ئىككىنچى ھاماممنى شەھەرگە بېرىپ بىلم ئاشۇرۇشقا ئەۋەتكەن ئىكەن، ئانام ئوتتۇرا تېخنىكۇمنى ئىككىنچى ھاممام بولسا، يۇئنەن مىللەتلەر ئىنىستىتۇتىنىڭ تولۇق كۇرسىنى بۇتتۇرگەن ئىكەن، قورساقنى تويغۇزۇش قىيىن بولغان چاغلاردىمۇ، ئاشۇئنداق قەتنى بولۇشنىڭ ئۇزى ھەققەتەنمۇ ئاسان بىر ئىش ئەمەس) . تاماق ئۇستىلىدىكى قائىدىلەر تەجمۇ كۇپ ئىدى. مەسىلەن، تاماق يېگەندە گەپ قىلماسلىق، پۇتنى قايچىلاپ ئولتۇرماسلىق؛ تاماقنى چاينىغاندا، ئېچىپ يوغان ئېچىپ شاپىلدىتىپ ئاۋاز چىقىرىپ چاينىماسلىق؛ ناچ قالغاندەك ئېغىزغا لىق تولدۇرۇپ يېمەسلىك؛ باشقىلار تاماق ئالغاندا، تاماققا قول ئۇزاتماسلىق؛ چوكا بىلەن تەخسىدىكى تاماقنى ماتىلماسلىق؛ چوكلار تاماق ئۇزاتقاندا، ئۇنى چوكا بىلەن ئالماي، قاچىسىنى ئىككى قوللاپ سۇنۇپ، ئەندەپ بىلەن ئېلىش كېرەك؛ ئەڭ مۇھىم بولغان يەنە بىر نوقتا، ھەرگىز تاماقنى ئاشۇرۇپ قويماسلىق! قاچىدىكى ھەممە تاماقنى پاك-پاكىز يەپ تۇگۈتۈش كېرەك! يۇقارقىلاردىن بىرسىگە خىلاپلىق قىلىنسا، تاڭ سۇئالسى شپېنرىنى كۇچۇرۇپ يېزىش جازاسغا تارتىلاتتى. ئېنىي چاغدىكى، دەيزۇ مىللەتىنىڭ يېزا-قىشلاقلىرىدا، بۇ بىر غەلىتە، ھەيران قالارلىق بىر ئىش ئىدى. لى بەينىڭ «كپچىدىكى خىياللار» دېگەن شپېنرى بىلەن يەنە لى شبىننىڭ «بىچارە دىھقان» شپېنرى ماڭا يادا بولۇپ كەتكەنكى، ھەر قېتىم جازاغا كۆچۈرۈپ يېزىشقا بۇيرۇلغاندا، ئاچامىنىڭ يېنىغا بېرىپ، شائىر لى بەينىڭ ساقال-بۇرۇتلىرىنى سىلاپ، بويۇن-باشلىرىنى تولغىغان ھالەتنى دۇراپ ئۇنىڭ شپېنرى، «شولنى كۆرگەندە ئۇيغۇنىپ ئەسنەپ، يەردىكى قىرومۇ دەپتىمەن دەمسەپ. بېشىمنى كۇتۇرۇپ باققاندا ئايغا، بەردىنلا ئېڭگىشتىم يۇرۇپتىمنى ئەسلەپ.» نى ئوقۇغاندىكى ناھايىتى ھەجۋۈلىك ئاتالمىش لى بەينىڭ ئوبرازى، ئاچىللەرسىمنى قاقاھلىتىپ كۇلدۇرەتتىم. ئۇ ۋاقىتتىكى بىزلەر، يۇرتنىڭ نېمە مەئىندە ئىكەنلىكنى، يۇرت سۆيگۈسىنىڭ قانداق بىر ھېسسىيات ئىكەنلىكنى نەدىنمۇ بىلەتتۇقكى! يوپ-يورۇق ئاي ئۇستىمزدىلا تۇراتتى، ئۇنىڭ بىپايان يورۇقى كۆككە تاقاشقان مەڭلىپكۇ دەرپخىنكى ئاستىنى يورۇتۇپ، بىزنىڭ خۇشاللىق بىلەن چۇرۇلدىشۇپ يۇگۇرۇشلىرىمىزغا ئەگىشىپ، ماڭا خاتا ئىش قىلىپ، تاڭ ۋە سوڭ سۇئالسى شپېنرلرنى كۆچۈرۈپ يېزىش جازاسغا تارتىلىشنىڭ، ئەكسىچە بىر ئادەمنى خۇشال قىلىدىغان بىر ئىش ئىكەنلىكنى ھېس قىلدۇرۇشى ئىدى. كىچىك ۋاقتىمدا كالامپاي ئىدىم، قانداقلا قىلسام تۇتۇشنى ھىچ ئۇگۇنەلمىگەنلىكتىن، سىنى قىسقان چىغىمدا، كۆرسەتكۇچ بارمىقىم دائىم كۆتۈرۈلۇۋۇلۇپ باشقىلارغا تىكىلىنىپ قالاتتى، بۇ چاغدا، چوڭ دادام مېنى چوكا بىلەن قاتتىق ئۇراتتى، ئاغرىقتىن كۆزلىرىمدىن ياش چىقىپ كېپتەتتى-دە، ئۇ كۆتۈرۈلۇۋۇلغان بارمىقىمنى دەرھال يېغۇۋالاتتم، شۇنداقاتقاندىمۇ، چوڭ دادام كەچۈرمىگەن بىر خىل غەزەپ نەرزىي بىلەن ئۇزۇنغىچە ماڭا تىكىلىپلا تۇرۇۋالاتتى، مەن بولسام قورىقتىنىمدىن ئاۋاز چىقىرىشقىمۇ پېتىنالمايتتىم. ئۇ قاتتىق ئاغرىق ماڭا ھەرگىز ئۇنداق قىلماسلىقنى خاتىرلەتتى، كەم بىلسۇن، كۇلۇر قېتىم يەنە بىر قېتىم چوكا قاتتىق تەككەن شۇ چاغدىلا ئاندىن بارمىقىمنى كۇتۇرۇۋالماسلىقىم كېرەك ئىكەنلىكنى ئىسمىگە ئالاتتم، ھازىرمۇ تاماق يېگەن يېگەن چاغلىرىمدا،

بىلىپ- بىلمەي كۆزسەنتكۈچ بارمىقىم كۆتۈرۈلۈپ قالغاندا، شەرتلىك رېفلەكستەك دەرھاللا يىغىۋالاتتىم، گويا بۇ چوڭ دادام دەرھال بىلەن مېنى ئۇرۇۋەتكەندەك، ھەتتا، ئۇ غەزەپ يىغىپ تۇرغان نەزىرى بىلەن ئۈستەلنىڭ ماڭا چىقىدىن قارا پ تۇرغاندەكلا تۇيۇلاتتى. ئۇ، سان-ساناقسىز كۆچۈرۈپ يېزىشتىن جازىسىدىن، مەن ياخشى بىر ئادەتنى يېتىلدۈرگەن ئىدىم، يەنى قاچان ئىچىدە قانچىلىك تاماق بولسۇن، مېيلى قانچىلىك تويۇپ كەتكەن بولساممۇ، چوقۇم ئۇنى پاك-پاكىز يەپ تۈگۈتۈش ئىدى. ھەتتا، ئۇزۇمنىڭ بىلسىنمۇ، چوڭ دادامنىڭ بۇ تەربىيەش ئۇسۇلى بويىچە تەربىيەلىندىم. بۇگۈنكىدەك بۇ نەپسانىيەتكە تولغان جەمئىيەتتە، بۇنىڭدەك بىر گۈزەل ئەخلاق ساقلىنىپ قالغان ئىدى. چوڭ دادامنىڭ تەسىرى مانا بىز ئۈچ ئەۋلاتنى تەربىيەلىدى، ھەقىقەتەنمۇ، ھەققانىيەتنى ئۆزۈن داۋام قلغان ئىدى.

ئىككىنچى ھاممامنىڭ دېيىشىچە، ئەينى چاغدا، ھۆكۈمەتتىن بىزنىڭ ئۆيگە ئادەم ئەۋەتىپ، چوڭ دادامنى سىياسى كەپكەشتە مەلۇم ۋەزىپىنى ئۆتەشەكە تەكلىپ قىلغان بولسىمۇ، چوڭ دادام ئەركىن تۇرمۇشقا كۆنۈپ قالغاچقا، يەنىلا ئۇيدە قىبلىشنى تاللىغان بولۇپ، كىتاب ئوقۇپ، چاي ئىچىپ، بۇددا نۇملارنى كۆچۈرۈپ يېزىپ، دېۋىزۇ چاكچىلسى تویلاپ ناھايىتى ئەركىن ئازادە كۈن ئۆتكۈزەتتى. چوڭ دادام خېلى ئىقتىساتچىل ئادەم ئىدى، 13 يىللىق ماندېلى ئۇردا ئۇنى ھىچ ئۆزگەرتمىگەن بولۇپ، ھازىرغىچە، ئۇسراپخورلۇق قىلماسلىقتەك تۇرمۇش ئادىتىنى ساقلاپ قالغان ئىدى. بەزىدە، تاماق ئۈستەلىنگە بىر قانچە تال گۈرۈچ چۈشۈپ قالغان بولسىمۇ، ئۇ ھەممىنى تېرىپ ئېلىپ ئاغزىغا سېلىپ، كۆزنى ئازراق قىسىپ، گويا بۇ دۇنيادىكى ئەڭ مىزىلىك تائامنى يەۋاتقاندەك ئاستا چاينايتتى. مەن چوڭ دادامنىڭ شورپا ئىچكەن ئوقتەندىكى ھالىتىنى يەنى، ئۇ بىر خىل قۇرۇۋتۇلغان كەڭ قۇرۇچاقنى سۇغا چىلاپ يۇمشاتقاندىن كېيىن، قۇرۇق ئۈچىتىلغان سەي بىلەن قايىنتىلغان بىر خىل چۈچۈمەل شورپا بولۇپ، خاتىرەمدىكى ئۇ، دائىم چىمچىلاپ بارمىقىنى گۆزەلچە تەكلەپ، چىنە قوشۇقنى تۇتۇپ، چىنندىن ئاستاغىنە بىر قوشۇق شورپا ئېلىپ، بېشىنى ئالدىغا سەل ئېگكىشتۈرۈپ، ئاستا ئاغزىغا قۇيۇپ، كۆزنى يەرىم يۇمۇپ ئۇزاقلارغا نەزەر تاشلاپ، گويا كى، بۇرۇنقى بىر ئىش ئىستىگە كەلىپ قالغاندەكلا تۇرۇپ كەپتىشنى كۆرۈۆشكە ئەڭ نامراق ئىدىم.

مەن باشلانغۇچنى ئۇچۇنچى يىللىقغا قەدەم قويغاندا، چوڭ دادامالارنىڭ ئائىلىسى ناھايىتى نامرات ھالغا چۈشۈپ قالغان، ئاتا-ئانام ئىككىسىلا سودا تارمىقىدا خىزمەت قىلغاچقا، تۇرمۇشىمىز قەدەر ئەھۋال بولۇپ، مەن ۋە دادام ئىككىمىز دائىم گۈرۈچ ۋە سەي-كۆكتاتلارنى بىرپەرسىپ بېرىپ ياردەم قىلاتتۇق. قۇرسىقدا ئومىچى بار چوڭ دادام، ئامالسىزلىق بىلەن قۇلۇغا كەتمەن ئېلىپ، ئىككى تاغام بىلەن كالىنى يېتىلەپ ئۈتۈزلۈپ چىقىپ يەر تىرلىشقا مەجبۇر بولدۇ، ئۇلارغا بۇلۇڭگەن يەر دەل بىزنىڭ ئۇينىڭ ئارقىسىدىكى كەمگى كەتكەن ئۈتۈزلۈقتا ئىدى. چوڭ دادام بەزىدە، نامازشام بولغاندا ئۈتۈزلۈقتىن قايتىپ بىزنىڭ سودا-سانائەت ئىدارسى قورۇسىدىكى ئۆيىمىزنىڭ ئالدىدىن ئۆتكەندە، بىزنىڭ ئۆيگە كېرىپ ئارام ئالاتتى، بەزىدە، ھويلىدا ئىسسك تۇۆدەندە باغلاقلىق تۇرغان كالىغا، ئۆۇئوقتىكى قېپ-قىزىل بولتلارغا قاراپ ئولتۇرۇپ مۆخۇركسىنى يۇكۈپ چىكەتتى، ئۇنىڭ ئېپغر-بېسىق چىرايىدىن ئارزاقمۇ

زەربكش ياكى ئازاب دىگەن نەرسىنى كۆرگىلى بولمايتتى. بەزىدە ئاچام ئېنگلىزچە تاپشۇرۇقنى ئىشلىيەلمەي قالغاندا، چوڭ دادام ئۇنىڭغا سەرزەنجانلىق بىلەن يېتمەكچىلىك قىلاتتى، ئۇنىڭ ئوقۇغان تېكىستلىرىنى ئاڭلاپ، بۇ يۈزلىرى ئاپتاپتا قارداپ كۆيگەن، قوزۇق باسقان، ۆپچەك، پۇرلاشقان ئۈستىننىڭ پاچقى تېرىسىگە ئۆستىگۆچچە دەيزۇ بوۋايننڭ بۇيىنىڭ بۇندىق ئۆلچەملىك، راۋان ئېنگلىزچە تىلدا گەپ قىلىشىدىن، مەن ھاڭتاكۈلا بولۇپ قالاتتىمەن-دە، بەدىنىم ئىختىيارسىز رۇۈسلۈنۈپ، بۇندىق بىر چوڭ دادامنىڭ بولغىنىدىن ھەققەتەنمۇ پەخىرلىنەتتىم! ھەر قېتىم ئانام چوڭ دادام ۋە تاغىللىرىمنى ئۆيدە تامام يەپ كەپتىشكە زورلاپ توسۇپ قالاتتى، ئۇ قېپىنچىلىق مەزگىللەردە، ئۇلارنىڭ بىزنىڭ ئۆيدە تاماق يەپ كەپتىش سانى سەل كۆپۈيۈپ قېلىشقا قېلىشقا باشلىدى، بىر قېتىم دادامنىڭ چىرايى سەل ئۇغۇپ قالدى، چوڭ دادام بۇرۇنقىدەكلا ئۈمچىللىك بىلەن تامقىنى يېدى، مېنىڭ كۆرسەتكۈچ بارمىقىم كۆتۈرۈلۈپ قالسا، ئوخشاشلا چوكا بىلەن قاتتىق ئۇردى، ئەمما، ئۇ قېتىمدىن كېيىن، مەن ئۇنىڭ بىزنىڭ ئۆيىنىڭ ئالدىدىن ئۆتكۈننى ھېچ كۆرمىدىم.

چوڭ دادامنىڭ ئاخىرقى يىللىرى كۆگۈلدىكىدەك بولمىدى، مەن تولۇقسىز بىرىنچى يىللىققا چىققان يىلى، ئۇنىڭ مېكسىكىگە قان چوشۇپ يۈرەم پالەچ بولۇپ قالدى، ئۇ كۈنلىرىنىڭ كۆپ قىسمىنى نەم ۋە قاراڭغۇ بولغان ئۆيىدە ئۆتكۈزدى. ئەتتىگەنلىرى تاغىمى ئۇنى يۆلەپ سەرتقا ئەچىقىپ، ياتىم ئورۇندۇققا يۆلەندۈرۈپ ئاپتاپ سۇندۇراتتى. چوڭ دادامنىڭ ئىشكى ئالدىدىكى ئۇ ئېگىز مەڭليبېگگېك دەرىخى، بۇ ۋاقىتلاردا راسلا جانغا ئاسقىتىشقا باشلىدى ۋە يالغۇز قالغان چوڭ دادام سايە ئۇجۇن چوشۇرۇپ، شامالللارنى توسۇپ دىگەندەك ئۇنىڭغا ھەمراھ بولدى.

ئەسلىدە، بۇ خىلدىكى دەرەخلەرنى كىشىلەر ئۆيىگە تىكمەيتتى، كەم بلسۇن، نەدىن كەلگەن قۇش بىر تال ئۇرۇقىنى ئەكىلىپ، چوڭ دادامنىڭ ئىشكى ئالدىدىكى يەرگە تېرىپ قويىدىكن، شۇنداق ئېگىز بىر كۆچەت بولغان ئىدى. ماۋبىر ئۇنى قومۇرۇۋەتمەكچىمۇ بولدى، چوڭ ئانام ئۇنى توسۇپ، قالسۇن، قالسۇن، بۇتساتىۋۇا، قوش ئارقىلىق بىزنىڭ ئۆيىگە ئەمۇتەكەن نېمەت ئۇ، ناھايىتى ياخشى چوڭ بولۇۋەتىپتۇ، قالسۇن دىگەن ئىدى. بۇ خىلدىكى دەرەخ مەۋە بەرگەن بلەن ئۇنىڭ مېۋىسىنى كۆرۈشكەلا بولۇپ، يېگىلى بولمايتتى، ئەمما، ئۇنىڭ باشقا پايدىلىق يەرلىرى بار ئىدى. كېيىن، مەڭليبېگگېك دەرىخى چوڭ بىر دەرەخ بولغاندىلا ، مەڭلىبېگگېك دەرەخىننىڭ باشقا پايدىللارنىنىڭ ھەققەتەن ئاز ئەمەسلىگىنى بىلدۇق ! چوڭ ئانام ئۇنىڭدىن ئۆششاق-چۆششەك نەرسىلەرنى ياساپ بازارغا ئاپىرىپ سېتىپ، ئۆيىنىڭ كەم-كۆتىلرىنى تولۇقلايتتى، مەڭليبېگگېك دەرەخىننىڭ ياپراقلىرى ھەم كەك ھەم چىرايىلىق بولۇپ، چوڭ ئانام ئۇلارنى ئۈزۈپ، سۇدا پاكىز يۇيۇپ، ئۆزى ساتماقچى بولغان گۆل، سەي-كۆكتات ۋە مەۋە-چېۋۈللەرنى چىرايىلىق ئۇراپ بامبۇك يىپچىسى بلەن باغلاپ بازارغا ئاپىرىپ ساتاتتى. مەڭليبېگگېك دەرەخىننىڭ ياپراقلىرىننىڭ يۈزى سىلىق، ئارقا تەرەپى بولسا يىرىك بولۇپ، قاتتىق قوۆم قەغىزگىلا ئوخشايتتى، ئۇ دەل ئۇنىڭ يەنە بىر ئارتۆۈتچىلىقى بولۇپ، مەينەت داغلىشىپ كەتكەن ئەسۇۋاپللارنى، چوڭ ئانام قولىنى سۇنۇپىلا بىر يۇيۇۆرماقىنى ئۇزۇپ بىر قانچە قېتىم سۈركسىلا، قولىدىكى ئەسۇۋاپللار

دەرھالىا پاك-پاكىز بولۇپ پاقىراپلا كېتەتتى. بۇ ۋاقىتتا چوڭ دادامۇ ئۇ كۆزگە ئانچە چىپلىقمايدىغان، گويا سوغاق ۋە ئىسسىقنى ھېس قىلدۇرىدىغان دەرەخنى ياخشى كۆرۈشكە باشلىغان بولۇپ، بەزىدە قولىنى سوزۇپ ئۇنىڭ ئانچە سىلىق بولمىغان ياپراقلىرىنى تۇتۇپ قوياتتى ياكى دەرەخ ئاستىدا، سەپكە تىزىلىپ ئۆتۈپ كېتىۋاتقان چۈمۈلىلەرگە قاراپ تۇرۇپ كېتەتتى. بەزىدە بېشىنى كۆتۈرۈپ يۇقۇرغا قاراپ، نەزىرىنى ئۈستىدىكى دەرەخ يوپۇرماقلىرىنىڭ ئارىلىرىدىن ئۆتكۈزۈپ، ئاسماندا بىر نەرسىلەرنى دەپ غۇدۇڭشىيتتى. ھاياتى كۆچكە تولغان مەنلىپىگۈك دەرەخى بۇ ۋاقىتتا، ئاللىبۇرۇن قۇشلارنىڭ كۆگۈل باغچىسىغا ئايلانغان بولۇپ، ئادەم چىدىيالمىغىدەك دەرىجىدە چۈچۈمەل بولغان مىۋۇسى، قۇشلارنىڭ كۆزەل يېمىشكە ئايلانغان ئىدى. ھەر قېتىم چوڭ دادام ئىسسىنى بېغىپ ئۇنىڭغا قارىغاندا، مەنلىپىگۈك دەرەخى خۇددى ئۇنى ھېس قىلغاندەكلا، ھەر بىر يوپۇرماقلىرىنى شىلدىرلىتىپ، شامال ئىچىدە چوڭ دادامغا سالام بەرەتتى. قۇشلارمۇ خۇشاللىقتىن جۆپجىرەلىشىپ ناخشا ئېيتاتتى، ئۇسۇل ئويناپ سەكرىشەتتى، قىپ-قىزىل قىزارغان مىۋۇلەرمۇ بۇ خۇشاللىقتىن ئۆزىنى تۇتۇۋالماي ئارقا-ئارقىدىن يەرگە چۈشەتتى. ئېنىگىز مەنلىپىگۈك دەرەخى ئاستىدا، دائىم چوڭ دادامنىڭ تەسىلىكتە بىلىنى رۇسلاپ، تىپ-تىپىنچ ھالدا ئولتۇرغان كۆلەڭگىسى نامايەن بولاتتى، دەرەخ ۋە ئادەم، تەدرىجىي ھالدا ئۆيدىكلەرنىڭ كۆزىدىكى بىر مەنزىرەگە ئايلاندى، نۇرغۇن يىللار ئۆتۈپمۇ، بۇ كۆرۈنۈش گويا مېنىڭ قەلبىمگە قۇيۇلغاندەكلا، ھېچ نېرى كەتمىدى.

بىر يەكشەنبە كۈنى مەن يالغۇز چوڭ ئانامنىڭ ئۆيىگە يۆگۈرۈپ كىردىم، نىشىكتىن كېرپىلا، مەنلىپىگۈك دەرەخى ئاستىدا ئولتۇرغان چوڭ دادامنى كۆردۈم، ئۇ قېپىنالغان ھالدا، دەرەخنىڭ قوپال قاسىراقلىرىغا يۆپىشىپ، ئۆزىنى تۆرگۈزماقچى بولۇۋاتاتتى، مەن تېزلىكتە يۆگۈرۈپ بېرىپ چوڭ دادامنى يۆلەپ ئولتۇرغۇزدۇم، چوڭ دادامنىڭ چىرايى غەلىتە بولۇپ ، يۈزلىرى قىزىرىپ كەتكەن ئىدى. مەن چوڭ دادامدىن «نېمە بولدۇڭ؟ ئۇرۇنۇكدىن تۇرامتىڭ؟» دەپ سورۇدۇم. چوڭ دادام ئاغزىنى ئىمىلدىتىپ ئۆزاق ۋاقىتتىن كېيىن ئارانلا بىر قانچە كەلىمە سۆز قىلىپ، «مېنىڭ....قىستاپ بىنئارام بولدۇم!» دېدى. ئەسلىدە ئۇنىڭ تەرىتى قىستاپ قالغانكەن. مەن بىر قانچە قېتىم ۋاقىرغان بولساممۇ، ئۆيىدە بىرسىمۇ يوق بولۇپ چىقتى، تەرەتخانا سەل ئۆزاقتا بولغاچقا مەن ئۇنى ھەرگىزمۇ يۆلەپ ئاپىرالمايتتىم، شۇ ئەسنادا نېمە قىلىشىمنى بىلەلمەي جىددىدىلىشىپ كەتتىم. دەل شۇ چاغدا، چوڭ دادام توساتتىنلا، «قىزىم! سەن ئاۋال مېنى يۆلەپ تۇرغۇز، ئاندىن دۈمبەك بىلەن مېنىڭ دۈمبەمنى تەرەكگىن.» دېدى. مەن دەرھال چوڭ دادامنىڭ نېمە دېمەكچى بولغانلىقىنى چۈشەندىم، ئۇ ئەسلىدە، بىر بىرەرمىزدىن خىجىل بولۇپ قالماسلىقىمىز ئۈچۈن بۇ ئامالنى ئويلاپ چىققان بولۇپ، ھەم ئۇنىڭ بەدەننى يۆلەپ تۇرۇغلى ھەم ئۇنىڭ نامەھرەم يەرلىرى كۆرۈنۈپ قىلىشنىڭ ئالدىنى ئالغىلى بولاتتى.

مەن كۆزۈلۈرۈمگە ياش تولغان ھالدا چوڭ دادامنى يۆلىدىم، قىزىپ كەتكەن يۈزلىرىمدىن تەر تامچىللىرى چىقماقتا، مەن ئاستا ئارقامغا ئۇرۇلۇپ، پۇتۇم بىلەن ئۇنت-چۇپلۇك يەرنى چىڭ تەرەردىم ، كىچىككىنە دۈمبەم چىداملىق بىلەن چوڭ دادامنىڭ ئۇرۇقىدىنا دۈمبىسىنى مەزمۇت يۆلەپ تۇراتتى، چوڭ

دادام قولى بلەن مەنلىبېگىڭ دەرخىننىڭ قويال قاسىراقلىرنى ئوتۇپ مەزمۇت تۇربۇئالدى‐دە، شۇنىڭ بلەن، بۇ قېيىن مەسىلە ھەل بولدى. چوڭ دادام يەلكىسىدىن ئېغىر بىر يۈكنى ئېلىپ تاشلىغاندەكلا ئولتۇرۇپ ئۇزۇن بىر نەپەس ئالغاندىن كېيىن، ماڭا قاراپ، مەمنۇنلۇق بلەن كۈلۈمسىرەپ، «قىزىم! سەن كۈزنى يۇمۇپ ئاچقۇچە چوپ‐چوڭلا بوپ كېتىپسەن‐ھە! شۇنداق چىرايلىق قىز بولۇپ چوڭ بوپسەن!»، دېدى. ئارقىدىنلا، بېشىنى كۆتۈرۈپ، بېشىمنىڭ ئۈستىدىكى دەرخەككە قاراپ تۇرۇپ، قارا، «مەنلىبېگىڭ دەرخى ئەمدى يوغانمايدىغان بولۇپ قالدى، ئۇمۇ چوڭ داداڭغا ئوخشاشلا قېرىدى! بۈگۈن سەنمۇ چوڭ بولدۇڭ، ئەمدى يەنە، چوڭ داداڭنىڭ دەرخىنىڭ ئۈستىدىكى شاخلىرىغا چىقىپ ئولتۇرۇپ، كۈنلۈك بلەن يەرگە سەكرىمەيدىغانسەن؟ بۇگۈنكى بۇ مەنلىبېگىڭ دەرخى ئەمدى ھەرگىزمۇ ئائىلمىزنىڭ ئۇماق قىزىنى كۆتۈرۈلمەيدۇ جۇمۇ!» دەپ سۆزىنى داۋام قىلدى. ئۈستىمىزدىكى مەنلىبېگىڭ دەرخىمۇ خۇددى سۆھبىتىمىزگە ئىشتىراك قىلغاندەك، شالدىر‐شىلدىر قىلىپ بىر قانچە تال قىپ‐قىزىل ياپراقلىرنى ئۈستىمىزگە تاشلىدى، ئىككىمىز خۇشاللىقىمىزدىن كۈلۈشۈپ كەتتۇق. چوڭ دادام قولۇمنى يەڭگىل ئۇرۇپ تۇرۇپ، «ئىنسىگدە بولسۇن، چوقۇم ياخشى ئوقۇغىن، سەن كىچىككىدىنلا غەلىتە مەجبۇرلۇق ھەم غەلىتە بىر نىشلارنى قىلىشقا ئامراق ئىدىڭ، سەن ئەسلى ئەقىللىق، سەبنىڭ ئۇيۇنغا بىرلىشىپ كېتىپ يۇغۇشتۈرۇئالماي قىلىشكەندە ئەنسىرەيمەن خالاس قىز بالا دېگەن تېپىنچىراق بولغىنى ياخشىراق، باشقىلارنىڭ باشقۇرۇشىغا بويسۇنمايدىغان كېپسىلىگىنمۇ ئۆزگەرتىشنىڭ كېرەك، چوڭلار دېگىنى توغرا بولسا ئۇنى چوقۇم ئاڭلاش كېرەك، گەرچە سەن توغرا دەپ قارىمساكۇمۇ بەزىدە ئاڭلىشىڭ كېرەك، ئاتائانانى كەپرەك، ۋە چوڭلار ھەرگىزمۇ سەبنى زىيان تارتقۇزمايدۇ، ئۇلارنىڭ ھەممىسى پەقەتلا سەبنىڭ كەلگۈسىدە ياخشى بولۇشىنى ئۈچۈن سۆز قىلىدۇ. چوڭ داداڭنىڭ ھاياتىدىكى مەغلۇبىيەت، ھەددىدىن زىيادە ئەركىنلىككە چوقۇنغانلىقتىن، ھىچ قانداق ئارزۇ‐ئىستەكنىڭ بولمىغانلىقىدىن بولدى، سىلەر بىزگە ئوخشىمايسلەر، بەختكە تولغان بىر جەمئىيەتتە ياشىدىڭلار، كەلگۈسىدە، ئۆگەنگەنلىرىڭلارنى ئەمەلىيەتتە نىشلىنىپ، سىلەرنى تەربىيلەپ ئۆستۈرگەن يېقىنلىرىڭلار ۋە دۆلىتىڭلارغا جاۋاب قايتۇرۇالايسلەر.» دېدى. چوڭ بولۇپ مۇشۇ كەمگە كەلگۈچە، بۇ مېنىڭ تۇنجى بىرسىنىڭ قېپتەم، بىرسىنىڭ يېنىدا تېنىچ ئولتۇرۇپ، يۇۋاشلىق بلەن بېشىمنى لىڭشىتىپ تۇرۇۋۇشۇم ئىدى. ئۇ يەكشەنبە ئەتىگىنى، خاتىرەمدىكى ئەڭ ئىللىق كارتىنلار بولۇپ، دائىم ئەسلىگىنىمدە، كۆز ئالدىم چەكسىز غۇۋۇلشىپ، چېھىرىمدە بولسا، ئىختىيارسىز يەڭگىل بىر كۈلۈمسىرەش جىلۋىلىنىندۇ.

ئىككىنچى يىلى قەبرە سۈپۈرۈش بايرىمى ھارپىسىدا، چوڭ دادام ۋاپات بولدى، ئاغرىق ئازابىدا ھاياتىنى ئاخىرلاشتۇرغان بولۇپ، ئۇ 76 يېشىدا ئىدى. چوڭ دادام ھايات ۋاقتىدا ۋەسىيەت قىلىپ، دەپنە مۇراسىمىنى ناھايىتى ئاددى ئۆتكۈزۈشنى تاپىلىغان ئىكەن. جەسەتنى يەرلىككە قويىدىغان چاغدا، بوۋاينىڭ ئىرادىسىگە خىلاپ ھالدا، پۈتۈن يېزا‐قىشلاقتىكىلەر كېلىپ ئۇنىڭ مېيىتنى مەيىتنى ئۇزاتتى. ھاۋا ئۇچۇق بولسىمۇ، سىم‐سىم يامغۇر يېغىپ، نەزىرگە تېخىمۇ بىر خىل مۇسىبەت تۈسى ئاتا قىلدى. ئاڭلاشلارغا قارىغاندا، دۇنيادىن خۇشاللىشقان كىشى يەرگە كۆمۈلۈشتىن بۇرۇن، دەل يامغۇر يېغىنىشقا توغرا كېلىپ

قالسا، ئۆزنىڭ روھى ئاسمانغا ئۇچۇپ چىقارمىش، بۇ يامغۇرلار، بەلكى ئاسماندىن چوڭ دادامنى قارشى ئېلىشقا كەلگەن بولىشى مۇمكىن؟ يېزىمىزدىكى ياش ئاكىلار چوڭ دادامنىڭ جىنازىسىنى بەس-بەستە تالىشىپ تاققا كۆتۈرۈپ چىقماقتا ئىدى، جەمەتىمىزنىڭ كىچىكلىرى بولسا، ئەتىگەندىلا ئالدىراپ چوڭ دادامنىڭ ئىشكى ئالدىدىكى كوچا ئېغىزدا، بىر قاتار بولۇشۇپ يۈكۈنۈپ ئولتۇرۇۋېشقان ئىدى، بىر قاتار قانچە ئۇزۇن بولسا، بوۋايننىڭ بۇ يېزىمىزدىكى ئابروينىڭ تەپخمۇ يوقىرى ئىكەنلىكنى كۆرسىتەتتى. يۈكۈنۈپ تىپلاۋەت قىلىۋاتقان چوكلار، بوۋايننىڭ جىنازىسىننىڭ ئۆزلىرىنىڭ باشلىرى ئۈستىدىن ئۆتكۈزۈۋۈلشىنى كۈتۈپ، پەقەتلا تەڭقۇئادارلىق بلەن دۇئا-تىپلاۋەت قىلىشىپ، بوۋايننىڭ ئەقىل-پارىستى ۋە تەلىمىنىڭ ئۆزلىرىنىڭ كۆچۈشىنى كۆچۈشنى ئۇمۇت قىلىشاتتى. ئاكىلار جاراكلىق سادالار بلەن جىنازىنى مېيىنىڭ بېشىم ئۈستىدىن ئۈچقاندەك ئۆتكۈزىۋاتقان چاغدا، مەن ئىسسىق ياشلىرىمى تۆكۈپ، بۇرۇن چوڭ دادام نۇرغۇن تەرلەر ئاققۇزۇپ قالدۇرۇغان ۋە ئىزلار قالدۇرۇغان بۇ تۇپراققا تەڭقۇئادارلىق بلەن دۇئا قىلدىم، ھەم چوڭ دادامنىڭ ئاشۇ جاسارىتى ۋە ئەقىل-پارىستىنىڭ مېنىڭ تەننىمگە كۆچۈشنى تىلىدىم، ئۆزەمنىڭمۇ كەلگۈسىدە چوڭ دادامغا ئوخشاشلا ئەقىل-پارىستەلىك، يۈكسەك ئەخلاقىي-پەزىلەتلىك بولۇشنى، ھەمدە ھەر ۋاقت ئاددى-سادا، چىداملىق، مېيلى قانداق شارائىت بولسۇن ئۆزىنىڭ غورۇرى بلەن ياشاشنى ئۇمۇت قىلدىم.

چوڭ دادامنىڭ ئىشكى ئالدىدىكى مەنلىپىگەك دەرخى، چوڭ دادام ۋاپات بولۇغاندىن كېيىنكى بىر يامغۇرلۇق كېچىدە، شامال ئۆنى يىلتىزىدىن قومۇرۇپ يەرگە يىقاتقان ئىدى. دېيىزو مىللەتى دەرخ ئىلاھغا ئېتىقاد قىلىدىغان بولۇپ، ھەر بىر تۈپ دەرختە بىر ئىلاھنىڭ بىر ئىلاھنىڭ قەتئى ئىشنسەنتتى، مەنلىپىگەك دەرخىندىمۇ چوقۇم بىر قوغدۇغۇچى ئىلاھ بار بولىشى مۇمكىن، خوجايىنى دۇنيادىن ئايرىلسا، قوغدۇغۇچى ئىلاھنىڭ روھىمۇ ئۆزنىڭ بلەن بللە كەتكەندۇ. چوڭ دادام ۋە مەنلىپىگەك دەرخى ئاخىرقىي يىللاردا بىر-بىرىگە ھەمراھ ۋە ھەمدەم بولۇشتى، دەرخ ئائدىسدىن، ئادەم دەرخمختىن ئايرىلماي بىر گەۋدە بولۇشقان ئىدى. دەرخ بولسا بىر ئاددى بىر دەرخ، ئادەم بولسا ئادەتتەكى بىر ئادەم، ھەققەتەن، بۇ خىل جار سالمىغان ئاددىدىلىق ۋە نورماللىقلا، ئۆزىنىڭ ئادەتتىن تاشقىرى ئىكەنلىكنى نامايەن قىلغان ئىدى!

ئۇزۇن يىللاردىن كېيىن، بىز يۇرتىمىزدىن ئايرىلىپ سىرتقى دۇنياغا يۈزلەنگەندە، يۇرت ئۇقۇمى دەرھالا روشەنلىشىپ، ئايدىڭلاشتى. ياقا يۇرتتەكى ساناقسىز يۇلتۇزدەك ئۆتكەن ئاخشاملىرى، كۆز ئالدىمدا دائىم چوڭ دادامنىڭ ئىشكى ئالدىدىكى ئاشۇ شامللارىدا يەلپۈنگەن مەنلىپىگەك دەرخى كۆز ئالدىمدا نامايەن بولىدۇ، گويادكى دەرخ ئاستىدا بىزنىڭ گۆدەك ئاۋازلىرىمز بلەن كۆلۈشۈپ ئوقۇغان، « شولنى كۆرگەندە ئويغىنىپ ئەسنەپ، يەردىكى قىرومۇ دەپتمەن دەسلەپ. بېشىمنى كۆتۈرۈپ باققاندا ئايغا، بىردنلا ئىبگشتىم يۇرتۇمنى ئەسلەپ.» شېئرنى ئاڭلىغاندەك ھەس قىلىمەن. ئايدىڭدا، چۇقۇرلۇشۇپ بىر-بىرمزنى قوغلاشقان ۋاقتلار، ماڭا ھەققىي يۇرت سېغىنىشننىڭ قانداق بىر تۇيغۇ ئىكەنلىكننىڭ تەمىنى تېتىتتى.

ئەسلىدە، يۇرت دېگەن، چوڭ دادامنىڭ ئۆيىدىكى يۈپ-يۇمۇلاق تاماق تۈستىلى؛ تاماق ئۈستىلىدىكى چوڭ دادامنىڭ مېنى يۈز خاتىرىمۇ قىلماي چوكا بىلەن ئۇرۇشى؛ تامنىڭ بولۇڭدا تىمتاس ئېچىلغان بېلىنجۇن گۈلى؛ ھويلىمىزدا قەد كۆتۈرۈپ تۇرغان ئېگىز مەنلىپېگڭ دەرخى؛ ئۆزەمنىڭ غەلىتە قىلىقلىرى بىلەن بەڭگۆ ئاشلىق قىلىپ تاڭ سۈلالىسى شېئىرلىرىنى ئوقۇغان ۋاقتتىكى ئاۋازىم؛ يامغۇردا، چوڭ دادامنىڭ مېپىتىنى ئۆزۈۆتۈش ئۈچۈن ئۆزۈن سەپ بولۇپ يۈكۈنۈپ ئۈلتۈرغان ئۈلتۈرلەر كىشلەر ئىكەن.

يۇرتتىدىن سىرتقا چىقمىغان ئادەم، قانداقمۇ يۇرت دېگەننىڭ نىمە ئىكەنلىكنى بىلەلىسۇن! بۇ دۇنياغا نەزەر سالساق، ھەر خىل دەريا-ئىبقىنلار ، تاغ-قىياللار ھەر ۋاقىت ئۆزگىرىپ تۇرىدۇ، دەمەخلەرمۇ بىر كۈنلەر كېپلىكە شۈئۆر غانلىق يامغۇردا ئۈرلىدۇ، ئادەممۇ تۇغۇلۇپ، ياشاپ، قېرىپ، كېسەل بولۇپ، ھەتتا ئۆلۈپ، كېپلىپ كېپتىشتەك جەريانىنى باشتىن كەچۈرىدۇ. پەقەت يۇرتلا، ئەسلى يېرىدە مەڭگۆ تۇرۇپ، ھەر قېتىمقى ئۈتكۈنلىك شەبنەم چاقنىغان سەھەردە، ھەر قېتىمقى شۈئۆر غانلىق يامغۇر سپاپ ئۆتكەن كېپلەردە، ياقا-يۇرتلاردىكى بالسىننىڭ، ئۆزۈن سەپەرنىڭ توپا-چاڭلىرىنى كۆتۈرۈپ، ئۆزاق يەرلەردىن قايتىپ كېپلىشنى توت كۆزى بىلەن كۈتتىدۇ؛ ھەمدە ئۈنىڭدا شۇنداق بىر مەھلىيالىق باركى، خۇددى ئۆزۈن يىل ئىچىتىلغان قەدىمى ھارەقتەك، گوياكى، ئۆ يوغان مەنلىپېگڭ دەرخى ئاستىدا، چوڭ دادامنىڭ تەسلىكتە بىلنى رۇسلاپ تېپنچ ئۇلتۇرغان سىماسىدەك، كىچىننىڭ شامالللردا، يەڭگىل يەلپۈنۈگىن مەنلىپېگڭ دەرخىننىڭ يوغان ئاي نۇرىنى پارچىلشى، خۇددى مېنىڭ سىبغىنىش ھېسياتىمنى غىدىقلىغاندەك، مېنى ياقا-يۇرتنىڭ كۆز شامىلى ئىچىدە مەس قىلاتتى.

卓根玛

◎江洋才让

这时候，请相信我是有意识的。我躺在床上，双目紧闭，心跳会慢慢减弱。这时候，我是多么地不简单，看见过去的河流，山谷。还有，年幼的我。天哪，我是多么地可爱漂亮。足蹬牛舔鼻式的藏靴。暗红色的氆氇靴帮，扎着红白相间的靴带。靴带总是绕着靴帮缠上好几圈，绑得紧紧的。随着缓慢而后快速的踢踏，在我阿爸阿妈，在神山面前，像个青年一样，以卓根玛的节奏，舒展双臂，步子迈得像牦牛一样。天哪，我躺在床上，竟然感到那时的我，七岁孩童的心里，一支古老的哼哼调，忘了歌词，在内心如我的舞步一样回旋。卓根玛，我跳着古老的卓根玛，阿爸教我的卓根玛。在山谷，第一次让我的阿妈看得如醉如痴。"天哪，谁能想到他跳得这么好！"阿妈激动地用双手捂住自己的嘴。眼眶里突然有了泪花。我，听到了赞扬。面带微笑，动作里便有了一些卖弄的成分。我的阿爸突然喊道："停下来，不要糟蹋草地了。"我猛然被这声来自过去的断喝带到了现实。

我的内心是清清楚楚的。请相信我是有意识的。我躺在床上已经快一年了。六十五大龄，突然被疾病带到了床上，尽管在医院治了好久，可是，最终的病情还是宣判，我得躺在床上就这么等死。半身不遂，肾脏慢慢衰竭，心跳不再有力。血压时不时比老鹰都飞得高。它常像个老朋友一样来打搅我。"你，给我记住了。舞步一定要有张力。"阿爸忽然从火塘边的那张干羊皮上走了过来，他开始给我分解每一个动作。他的一只脚高高抬起，手臂打开，那条从天窗里直泻而下的光柱，从打开的手臂间穿过，落在地上，在他站立的那条腿前，形成一个光点。阿爸将抬起的那只脚放下，大地悄悄地倾听着他对我的传授。他说了很多，脚步的踢踏，声声入耳。尽管我躺在床上，双目紧闭，可是那声音好像从洞穴的最深处传来，然后掉进了我内心的窟窿。我是卓根玛的第几代传人了？我不晓得。就像我阿爸从他的爷爷那里学到这古朴的舞蹈时不知自己是第几代传人一样。他临终时对我阿爸说："把卓根玛跳好！"然后头一歪，灵魂最终会从他的躯壳里走出来。可是，我的阿爸临终时，没有想到要对我提及卓根玛，他只是伸出手握了一下我的手，然后，那手猛然松脱他便撒手人寰。现在，我躺在床上，嘴里插着呼吸机的管道，心脏电除颤仪放在床头柜上。输氧管在我的鼻孔里，趴着。手腕里埋着针头，塑料吊袋里的药水，滴得比卓根玛最慢的舞步还慢。是文化局的扎阔局长把我送到了医院重症监护室的。之前，我住过这里的高干病房，也是他联系的。直到住院久了，才改成家庭病房。可是这会儿，县医院，我又回来了。

列位，请相信我的回溯是真实的。我躺在床上，看到自己在山谷里跳舞。年轻的我，在阿爸去世七七四十九天之后。突然，一个人来到山谷。看着练舞的那片场地上满是阿爸的脚印。我跟随着那些印迹，亦步亦趋，仿佛是他的灵魂附了体。我高高抬腿，在阿爸的脚印上踏下我的印迹。直到阿爸的脚印面目全非，那片练舞的场地，变得光溜溜的。村子里的卓根玛舞队，在缺少了我阿爸的情况下，在我年过三十之后准许我加入。就这样，我跳卓根玛的名声开始被叫得越来越响。

"那是卓加拉丁的儿子，看看，跳得真有乃父的风范！"

"我看，他比他阿爸跳得更好。"

"在我看来，一样好。"

"人去世了，最好别叫亡人的名字。他儿子跳得同样让我激动。"

他们吵吵闹闹，我躺在床上，紧闭的双眼，眼皮直跳。

扎阔局长是下午来看我的。他静静地站在探视区的玻璃前。身影透过玻璃，投在我的身上。我知道是他来了。扎阔，可爱的扎阔。多年的老朋友，他低着头看着我，目光始终盯着我的脸。他，把公文包放在了探视区的长椅上。然后，用手揉了揉眼睛。揉了揉面颊。轻声地自言自语起来。

"老兄，我当初问过你，卓根玛古老的步式，为什么会如此吸引现代人的眼球？你只是笑笑，一直没解答我这个问题。可是现在，不用回答了。我想明白了，那是因为卓根玛的博大呀！"扎阔说到这里，停顿了一下。他的这一停顿，就像是把自己的舌头锁到了箱子里。之后的十几分钟，他一下变得沉默了。我也是沉默的。扎阔，换句话说吧。那几年，没少为难你。让我说说感谢的话吧。可是，就这么躺在病床上，心里有了，嘴上却是说不出来。按他们的话说，我是昏迷了。大家都在盼着我醒过来呢！可是，他们不知道我是有意识的。我紧闭着眼睛，心里头清清楚楚。我肯定是要离开了。一天或者两天，顶多三天。我那关着的眼睛突然又看到了自己的舞队。啊呀，清清楚楚。明明白白。男女舞队围成环状，只唱不跳。男女舞队开始慢唱慢跳。看哪，我的舞步像牦牛一样。男女舞队快唱快跳。我的心像是要跳出胸膛看个究竟。也就是那次民间文艺汇演，扎阔盯上了我。不说我的名字了，一个快死的人还需要把自己的名字想来想去吗？！那次，是扎阔第一次找我谈话。我上身穿藏红色的氆氇舞袍，下身着白色的大裤裆舞裤。足蹬牛舔鼻式软帮藏靴。白色的舞袖一条垂着，一条被我绾在手里。头戴结有康巴英雄辫的发套。我蹬蹬蹬就来到了扎阔的办公室。当时，他不是文化局局长。而是群艺馆馆长。他说：根拉，愿意来群艺馆工作吗？像你这样的文艺人才很快就会转正的。我站在原地傻愣了。扎阔继续说道：如果来这里，你的作用会更大。我，该怎么回答？！没出息的。我想到了我们村子。想到了山谷里光溜溜的练舞场。还想到了阿妈会不会同意跟过来。我，挠了挠头皮，隔着发套，这个动作失去了实际的意义。这个时候啊，我看见自己在扎阔的面前走来走去，旁若无人，步伐里潜藏着卓根玛的气质。扎阔一言不发，看着我走了好几个来回。

我边走边说："唉，我不能现在就回答你！你给我定个期限好不好？"

扎阔向我亮出三根手指："三天。"

可是，我不知道该如何对我的阿妈讲。阿妈一个人坐在老房子的阴影里，头顶上的经幡如此深重。它不飘扬，影子就显得有气无力。阿妈，头顶的白发像一块破败的毡子。天哪，我从来没有过这样的感觉。她，坐在那里慢慢地就有了山神守门人的外号。每当有人叫她这名号时，她都会咧开嘴，亮出剩余不多的牙。那牙，现在被我看得清清楚楚。上牙剩余七颗。下牙，剩着八颗。阿爸去世后，她变得古里古怪，疯疯癫癫。思维时而清晰，时而混乱。她坐在房子的阴影里，对我说："我看到你阿爸在房子的角落，偷看我们。你把门给我关好。让他去他该去的地方，不要进来。"说完，她返回屋子。可是，要不了多久。她就出来，往山谷那光溜溜的练舞场走。"你阿爸在叫我！可能是有什么事要商量，你回去吧。不要跟着我。"我哪里能放得下心。她又回过头来说："即使你迈着卓根玛的慢步，我也能听得出来，儿子，求求你了。回去吧！"我远远地跟着她。山谷里的风，对我毫不客气，吹眯了我的眼睛。就在这时，阿妈突然不见了。

列位，不要像我这么着急。尽管我知晓这不发声的自说自话，没有人能听到。可是，我还是要讲下去。现在，我的身体不疼了。甚至感觉不到手脚的存在了。可是思维越来越清楚，从未有过的清楚。主治医生进来了。护士又给我挂上了点滴，一部氨基酸，一部白蛋白。她用纤细的手指翻开我的眼皮，用手电照我的瞳孔。然后，主治医生说道："有什么事情及时向我反映。"是啊，他要下班了。扎阔，可是你不走吗？扎阔没有一点要走的意思。他坐在探视区里。不知道我躺在病床上，一点也不糊涂。甚至比任何时候都聪明。我的阿妈，从我的视野里消失后，我等了她好久。在山谷之外的岔路口：来路是返回村子的。左侧的小路通往山谷。右侧的则是玛尼石堆。过了一个小时——对，尽管我躺在床上，对时间的逝去依然敏感，相差无几。——她才来到了我的面前。

"阿妈，你看见阿爸的灵魂了？"

阿妈一脸的惊愕。"你说什么，儿子，你阿爸早该投胎成人了！"

阿妈时而清醒时而糊涂疯癫，弄得我无比烦恼。

"阿妈，群艺馆打算安排我工作，给了三天的时间考虑，你说该怎么办？"

"儿子，这还用考虑吗？要当公家人了，好事啊，带上阿妈，明天就离开村子。"

那栋老屋分明是挂了铜锁的。当时，我没有看铜锁上的图案。可是，就当我紧闭着眼睛，身体慢慢地和自己的思维分开之时，我清楚地看到，那上面的图案是叉腿站立的大力士的形象。家具能卖的都卖了。还好，阿妈那天没犯病。那时不知道的事情，现在都被我看到了。矮桌是打藏刀的意西给买走的。好多铁锅铝盆，被制黑陶壶的桑周拿走了。不到两个时辰，家里的东西被搬空了。田地，交给了亲戚播种，说好收成要归他。阿妈只拿着阿爸留下的那套红氆氇白舞裤。它们被叠得规规整整，被一块红布给包裹。就这么，我和阿妈来到了县城。护士又推来氧气瓶，她把那罐空的给换掉。扎阔已经走了。现在，我的女儿和我的两个双胞胎小孙女在探视区看着我。两个小孙女时不时地吵闹一下。县城的医院，管理一点也不严。我的女儿，眼睛红红的，连续几个晚上都没睡好，使她的火气变得很大。"吵什么吵，割了你俩的小舌头！"她的右手高高扬起。唉，这个可怜的人什么时候能叫我不操心。我紧闭着眼睛，护士用吸引器，吸我嘴里的痰。那嘶嘶的声音像是有蛇在我的嘴里吐着信子。代西拉毛看着双胞胎女儿，梅萨和拉忠被自己的朋友带走。心里头不由泛起了酸楚。早年的不幸，再次浮现在了心头。她，哎呀，让我说起她的事情有多难。可是，闭着眼睛，我还是看见了她的那个男人。请恕我不提他的名字。他，根本不是人。背着我的女儿，在外拈花惹草。现在，我看到的一切是多么地清楚。那一个个女人的面孔，清晰地在我紧闭的眼前出现。天哪，刚才那个带走我双胞胎孙女的也在其列。代西拉毛，你是离婚了。和我一样的命运不幸地隔代重演。阿爸我，一天天地为你叹息。悲伤时我想起那么多的卓根玛舞步，在客厅狭小的天地里，由不得我不跳。你阿妈，是怎么背叛我的，你问了无数次。现在，我可以讲给你听了。可是你听不到我的声音。我和她，相遇是那么地偶然。——打扫病房的医院清扫工这时走了进来。她带着大口罩，提着一个塑料簸箕，扫把轻拂地面，看不见的微尘其实在泛起。她看到我女儿伤心地站在那里，就说道："姑娘，不要太伤心了，还是在椅子上坐一会儿吧！"说完，她摇了摇头，清理着地面。可是，代西拉毛丝毫未动，她呆呆地看着我眼圈又红了——我面无表情，开始明白阿妈和阿爸吵架时常说的那句：等你死时，你就会知道事情的原委了。我是熬不过明晚的。尽管我紧闭双眼，可还是看见你阿妈，穿着黑袍子甩着红舞袖，在跳卓根玛的舞队里向我微笑。她咧着她的大嘴，舞步踏起的尘土就进到了她的嘴里。她边咳嗽，边看着我笑，一点也不认真。可是，谁能想到她就这么走进了我心里。

她说："领舞，我看到你牦牛般的舞步，就会抑制不住地兴奋！"

我看到自己多多少少是有些高兴！

"那么是说，只要我跳舞你就会兴奋啦？！"

她说："是的！"

我看到自己又在她的面前跳起卓根玛的舞步。

"兴奋了吗？"

她捂嘴咯咯咯地傻笑。

可是，当我向她求婚时，她突然变得严肃了。一连几天都不理我。只到过了好几个月，她才找到我说答应我的求婚。现在，我看到了。那一天，她说完那句话后偷偷地跑到群艺馆后面的白杨树下，抹了一阵眼泪。就这样，我和她结婚了。她生下了代西拉毛这个女儿。可这种美好的日子只持续了六年，有一天她竟然提出离婚。她的理由，说出来真是有些丢脸。她眨了眨乌黑的眼珠，眼睫毛上的一层湿雾，竟然被我紧闭的眼睛再次看到。

她说："我们离婚吧，请你永远都不要责怪我做出这样的决定。因为，我深爱的那个男人不是你。现在，他离婚了，我得和他在一起。对不起，请您答应我吧！"她突然拉住我的手，跪在地上抽泣起来。"求求您了，无论如何也得可怜可怜我！"说着，她用膝盖蹭着地面，往前挪动，继而抱着我的双腿，死死的不撒手。我说："放开！"她越抓越紧。留不住她的心，留她的身体有何用？我看见自己内心的窟窿又打开了。我一动不动，任凭她怎么求情就站在那里，希望自己变成一块石头。可是我永远也变不成一块心硬的石头。"达嘎卓玛，放开手，我答应你离婚，可是不许你带走代西拉毛，你没工作，而我要比你好过些。"就这样，我把代西拉毛留住了。代西拉毛坐在探视区的椅子上，泪珠子像是断了线似的往下掉。我的思维已经和我的身体分开了。我完全感觉不到自己身体的存在了。我，又看见：达嘎卓玛和她的那个男人手拉手从群艺馆的后院走过。那个男人说，"你就这样把我们的亲生女儿给了那个舞痴？！"达嘎卓玛回答："他是个好人会照顾好我们的女儿。"一切都清晰了，原来是这样。我躺在床上。双目紧闭。面无表情。护士又用吸引器吸我嘴里的痰。离婚以后，达嘎卓玛和她的所爱结局并不好，一年后，男人出了车祸，死去。达嘎卓玛伤心地当了尼姑。与此同时，我阿妈的病症加重了。她时不时地要我附耳过来。她说："我看见你阿爸穿着红氆氇白舞裤，来到县城了。他时常躲在墙角偷看我们。""阿妈不要这样乱说好不好，阿爸早该投胎成人了，他不会像你说的那样！""怎么你不相信我？"阿妈头顶上的白发，忽而被风吹得立起。她看了看我，然后慢吞吞地离开。阿妈失踪了。我看到自己是多么地着急，焦急的神色挂在脸上，脑子里一片空白。扎阔馆长发动卓根玛舞队的所有人满县城寻找。可是，没有一个人能把我阿妈给带回来。她去了哪里？一个时而糊涂疯癫时而清醒的人！她，一个老太婆能走多远？我就不信她能跑出县城。可是，我错了。过了三天，当我的寻找已变得漫无目的时，我们村子的一个老乡，带着我的阿妈回来了。"我知道你阿妈的病，见到她一个人出现在村庄山谷里的练舞场，我就猜到八成又犯病了。这不，我亲自把她送回来，省得你着急。""太谢谢你了！"我握着他的手，连连摇晃。"好了，好了，兄弟，换上谁都会这么做，我要走了！"他把手从我的手里挣脱出来，面带微笑，连连挥手告别。之后的几天，阿妈突然清醒了。她坐在藤椅上招呼我过来。我蹲在地上，把头放在她的膝盖上。她摸着我的头，手指时不时从我的头发里穿过。

她说："你阿爸常说，如果人类的第一声啼哭是歌唱。那么在娘肚里的踢踏必是舞蹈无疑。话说回来，舞蹈还是要比歌唱早。"

接着她又说："儿子，你是在凌晨出生的。天空炫耀着它的鱼肚白时，一个红铜颜色的孩子就来到了人世。接生的大婶，连说三声好吉祥。你初试啼声，清亮悠扬，你阿爸高兴地在院子里跳起了卓根玛。这么多年了，卓根玛一代一代在延续。希望你不要辜负了你阿爸，也不要辜负了培养你的那些人。"说完，她看着我笑了笑。嘴巴里已不剩几颗牙了。

我站起身子，说："阿妈，我要上班了！"

她说："去吧！"

我拉着代西拉毛的手，一路上心事重重。心想，阿妈是有点异样，清醒得有点过头了。

直到代西拉毛拉着我的衣角，连声提醒：阿爸，学校到了。我才缓过神来。

　　下班后，我推门回家，看到阿妈深陷在那张藤椅里。膝盖上放着阿爸的那套红氆氇白舞裤。她的手抓着红氆氇衣袖。她的表情是那么地安详。以至我认为她睡着了，便坐在对面的椅子上等她醒来。我不愿搅扰如此安详的睡眠。可是我错了，我的阿妈已在那张藤椅上过世了。我的眼泪哗哗地从眼眶里流了出来，洒在我的胸襟上，我连喊几声阿妈，可是她根本就不搭理我。现在，主治医生带着几个实习医生来查房了，他向护士询问病况，一脸的焦虑。我的女儿代西拉毛眼睛哭得又红又肿。她突然发现我的眼角挂着一滴泪珠，在那里闪闪发亮，一个年轻的护士把它拂去了。主治医生走后，病房里又复归了宁静。代西拉毛在探视区时不时在叹气。唉，叹哪门子的气嘛！都是县民政局的干部了。还像个孩子一样让我操心。我紧闭双眼，面无表情。这时候，扎阔局长推门进来了。他看到代西拉毛红肿的双眼，心疼地说道："你也该休息了。你阿爸的徒弟牙玛今天就到了，下午他要过来看他的根拉。"哦，我的好扎阔，真诚的老朋友。我紧闭双眼，看见：多少次，我们站在一起，荣辱与共。自你上任文化局长的第二年，卓根玛进入全国非物质文化遗产名录。我也获得了卓根玛传承人的称号。那几年，真是风光。我们的卓根玛舞队先后去了北京、上海、深圳等地演出。场场爆满，掌声雷动。最让我高兴的是见到了杨丽萍老师。哎，这不是叹气，这是意犹未尽呀。我一直想让代西拉毛也学卓根玛，可是她不愿学。她只对韩剧感兴趣。后来，你领队，我们卓根玛舞队又去了美国演出。与毛里求斯克里奥人土风舞蹈团同台献艺，演出同样获得了巨大的成功。看看，我家墙上，我与那跳赛卡舞的黑人兄弟那扎努丁的合影。我目视远方，仿佛看到了家乡山谷里那光溜溜的练舞场。

　　他，表情里透出的活泼，代表了克里奥人的精气神。下午，牙玛过来了。他像个孩子一样，坐在探视区的椅子上，将手插到自己的头发里嘤嘤地哭泣。

　　他的眼泪掉在了地上，鼻涕垂得像是胶水瓶里的胶水倒了出来。然后，他猛一吸鼻子，那鼻涕又返回了他的鼻孔。他接过代西拉毛递给他的手绢，手绢上还留有一股浓烈的葱蒜味。他擦完眼泪，又用它狠劲地擦了擦鼻子。我的小徒弟牙玛呀，请不要为我担心，如果我走了，不是还有你吗？根拉，你不能走呀，牙玛在自言自语。你不是答应要和我一起在民间挖掘已失传的那部分卓根玛舞步吗？你不是说，只要工作做到家了，相信还是能复原一些出来的嘛！可是，牙玛呀，我紧闭着眼睛和嘴巴，身体在意识里消失。而意识在不断阔大。我知道：你师哥扎巴上次也来看我了。那个不争气的东西，让我说他什么好！要不是扎阔局长的极力劝说，我在退休之前，是不会收你俩做徒弟的。真是糟糕，自从他办起朗玛厅，就退出了卓根玛舞队，当然也就促成了你的加入。我又紧闭双眼看见他了：

　　是啊，那一天的事情又出现了！扎巴带着一沓钱来找我。他戴着黑墨镜，左手中指上的马鞍形大金戒指闪着财富之光。看哪，他进了门还是向我献了一条哈达，挂在我的脖子上，让我的心里一阵舒服。他说："根拉，徒儿虽然从卓根玛舞队退出了，可是还是心系卓根玛。这不，我不是来请您在我那儿演出嘛！"说完，扎巴舔了舔嘴唇。列位，他真的差点就说动了我。可是当我听说不是带舞队过去，而是我一人，在贵宾厅向一位女老板单独献舞，我拒绝了。"根拉，怎么可以呢！给谁跳不是跳呀。何况人家说了，我是您的大徒弟，一定能请得来您给她跳，她还加钱。"扎巴越说越不像话，我是多么地恼火，情绪得不到控制，我把他轰出了家门。

　　主治医生在下班前又来了。他用手电筒照了照我的瞳孔。然后，把手插在白大褂的口袋里。站在氧气瓶前，神色陡然严肃了起来。他来到探视区对牙玛说："代西拉毛呢？"

　　牙玛回答："我让她回家了。"

　　主治医生神情异样："这时候，由她在这才好！"

　　牙玛说道："她好几个晚上没睡好，得休息一下。"

　　主治医生说道："不知还要昏迷多长时间！"

　　医院的走廊里是他长长的脚步声。

　　我又看到自己在跳卓根玛了。这回不是在山谷光溜溜的练舞场。而是在一片青稞地的中央。那时，我是多么地年轻：三十一岁，也就是刚刚加入我们村子卓根玛舞队的那会儿。我用镰刀，刷刷刷地在青稞地里割出了一个圆形的场地。青稞秆被整齐地归置在一边，一捆一捆地被垒好。那个圆形越来越大。后来，我光着上身把袍袖扎在腰间，这个场子把我引诱的有了要跳卓根玛的欲望。那么跳吧，我唱起美好的说辞，开始缓慢地跳动。这时候，想从中段或者想从后跳起是我的自由。缓慢，脚下的青稞秆在叭叭作响。快速，湿软的田地留下我的脚印。后来加入的人越来越多。村民们帮着我收割，那个圆形的场地越来越大，青稞捆子堆得越来越高。那些让牦牛驮着好多捆青稞捆的人，让牦牛也停下来观看。德雅他嗡嘎谛，嘎谛，波罗嘎谛，波罗森嘎谛，菩提娑婆诃。一个女人念经的声音，突然回旋起来。她让我的视线就此断了。是她来了，没错，是她。老尼姑达嘎卓玛。尽管隔着探视区的那层玻璃，我的意识还是能够感到你的话语。她手里捻动着佛珠，嘴里念动着经文。那诵经的声音，在我的意识里如泉水汩汩流淌。我紧闭双眼，我看见了，她的眼角挂着一滴泪。她停止诵经，轻声说道："这辈子就欠了你的，不知来生能不能还你！"我，不要你还我。我没做什么。虽然我终于知晓代西拉毛不是我亲生女儿。可是，这很重要吗？你一点也没必要自责。如果那样，就不像个出家人了。可是，老尼姑达嘎卓玛根本就听不到我不发声的自说自话。牙玛出去解手又回来了。达嘎卓玛站起身把佛珠放在自己双手的手心里揉了揉，她轻轻地隔着玻璃说道："好人啊，愿熄一切苦，抵达安详。"说完，她走了。达嘎卓玛，说的好呀。我紧闭双眼，看见她出了医院。在医院的门口，她清了清眼角。然后，转身离开。病房里更静了。牙玛，肯定是听到探视区墙上的石英钟滴答滴答的走动声了。他隔着玻璃窗看了看我。我的鼻孔里插着氧气管。嘴里插着呼吸机的管道。他突然感到鼻子一酸，几滴泪水立时就从眼眶里涌了出来。

"根拉，你真的不能丢下我就走了！"那时候，就连石英钟也在倾听牙玛的说道。"你走了，我一跳起卓根玛就会想到你，你不能让我痛苦一辈子呀！"说完，牙玛再次嘤嘤地哭了起来。好小伙子，不要哭了。不要再哭了。你的哭声，让我原本清清楚楚的意识都要乱了。如果我的意识乱了，已没有了身体，那我成了什么？这会让我恐慌的。可是，牙玛根本就不管这些，他继续哭着，眼泪一把鼻涕一把的。"根拉，我可需要你的指引。不像师哥，他现在翅膀硬了，开了个郎玛厅，就糟蹋我们的卓根玛。"是啊，这我是知道的。扎巴，手捧哈达的家伙。既然他能把哈达作为敛财的道具，那么卓根玛为什么就不会被他用来招揽观光的游客。我看见了。他的朗玛厅里灯火辉煌，来自各地的游客脖子上挂着哈达，想要一睹卓根玛的风采。看哪，扎巴组建的卓根玛六人舞队登场了。像是那么回事，随着音乐，顺时针方向转动。步伐缓慢，可是转身的动作却加入了新潮锅庄的元素。篡改，简直是想毁了这古老的舞蹈。听听那唱词，不伦不类，哗众取宠，我真想大声地喝斥。突然牙玛再次哭喊起来，根拉呀你不能走啊！我的女儿又回来了，她也大声哭了起来。我紧闭着双眼。夜，黑沉沉的。把县城笼罩在它之下，让你不敢对它妄下断言。代西拉毛，带着哭腔还在絮絮叨叨，"阿爸，你不能丢下我就走了！你的两个小孙女还在家里等着你呐！"哦，我的两个小孙女：梅萨和拉忠。我看见了，你俩睡得是多么的香甜。梅萨的嘴角还挂着米粒大的笑意。她梦见了自己在跳舞了。我的小孙女哟，你身穿黑袍，舒展红袖，卓根玛的舞步，由缓到快，脸上的微笑，在空气中打开。唉，阿尼我再也不能教你了。还有拉忠，你会一夜无梦，那小小的呼噜拉得真是有节有致，不可小觑。屋子里黑漆漆的，我的那些获奖证书，卓根玛传承人的证书躺在抽屉里，让我想念不已。都什么时候了，该放下了！

护士又用吸引器吸我嘴里的痰，给我挂上了点滴。监护室里，我身上接着的管道凌乱不已。

我紧闭双眼，看见：阿爸和阿妈手拉手站在村子那光溜溜的练舞场向我招手。满天的星光落在我家那破败的院子里。我，是多么地不简单。身上没有任何跳舞的装束。我打开双手。我拔腿像牦牛一样迈步，心里头那美好的唱词，又升了上来，我又跳起了古老的卓根玛。这时，心电监护仪发出嘟嘟嘟嘟的报警。监护仪上显示我的心跳为零。护士有条不紊地配合主治医生使用心脏电击除颤。可是时候到了，一切都是那么地清清楚楚，明明白白。再过十五分钟，我就要死了。

《 金小说 2013.12 月上》

جوگېنما

جىياگىياڭ سايراك

ماڭا ئىشەنگىنىكى، ئۇ چاغدا سەيزگۆرۇۋمنى يوقاتمىغان ئىدىم. مەن كۆزلىرىمنى چىڭ يۇمۇپ كارۇئاتىنىڭ ئۈستىدە ياتاتتىم، يۈرەك رەپتىمىم ئاستىنلىغان ئىدى. بۇ چاغدىكى مەن نېمە دېگەن قالتىش هە!، ئۇتمۇشتىكى تاغۇ-دەرياللارنى ۋە يەنە باللىق چاغلىرىمنى كۆرەلىگەن ئىدىم. تەڭرىم! مەن نېمە دېگەن ئۇماق ۋە چىرايلىق هە! پۇتتۇمغا توتتوق قىزىل رەڭلىك قونجىغا، ئاق-قىزىل ئارلاش ئاياق يېپى باغلانغان زاگزۇ چورۇۋقى كىيگەن ئىدىم. يىپ دائىم چورۇۋقنىڭ قونجىغا بىر قانچە قېتىم يۇڭگىلىپ چىڭ باغلىناتتى. ئاۋال ئاستا ئارقىدىنلا تېز سۈرەتتە پەشۇۋا پۈتتىپ، ئاتا-ئانام ۋە ئىنلاھىي تاغىنىڭ ئالدىدا، ياش

يېگىتكە ئوخشاش، جوگبىمانىڭ رېتمى بىلەن ئىككى بىلەكنى كەڭ يېيىپ، خۇددى قۇتازدەك قەدەم تاشلاپ ئۇسۇل ئوينايتىم. ئاھ تەكرىم!، مەن كارۋاتتا يېتىپ ئۇ چاغدىكى ئۆزەمنى كۆز ئالدىمغا كەلتۈرۈۋاتقان ئىدىم، يەنتە ياشلىق بالنىڭ گۈدەك قەلبىدە، قەدەمقى ئاناكنىڭ غىڭشىغان ئاۋازى، ناخشا تېكستى ئۇنتۇلغان بولسمۇ، قەلبىدە گويا مېنىڭ ئۇسۇل شەكىلمگە ئوخشاش رېتمىلار جانلىنىاتتى. جوگبىما، مەن كىلاسسك جوگبىما ئۇسۇلنى ئوينىماقتا ئىدىم. تاغ جىلبىغسىدا، تۇنجى قېتىم ئاتا-ئانامغا ئۇينىاپ بەرىپ، ئۇلارنى ھاياجانغا سالغان ئىدىم. «ئاھ تەكرىم! كىممۇ ئۇنى بۇنداق ياخشى ئوينىيالايدۇ دەپ ئويلايدۇ!» دەپ، ئانام ھاياجاندىن ئىككى قولى بىلەن ئاغزىنى تۇتۇۋپلا قالدى. كۆز گىرۋەكلىردە تۆۋۈقسىز ياش تامچىسى پەيدا بولغان ئىدى. مەن، ماختاش ۋە ئالقىشلارنى ئاڭلىدىم. يۈزلرسمنى تەبەسسۈم قاپلاپ، ھەركەتلرسمدە بىراز كۆز-قىلش ئېلمىنتلرى پەيدا بولۇشقا باشلىدى. دادام توساتتىن ۋاقىراپ، «توختىتىڭلار، بولمسا ئوت-چۆپلەرنى ۋەيران قىلسىسلەر!» مەن ئۆتمۈشتىكى ۋاقىرغان ئاۋازدىن دەرھالال ھازىرقى رېئاللىققا قايتىپ كەلدىم.

مېنىڭ قەلبىم سەگەك ئىدى. ماڭا ئىشىننىگۈلارىكى مېنىڭ سىزىسمم بار ئىدى. مەن كارۋاتتا ياتقىلى بىر يىلدىن ئاشتى. 65 يېشىمدا توساتتىنلا توساتتىنلا كېسەل سەۋۈبتىن ئۆرۈن تۇتۇپ يېتىپ قالدىم، دوختۇرخاندا شۇنچە ئۇزۇن داۋالانغان بولساممۇ، لېبكن ئەڭ ئاخىرقى كەسەللىك ئەھۋالىم مېنى كارۋاتتا ئۆلۈمنى كۈتۈپ يېتىشقا ھۆكۈم قىلغان ئىدى. يېرىم پالەچ، بۇرەك ئاستا-ئاستا زېئىپلىشىپ، يۈرەكمكنىڭ سوقىشى ئاجىزلاپ كەتكەن ئىدى. قان بىسىمسم تۆرۈپ تۆرۈپ گويا لاجىندەك ئۇرلەپ كەتكەن ئىدى. ئۇ خۇددى كونا دوستۇممدەك دائىم مېنى يوقلاپ ئاۋارە قىلىپ تۇرىدۇ. «ئېبىسىكدە چىڭ تۆت. ئۇسۇلدا قەدەممەر مەزمۇت بولىشى كېرەك.» دادام توساتتىن كاڭ تەرمەتىكى قوي تەبرسى ئۇستىدىن مېكىپ كېلىپ، ماڭا ھەر بىر ھەركەتنى ئايرىم-ئايرىم كۆرسىتىشكە باشلايتتى. ئۇنىڭ بىر قولى ئىچكى كۆتۈرۈلۈپ، بىلەكلەر يېيىلىپ، تۇكلۈكتەن توپ-توز كىرگەن نۇر، ئۇنىڭ ئىچىلغان بىلەكلىرى ئۇنتۇرسىدىن يەرگە چۈشەتتى ۋە يەرنى دەسسەپ تۇرغان پۇتنىڭ ئالدىدا بىر يورۇقلۇق نوقتىسى ھاسىل قىلاتتى. دادام كۆتۈرۈلگەن پۇتىنى يەرگە قويدى، يەر زېمىن ئۇنىڭ ماڭا ئۆگەتكەنلىرسىننى قۇلاق سېلىپ ئاڭلاپ تۇراتتى. ئۇ ماڭا نۇرغۇن گەپ قىلدى، ئاياقنىڭ يەرگە ئۇرۇلغان ئاۋازى قۇلاق تۆرۈمدىلا ياڭراپ تۇراتتى. ئۆزۈم كارۋاتتا ياتقان بولساممۇ، كۆزلرسمرم چىڭ يۈمۈلگەن بولسمۇ، ئۇ ئاۋاز گويا چوڭقۇر بىر ئۆككۈردىن چىقىپ، قەلبىمنىڭ بوشلۇقلرىسرغا كىرگەندەك ھېس قىلاتتىم. مەن جوگبىما ئۇسۇلى ئوينىغۇئۇچىنىڭ قانچنچى ئەۋلادى؟ بۇنى، خۇددى دادام ئۇزىننىڭ بوۋسىدىن بۇ قەدەمقى ئۇسۇلنى ئۆگەنگەندە، ئۇزىننىڭ قانچنچى ئەۋلاد ئۇسۇلچى ئىكەنلىكنى بىلمەگەندەك، مەنمۇ بىلمەيمەن. بوۋىسى دادامغا: «جوگبىما ئۇسۇلنى ياخشى ئوينىغىن!» دەپلا بىشى سېپگىايان بولۇپ، ئاخىرى ئۆنىڭ روھى بەدىننىدىن ئايرىلغان ئىدى. ئەممە، مېنىڭ دادام ۋاپات بولۇش ئالدىدا، ماڭا جوگبىما ئۇسۇلى ھەققىدە بىر نەرسە دېيىشنى ئويلاپ باقمىدى، ئۇ پەقەت قولنى ئۇزۇۋتۇپ مەن بىلەن قول ئېلىشپ كۆرۈشپ قويدى، ئاندىن ئۇ قول تۆۋۈقسىزلا بوشاپ، ئۇ دۇنياغا سەپەر قىلغان ئىدى. مانا ھازىر، مەن كارۋات ئۇستىدە،

ئاغزىمغا نەپىس ئالغۇزۇش ماشىنىسىنىڭ نەيچىسى سېپىلىنغان، يۈرەك رېتمىمنى كۆزەتكۈچى ئەسۋاپ كارۋاتقا بېشىغا قويۇلغان ئىدى. ئۇكسىگېن نەيچىسى بۇرنۇم ئىچىدە تۇراتتى. بىلكىمدە بىگنە تىقىلغان، پىلاستىك خالتا ئىچىدىكى دورا سۇيۇقلىقى، جوگبىما ئۇسۇل رېتمىمدىنمۇ ئاستا ئېقىۋاتاتتى. مەدەنىيەت ئىدارىسىدىن جاكو باشلىق مېنى دوختۇرخانىنىڭ بەغىر كېسەللىكلەرنى كۆزۈتۈش ئۆيىگە ئاپىرىپ قويغان ئىدى. ئۇنىڭ ئالدىدا، مەن بۇ دوختۇرخانىنىڭ يۇقىرى دەرىجلىك كەسەل كادرلار ياتقاندا تۇرغان ئىدىم، بۇنىمۇ ئۇ ئالاقلاشقان ئىدى. دوختۇرخانىدا ئۇزۇن مۇددەت ياتقاندىن كېيىنلا ئائىلە كەسەل ياتقىغا ئۆزگەرتىلگەن ئىدى. ئەمما، بۇ قېتىم ناھىيىلىك دوختۇرخانىغا، مەن يەنە قايتىپ كەلدىم.

كۆپچىلىك، ماڭا ئىشىنىگلارىكى مېنىڭ خىياللىرىم ھەققىقەت. مەن كارۋاتتا يېتىپ، ئۆزىمنىڭ تاغ جىلىغىسىدا ئۇسۇل ئۈينىغانلىقمنى كۆردۈم. ياش ۋاقتىمدىكى مەن، دادام ئۆلۈپ كېتىپ 7749، كۆندىن كېيىن تۈيۈقسىز، ئۆزۈم يالغۇز تاغ جىلىغىسىغا كەلدىم. ئۇسۇل مەشىق قىلىدىغان مەيداندىكى دادامنىڭ ئاياق ئىزلىرىنى كۆرۈپ، مەن ئۇ ئاياق ئىزلىرىغا قەدەممۇ قەدەم ئەگىشىپ خۇددى ئۇنىڭ روھىنى مېنىڭ بەدىنىمگە كىرىۋالغاندەك، مەن پۈتۈنلۈرۈمنى ئېنىز تېپىپ، دادامنىڭ ئاياق ئىزلىرى پۈتۈنلەي بۇزۇلغىنچە ئۆستىگە دەسسەپ ئۆزەمنىڭ ئاياق ئىزلىرىنى قالدۇردۇم. ئۇ ئۇسۇل مەيدانى قۇپ قۇرۇق بوپ قالدى.

يېزىمىزدىكى جوگبىما ئۇسۇل ئۈنىرىتى، دادام كەم بولغان ئەھۋال ئاستىدا، يېشىم 30 دىن ئاشقاندىن كېيىنلا مېنىڭ قاتىنىشىشىمغا رۇخسەت قىلدى. شۇنداق قىلىپ، مېنىڭ جوگبىما ئۇسۇلنى ئۈينايدىغان نامىم تېخىمۇ جاراڭلىق ياڭراشقا باشلىدى.

«ناۋۇ جوجيا لادىگىنىڭ ئوغلى، قاراگىلار ئۇ ئۇسۇلنى ھەققىقەتەن دادىسىدىن دادىسۇلۇپبىدا چىرايلىق ئۈينايدىكەن»

«مەنچە ئۇ دادىسىدىنمۇ ياخشى ئۈينايدىكەن.»، «مەنچىغۇ ئىككىسىلا ياخشى ئۈينايدىكەن.

«ئادەم ۋايات بولدى، ئۆلگەن ئادەمنىڭ ئادەمنىڭ ئىسمىنى تىلغا ئالماگىلار، ئۇنىڭ ئوغلى ئۇنىڭغا ئوخشاشلا مېنى ھاياجانغا سالدۇ.»

ئۇلار ۋاراڭ چۇرۇڭ قىلىشاتتى مەن بولسام كارۋاتتا، كۆزۈم چىڭ يۇمۇلغان، قاپىقىم توختىماي تارتاتتى.

جاكو باشلىق چۇشتىن كېيىن مېنى كۆرگىلى كەلدى. ئۇ جىمجىتلىق بىلەن كۆزۈتۈش رايونىنىڭ ئىنىكى ئالدىدا تۇراتتى. ئۇنىڭ سايىسى ئەينەكتىن ئۈتۈپ ئۈستۈمگە چۈشۈپ تۇراتتى. مەن ئۇنىڭ كەلگەنلىكنى بىلدىم. جاكو، سۆيۈملۈك جاكو. ئۇزۇن يىللىق قەدىناس بۇرادىرىم، ئۇ بېشىمنى تۆۋەن سېلىپ ماڭا قاراپ تۇراتتى، ئۇنىڭ كۆزى داۋاملىق مېنىڭ يۈزۈمگە تىكىلىپ قاراپ تۇراتتى. ئۇ خىزمەت سوممكسىنى كۆزۈتۈش رايونىدىكى ئۇزۇن ئورۇندۇقنىڭ ئۈستىگە قويدى. ئاندىن، قولى بىلەن كۆزرنى ۋە ئاستىنى ئۇۋۇلاپ قويۇپ، ئۆز-ئۆزىگە گەپ قىلىپ كەتتى.

«بۇرادەر، مەن ئەينى ۋاقىتتا سەندىن جوگبىما ئۇسۇلنى قەدەمقىي ئۈيناش شەكىلىنىڭ نېمىشقا ھازىرقى زامان كىشىلىرىنى ئۆزىگە بۇقدەم جەلپپ قىلدۇڭ؟ -دەپ سورىسام، سەن كۈلۈپ قويۇپلا

قويۇپ، بۇ سوئالمغا ھېچ جاۋاب بەرمىگەن ئىدىڭ. ئەمما ھازىر جاۋاب بەرمسەكمۇ بولىدۇ. مەنچە مەن بۇنى چۈشەندىم، ئۇ بولسىمۇ، چوڭبىنما ئۇسۇلىنىڭ ئۇلۇغلىقىدۇر!» جاكو گەپ قىلىپ بۇ يەرگە كەلگەندە سەل توختاپ قالدى. ئۇنىڭ بۇ توختىشى، گويا تىلىنى ساندۇققا سېلىپ قۇلۇپلا قويغاندەك ئوخشايتتى. كېيىنكى ئۇن نەچچە مىنۇتتا ئۇ بىراقلا جىمىپ كەتتى. مەنمۇ جىمجىت ئىدىم. جاكو باشقا گەپ قىلغىن، بىر قانچە يىلدىن بۇيان سېنى كۆپ قېتىم تەگكەلكتە قويدۇم. مېنىڭ ساڭا رەھمەتىمنى يەتكۈزگىلى قويغىن. لېكىن، مۇشۇنداق كارۋات ئۈستىدە يېتىپ، كۆڭلۈمدىكىنى ئېغىزىمدا دېيەلمەيمەن. ئۇلارنىڭ تىلى بىلەن ئېيتقاندا، مەن ھوشسىز ئىدىم. كۆپچىلىكنىڭ ھەممىسى مېنىڭ ھوشۇمغا كېلىشىمنى كۈتۈپ تۇرۇشماقتا! ئەمما ئۇلار مېنىڭ ئەس-ھوشۇمنىڭ جايىدا ئىكەنلىكىنى بىلمەيدۇ. كۆزۈمنى چىڭ يۇمۇۋالغان بولساممۇ، قەلبىم سەگەك. بىر، ئىككىگە كۆن ياكى ئەمكى كۆپ بولسا ئۈچ كۈن ئىچىدە، مەن چوقۇم بۇ دۇنيادىن ئايرىلىدىغاندەك قىلىمەن. مېنىڭ ئۇ يۇمۇقلۇق كۆزۈم تۆۋۈقسىز يەنە ئۆزمىمنىڭ ئۇسۇل گۆرۈپپېسىنى كۆرۈپ قالدى. ئەر-ئايال ئۇسۇل ئەنتىرى ئاستا ناخشىغا ئاستا ئۇسۇل ئويناۋاتاتتى. قاراڭ! مېنىڭ ئۇسۇل قەدەملىرىم گويا قوتازغا ئوخشايتتى. ئەر-ئايال ئۇسۇل گۆرۈپپېسى تىز ناخشىغا تىز ئۇسۇل ئويىنىغاندا، مېنىڭ يۈرۈكىم خۇددى قەمىزدىن سەكرەپ چىقىپ نەيمە بولۇۋاتقانلىقىنى كۆرۈپ باقىدىغاندەك قالاتتى. ئاشۇ قېتىملىق مىللچە مەدەنىيەت-سەنئەت ئۇيۇنىنى كۆرسىتىش پائىتىدە، جاكونىڭ ماڭا كۆزى چۈشكەن ئىدى. نەسسىمنى دېمەيلا قويغىن، ئۇلۇشكە ناز قالغان ئىناز ئادەمگە ئادەمنىڭ نەسسىمنى ئويلاشنىڭ كېرىكى بارمىتى؟! ئۇ قېتىم، جاكو بىرىنچى قېتىم مېنى نەزلەپ پاراگلاشقان ئىدى. مەن ئۇستىمگە پۇلۇدىن تىكىلگەن ئۇسۇل كىيىمى كىيگەن ئىدىم، ئاستىمغا ئاق رەڭلىك چوڭ ئېنغلىق ئىشتان كىيگەن ئىدىم. پۇتۇمدا يۇمشاق قونجۇلۇق زاڭزۇ چورۇقى بار ئىدى. ئاق رەڭلىك ئۇسۇل ئۇچۇن ئالاھىدە يەڭگىنىڭ بېرسى ساڭگىلاپ تۇراتتى، يەنە بىرسىنى بولسا قولۇمدا تۇتۇۋالغان ئىدىم. بېشىمغا كاكىلا قەھرىمانلىرىنىڭ چاچ تۈگۈنى ئۇلاغلىق ئىدى. مەن جاكونىڭ ئىشخانىسىغا ئىشكىلداپ كىرىپ كەلدىم. ئەينى چاغدا، ئۇ مەدەنىيەت ئىدارىسىنىڭ باشلىقى ئەمەس، ئاممىۋى سەنئەت سارىيىنىڭ باشلىقى ئىدى. ئۇ ماڭا: گۈنلا، ئاممىۋى سەنئەت سارىيىغا كېلىپ ئىشلىگۈڭ بارمۇ؟ ساڭا ئوخشاش مەدەنىيەت-سەنئەت قابلىيىتى بارلار تېزلا رەسمىيلەشلەمەيدۇ.ـدېگەن ئىدى. مەن تۆۋرغان يېرىمدە گاڭگىرداپلا تۇرۇپ قالغان ئىدىم. جاكو سۆزىنى داۋاملاشتۇرۇپ: ئەگەر سەن بۇ يەرگە كەلسەڭ، سېنىڭ رولۇڭ تېخىمۇ زور بولىدۇ. مەن زادى نېمە دەپ جاۋاب بەرسەم بولار؟! يارىماس. مەن، بىزنىڭ يېزىنى، تاغ جىلغىسىدىكى كۆزدىن غايىپ بولغان ئۇسۇل مەشىق قىلىش مەيدانىنى ئويلىۋىدۇم. مەن يەنە ئانام ماڭا ئۈگەتكەن كۆپلەرمۇ دېگەنلەرنىمۇ ئويلىۋىدۇم. مەن چاچ تۈگۈنىنى ئاستىمدىن بېشىمنى قاشلىدىم، بۇ ھەرىكەت ئۆزەمنىڭ ئەسلى مەنسىنى يوقاتقان ئىدى. بۇ چاغدا مەن ئۆزەمنىڭ جاكونىڭ ئالدىدا ئويلاندىن-بۇيانغا ماڭغان ھالدا كۆردۈم، يېنىمدا ئادەم بولمىغان بولسا، قەدەملىرىم ئىختىيارسىز چوڭبىنما ئۇسۇلغا كەتكەن بولاتتى. جاكو بىر ئېغىزمۇ گەپ قىلماي، مېنىڭ بىر قانچە قېتىم يۈرۈشمگە قاراپ تۇردى.

مەن ماڭغاچ: «ھەي، مەن ساڭا ھازىرلا جاۋاب بېرەلمەيمەن! سەن ماڭا بىر ۋاقىت بەلگىلەپ بەرسەڭ قانداق؟»، جاكو ماڭا ئۈچ بارمىقىنى كۆرسەتتىپ: «ئۈچ كۈن.» ئەمما، مەن ئانامغا قانداق دېپىشنمنى بىلمەيمە قالغان ئىدىم. ئانام كونا ئۈينىڭ كۆلەڭگىسىدە يالغۇز ئولتۇراتتى، ئۇنىڭ بېشى ئۈستىدىكى قىزىل بايراق شۇنچىلىك روھسىزكى، ئۇ لەپىلدىمەيتتى، ئۇنىڭ كۆلەڭگىسى روھلۇق ئانما جانسىز كۆرۈنەتتى. ئانامنىڭ بېشىدىكى ئاق چاچلىرى خۇددى كونرىدى كونراپ قالغان كېپىگىزگە ئوخشاپ قالغان ئىدى. ناھ تەكۈرىم! مەندە ھېچ قاچان بۇنداق ھېسسىيات بولۇپ باقىقان ئەمەس ئىدى. ئۇ، ئۇ يەردىلا ئولتۇرغاچقا ئاستا-ئاستا ئۇنىڭغا ئۇنىڭغا تاغ ئىلاھى باققاۋۇلى دېگەن لەقەم قويۇلۇپ قالغان ئىدى. ھەر قېتىم بىرسى ئۇ لەقەم بىلەن چاقىرغاندا، ئۇ كۆلۈمسىرەپ، چوشۇپ ئازلا قالغان چىشنى كۆرسەتتى. ئۇ چىشلارنى، ھازىر مەن ئۇپمۇ-ئوچۇق كۆرگەن ئىدىم. ئۈستىدە يەنتتە، ئاستىدا سەككىزلا چىش قالغان ئىدى. دادام ۋاپات بولغاندىن كېيىن، ئۇ بىر خىل غەلىتىلا بولۇپ قالغان ئىدى. تەپەككۈرى بەزىدە ئوچۇق بەزىدە نوچۇق ئەمەس ئىدى. ئۇ ئۈينىڭ كۆلەڭگىسىدە ئولتۇرۇپ ماڭا: «مەن دادادىڭ ئۈينىڭ بولۇغىدىن بىزگە يوشۇرۇن قاراپ تۇرغانلقىنى كۆردۈم. سەن ئىشكنى چىڭ تاقاپ قوي، ئۇ باردىدىغان يېرىگە بارسۇن، ئۆيگە كىرمىسۇن.» دەپلا ئۇ ئۆيگە كىرىپ كەتتى. لېكىن ئۆزۈن ئۇتمەيىلا، ئۇ يەنە ئۆيدىن چىقىپ، تاغ جىلغىسىدىكى ئۇ ھېچكىم يوق ئۇسۇل مەيدانى تەرەپكە قاراپ يۈرۈپ كەتتى. «سېنىڭ داداڭ مېنى چاقىرۇۋاتىدۇ! بەلكى مەن بىلەن مەسلىھەتلىشىدىغان مۇھىم ئىشى بولىشى مۇمكىن، سەن قايتىپ كەت، ماڭا ئەگەشمە!» مەن قانداقمۇ خاترجەم بولالاي. ئۇ يەنە ئارقىغا قاراپ: «سەن گەرچە جوگىبمە ئۇسۇللىرىنىڭ ئاستا قەدەمنى تاشلاپ ماكساككۆمۇ، مەن ئۇنى ھەس قىلالايمەن، ئۇغلۇم ئۇتۇنۇپ قالاي، قايتىپ كەتكىن!» دېيتتى. مەن يەنە ئۇزاقتىن ئۇنىڭغا ئەگىشىپ ماڭاتتىم. تاغ جىلغىسىنىڭ شامىلى ماڭا قىلچىمۇ رەھىم قىلماي، كۆزلىرىمنى يۇمغۇزىۋۇ ئەتكەن ئىدى. دەل شۇ چاغدا، ئانام تۇيۇقسىز غايىپ بولدى. كۆپچىلىك مەندەك جىدىيلىشىپ كەتمەكلار. گەرچە مەن بۇ يەردە ئاۋاز چىقىرساقما بولمايدىغانلقىنى بىلسەممۇ، ئۆز-ئۆزەمگە گەپ قىلغاچقا ھېچكىم ئاڭلىمايدۇ. شۇنداقتىمۇ، مەن يەنىلا گېپىمنى قىلۇرۇغەي. ھازىرى مېنىڭ بەدىنىم ئاغرىماي دۇ. ھەتتا، پۇت-قولۇمنىڭ مەۋجۇتلىقنىمۇ ھېس قىلالمايمەن. ئەمما تەپەككۈرۈم بارغانسېرى ئېچىلىپ كەتتى، ھېچ قاچان بۇنداق ئېنىق بولغان ئەمەس ئىدى. مەسئۇل دوختۇر كېرىپ كەلدى، سىستېرا يەنە ماڭا ئاسما ئاستى، بىراز ئامۇنا كەسلاتاسى ۋە بىراز ئۇقسىل. ئۇ ئىنچىكە قوللىرى بىلەن كۆرۈمنى ئېچىپ، قول چىرغى بىلەن كۆز قارچۇغۇمنى يورۇتتى. ئۇنىڭدىن كېيىن، مەسئۇل دوختۇر: «بىرەر ئىش بولسا دەرھال ماڭا خەۋەر قىل.» دېدى. ئەلۋەتتە، ئۇ ئىشتىن چۈلكشكەن ئىدى. جاكو، سەن كەتمەمسەن؟ جاكونىڭ كەتكۈسى بارىدەك ئەمەس ئىدى. ئۇ كۆزۈزۇتۆش رايۇنىدا ئولتۇراتتى. مېنىڭ كېيسەل كارۋىتىندا سەڭگەك ياتقىنىمدىن ھەتتا ھەر قانداق ۋاقىتتىكىدىنمۇ ئەقىللىق ئىكەنلكمدىن ھېچ خەۋەرى يوق ئىدى. مېنىڭ ئانام كۆزۈزۇمدىن غايىپ بولغاندىن كېيىن، مەن ئۇنى تاغ جىلغىسىنىڭ سىرتىدىكى كەلگەن يولدىن يېزىمسزغا قايتىدىغان ئاچا يولنىڭ ئۈغزىدا خېلى ساقلىدىم. سول تەرەپتىكى چېڭىر يول تاغ جىلغىسىغا تۆۋۆشاتتى. ئۇڭ تەرەپتىكى

بولسا مانى تاش دۆۆسى ئىدى. بىر سائەت ئۆتتى—توغرا، مەن كارۋاتتا ياتقان بولساممۇ ۋاقتنىڭ ئۆتۈشگە يەنىلا پەرقسىز سەزگۈر ئىدىم.—ئۇ دەل ئالدىمغا قايتىپ كەلدى.

«ئانا، سەن دادامنىڭ روھىنى كۆردىڭمۇ؟»، ئانامنىڭ يۈزى بىردىنلا قورقۇنچقا تولغان ھالدا، «ئوغلۇم سەن نېمە دەيدىغانسەن، سېنىڭ داداڭ بالدۇرلا قايتىدىن دۇنياغا كېلىپ بولغان !» دېدى. ئانامنىڭ بىردەم سەگەكلىشىپ بىردەم دېۋمەكلىشىشى، مېنى ناھايىتى ئازاپلايتتى.

«ئانا، ئاممۇئۇى سەنئەت سارىيى مېنى خىزمەتكە ئورۇنلاشتۇرماقچى، ئۈيلىۋۈشۈم ئۈچۈن ئۈچ كۈن مۆھلەت بەردى، سەنچە مەن قانداق قىلاي؟»

«ئوغلۇم، بۇ ئۈيلۈنىدىغان ئىشىمۇ؟ دۆلەتنىڭ خادىمى بولساڭ، ياخشى ئىش بوپتۇ، ئاناڭنى ئال، ئەنتىلا يېزىدىن ئايرىلايلى.»

ئۇ كونا ئۆيگە ئەينقىلا مىس قۇلۇپ ئېسىقلىق ئىدى. ئەينى چاغدا، مەن مىس قۇلۇپنىڭ ئۈستىدىكى رەسمىنى كۆرمىگەن ئىدىم. لېكىن دەل كۆزۈم چىڭ يۇمۇۇقلۇق تۇرغان ھالدا، بەدەنىم ئاستا-ئاستا، ئۆزەمنىڭ تەپەككۇردىن ئايرىلىدىغان چاغدا، مەن ئۇ رەسمىنىڭ پۇتىنى قايچىلاشتۇرۇپ ئۆرە تۇرغان پالۋاننىڭ رەسمىنى ئىكەنلىكنى ئېنىق كۆرگەن ئىدىم. ئۆي-جازىلرنىڭ ساقتلى بولغانلىرىنىڭ ھەممىسىنى ساتتۇق. ياخشىسى، ئۇ كۈنى ئانامنىڭ كېپسىلى قوزغالمىدى. ئۇ چاغدا بىلمىگەن ئىشلارنىڭ ھەممىسىنى ھازىر كۆرمەلدىم. پاكار شەرمنى زاكزۇ پىچغى ياسايدىغان يىشى سېپتۇۋالدى. كۆپۈنچى تۆمۇر قازان، ئاليۇمىن پەتتۇسلارنى، قارا لاي چوگۈنى ياسايدىغان ساگجۇ كەتتى. ئىككى سائەتكە يەتمىگەندىلا ۋاقىت ئىچىدىلا، ئۆيدىكى نەرسلەرنىڭ ھەممىسىنى سېتىلىپ بولدى. يەرلەرنى تۆگقانىلارغا تېرىش ئۈچۈن بىرلدى، ھوسۇل ئۆنىمىگا تەۋە بولىدىغان بولدى. ئانام پەقەتلا، دادامدىن قالغان قىزىل چاپان يۇك چاپان ۋە ئاق ئۇسۇل ئىشتىننى سېتىپ قالدى. ئۇلار رەتلىك قاتلنىپ، بىر قىزىل رەختكە ئورالدى. شۇنداق قىلىپ، مەن ۋە ئانام ناھىيە بازىرىغا يېتىپ كەلدۇق. سېپىسترا يەنە ئوكسىگىن شىشىسىنى ئېپتترىپ كېلىپ، ئۆنى بوشالغان بىرگە ئالماشتۇرۇپ قويدى. جاكو قايتىپ كەتتى. ھازىر، مېنىڭ قىزىم بىلەن مېنىڭ ئىككى قوش كىزەك نەۋرە قىزىم كۆززۈتۈش رايۇنىدا ماگا قاراپ تۇراتتى. ئىككى نەۋرە قىزىم تۆرۈپ-تۆرۈپ چۆقۇرشۇپ قوياتتى. ناھىيە بازىرى دوختۇرخانىسنىڭ باشقۇرۇش تۈزۈمى چىكلا ئەمەس ئىدى. مېنىڭ قىزىمنىڭ كۆزلىرى قىزىرىپ كەتكەن بولۇپ، بىر قانچە كۈندىن بۇيان ئاخشاملىرى ياخشى ئۇخلىيالمىغاچقا خۇيى تەبخمۇ چۈسلۈشۈپ كەتكەن ئىدى. «نېمىگە چۆقۇرشۇسەن، ئىككىكگنىڭ تىنلنى كېپسۇۋېتمەن بىكار!» ئۆنىڭ ئۇك قولى ئىنگىز كۆتۈرۈلدى. ھەي، بۇ بىچارە ئادەم قاچان مېنىڭ كۆگلۈمنى خاترىجەم قىلار.مەن كۆزلىرىمنى مەھكەم يۇمۇۋالدىم. سېپىسترا سۈمۈرتۈش ماشىنسىنى بىلەن ئېغىزىمدىكى بەلغەمنى تارتنپ چىقاردى.ئاشۇ ئاۋاز خۇددى يىلان نەشتەرىنى ئاغزىمغا تەققاندەكلا بىلىنمەتتى. دەشراما قوشكىزەك قىزلىرغا قاراۋاتىدۇؤ، مېيسا بىلەن لاجۇگنى دوستلىرى بىلىپ كەتتى. يۈركەم ئىختىيارسىزلا ئېپچىشماقتا، بۇرۇنقى كۆگۈلسىزلىك قەلب ئىبكرانىمدا قايتا زاھىر بولۇشقا باشلىدى. ئۇ، ھەي، ئۆنىڭ ئىشىشلرنى تېلغا ئېبلىش ماگا تولىمۇ تەس

كەبلىدۇ، لېكىن كۆزلىرىمنى يۇمۇۋشۇم بىلەن تەڭلا ئۇنىڭ ھەيۋەتلىك يىگىتنىڭ كۆردۈم، ئۇنىڭ ئىسمىنى تىلغا ئالمىغانلىقىمنى كەچۈرگەيسىلەر. ئۇ ئادەم ئەمەس، قىزىمدىن يوشۇرۇن سىرتتا ئىشرەتكە ئۆزىنى ئاتىدى. ھازىر مەن ھەممىنى شۇنچىلىك ئېنىق كۆرىۋاتىمەن، ئاشۇ ئاياللارنىڭ چىرايى بىر-بىرلەپ مېنىڭ يۇمۇلغان كۆزلىرىم ئالدىدا نامايەن بولۇۋاتىدۇ ۋاي تەكرەم، مېنىڭ قوشكېزەك نەۋرىلىرىمنى ئېلىپ كەتكەن بايىقى ئايالمۇ بار. دەشراما سەنمۇ نىكاھتىن ئاجراشتىڭ، مېنىڭككە ئوخشاش بەختسىزلىك سەندە قايتا كۆرۈلدى. قىزىم، ئاتاڭ سەن ئۈچۈن كۆندە ئۇھ سىنۇۋاتىدۇ، ئازابلانغان چاغلىرىمدا شۇ قەدەر كۆپ جوگىنما ئۇسۇل قەدەملىرىنى ئويلايمەن، مېھمانساراردا كەچىككىنە يەر بار بولسىمۇ بۇ ئۇسۇلنى ئوينىماي تۇرالمايمەن. سەن دائىم ئاناڭنىڭ مەندىن قانداق يۈز ئۆرگەنلىكنى سورايتتىڭ، مەن ساڭا دەپ بەرسەم بولدۇ، لېكىن سەن ئاڭلىيالمايسەن. مەن ئۇنىڭ بىلەن تاساددىپىيلىق ئىچىدە تونۇشقان.

كېسەلخانىنى تازلايدىغان تازىلىقچى كىرىپ كەلدى، ئۇ ماسكا تاقىۋالغان بولۇپ، قولىدا سۈلياۋ شازا بار، يەرلەرنى ئاستا سۈپۈردى، ئۇششاق توزاڭلارمۇ كۆتۈرۈلۈشكە باشلىدى. ئۇ قىزىمنىڭ بۇ يەردە ئازابلىنىپ تۈرۈغانلىقىنى كۆرۈپ: «قىزچاق كۆڭلىڭىزنى بۇزماڭ، بولمىسا نۇرۇنۇۋقتا بەردەم ئولتۇرۇپۇبلەڭ» دەپلا بىشىنى چايقاپ يەر تازىلاشقا كىرىشىپ كەتتى. بىراق دەشراما مەندىرمۇ قىلىپ قويىمىدى، ئۇنىڭ ماڭا قاراپ كۆزلىرى قىزىرىپ كەتكەن، مەن بولسام ھىچقانداق ئىپادىسىز، ئاتام بىلەن ئانامنىڭ ئۇرۇۋشۇپ قالغاندا ئۆلدىدىغان ۋاقتىنگدا ئىشىنىڭ ماھىيەتنى ھەققى چۈشىنسەم، دېگەنلىرىنى مەن بەكمۇ كېچىكىپ چۈشەندىم. مەن گەرچە كۆزلىرىمنى مەھكەم يۇمۇۋالغان بولسامممۇ ئاناڭنى ئېنىق كۆرەلمەيمەن، ئۇ قارا يەكتەك كىيىپ، قىزىل ئۇسۇل يىگىتنى ساڭگىلىتىپ، جوگىنما ئويناۋاتقان ئەنترەت ئىچىدە ماڭا قاراپ كۈلۈمسىرەمەكتە، ئۇ ئاغزىنى يوغان ئېچىۋەتالغان ئۇسۇل قەدەملىرىدىن كۆتۈرۈلگەن چاڭ كىرىپ كەتكەن، ئۇ بىر تەرەپتىن يۈتەلگەچە بىر تەرەپتىن ماڭا قاراپ كۈلۈپ قويىدۇ، قىلچىمۇ ئەستەيىدىل ئەمەس، بىراق ئۇنىڭ شۇ ئوندا قلا قەلبىمگە كىرىپ كەلىشىنى كەممۇ ئويلىغان.

«يېتەكچى ئۇسۇلچى، مەن سىزنىڭ پادا كالسدەك ئۇسۇل قەدەملىرىڭىزنى كۆرسەم ئىختىيارسىزلا ھاياجانلىنىپ كەتىمەن.» دەيتتى ئۇ.

مەن ئۆزۈمنىڭ ئازدۇر - كۆپتۈر خۇشال بولغانلىقىمنى كۆردۈم.

«ئۇنداقتا، پەقەت مەن ئۇسۇل ئوينىساملا سىز ھاياجانلىنامسىز؟»

ئۇ ھەئە دەپ جاۋاب بەردى.

مەن ئۆزۈمنىڭ ئۇنىڭ ئالدىدا جوگىنما ئويناۋاتقان چاغدىكى قەدەملىرىمنى كۆردۈم.

«خۇش بولدىڭىزمۇ؟»

ئۇ ئاغزىنى ئېتىپ ئەخمەقلەرچە ۋىلىقلاپ كۈلەتتى.

بىراق توي تەكلىپى قويغان ۋاقىتتا ئۇ تۆۋۈقسىزلا سۈرلۈكلىشىپ كەتتى. نەچچە كۈنگىچە ماڭا قاراپمۇ قويىمىدى. ئارىدىن نەچچە ئاي ئۆتكەندىن كېيىنلا ئۇ مېنى ئىزدەپ كېلىپ توي تەكلىپىمگە قوشۇلغانلىقنى ئېيتتى.

هازىر، مەن ئۇنىڭ شۇ كۈنى گېپىنى دەپ بولۇپلا ئاممۇئى سەنئەت سارىيسىنىڭ كەينىدىكى سۇئادان تەبرەكلىكتە ئۇغۇرلۇقچە كۆز يېشى قىلغانلىقنى كۆردۈم. شۇنداق ئۇنىڭ قەلبى بىلەن توي قىلدىم. ئۇ ماڭا دىشرامانى تۈگۈپ بەردى، بىراق بۇ گۈزەل دەقىقەلەر ئالتە يىل داۋاملاشتى. بىر كۈنى ئۇ ئاجىرىشىشنى ئوتتۇرغا قويدى، ئۇنىڭ سەۆھبەتى دېسەم ئازراق يۈز تۇكۇلدىغان ئىش بولۇپ قالدۇ. ئۇ قاپقارا كۆز قارچۇقلىرىنى چۆرگىلىتىپ، كىرپىكلىرىنى نەمدىدى، مەن بۇنى مەھكەم يۇمۇۋالغان كۆزلىرىم بىلەن كۆزۈۋاتىمەن. ئۇ ماڭا: «بىز ئاجىرىشىپ كېتەيلى، سىز مېنىڭ بۇنداق قارار چىقارغانلىقىمدىن ئۇمۇرۇۋايەت رەنجىمەڭ. چۇنكى مەن ياخشى كۆرىدىغان ئەر سىز ئەمەس. هازىر ئۇمۇ ئاجىراشتى، مەن ئۇنىڭ بىلەن بىرگە تۇرۇمەن، ماقۇللۇق بېرىڭ.» ئۇ تۇيۇقسىز قولۇمنى تارتىپ، يەرگە تىزلانغىنىمچە: «سىزدىن ئۆتۈنۈپ قالاي، قانداقلا بولمىسۇن ماڭا ئېچىكگىز ئاغرىسۇن.» دېگىنىچە تىزلىنىپ ئالدىمغا سۇرۇلدى -دە مېنىڭ پۇتلىرىمنى چىڭ قۇچاقلىۋالدى. مەن «قويۇپ بېرىڭ» دەيدىم، ئۇ بولسا بارغانسېرى چىڭ قۇچاقلىماقتا ئىدى. ئۇنىڭ قەلبىدە ئىبرسشەلمەي قۇرۇق جىسمىنى ئېلىپ قالغاننىڭ نېمە پايدىسى؟ مەن قەلبىمدىكى كامارنىڭ يەنە ئېچىلغانلىقنى كۆردۈم، مەن مىدىرلىيالىمىدىم، ئۇ قانچە ئۈتۈنمىسۇن مەن شۇ يەردە تۇرۇپ ئايلىنىپ قىبلىشنى تولىمۇ ئارزۇ قىلاتتىم. «داگاجوما، قولۇمنى قويۇۋەت، مەن ئاجىرىشىشقا قوشۇلدۇم. لېكىن دىشرامانى ئېلىپ كېتىشىڭگە رۇخسەت يوق، سېنىڭ خىزمىتىڭمۇ يوق، مەن ئۇنى سەندىن ئۇبدان باقالايمەن.» شۇنداق بولسۇن مەن دىشرامانى ئېلىپ قالىمەن.» دىشرامما كۆزىنىش رايۇنىدا ئۇلتۇرۇپ ئۇلتۇرۇپ كۆز ياشلىرىنى تۇكەمكتە، ئۇنىڭ كۆز يېشى خۇددى يېپىدىن ئۇزۇلگەن مارجاندەك سەرغماقتا. تەمەككۈرۇم ئاللىقاچان جىسمىمدىن ئايرىلغان، مەن جىسمىمنىڭ مەجۇۇدلىقنى تامامەن ھېس قىلالمىدىم. مەن داگاجوما بىلەن ھەبلەقكى ئەرىنىڭ ئاما سەنئەتخانىسىنىڭ ئارقا ھويلىسىدىن قول تۇتۇشۇپ ئۆتۈپ كەتكەنلىكنى كۆردۈم. ئۇ ئەر: «سىز مۇشۇۇنداقلا ئۆز پۇشتۆمنى ئاشۇ ئۇسۇل ساركگا بېرىۋەتتىڭگىزما؟» داگاجوما «ئۇ بىزنىڭ قىزىمىزنىڭ ھالدىن ياخشى خەۆر ھەر ئالايدۇ.» دېدى جاۋابەن. ھەممە ئايدىگلاشتى، ئەسلى ئىش مۇنداق ئىكەن. مەن كېيسەل كارۆبىتتبدا يىتتۆۋاتىمەن، كۆزلىرىم مەھكەم يۇمۇۇلغان، چىرايىمدە ھېچ ئىپادە يوق. سېپىسترا سۇمۇۇرگۈچ بىلەن بەلگەمنى تارتتۇۋاتىدۇ. بىز ئاجىراشقاندىن كېيىن داگاجوما بىلەن ئۇنىڭ مۇھەببىتەتلىك تۇرمۇۇشى ياخشى بولمىدى، بىر يىلدىن كېيىن ئەر ماشىنا ھادىسىسىدە قازا قىلىپ كەتىپتۇ. داگاجوما ئازاب ئىچىدە راھىبە بولۇپتۇ. شۇ ۋاقىتلاردا ئانامنىڭ ئانامنىڭ كېسىلى تەپخمۇ ئېغىرلىشىپ ماڭا ھەممىشە: «مەن ئاتاڭنىڭ قىزىل پۇلا ئاق ئۇسۇل شىمنى كۆردۈم، ئۇ شەھەرگە كەلدى، ئۇ دائىم تامنىڭ بۇلۇڭغا مۇكۇۈۇپبلىپ بىزگە ئۇغۇرلۇقچە قارايدۇ.» دېمىدىغان بولۇپ قالدى. «ئانا ئۇنداق قالايمىقان جۆيلىمە، ئاتام بۇرۇۇنلا ئۇ دۇنياغا سەپەر قىلغان. ھەرگىزمۇ سەن دېگەندەك ئىش يوق.» «نېمىشقا ئىشەنمەيدىغانسەن؟» ئانامنىڭ ئاق چاچلىرى شامالدا ئۇچۇۇپ تۇراتتى . ئۇ ماڭا قاراپ قويۇپ غودۇۇرغىنىنچە كەتىپ قالدى. ئانام غايىب بولدى، مەن ئۇنىڭمەننىڭ جىددىيلىشىپ كاللامنىڭ قۇپقۇرۇق بولۇپ قالغانلىقنى كۆردۈم. ساراي باشلىقى جاكو جۇگېپبما ئۇسۇل ئەمرۇۇتەندىكى بارلىق ئەزالارنى

يېغىپ شەھەرگە كېلىپ ئىزدىدى. بىراق بەرمۇ ئانام ئانامنى قايتۇرۇپ كېلەلمىدى. بەردىم ساراڭدەك، بەردىم ساقتەك بولۇپ قالدىدغان ياشىنىپ قالغان ئايال قەيەرگىمۇ بارالا؟ مەن ئۇنىڭ شەھەردىن چىقىپ كەتكەنلىككىگە ئىشەنمەيمەن. بىراق مەن خاتالاشىپتىمەن، ئاراردىن نەچچە كۈن ئۆتۈپ مەن ئانامنى ئىزدەپ نام-نىشانسىز قالغاندا ، بىزنىڭ كەنتتىكى بىر يورتدىشىم ئانامنى ئېلىپ قايتىپ كەپتۇ. «مەن ئاناڭنىڭ كېپىسلىنى بىلمەن، ئۇنىڭ ئۆزى يالغۇز تاغ جىلغىسىدىكى ئۇسۇل مەشىق قىلىش مەيداندا تۇرغانلىقنى كۆرۈپ،ئۇنىڭ يەنە كېپىسلى قوزغىلىپ قالغانلىقنى كۆرۈپ، سەبنى ئەنسىرەپ قالمىسۇن دەپ ئۆزى ئۆزىمىلا قايتۇرۇپ كەلدىم.» «سىزگە كۆپ رەھمەت!» مەن ئۇنىڭ قولىنى چىڭ سىقىمداپ تۇرۇپ شۇنداق دەپتىم. ئۇ بىشىنى توختىماي چايقىغىنىنچە «بولدى،بولدى بۇرادەر باشقلار بولغان شۇنداق قىلاتتى، مەن ماڭاي!» ئۇ قولنى تارتىۋېلىپ كۆلۈمسىرەگىنىنچە قوللىرنى پولاكلىتىپ كېتىپ قالدى. نەچچە كۈنىدىن كېيىن ئانام ياخشى بولۇپ قالدى. ئۇ ئۇرۇندۇقتا ئولتۇرۇپ مېنى چاقىردى. مەن يەردە تىزلىنىپ ئولتۇرۇپ،بىشىمنى ئانامنىڭ تىزلىرىغا قويدۇم. ئۇ بىشىمنى سىلاپ، بارماقلىرىنى چاچلىرىم ئارىسىدىن ئارىلاتتى.

ئۇ: «ئاتاڭ دائىم، ئەگەر ئادەمنىڭ تۇنجى ئىككەلگەن ئاۋازى ناخشا بولسا ، ئۇنداقتا ئىنسىنىڭ قورسىقىدىكى تېپىشلىرى ئىبىنقىلا ئۇسۇل ئويناش، مۇنداقچە قىلىپ ئېيتقاندا ئۇسۇل يەنىلا ناخشىدىن بۇرۇن پەيدا بولغان.» دەيدى.

ئاردىن ئۇلاپلا «نۇغلۇم، سەن سەھەردە تۇغۇلغان، ئاسمان ئۇزىنىڭ سۈت رەڭگە كىرگەنلىكنى كۆز-كۆز قىلغاندا بىر قىزىل مىس رەڭگىدىكى بوۋاق بۇ دۇنياغا كۆز ئاچقان. تۇغۇت ئانىسى ئاغزى-ئاغزىغا تەگمەي مۇبارەكلەپ كەتكەن ئىدى، سەبنىڭ تۇنجى يىغا ئاۋازىڭ ئىنتايىن سۆزۈك ھەم ياگراق، ئاتاڭ شۇ خۇشاللىقدا ھۆيلىمىزدا جۇغىنما ئۇسۇلى ئويناپ كەتكەن ئىدى. شۇنچە يىل بويتۇ، جۇغىنما ئەۋلادمۇ ئەۋلاد داۋاملىشىپتۇ. سەبنىڭ داداڭى ئۇمىدسىزلەندۇرۇپ قويمايسلىقتىڭى ئۇمىد قىلىمەن، شۇنداقلا سەبنى تەربىيەلىگەنلەرنىمۇ نا ئۇمىد قويمىغىن.»

ئۇ شۇنداق دەپلا كۆلۈپ ئانچە جىق قالمىغان چىشلىرنى كۆرسىتىپ قويىدى.

مەن ئۇرنۇمدىن تۇرۇپ ، ئانا مەن ئىشقا بارىمەن دەپدىم.

ئانامۇ ، بارغىن بالام دەپ رۇخسەت قىلدى.

مەن دىشرامانىڭ قوللىرنى يېتىلەپ ماڭدىم، يول بويى ئانامنىڭ غەيرى بولۇپ قالغانلىقنى، ياخشى بولۇپ قالسىمۇ نورمال ئەمەسلىكنى ئويلاپ غەم-غۇسەن ئىچىدە قالدىم.

دىشرما كىپىملەرنىڭ پىشىنى تارتىپ دادا مەكتەپكە كەلدۇق دېگەن چاغدىلا ئاندىن ئەس-ھوشۇمنى يىغدىم.

ئىشتىن چۇشكەندىن كېيىن، مەن ئىشكنى ئېچىپلا ئانامنىڭ ئاشۇ ئۇرۇندۇق ئارىسىغا قىسىلىپ قالغانلىقنى كۆردۈم. تىزىغا دادامنىڭ ئۇسۇل ئوينايدىغان پولاسنى قويىۋاپتۇ، قوللىردا پولانىڭ يېقى، ئۇ تولىمۇ خاتىرجەم. مەن ئۇنى ئۇخلاپ قاپتۇ دەپ ئويلاپ، ئۇدۇلدىكى ئۇرۇندۇقتا ئولتۇرۇپ ئۇنىڭ

ئۇيغۇرنىشنى كۆتۈرۈپ، مېنىڭ ئانامنىڭ تەننىجلىقنى بۇزغۇم كەلمەيدى. بىراق مەن يەنىلا خاتالىشىپتىمەن، ئانام ئاشۇ ئورۇندۇقنىڭ ئۈستىدىلا كۆز يۇمۇپتۇ. مەن ھۆر-ھۆر يىغلاپ كەتتىم. ياشلىرىم كۆركمەكلىرىمگە سىرغىتى، مەن نەچچە قېتىم ئانا دەپ چاقىرغان بولساممۇ، ئۇ پەرۋامۇ قىلىپ قويمىدى. ھازىر، مەسئۇل دوختۇر بىر قانچە پىراكتىكانىت دوختۇرلارنى ئېلىپ ياتاق تەكشۈرگىلى كەپتۇ. ئۇ سىپىسىترادىن ئەھۋال ئىگەشپىلا چىرايى جىددىي تۈسكە كىردى. قىزىم دەشرام يىغلاپ كۆزلىرى قىزىرىپ قىزىرىپ كەتتى، مەن تۆيۈقسىز ئۆزۈڭ كۆز قۇيرىقىدا ياالتىراپ تۇرغان بىر تامچە ياشنى كۆرۈپ قالدىم، بىر ياش سىپىسىترا سۈرتۈپ قويدى. دەشرام كۆزتىش رايۇندا ئۇ ھ سىنۋاتاتتى. ھەي، يەنە شۇ ئۇششنىڭ ناچچىقى. ناھىيىلىك خەلق نىشلار ئىدارسىسننىڭ كادىرى تۈرۈپ، كىچىك بالدىڭ ئادەمنى غەم قىلدۇرۇپ يۈرگەن. كۆزلىرىمنى مەھكەم يۇمۇپ، چىرايىم ئىپادىسىز. بۇ ۋاقىتتا ئىدارە باشلىقى جاكۇ كىرىپ كەلدى. ئۇ دەشرامانىڭ قىزىرىپ كەتكەن كۆزلىرىنى كۆرۈپ،ئىچ ئاغرىتىپ،«سىزمۇ ئارام ئېلىڭ، چۈشتىن كېيىن داڭگۇزنىڭ شاگىرتى كەلدۇ.» ھەي، مېنىڭ ئۇبدان جاكۇرۈم، سەمىمىي دوستۇم. مەن كۆزلىرىمنى مەھكەم يۇمۇپ، ئىككىمىزنىڭ نەچچە قېتىم شەرەپ نومۇستا تۈرغانلىقىمىزنى كۆردۈم. سەن مەدەنىيەت ئىدارسىسننىڭ باشلىقى بولغاندىن كېيىن جوگېنما دۆلەتلىك غەيرى ماددىي مەدەنىيەت مىراسلىرى قاتارىغا قاتارىغا كىردى، مەنمۇ جوگېنمانىڭ ۋارسىسى دېگەن نامغا داخىل بولدۇم. ئاشۇ نەچچە يىل شامالدەكلا ئۈتۈپ كەتتى. بىزنىڭ ئەترەتمىتتىنكلەر بىيجىڭ، شاڭخەي، شېنجېن قاتارلىق جايلارغا بېرىپ نۇيۇن قويغان قويىغان ئىدۇق. ھەر قېتىم گۈلدۈرۈاس ئالقىشلار ئۆزۈلمەيتتى. مەن ياڭ لېيېپ مۇئەللىمنى كۆرمىلگەنلىكىمدىن بەك خوش بولغان ئىدىم. ھەي، بۇ ئۇ سىنىش ئەمەس، بۇ قىلىپ بولالمىغان ئىشلىرىمغا بولغان ئۆكۈنۈش. مەن ئىزچىل دەشرامانى جوگېنما ئۈيناشنى ئۈيناشۇن دەپ ئۇيلىغان ئىدىم، بىراق ئۇ بۇنى خالىماديكەن. ئۇ كورىيە تىياتىرلىرىغا قىزىقىدىكەن. كېيىن جوگېنما ئەترەتتىدىكلەر سىزنىڭ رەھبەرلىكىڭىزدە ئامېرىكىغا بېرىپ نۇيۇن قويدۇق. ماۋرېچۈس كىرئۇ چاقماق ئۇسۇل ئەترەتتىدىكلەر بىلەن نۇخشاش مەيداندا نۇيۇن قويۇپ، ئۇخشاشلا زور مۇۋەپپىقىيەتكە ئېرىشتۇق. قاراڭ ئۈيۈمنىڭ تېمىدا مەن سەكا نۇسۇلى ئۈيناىدىغان قارا تەڭلىك دوستۇم نازانۇۋدىڭ بىلەن بىللە چۈشكەن سۈرەت بار. مەن يېراقتا نەزەر تاشلاپ، يۇرتۇمنىڭ تاغ جىلغىسىدىكى ئاشۇ غايىپ بولۇپ كەتتىدىغان ئۇسۇل مەشىق قىلىش مەيداننى كۆرگەندەك بولدۇم. ئۇ، تولمۇ شوخ، كىرئۇلۇقلارنىڭ روھنى نامايان قىلغان ئىدى. چۈشتىن كېيىن ياما كەلدى، ئۇ كىچىك بالدەك كۆزتىش رايۇنىدىكى ئۇرۇندۇقتا ئولتۇرۇپ، قوللىرى بىلەن چاچلىرىنى قامالاپ يۇم-يۇم يىغلاپ كەتتى. كۆز ياشلىرى يەرگە تاراملاپ، پۇتلىسى بوتۇلكىدىن ئاققان يىلىمدەك چىقىپ قالغان ئىدى. كېيىن ئۇ بۇرننى كۆچەپ بىر تارتىپتى پۇتلىسى بۇرنىغا يەنە كىرىپ كەتتى. ئۇ دەشرما ئۈۈنڭغا سۈنگەن قويلياغلىقنى ئالدى، قولياقلىقتا ھەلبەھمۇ كۆچلۈك سامساق ئىدى. ئۇ ياشلىرىنى سۈرتۈپ بولۇپ، بۇرننىمۇ كۆچەپ سۈرتتى. مېنىڭ كىچىك شاگىرتم ياما مەندىن ئەنسىرەمە، ئەگەر مەن كېتىپ قالسام، سەن بار ئەمەسمۇ؟ گۈپنلا، سەن كېتىپ قالساڭ بولمايدۇ، ياما ئۆز-ئۆزىگە پىچىرلاۋاتاتتى. سەن مەن بىلەن بىرلىكتە نەل

ئارىسىدىكى ئاللىقاچان يوقلىپ كەتكەن جوگېنما ئۇسۇلنى قېدىرىپ چىقماقچى ئىدىڭغۇ؟ سەن پەقەت خىزمەتنى ئەستايىدىل قىلساقلا، ئاز بىر قىسمىنى بولسىمۇ ئەسلىگە قايتۇرغىلى بولىدۇ دەيمەنمىدىڭ؟ بىراق، يامان، مەن كۆزۈم ۋە ئاڭزىمنى مەھكەم يۇمدۇم، جىسمىم سەزگۈمدىن ئايرىلماقتا. سەزگۈم توختىماي كېچىكمەكتە. بىلىمەن: ئاغاڭ زابا ئالدىنقى قېتىم مېنى كۆرگىلى كەلگەن، بۇ يارماس، ئۇنى نېمە دېسەم بولارىكىن، ئەگەر جاكو نەسىھەت قىلمىغان بولسا، پېنسىيىگە چىقىشتىن بۇرۇن ئىككىگكىلارنى ئېلىپ قالمىغان بولاتتىم. تازىمۇ بىر، ئۇ لاڭما سارىيىنى قۇرغاندىن كېيىنلا، جوگېنما ئىنتىرنتدىن چىقىپ كەتكىنىپ چىقىپ، سېنىمۇ كىرىشكە قىستىدى. مەن كۆزلىرىمنى مەھكەم يۇمۇپ ئۇنى كۆردۈم، شۇنداق ھېلىقى كۆنىدىكى ئىش يەنە يۈز بەردى، جابا بىر باغلام پۇلنى ئېلىپ كېلىپ مېنى ئىزدىدى. ئۇ قارا كۆزئەينەك تاقىۋالغان بولۇپ، سول قولىدىكى ئات ئىگرى نۇسخسىدىكى ئالتۇن ئۆزۈك بايلىقنى نامايان قىلغاندەك يالتىرايتتى. قاراڭ، ئۇ كېرپىلا ماڭا خادا ھەدىيە قىلىپ ئۇنى بوينۇمغا ئارتىپ قويدى، كۆڭلۈم بىر خىل ئارام تېپىپ قالغاندەك ھېس قىلىپ قالدىم. ئۇ ماڭا: «گېنىلا، گەرچە مەن جوگېنما ئۇسۇل ئىنتىرنتدىن چىقىپ كەتكەن بولساممۇ، يۈرەك رىشتىم يەنىلا جوگېنماغا باغلاقلىق، مەن سىزنى مەن تەرەپىتە ئويۇپ قويۇپ بېرەمسكن دەپ كەلدىم» دەپ ، جابا كاللۈكنى يالاپ كەتتى. كۆپچىلىك، ئۇ تاس قالدى مېنى قايىل قىلۇۋەتكىلى. بىراق ئاڭلىسام مەن ئىنتىرنتنى باشلاپ ئەمەس، ئۆزۈمۇ يالغۇز ئەزىز مېھمانلار زالدا بىر ئايال خوجايىنغا ئۇسۇل ئوينا پ بەرگۈدەكمەن، مەن بۇ تەلىپىنى رەت قىلدىم. «گېنىلا، بۇنداق قىلساڭ قانداق بولىدۇ؟ كەمگىلا ئوينا پ بەرمە بەرسەر ئوينايدىغان ئۇسۇلۇڭغۇ .باشقىلار ماڭا سەن ئۇنىڭ چوڭ شاگىرتى، چوقۇم ئۇنى تەكلىپ قىلىپ ئۇ ئايال ئۇچۇن ئۇسۇل ئوينا تقۇزغىن، ئۇ پۇل قوشۇپ بېردۇ دېدى ئەمەسمۇ،» جابا سۆزلگەنسىرى ھەمددىدىن ئېشىپ كەتتى، مېنىڭ شۇنداق ئاچچىقىم كېلىپ، غەزىپىتىن ئۆزۈمنى توختۇۋۇالالماي ئۇنى ئۇيدىن چىقىرۇۋەتتىم.

مەسئۇل دوختۇر ئىشىتتىن چولۈشتىن بۇرۇن يەنە كەلدى، ئۇ قولىچرىراقنى كۆز قارچۇقۇمغا تۇتۇپ، قولنى ئىپائق خالىتىننىڭ يانچۇقىغا سېلىپ ئۇكىسكېن قۇتۇتسىننىڭ ئالدىدا تۇراتتى، چىرايى تۆيۈقسىز سۇرلۇكلىشىپ كەتتى.

ئۇ يوقلاش ئۇيىغا كېلىپ ياماغا: «دەپشراماچۇ؟»

«مەن ئۇنى كەتكۈزۈۋەتتىم» دېدى ئۇ جاۋابەن.

مەسئۇل دوختۇر چىرايىنى غەلىتە قىلىپ:«بۇنداق چاغدا چاغدا ئۇ بۇ يەردە بولسا ياخشى بولاتتى.»

ياما جاۋاب بېرىپ: «ئۇ ئۇخلىمىغىنى نەمچچە كېچە بولدى، ئارام ئالمىسا بولماس.»

مەسئۇل دوختۇر:«يەنە قانچىلىك ۋاقىت ھوشسىز تۇردىغانلىقنى بىلمەك قىيىن.» دېدى.

دوختۇرخاننىڭ كارىدوردا ئۇنىڭ ئۆزۈنىڭغا سۆزۈلگەن ئاياغ ئاۋازى تۈۋشى.

مەن ئۆزۈمنىڭ جوگېنما ئويناۋاتقانلىقىمنى كۆردۈم. بۇ قېتىم تاغ جىلغىسىدا ئەمەس، بەلكى ئارپىلىقنىڭ ئۇتتۇرسىدا. ئۇ چاغلاردا مەن نەمدبگەن ياش:31 ياش، مەنمۇ ئەمدىلا بىزنىڭ كەنتنىڭ جوگېنما ئۇسۇل ئىنتىرنتگە كىرگەن ۋاقتلار ئىدى. مەن نۇرغاق بىلەن ئاق ئارپىلارنى ئۇرۇپ چەمبەر

شەكىللىك مەيدان ھاسىل قىلاتتىم، ئارىپا غولنى بىر ياقـقا رەتلىك تەكشى يېغىپ، بىر باغلام بىر باغلامدىن تىزاتتۇق، ھەبلقى چەمبەر بارغانسېرى چوڭىياتتى، مەن چاپىنىمنى سېلىپ بېلىمنى باغلىۋالاتتىم، مېنىڭ بۇ ھالىتىم جوگېما ئۇيۇلۇش ئۇينىاش ئىشتىياقىمنى قوزغايتتى. ئۇنداقتا ئۇيناڭ، مەن ئېيتقان يېقىملىق ناخشىمنىڭ ناخشىسى بىلەن ئۇيناشقا باشلىدىم. بۇ ۋاقىتتا ئۇلىسۇلنى ئوتتۇردىن ئويناش ياكى ئاخىردىن ئويناش مېنىڭ ئەركىنلىكىم ئەرسناغنە قەدەم ئالغاندا ئايىغىم ئاستىدىكى ئارپا زاخلىرىدىن پاق پاق ئاۋاز چىقاتتى. تېزلىكتە نەم نېبتىزدا قالغنى مېنىڭ ئىزلىرىم، كېپىن كىرگەنلەر بارغانسېرى كۆپىيەدى، كەھتىتىكلەر ماڭا ياردەملىشىپ نورۇشۇپ بەردى، ھەبلقى چەمبەر شەكىللىك مەيدان بارغانسېرى چوڭىياتتى، باغلىنغان ئارپىلار بارغانسېرى ئېبگىزلەيەتتى، نۇرغۇن ئارپا باغلىغان قوتازغا مىنگشۆ ئالغان كىشىلەر، ھەتتا قوتازمۇ توختاپ ئەترايقا ئەزەر سالاتتى. دياتا ئۆبگگا دى، ئۆبگگا، بولو ئۆبگگا، بولوسىن ئۆبگگا، پۇتى سۇ پو، بولوسىن ئۆبگگا، پۇتى سۇپوخى. تۆيۈقسىز بىر ئايالنىڭ نايەت ئۇقۇغان ئاۋازى ئاڭلىننىپ، مېنىڭ دىققەتىمنى چىچچىۋەتتى، ئۇ كەلدى، توغرا دەل ئۇ، قەبرى راھبە داگاجوما. گەرچە كۆزىتىش ئىيۋى تۇرغان بولسىمۇ ئۇنىڭ گەپ-سۆزلىرىنى ھەس قىلالايمەن، ئۇ قولدا تەسۇئى سىيرىپ، ئاغزىدا نايەت ئۇقۇۋاتىدۇ. ناشۇ قرائەت قىلغاندىكى ئاۋاز ماڭا سۆزۈك بۇلاق سۇيىنىڭ شىلدىرلىشىدەك بىلىنمەكتە، مەن دەررا كۆزلىرىمنى يۇمۇۋالدىم، مەن ئۇنىڭ كۆز جىيىكىدە بىر تامچە ياشنىڭ لىغىرلاۋاتقانلىقنى كۆردۇم. ئۇ قرائەت قىلىشنى توختاتتى، يېنىڭ ئاۋازدا: «بۇ ھاياتىلىقىمدا مەن سىزگە قەرزدار، ئاخىرەتتە قايتۇرالامدىم يوق بۇنى بىلمەيمەن.» ياق، ماڭا سىزنىڭ قايتۇرۇپ بېرىشكڭنىڭ لازىمى يوق. مەن ھېچنىمە قىلالمىدىم، دىبشىرامانىڭ قىزىم ئەمەسلىكنى بىلىپ تۇرۇپىمۇ. بۇ مۆھىممۇ؟ سىزنىڭ ئۆزۈڭنى ئەيىبلىشكڭنىڭ ئورنى يوق. ئەگەر شۇنداق بولسا راھبەگە ئوخشىماي قالىسەن. بىراق قەبرى راھبە مېنىڭ بۇ پىچىرلاشلىرىمنى ئاڭلىيالمايتتى. يامە ھاجەتكە چىقىپ كەردى، داگاجوما تەسۇئىنى ئىككى قولغا قولنى ئىككى قولنى جۇپلەپ نىيەت قىلىشقا باشلىدى، ئۇ ئاستا سۆزلىدى: «ياخشى ئادەم قىينچىلىقىمۇ سۆر قىلىپ كۆننىڭ ياخشى كۆنىڭ يېتىپ كېلىشنى كۈتىدۇ.» ئۇ گېپىنى دەپ بۇلۇپ كەتتى، توغرا دەيسەن داگاجوما. مەن تېزلىكتە كۆزلىرىمنى يۇمۇۋالدىم، ئۇنىڭ دوختۇرخانىدىن چىققانلىقنى كۆردۇم، دوختۇرخانا دەرۋازىسى ئالدىدا ئۇ كۆزىنىڭ قىردا بىر خىل قاراپ قويۇپ ئانىدىن نۇرۇلۇپ كېپتىپ قالدى. كەبسەلخانا تىخمۇ تىنچ، كەبسەلخانىنى ئاۋالقىدىنمۇ بەكرەك جىمجىتلىق قاپلىدى، يامە چوقۇم تامدىكى كۆرارتسىلق سائەتنىڭ چىككىلداشلىرنى ئاڭلىدۇغۇ دەيمەن. بۇرنۇمغا ئوكسېپىگن نەيچسى چىپتىقلىق، ئاغزىمدا نەھمسلىننىش ئۇسكۈنىسى. ئۇ بۇرنى ئېچىشقاندەك ھەس قىلىپ، كۆزىدىن نەمچچە تامچە ياش ئېقىتتى. «گېبنلا، مەنى تاشلاپ قويۇپ كەتسەڭ بولمايدۇ!» شۇ چاغدا ھەتتا كۆۋارتسىلق سائەتمۇ مايانىڭ دېگەنلىرىنى ئاڭلاپ: «سەن كەتىپ قالساڭ، مەن جوگېبنا ئۇينىساملا سېنى ئۇيلاپ قالىمەن، مەنى بۇنداق بىر ئۇمۇر ئازابلىساڭ بولمايدۇ!» مايا يەنە يىغلاشقا باشلىدى. ياخشى يىگىت يىغلىما، ئەمدى يىغلىمىغىن. سىنىڭ يىغاڭ مېنىڭ شۇنداق ساپ سەزگۈلىرىمنى قالايمىقان قىلۇەتتى. ئەگەر مېنىڭ سەزگۈلىرىم قالايمىقانلاشسا، جىسمىممۇ قالمايدۇ، ئۇ

چاغدا مەن نېمىگە ئايلىنىپ قالىمەن؟ بۇلارنى ئويلىساملا قورقىمەن. ئەمما، ياما بۇلارغا پەرۋا قىلماي داۋاملىق يىغلىماقتا، ئۇنىڭ كۆز ياشلىرى بۇرۇن ئۇچىدىن دانىمۇ دانە سىرغىپ چۈشمەكتە.

«گېپنىڭ مەن سېنىڭ يول كۆرستىشىڭگە مۇھتاج. ئاغامدەك بولۇپ قالسام بولمايدۇ، ھازىر ئۇنىڭ قانتى قېتىپ، لاكما زالنى ئىچىۋېپىلا، بىزنىڭ جوگبنمارسمزنى ۋەيران قىلدى.» ئەمەلىيەتتە بۇلارنى مەنمۇ بىلمەيمەن، جابا قوللىرىدا خادا توتتۇلغان خادا ئەبلەخ. ئۇ خادانى بايلىق تاپىدىغان نەرسە قىلۇلغان ئىكەن، جوگبنما نىمىشقا ئۇنىڭدىن پايدىلىنىپ ساياھەتچىلەرنى جەلب قىلمايدۇ. مەن ئۇنىڭ لاكما سارىيىدىكى كۆزنى قاماشتۇردىغان چىراغلارنى، بويىنغا خادا ئارتتۇلغان جاي-جايلاردىن كەلگەن مېھمانلارنى، جوگبنمانى كۆرچۈن ئۇچچۇن تەلمۈرۈشلىرىنى كۆردۈم. قاراك، جابا قۇرغان ئالتە كىشلىك جوگبنما ئىنتىرنتى مەيدانىغا چىقتى. دورشىمۇ چاغلىقلا ئىككەنغۇ، مۇزىكغا ئەمگەشىپ، يۈنلىشنى بويلاپ ئايلاندى. قەدەملىرى ئاستا، بىراق بەدىننى بۇرغاندىكى ھەركەتتە يىپكى پاسون قوشۇۋېپتۇ، ئۇزگەرتۇۋېتىپتۇ، بۇ قەدەمكى ئۇسۇلنى تۇگەشتۇرۇۋېپتۇ. ناخشىسىنى ئاككلاكلار، نېمىدىگەن قاماللاشمىغان، قۇرۇق گەپ سېتىپ كەشلەرنى ئاغزىغا قاراتقان تېكىست بۇ. مېنىڭ بۇلارنى ئۇنلىك ئاۋازدا دېگۈم بار. تۇيۇقسىز ياما يەنە سېبلىپ گېبلا سەن ئۇلۇپ كەتسەك بولمايدۇ دەپ ئۇن سېبلىپ يىغلاشقا باشلىدى. قىزىممۇ قايتىپ كەلدى، ئۇمۇ ئۇن سېبلىپ يىغلاشقا باشلىدى. مەن كۆزلىرىمنى مەھكەم يۇمۇۋالدىم. سۇكۇت ئىچىدىكى قاراكغۇ كېچە، شەھەرنى ئۇز قوينىغا ئېلىپ، سېزنىڭ بىكاردىن بىكار گېپىگىزنى ئۇزۇزۇپ قويۇشكىزغا يول قويمايدۇ. دەشرامما تېجىچجە يىغلاپ ھەپقىغداپ تۇرۇپ، «ئاتا، مېنى تاشلاپ قويۇپ كېتىپ قالىسگىز بولمايدۇ! ئىككى كىچىك قىز نەۋرەبلرىڭىز ئۇيىدە سىزنى ساقلاۋاتىدۇ.» ھە، مېنىڭ نەۋرۇي قىزلىرىم: مىسا بىلەن لاجون. مەن سىلەرنىڭ تاتلىق ئۇخلاپ ياتقننىگلارنى كۆردۈم. مىسا ئاغزىدىن كىچىككىنە كۆلكىنى ئۇزمەيتتۇ. ئۇ ئۇسۇل ئۇينىپ ئۇينىناپ چۇش كۆرۇپتۇ. مېنىڭ نەۋرۇم، ئۇچىسىغا قارا يەكتەك كىيىپ ، قىزىل يەگلىرىنى پولاگلىتىپ، جوگبنماننىڭ ئۇسۇل قەدەملىرى بىلەن ئاستىدىن ئىتتىكلىشىپ، تاتلىق تەبەسسۇم بىلەن ھاۋادا ئۇچچۇئاتىدۇ. ھەي، ئانى مەن ئەمدى ساگا ئۇگىتىپ قويالمايدىغان بولدۇم. يەنە راجون سەنمۇ بار، سەن كىچجچە چۇش كۆرمەيسەن، ئاشۇ كىچىككىنە خورەك تارتىشلىرىگمۇ شۇنداق رەبتمەلىق سېبنىڭ، سىبنى چۇچىتتۇۋېتىشكە بولمايدۇ. ئۇي ئىچى قاراكغۇ، مەن ئالغان مۇكاپات كىبنىشكىلىرى، جوگبنماننىڭ ۋارسى دەپ نام بېرىلگەن كىبنىشكەم تارتمىدا تاشلاقىلىق، مېنى توختىماي سېبغىندۇردۇ. ھازىر دېگەن قانداق چاغ،قويۇپ قويماي بولمايدۇ!

سېبىنترا سۇمۇرتۇش ماشىنسىنى بىلەن ئىبغزىمدىكى بەلگەمنى تارتىپ چىقاردى، يەنە سۇيۇقلۇقنى ئېبسىپ قويدى. نازارمەت قىلىش ئۇيىدە بەدىنىمگە ئۇلاپ قويغان تۇربا توختىماي قالايمىقانلىشىپ كەتتى.

مەشىق قىلدىغان مەيدانىدا قوللىرىنى توتۇشقننچچە ماگا قول پولاگلاتقننىنى كۆردۈم. ئاسمانغا لىققىدە تولغان يۇلتۇزىنىڭ نۇرلىرى مېنىڭ كونا ئۇيۇمنىڭ ھويلىسىغا چۇشتى. مەن، نېمىدىگەن مۇرەككەپ. ئۇچاغدا ھېچقانداق ئۇسۇل كىبمى يوق، مەن قوللىرىمنى ئاچتىم، پۇتلىرىمنى كۆتۈرۇپ ئۇكۇزدەك قەدەم ئالدىم، قەلبىمدىكى گۇزەللىك ناخشا يەنە كۆتۈرۇلدى، مەن يەنە جوگبنما ئوينىشقا باشلىدىم.

بۇ ۋاقىتتا يۈرەك رېتىمىنى كۆزىتىش ئەسۋابىدىن دۆت دۆت دېگەن ئاگاھلاندۇرۇش ئاۋازى چىقىشقا باشلىدى، كۆزەتكۈچ يۈرەك سوقۇشۇمنىڭ نۆل ئىكەنلىكنى كۆرسىتىپ تۇراتتى. سېستىرا سېستىمىلىق ھالدا مەسئۇل دوختۇرنىڭ قوزغاتقۇچنى قوزغىتىشىغا ماسلىشىپ بېرىۋاتاتتى. بىراق، ۋاقىت توشۇپ قالدى، ھەممە شۇ قەدەر ئېنىق، چۈشىنىشلىك. يەنە ئون بەش مىنۇت ئۆتسە مەن بۇ ئالەم بىلەن مەڭگۈلۈك ۋىدالىشىمەن.

2013-يىللىق 12-سانىدىن تەرجىمە قىلىندى.

（翻译作品选）

翻译理论课程的实践部分。要求学生掌握汉译维的基本规律并能进行具体的翻译实践。

目录

读书苦乐

读书钻研学问，当然得下苦功夫。为应考试、为写论文、为求学位，大概都得苦读。陶渊明好读书。如果他生于当今之世，要去考大学，或考研究生，或考什么"托福"，难免会有些困难吧？我只愁他政治经济学不能及格呢，这还不是因为他"不求甚解"。

我曾挨过几下"棍子"，说我读书"追求精神享受"。我当时只好低头认罪。我也承认自己确实不是苦读。不过，"乐在其中"并不等于追求享受。这话可为知者言，不足为外人道也。

我觉得读书好比串门儿——"隐身"的串门儿。要参见钦佩的老师或拜谒有名的学者，不必事前打招呼求见，也不怕搅扰主人。翻开书面就闯进大门，翻过几页就升堂入室；而且可以经常去，时刻去，如果不得要领，还可以不辞而别，或者另找高明，和他对质。不问我们要拜见的主人住在国内国外，不问他属于现代古代，不问他什么专业，不问他讲正经大道理或聊天说笑，都可以挨近前去听个足够。我们可以恭恭敬敬旁听孔门弟子追述夫子遗言，也不妨淘气地笑问"言必称'亦曰仁义而已矣'的孟夫子"，他如果生在我们同一个时代，会不会是一位马列主义老先生呀？我们可以在苏格拉底临刑前守在他身边，听他和一伙朋友谈话；也可以对斯多葛派伊匹克悌忒斯（Epictetus）的《金玉良言》思考怀疑。我们可以倾听前朝列代的遗闻逸事，也可以领教当代最奥妙的创新理论或有意惊人的故作高论。反正话不投机或言不入耳，不妨抽身退场，甚至砰一下推上大门——就是说，拍地合上书面——谁也不会嗔怪。这是书以外的世界里难得的自由！

壶公悬挂的一把壶里，别有天地日月。每一本书——不论小说、戏剧、传记、游记、日记，以至散文诗词，都别有天地，别有日月星辰，而且还有生存其间的人物。我们很不必巴巴地赶赴某地，花钱买门票去看些仿造的赝品或"栩栩如生"的替身，只要翻开一页书，走入真境，遇见真人，就可以亲亲切切地观赏一番。

尽管古人把书说成"浩如烟海"，书的世界却真正的"天涯若比邻"，这话绝不是唯心的比拟。世界再大也没有阻隔。佛说"三千大千世界"，可算大极了。书的境地呢，"现在界"还加上"过去界"，也带上"未来界"，实在是包罗万象，贯通三界。而我们却可以足不出户，在这里随意阅历，随时拜师求教。谁说读书人目光短浅，不通人情，不关心世事呢！这里可得到丰富的经历，可认识各时各地、多种多样的人。经常在书里"串门儿"，至少可以脱去几分愚昧，多长几个心眼儿吧？

可惜我们"串门"时"隐"而犹存的"身"，毕竟只是凡胎俗骨。我们没有如来佛的慧眼，把人世间几千年积累的智慧一览无余，只好时刻记住庄子"生也有涯而知也无涯"的名言。我们只是朝生暮死的虫豸（还不是孙大圣毫毛变成的虫儿），钻入书中世界，这边爬爬，那边停停，有时遇到心仪的人，听到惬意的话，或者对心上悬挂的问题偶有所得，就好比开了心窍，乐以忘言。这个"乐"和"追求享受"该不是一回事吧？

如何从容使用时间

拉里·多希博士有两个古董钟。"一个走得快，一个走得慢"，多希博士说，"它们时时提醒我，生活不时由时钟控制的，而且我能自己选择按什么样的时间生活。"

多希博士是时间生物学这门新兴学科的开拓者，该学科研究的是时间和生命是如何相互影响的。据多希博士说，如何考虑和看待时间对有些人来说，可能是生死攸关的事。他说：在我们社会中最常见的一种疾病是"时间病"，就是由于时间造成的压力和紧迫感而引起的焦虑和紧张。这些症状会导致心脏病和中风这两大死亡率最高的疾病。

多希发现，采用一些简单的方法去改变人们对时间的看法，上述疾病和其他一些紧张而诱发的病情常常可以得到成功地治疗。

多希博士对时间与健康之间的关系产生兴趣得自于在医院的经历。他注意到有相当多的病人虽然在住院期间并没有什么日程安排，但他们仍然坚持要把手表带在身边。这些人都是些"时间的隐君子"。他们从孩提时代起就受到这样的教育：要按社会的时钟安排自己的生活。一旦没有了计时器所给予的安全感，他们就会茫然若失，不知所措。于是乎我们的生活就由时间统治着。时间就是金钱，应该积攒起来或明智地花，不应该浪费或者丢失。

几乎所有生活在我们这个世界上的生命，都拥有与大自然节奏同步的生物钟。蟹能感知潮水变化的脉搏。老鼠会在夜幕降临时醒来；松鼠知道什么时候该为漫长的冬眠做准备。这些生物钟并不像自动机械装置那么精确。它们会随着环境的变化而有所调整。

对大多数生物来说，光是最强有力的同步指示仪。但人类还另外有一个强有力的同步指示仪：旁人。根据在德国进行的开拓性研究报告说，当人们被分组安置在一起，置身于与光、温度、湿度等外部时间提示因素相隔的环境时，他们自身内部的、复杂的时间节奏无法（与外部时间）同步了；但他们的生物钟随后又恢复了相互间一致的同步节奏。就连他们的体温也一起上升或下降。这表明，每个人体内的一些微妙的生物化学变化现在也都同步了。这些实验也许揭示了一种神秘力量，是一种把个人改变为团体、宗教派别或群体的成员的神秘力量。

人的头脑能以各种各样的方式改变时间的节奏。那些从死亡的边缘抢救过来的人常常回忆说，在那一瞬间他们整个一生的生活片段会一一闪现在他们面前。那些经历过严重事故的人常具体描述说，在事故发生的过程中，一切都以慢动作的形式进行；这显然是人脑中装有求生工具，也就是说一种能力，它能把人对外部世界的感知速度提高到正常状态下的数倍，从而"减慢"了世界运动的速度，使受害者有"时间"来思考避免灾难的对策。

由于我们的社会所遵循的时间是在我们一生下来便灌输给我们的，所以我们把它看作是任何人在任何地方不管怎样都必须共同遵守的。但不同的文化对时间的认识存在着某种差异。在北美和欧洲北部的一些工业化国家，生活安排得很紧凑；让别人等候是令人反感的。但在欧洲南部及拉丁美洲说西班牙语和葡萄牙语的国家里，人比时间表更重要，故在预约时会把开始的时间定得很灵活。

每一种对时间的看法都有其优缺点。但其代价可能会很高。当我们体内的自然节奏与时钟时间之间的同步关系被打乱时，紧张感便会随之而来。在时钟时间更专横控制下的西方工业化社会中，人们现在发现心脏病和其他一些相关疾病是导致死亡的主要原因。但是，据多希博士所说，这样的"时间病"是可以通过改变我们对时间的看法而得到治疗预防的。他应用一些简单的手段来改变和主宰自己的时间，这些手段你也可以采用。

（1）摆脱时钟对你生活的控制。

别再戴手表。当你打破了看钟表的习惯时，时间便不再让你如此时时关注了。

（2）确立你个人的内部时间感。

为了说明时间是相对的，爱因斯坦曾说过，对于一个坐在滚烫的火炉上的人来说，两分钟的时间给人的感觉就像两小时；而对一个身边有靓丽女子陪伴的男青年来说，两小时就像两分钟一样。

（3）发挥你自身的能力去改变时间。

我们都天生具有使自己放松的能力。大多数人能通过排除杂念和控制呼吸的方法努力做到这一点。例如，每次呼气时都想数字"1"。几分钟内，就能使你非常冷静。

（4）使你自己的时间与大自然同步。

花点时间去看看日出。或观望天空飘过的云。记住、人类 M 没有时钟的历史要比人类有了时钟所能创造的一切久远得多。被我们称作时间的文化模式是后天学来的。如果我们希望与大自然和谐相处，我们必须努力认识到，大自然的时间依然影响着我们的世界，决不应该忽视它。我们创造了机械时间，我们的社会也随着它运转，而且我们还有自由选择究竟是做它的奴隶还是做它的主人。

大学里的期末考试

有一天晚上，我坐在繁华的市中心。风呼呼地刮着，气温很低，空气沉闷。我意识到所有这些交织在一起使我想起了什么，很快我就意识到那是什么了：是期末考试。

大学生活中最令人痛苦的时刻就是冬天里的期末考试周了。那是一种与你余生相伴的惨状：绝望、挫折以及意识到不得不倒出一大堆自己并不具备的知识，还有，一个人的前途生涯也许就依赖于是否能"倒"得好。

我查看了日历。果然，我在的马路对面的西北大学正处于期末考试时期。我知道此时此刻，成千上万的莘莘学子们正埋头于教材与笔记之中，试图克服所有困难，记住那些深奥难懂的而实际上他们毫不关心的事实和数字。我按捺不住，径直朝校园走去。在我停下来的第一座教学楼前，有间教室正灯火通明。我走了进去，两个年轻人将论文摆得到处都是。教室里没有人上课，只有他们两个。"喂，年轻人"我喊了一声。他们抬起头，眼里满是痛苦，看上去好像三四天没睡觉了。

"你们怎么了？"我问道。

"请不要打扰我们。"其中一个轻声说。

"别打扰你们？"我问。

"期末考试到了。"另一个叹了口气。

我走出教室，开始在校园里到处闲逛。男女大学生们满脸带着要哭了似的表情，步履蹒跚地走向图书馆。他们有的自言自语，有的举目默然祈祷。有的会不小心撞到树上，接着站稳了，又继续往前走。我感觉好极了。我曾是他们中的一员，现在不是了。世界上最令人兴奋的或许就是期末考试期间身在大学校园里而知道你不必参加考试。

那晚大部分时间我都在教学楼之间走来走去，看着学生们为第二天的期末考试做准备。一切都那么熟悉。他们围坐在长桌旁，打开螺旋线装订的笔记本，连珠炮般地互相提问。先是长时间的沉默，而后是试探性的回答。咒骂是常有的事，有时还迸发出几声呻吟。他们脚跺地板，目视窗外，仿佛随时都会哭出来。偶尔他们会看我一眼。要是在平时，他们很可能会对我的出现感到好奇，但今晚，他们目光呆滞，以至于无法清楚地思考。我只是看着报纸上的体育专栏，朝他们眨眨眼。

如果当时我宽厚仁慈些，我就会告诉他们现实世界中的一个大秘密。

这个秘密只有走出大学校门后才能领悟到；如果在校大学生知道这个秘密，他们就会轻松平静。这秘密就是：现实生活中没有期末考试。

确实如此。现实世界中，你不必什么都知道。你不必坐在拥挤的教室里，揉着双眼集中精力，凭记忆重新写出那些晦涩难懂、荒唐可笑的事实。现实生活中，你得带着现实生活这本书。同学们，相信吧，现实生活是一门开卷考试。如果你忘了什么东西，可以去书中查找，或请教比你聪明的人。这很容易，比上大学容易得多。

大学是你遭遇到一些诸如期末考试这种古怪可怕的事情的惟一场所。大学管理者们愚弄学生，使他们相信期末考试仅仅是这个庞大的复杂世界里的适度前兆。但事实并非如此。如果现实世界真像期末考试那样荒唐可笑，你会看到街上每个行人都如同考试周里的学生一样焦躁不安，可怜之极。考试结束之后，一切都变得轻松自在。真实生活就如滑行，轻松、自由。没人要你去比较伊丽莎白时期作家的作品；也没人逼你回想布尔战争中的战役。如果真有人在你工作时走到你面前问你这样的问题，他很快就会被送进某家精神病医院的。

我本可以将这一切告诉学生们，也可以安抚他们的情绪，让事情变得简单容易。我本可以请他们喝上一杯啤酒，忘掉期末考试。也可以告诉他们，让他们想想 500 强企业的总裁们，哪会有人敢问他们的大学期末考试成绩如何呢。我本可以灌输给他们诸如此类令人宽慰的想法。

但我没有，我为什么要那样做呢？我经历一次又一次期末考试，这些考试曾使我发疯。现在该是让这些学生们发疯发狂的时候了。看着陷入绝望中的这些学生，我满意地笑了。在校园里，我一直逗留至午夜，之后才离开。走在几栋教学楼间的小路上，有样东西在风中飘荡，飞过人行道。我弯腰捡起，原来是本蓝皮书——期末考试周令人恐惧、不寒而栗的标志。一定是某个可怜的学生带出考场丢在地上的。我把书塞进口袋，机械地笑了笑。校园教学楼的灯光依旧亮着，也许将整晚都亮着，但我得回家了。

学习习惯

在大学的各班级里，你都会发现不仅在个性上而且在学习态度上截然不同的学生。这种天壤之别也同样表现在他们的学习习惯上。实际上，根据他们的学习习惯，可以把他们分为几种明显的类型。主要有三种：学习至上型、普通型和临时抱佛脚型。

学习至上型确实是罕见的一类。但是他们确实存在并且不难识别。他们通常坐在教室的前排，不管教师上课涉及了多少内容，他们总要一天记大约三页的笔记。他们除了回答问题外不和任何人交谈，即使是回答问题也只是在讲课结束临近下课的时候。回家后，学习至上型的人在做其他事情之前先取出所有书本，开始为第二天的课程做预习准备。他学习得的确很晚，中间只停下一两次匆匆吃些点心。当他得到有考试的消息时，他总是提前五天准备。当然了，如果他得到消息时离考试还不到五天，那就例外了，即使如此，他也会一直学习，直到把所有的笔记至少复习十遍，或者直到他对材料了如指掌为止。在学校里，学习至上型者尽管会表现出色，学习成绩优异，他却会错过很多社交活动的机会。他们中也有极少数人维持着那么一点社交活动，但很罕见。大多数人从来不与陌生人交往，除了在不得已的情况下，比如在学期初和他们的室友见面。当然，他们会以 4.0 的平均积分毕业，并在社会中取得成功——只要他们不选择需要较多社交能力的职业。

大多数人属于我称之为普通型学习者这一类。这类学生投入足够的精力学习，但决不会投入更多。当他为考试做准备时，他会把所有的笔记翻阅一遍，把课本中该看的几页再看上几遍，有时也和朋友一起复习。总的来说，一周之内他会每天学习二到六个小时，把周五和周六留给社交活动，星期天则花费四到八小时学习。普通型学习者认真对待学业，与学习至上型者相比他们更经常地和朋友一起学习。他受教育的同时也过得很愉快。对他而言，受教育和生活愉快之间的分界线要比学习至上型者模糊得多。普通学习型者离校时，知识至少掌握得相当扎实，社交上比学习至上型者得心应手得多。

第三类是临时抱佛脚型学习者。这种学生只有在重修这门课的威胁性很大时才开始学习。当他为考试而学习时，他要到考试前一天晚上或者考试当天早上才开始学习。他把大部分时间用在与学业无关的事情上。我很惊奇这种人是如何设法花极少的时间学习就应付过去的。但不管怎样，他们确实应付过去了。他们的家庭作业在所有该做的事情中被列到最后一项。

如果他们感到无聊或快有不及格的危险时，他们可能做一点家庭作业。但是，在做家庭作业之前，他们会绞尽脑汁设法想起一些其他事情来做。临时抱佛脚者想方设法来避免家庭作业，这真是令人惊奇。甚至打扫房间也要比做作业优先考虑——更别提睡觉了。

临时抱佛脚者不管在那里都很容易识别。他们坐在离老师最远的地方，通常聚在一起。他们似乎抱着这种态度，那就是他们在教室里纯粹是为了消遣和引人注目。他们喜欢扰乱课堂秩序；如果放任不管，他们就会像癌症侵袭人体一样腐蚀整个班级。他们是老师的噩梦，而且每个班级至少有一个这样的学生。不到最后一分钟——可以这么比喻，不到斧头架在脖子上——他们是不会碰书本的。尽管有些临时抱佛脚者在大学里待不了四年，但大多数还是能毕业的。不过他们毕业时并没有学到多少知识，而且社交能力也有限。

当然，可以认为还应该有第四种类型的学习者——从不学习的人。他们是名副其实地从不学习，即使在考前最后一分钟也不学习。然而，话说回来，这类人依旧被视为学生一类的时间不会太长。

做学习的主人

你最了解自己

请记住：除非你有能力控制自己的学习过程，否则你就不太可能成功掌握一门语言。最了解你的人是你自己，因此你应该运用对自身的了解，来指导自己的学习，即使这意味着有时你必须忽视老师的某些方法或其他人的某些建议。

人们的学习方式往往各不相同。有些人喜欢分析，学任何东西都要掌握规律。有些人喜欢用直觉；他们宁愿收集各种范例，并加以模仿。而有些人喜欢重复，有些人则不喜欢重复。在课堂上，老师们不可能使学习方法适用于每一个学生。所以你不能总是要求老师来为你提供一种专门为你设计的方法。你需要通过多方熟悉这种语言以培养对其使用规律的感觉。从某种程度上讲，你必须使这种语言成为你的一部分，而不只是把它看作一个可以按照一套说明书便可以操纵的机器。我们不妨把它比做学骑自行车，你可以非常准确地描绘出如何把车骑好，但是只有当学习者真正地骑在车上并摔过几次以后，他的有意义的学习才算真正开始了。

树立明确的目标

你应该制订一个外语学习的总体目标。这将有助于你认清学习的方向并不断衡量自己的成绩。由于相同原因，确立每天和每周的学习目标也是有益的。努力实现自己定下的目标，即使这意味着要做超出课程范围的额外工作。例如，如果你的目标是培养良好的发音，而这在课程中并不特别强调，那么你就可以通过自学来改善你的发音。

制定一个有规律的日程

语言是靠点滴积累来习得的。因此，你要尽可能为自己的学习制订一个有规律的日程安排并坚持遵守。偶尔的突击学习效果并不太好，毕竟你的母语也不是一下子就学会的。实际上，你花费了许多时间才掌握了错综复杂的母语，所以在学习一门外语的时候，也应该给自己相同的机会。坚持每天学一点，即使在周末或者没有家庭作业的时候也应如此。按老师的布置去做练习，而不要等到最后一分钟才做。如果你不花一定的时间去充分地消化吸收，练习就会收效甚微。

留意自己和别人的成功学习经验

在学习过程中，留意自己的成功之处，尤其要注意你是如何取得成功的。你要判定出哪些练习看起来对你在哪些方面有帮助：翻译、机械练习、回答问题、作文等。你也要弄清楚自己认为是笔头还是口头联系对学习更有帮助，是在实践之前学习规律还是自己从得到的范例中总结规律。

询问同学，看他们是怎样给出正确答案的，或者他们是怎样学好某门课程的。然后看看他们的方法是否也适用于你。例如，一个单词你认不出而别人猜了出来，你就应该请问他或她是如何做到的。看看别人怎样整理笔记、规则和词汇是有帮助的。你还可以向同学们请教预习方法。

通过实验来确定自己偏爱什么

通过实验来看是否有些方面用眼睛能掌握得较好，而其他一些事情则用耳朵可能会更好。例如，你可能发现听磁带有助于你提高口语表达能力并能记住对话，而记忆词汇时，使用卡片效果会更好一些。一定记住，将同一种方法适用于每一项学习任务是行不通的。如果你和许多成年人一样倾向于过多地依赖眼睛，你的进步可能就会慢下来，因为许多语言的学习都需要去听。你应有意识地强化你的听力技巧。

注意区分有效和无效的学习方法

在你学习的过程中，你应该留意观察哪些方法有效，哪些无效。一旦你确认了自己的最佳学习方法，就要不断地加以运用。同时要留心注意那些无效的方法，比如，如果你在课堂上与一位同学表演对话时"卡了壳儿"，会不会是因为你在做准备的时候是一个人反复阅读这段对话的原因呢？弄清楚自己的困难，留心注意自己在学习上面临的难题，尽力来找出解决问题的办法，如果坚持研究这个过程，你就会发现自己提高了发现问题和解决问题的能力。

莫扎特使我们的大脑更加灵活

莫扎特的音乐真的既能令人愉悦又能提高智力吗？

在欧洲的加利福尼亚大学对学生进行了一次实验表明，在听了 10 分钟的莫扎特钢琴曲之后进行的智力测试中，学生的成绩有了非常显著的提高。这一发现由这所大学的研究人员发表在英国科学期刊《自然》上。

研究人员发现，听莫里·佩拉亚和拉杜·鲁普演奏的莫扎特 D 大调钢琴奏鸣曲（第 448 号）的学生，与那些听录音音乐，暗示"他们想象自己待在一个平静的花园里，放松或保持安静"的学生相比，测试成绩平均高出八至九分。然而，这种效果只是暂时的。

一位研究人员弗朗西丝·H.劳舍尔博士在一次采访中说，所有的学生都被问到了对音域的欣赏品位，虽然有人喜欢莫扎特，有人不喜欢，但在听了音乐之后的测试结果显示他们的分数都普遍提高了，没有因为品位的差异而造成测试结果的明显不同。

她说，被测试者的脉搏在任何测试条件下都没有变，所以生理上的激励并不是影响测试结果的一个因素。劳舍尔博士说："我们通过这些实验测试大脑的神经生物学模式，这种模式提供了大脑神经处理信息及接受刺激的方式。"我们假设这些方式在某些活动中很常见，如象棋、数学，及某些种类音乐。

她说，研究者们选择莫扎特是因为他的音乐具有复杂、结构严谨及不重复等特点。"听这样的音乐可以刺激对认知产生作用的神经系统"，劳舍尔博士还补充说："顺便提一下，莫扎特本人经常在他的乐谱手稿上随便写一些数字和数学符号。"

36 名学生参加了这项实验，其中男女各占一半。每次听完音乐以后，便对他们进行有关空间推理的标准化非文字类的智商测试，包括把纸折叠或裁剪后而展现出物体的几何形状问题。

劳舍尔博士说，她小组的研究者们，包括戈登·L.萧博士和凯瑟琳·N·凯试图测试其他种类的音乐，如摇滚乐和当代作曲家菲利普·格拉斯的极简抽象派音乐的效果。同时，他们还计划测试学龄前儿童及那些受过和没受过音乐训练的对象。

这个研究小组会遇到争议吗？

"当然会，"劳舍尔博士说，"但我们并没有坚持任何定论。"

爱心之歌

从很多方面来说，约翰·贝尔茨可称得上是世界上最成功的作曲家。他写的每一首歌都会引起轰动——不是在流行音乐排行榜上，而是在孩子们的心中。原因是贝尔茨的每一支歌都是写给一个得重病的孩子。他的歌总是让孩子们露出笑容，使他们振作精神。孩子们也一遍一遍地放这些歌。这对于贝尔茨来说比高居排行榜要有意义得多。

38 岁的贝尔茨是"爱心之歌"——一个非盈利组织的创始人和主席。这个组织由音乐家、作曲家、歌手和录音技师志愿联合组成，创作反映孩子个性的独特而欢快的歌曲。贝尔茨负责组织工作，并将纽约昆斯区父母家的地下室建成了一个小型录音棚。

贝尔茨相信音乐有很强的疗效。成年人听自己最喜欢的歌曲时，他会感觉很快乐；那么当一个小孩子听专门为自己写的歌时，结果同样令人振奋。"爱心之歌"自 1996 年组建以来，一直负责作曲、录音，并已送给孩子们 780 多首鼓舞人心的歌曲，而所有一切全部免费，诸如癌症、接受治疗如肾透析或等着移植器官。大部分是美国 60 家医院的病人，在那里，孩子们的治疗专家（利用游戏来治疗儿童紧张心理状态的专家）定期要贝尔茨的作品。

听说"爱心之歌"以后，一些著名的音乐家对这一工程纷纷伸出援助之手。在170名做出奉献的专业音乐人中，有歌手洛尼·斯贝克特、摇滚歌星罗杰·达尔特瑞，还有百老汇音乐剧"泰坦尼克号"的全体成员。超级流行歌星比利·乔尔在为一个孩子写的歌中作过口头介绍。然而大部分还不是著名的表演者。纽约的警察和一所中学的合唱队也为他们录过音。

音乐风格各异，从踢踏舞和乡村音乐，到轻柔的民谣和吟快板。因为贝尔茨生在巴西，会说西班牙语和葡萄牙语，有时他就用这些语言录制音乐。在为孩子写歌之前，家长或护士要填一张单子，注明孩子的兴趣、爱好、家庭、宠物和其他喜爱的事情。然后贝尔茨将这张单子交给已选定的作者，他将这些细节融入歌曲中。孩子的名字在歌曲中多次提到。作者还会提供歌手来唱这首歌，如果可能的话，他们用自己的设备或当地提供的录音棚里将其录制下来。结果证明这是使孩子们感觉良好的强有力工具。歌中决不提及疾病。

贝尔茨有许多活页夹，放满了孩子们和家长们的感谢信，信中描述了孩子第一次听到专门为他们写的歌曲时的反应。这些令贝尔茨感到欣慰，因为这正是他所期待的。他创建"爱心之歌"是为了纪念他的孪生兄弟胡里奥，胡里奥是一位音乐家、歌手、作曲家，在与精神疾病进行过一番斗争之后于24岁那年自杀。他在自杀前两个月曾写过一首伤感的民谣，写道："爱心之歌才是我们驱赶恐惧所真正需要的。"

贝尔茨没有结过婚，没有自己的孩子，以前从未想过要为孩子们写歌。他说，一天他走在街上，这个主意突然闪现在脑海，他立即意识到他将成功。他赶回家，打电话给田纳西州孟斐斯圣裘德儿童研究医院，告诉他们他要为病重的孩子们写歌，但院方说他们不能泄露病人的个人资料。不过，他们说确实有六张用作宣传的孩子们的照片，这些照片附有少量的个人信心。如果贝尔茨觉得有用的话，他们同意将这些照片寄给他。他收到了照片，四天内便写了六首歌。医院一收到这些歌，便打电话高度称赞他。不久以后，一个患癌症的小女孩的母亲打来电话向他致谢，随后小女孩亲自打来了电话。就在那个时刻，他明白了这便是他的"感召"（做事的强烈冲动）。

如今，贝尔茨和他的小组成员每月谱写 30—40 支歌。不幸的是，有几次歌还没写完孩子便没了，但孩子的父母告诉他，歌曲在他们悲伤的过程中是一种安慰。

与大多数慈善事业一样，"爱心之歌"也几乎总是捉襟见肘。为缓解这一难题，他搬回家和退休的父母住在一起，他们支持他的工作。他的长远目标是向所有年龄段的病人提供"爱心之歌"，包括疗养院的病人和精神病患者。为了筹钱，他做了多种努力，卖过录有 21 首儿童慈善歌曲的唱片及磁带。第 22 支歌便是弟弟胡里奥唱的自己谱写的"爱心之歌"的录音。贝尔茨计划下次出唱片的时候，说服史蒂维·旺德或保罗·麦卡特尼延长"爱心之歌"，这样就可保证为次基金会赚得更多的销售收入。同时，贝尔茨本人一直是"爱心之歌"最多产的作曲家，以保证满足为所有的重病的孩子写歌的要求。

关于创造力的培养——鼓励孩子思考

教育和商业界的专家们说，具有创造性是通向光明前程的关键所在。本文将介绍学校和家长如何才能鼓励孩子发展这一至关重要的能力。

如果 1925 年迪克·德鲁听从了他老板的意见，也许就不会有遮护胶带这种产品，现在我们几乎离不开它。德鲁当时就职于明尼苏达制造和矿业公司，通常称为 3M 公司。在工作中，他研制了一种用于胶带有黏性的一面的物质，它的黏性很强，能使物体粘在一起。但是老板却不让他在这一方面做出进一步的研究。后来德鲁只好利用自己的时间改进了这种胶带。这种胶带现今已被人们广为使用。而他原来工作过的 3M 公司也从自己的失误中吸取了教训：现在该公司鼓励其员工抽出 15% 的工作时间专门用来搞创新。

现在这种策略已被越来越多的公司所采用，而且全国（指美国）各地的专家认为，无论是在家里还是学校里，对孩子也应效仿这种做法。他们认为，如果我们教育孩子进行创造性思维，他们就能在明天的社会中更好地发挥作用。

创造性的好处不只限于音乐和艺术领域。凡是能取得成功的学生和成人都是那些会寻求各种办法去解决问题的人。

创造性并非与生俱来，也不一定就是高智商的特征。一个人智商高并不意味着他必然能创造性地发挥才智。创造性就是指能利用已有的资源想出新点子，而这些点子会给某方面带来好处。

不幸的是，学校往往并未促使学生创造力的发挥。许多教育人士非常看重考试分数，强调阅读、写作和数学能力，往往因追求正确答案而牺牲了对创造性的培养。其结果是孩子们能够反馈所学的知识，却不知道如何灵活应用所学知识。比如，他们可能熟记乘法表，却不会用它来解决数学应用题。

然而，在有些学校里，教育者们正逐渐认识到这一问题，并致力于研究能启发学生创造性的新的教学方法。一些教师把基础知识和要求学生发挥想象力的活动结合起来。比如，教师不在简单地问学生哥伦布何时发现了新大陆，他们可能让学生思考如果哥伦布首先到达的不是加勒比地区而是纽约，情况会是如何。回答这一问题，学生必须应用他们关于哥伦布、纽约和加勒比地区的知识。教师们认为即便学生的回答会很可笑，也毫无关系，这也许是通向创造性的重要一步。专家认为，在课堂以及在家里，必须允许孩子们有些荒唐的想法。最好的办法是通过提问来鼓励孩子，同时对他们的想法和新点子表示赞赏。专家认为创造一个可以自由发挥创造力的氛围很重要，一个尊重和赞赏而不是鄙视或不理会荒诞想法的环境。

在家里，家长可以做一些鼓励孩子发挥想象力的事情。如果遇到适合讨论的问题，家长可以就该问题征求孩子的意见，让他们参与决策。家长可以帮助孩子了解不同的决策将带来的各种后果。家长还应鼓励孩子大声讨论他们正在做的事情。思维能力是和语言能力紧密相关的。大声地讨论有助于提高语言能力和思维能力。

具有幽默感对于帮助开发孩子的创造力也非常重要。当家长表现出幽默时，孩子们就看到了最真实的创造性。从本质上看，幽默就得跨越常规界限，打破固有模式。要创造往往也得如此。

给孩子一些选择的余地也很重要。应该允许孩子自己做决定并清楚其所做决定的后果，要让孩子从尽可能早的年龄开始这样做。做决定有助于培养思维能力，即便只是在午饭的两种事物的选择上做决定也行。随着孩子慢慢长大，家长应让孩子自己做主支配时间或金钱；当他们做出错误的决定时，不要主动给予他过多的帮助。这样做可能会使孩子莫名其妙，但这不是个问题。因为富有创造力的人有一个最重要的特点，他们有很强的动力去使杂乱无章的事情变的井然有序。

老师偏爱男生

教室成了男生的世界，在班里，即使男生占少数，教师三分之二的注意力也被他们吸引过去。他们被允许拿女生开玩笑，功课做得稀里糊涂，也会得到老师的表扬，而这种情况如果发生在女生身上那是不可容忍的。男生已习惯成为老师的宠儿，倘若女生得到相同的待遇，男生们便会抗议甚至扰乱课堂。

这些说法来自本周出版的戴尔·斯彭德写的一本书，她是伦敦大学教育学院的一名讲师。她认为发生在女生身上的性别歧视现象在男女同校的学校里是非常典型的，因此男女分班上课是惟一的解决办法。

这一事例来源于她自己及其他教师上课情况的录音材料。就像斯彭德一样，他们当中有些教师故意给女生一个公平机会。斯彭德说："有时我甚至考虑到自己做得是否太过分了，我花在女生身上的时间比男生多。"

然而录音材料所证实的情况却并非如此。在 10 个录过音的课堂上（中学与大学中），斯彭德给予女生的注意力从未超过 42%（均数为 38%），而给予男生的注意力却从未少于 58%。类似情况也发生在其他老师身上，不论是男老师还是女老师。

换句话说，当老师花在女生身上的时间多余 1/3 时，他们就觉得自己正在剥夺男生应该享受到的平等权利。男生自身也有类似的感觉。班上一名男生说，"她总是提问女生所有的问题"，事实上老师将 34% 的时间用在女生身上。另一个班的一名男生说："她不喜欢男生，只听女生说话。"而事实上老师将 63% 的注意力集中在男生身上。

男生认为老师将 2/3 的时间用在男生身上是公平的——而当他们感觉不到足够多的重视时，便会扰乱课堂甚至向高层领导抱怨。一位老师说："让他们集中注意力非常重要，否则他们会表现得非常糟糕。"

据斯彭德的研究成果，课堂教学普遍施行着双重标准。"当男生提问、提出异议或公然向老师挑战时，他们往往会得到尊重和奖励；而当女孩子们完全如男生所为时，得到的却常常是批评和责罚。"

在课堂上想得到老师关注的男生能很快的得到老师的回应。"而女生的努力却会被忽视；她们的手长时间地举着，她们礼貌的求助也常常会被忽略，因为老师必须得关注男生。"

一位女生在谈起一男教师时评论说："如果你是女孩子，你根本不想举手告诉他说失火了，因为在他问你想说什么之前，我们可能已全被烧死了。"

斯彭德认为，对男生书面作业的评判标准也不相同。当她请老师为论文和课题打分时，同样的作业，如老师被告知出自男生之手，分数往往会高些。一位教师在谈及一项关于发明的课题时说："当男孩子决定认真地对待作业时，没有哪个女孩子能与之相比。"但实际上，这份作业是一位女生完成的。

女声干净整洁的作业多少会受到轻视。一种说法是："我认为她们应该花时间补充事实，而不是一味地使它看上去美观。"另一种说法是："很典型，是不是？所有的努力只是为了好看——在注重外表上谁也比不过女生。"但当斯彭德表明这份作业出自男生之手时，评论语气便发生了显著变化。

斯彭德的出结论，她认为在男女混合的班级中女生处于劣势地位。如果她们和男孩子们一样吵吵闹闹、雄心勃勃的话，就会被视为"不像个淑女"；如果她们安静而顺从，就没人会注意到她们。

斯彭德说，有些学校在数学和自然科学两门课上已经推行单一性别班级制，并且发现女生的学习成绩有了十分显著的提高。她建议说在某些学科上将男生和女生分开教学——而不是恢复到以前单一性别的男子学校或女子学校——是最有希望的解决办法。

危险与你

说不清在什么时候，我们大家都曾扮演过疑病症患者的角色——即只凭一些轻微的症状便怀疑自己得了某种可怕的疾病。有的人刚一听说一种新的疾病，就会去检查，看自己是不是患上了这种病。然而，对疾病的恐惧对我们来说并不是唯一的东西。同样，患病的危险也不会是我们一定会遇上的唯一危险。现实生活中充满了各种各样的威胁——对我们生命的威胁，对我们平和的心境的威胁，对我们家人的威胁，对我们将来的威胁。由此而引发的许多问题使我们不得不问自己：我买的食品安全吗？给孩子们的玩具会不会伤害到他们？我家里的人是不是不该吃熏肉？我度假时会不会遭遇抢劫？我们的疑虑在无休止地增加。

担忧生活中有危险与疑病症有些相似之处：二者的恐惧或忧虑皆源自于片面的信息。但二者之间也存在一个明显的差别。疑病症患者通常可以求助于医生，以便澄清疑虑——要么你得了你所怀疑的疾病，要么没有。但当涉及到其他形式的危险时，事情就困难多了，因为对许多危险来说，情况并不那么简单。

几乎所有的危险都只是一个可能性的问题，而无确定性可言。你也许会问："我该不该系安全带？"如果你坐的车要与其他车正面相撞，那当然该系安全带。倘若你的车侧面被撞，结果你被困在车里面，又因安全带装置遭破坏而无法挣脱，那该怎么办？这是否意味着你该额外花些钱在车内安一个保险气囊呢？同样，还是在汽车正面相撞的情况下，安全气囊才会救你的命。但是万一正当你沿着高速公路行驶时，保险气囊突然意外充气膨胀，从而导致了本来绝不会发生的事故，那又该如何是好？

上面说的这一切，只是从另一个角度说明我们所做的事没有一件是百分之百安全的。有些危险（常常可能的重大危险）与我们的每个业余爱好，所做的每项工作，所吃的每种食物有关，换句话说，与所进行的任何活动有关。但我们又不能，也不该因危险存在于我们将要做的每件事，而变成战战栗栗的神经过敏者。有些活动是比其他活动更危险。关键在于要让自己了解有关的危险，然后相机行事。

例如，发生碰撞事故时，大车子总的说来要比小车子安全些。可究竟能安全多少呢？答案是这样的：在一起严重的车祸中坐小车子丧生的可能性是坐大车子的两倍左右。然而大车子通常要比小车子贵（并且消耗更多的汽油，由此给环境带来了更大的危险！）。那么我们该怎样确定什么时候值得为降低危险增加花费呢？例如，人们避免危险的一个极端做法也许是去买一辆坦克或装甲车，从而把撞车事故中丧生或受伤的危险降到最低限度。然而，就算你花得起这个价钱，让你承担这笔额外的费用并忍受坦克或装甲车所带来的不便是否值得呢？

在我们尚不知所谈论的危险程度之前，我们还无法去回答这些问题。那么，我们该如何去衡量危险程度呢？有些人似乎认为答案只不过是一个简单的数字。例如，我们知道每年大约有 25000 人死于车祸。相比之下，每年只有大约 300 人死于矿山里的事故和灾难。这难道就意味着乘坐汽车要比采矿危险得多吗？未必。事实是，在美国每年大约有两亿人经常性地以车代步；而大概只有 70 万人从事采矿作业。我们评估一种危险时，所需要的有关数字是一个比率或分数。这个分数的分子告诉我们在某个特定的时期由于从事某种特定的活动而丧生后受伤的人数；它的分母告诉我们在这一时期从事这种活动的总人数。这样所有的危险程度都是比率或分数，其大小介于 0（无危险）到 1（绝对危险）之间。

通过把所有危险都简化为这样的比率或分数，我们便可以开始比较不同种类的危险——如此比较采矿和乘坐汽车。这个比率越大，也就是说它越接近 1，那么有关活动的危险性就越大。从刚才讨论的情况看，我们可以将每一活动中死亡的人数除以参与该活动的总人数找出汽车旅行与采矿的 we 相对安全性。此处，我们可以清楚地看到，乘坐汽车旅行的危险性是每 1 万人中有 1 人丧命；而就采矿而言，其危险程度是每 1 万矿工有 4 人死亡。所以，尽管在车祸中丧生的人远比在采矿时死亡的人多，后者其实比前者要危险四倍。这些比率使我们能够对那些像苹果与橘子那样毫不相同的活动或情形的危险性加以比较。如果你反对冒险，你就会在危险性比率较小的活动中进行选择。如果你不在乎冒险，那么你往往会对高比率的危险无所畏惧，除非那些比率大得令人难于承受。

我们一旦懂得了危险是永远无法从任何情况中完全去除的，而且，正因如此，没有绝对安全的事，那么我们就会明白问题的关键不是要彻底躲避危险，而是要理智地来对付危险。对付危险需要两大要素：一是常识；二是掌握信息，也就是掌握有关我们会遇到的危险的特征和危险程度的信息。

危及健康的风险

民意调查一再告诉我们，除环境问题以外，美国人最担心的就是他们的健康问题。这完全可以理解，因为健康明显比得病要好。美国人现在比以往任何时候都要健康得多，然而今天却对健康如此关注，这实在令人感到有点吃惊。许多曾令人恐惧的疾病现在或被彻底根除，或被控制。尽管艾滋病明显是个例外，但几乎没有什么新的致命的疾病大规模出现以取代那些已被根除的疾病。

然而健康以及对其构成的各种威胁仍然是人们永久关注的问题。毕竟如果当前的趋势继续下去的话，将有超过一半（57%）的人死于心脏病或是癌症。

将危及健康的危险，特别是危及到生命的危险进行比较后，存在一个主要问题，那就是它们的即时性有很大差异。例如艾滋病，如果你不幸染上的话，几年后将肯定死亡。另一方面经吸烟或遭辐射诱发的癌症，可能要花 20 年至 30 年的时间其灾难性后果才会显现。因此在对危及健康的危险作出判断时，牢记冒险与承受其后果之间的时间间隔很重要。

拥有"享受今天"这种观念的人往往对潜伏期较长的危及健康的危险漠不关心。尽管这是一种目光短浅的行为，但低估长期危险还是有道理的。毕竟，如果我们真的面对选择，是做一件今天就可能使我们丧命的事还是做一件 20 年后才可能使我们丧命的事时，我们往往选择二者中危险程度较小的事。

解决这类问题的常用方法是一种被称为 YPLL（潜在寿命损失年数）的新概念。其意思是，对一个 25 岁的人来说，做某件令其 5 年内丧生的事比做一件令其 40 年内丧生的事要"代价高昂"。二者具有相同的危险因素——即最终死于那一致命行为的同一可能性——但是引起即时损害的危险要比一个在很长时间内不需要付出代价的危险代价要高得多。在第一种情形下，他的正常寿命减少了约 45 年，而第二种情形，其寿命减少了约 5 年。从这个角度看问题不可避免地导致对威胁健康的一些因素进行重新评价。例如，心脏病是夺取美国人性命的头号杀手，远远超过癌症或中风。然而心脏病袭击年长者比袭击年轻人的比例要高得多。相比之下，死于癌症的人数较少，与患心脏病的人群相比，患癌症的人群年龄偏小。所以因癌症而损伤的 YPLL 比心脏病要多，尽管心脏病死亡的几率要大些。具体来讲，因癌症损伤的 YPLL 要比因心脏病的高 25%（如果我们将 YPLL 定义为 65 岁以前潜在寿命缩短一年）。

YPLL 这一概念，如果说人们对它还有争议的话，却对健康护理经济学有重要影响。人们常争论，用于医学研究攻克难症的资金应该按各种病夺去人性命比率的大小来分配。因此那些认为将大量资金用于艾滋病研究的批评人士称，与其他疾病杀手例如心脏病和癌症相比，艾滋病得到了不成比例的高额资助。这批评没有考虑到这样一个事实：由于艾滋病主要侵袭二十几岁、三十几岁的年轻人，与每年造成 2 万人这个简单的死亡人数（尽管这已糟透了）所表示的含义相比，艾滋病导致的 YPLL 要大得多。换句话说，找到治疗艾滋病的方法，将可能增加每位潜在的艾滋病受害者25—30 年的寿命。找到治疗心脏病的方法，虽然可能会拯救更多人的生命，但对每位受害者来说只能增加平均 5 到 10 年的寿命。

大学是一个十分包容的世界吗?

在《永远不会听到的毕业典礼演说》中，雅各布·诺伊斯那认为大学的经历使得我们认为："失败不会留下任何记录"，成绩很容易取得。在诺伊斯那看来，大学并不是一个现实生活的很好的预备学校，因为它培养我们面临的是一个"根本就不存在的世界"。

毫无疑问，诺伊斯那在形成这么激烈的论点之前，就该对大学生活实况更进一步地审视。他完全无视学生们为了学习成功而经受的一切压力与艰辛。大学生活根本就不是他所描绘的那样。

大学难道真的像诺伊斯那所说的那样没有让我们为现实生活做好准备吗? 我们所经历的一切难道不是有助于我们了解现实世界的吗? 这些问题都是我在思考诺伊斯那所说的话是脑子里冒出来的。我认为他完全错了。对我们大部分人来说，大学时代正是我们开始独立，学会自己做重要决定，并对这些决定负责的时代。在大学里，我们必须学会筹划时间（还包括筹划用钱!),学会忍受(否则在一个拥挤的三人间里住我们会无法过下去的）。我们与来自世界各地的人认识，开阔了我们的视野，使我们彼此加深了解。如果这些对现实世界是没用的，那我可不知道什么才是有用的。

诺伊斯那认为在大学里，我们所接受的教育使得我们认为"失败不会留下任何记录"，因为我们犯了错误可以不用受惩罚，并对此信以为真。我要告诉他的是：要是你考试不及格，你就不能再考，或者即使老师明知你一辈子都会恨他，他也不会抹去你的成绩。要是你中途放弃了某一门课，下学期你就得多修课。要是你有几门课的成绩很低，就几乎不可能进入一个好的研究生院。要是你好几门课的平均积分点不够高，那你就得不到学位。期中考试、期末考试来临时，没有人能够逃避不考。学习紧张时，本来顽强学习的人也得更加努力学习，因为大学并不像诺伊斯那所认为的那样，会给失误提供"不费劲的"解决办法。大学不是一个十分包容的世界，当超过了期限或者没有按要求完成的时间完成工作时，老师们也绝不会装作不在乎。

对于我来说，生活在一个拥挤的三人间里，期末考试前只有一天时间看书，一大堆的阅读任务、论文、还有期中考试都集中在一个星期里进行，这绝对不是我以为的"充满了安逸、自由、包容、方便、舒适、有趣、轻松等乐趣的地方"。

永远不会听到的毕业典礼演说

我们这些做老师的对我们的教育成就没有一点自豪感。我们培养你们去适应的是一个根本不存在的世界，事实上也是不可能存在的。你们用四年时间形成了一种信念，以为失败是不会留下任何记录的。要是学得不好，一个最简单易行的办法就是中途退出（不修这门课），在布朗大学你们学会了这一点。但是，从现在开始，在你们即将涉足的世界里，失败是要给你们留下疤痕的，遇难而退也会使你变成另一个人。走出布朗后，遇难退缩的人绝不会是英雄。

你们曾同我们争辩过，让我们相信为什么你们的错误不是错误，为什么平庸的作品是优秀的，为什么你们会对例行公事式的拙劣发言报告感到骄傲。毕竟你们中的大多数人都还记得在学过的大部分课程中都得过好成绩。因此，在这里分数并不能作为区分优秀学生与普通学生的依据。可在以后，在你们所要涉足的世界里面，你们最好不要为自己的错误辩护，而应该从中吸取教训。假如你们想要得到本不属于你们的表扬，诋毁那些不表扬你们的人，这是不明智的做法。

多年以来，我们创造了一个十分宽容的世界，在这里，我们所要求于你们的仅仅是一点微不足道的努力。要是你们没能按约定的时间到来，我们就再约一个时间。要是你们的作业超过期限，我们也装作不在乎。

更糟糕的是，当你们的言谈很无聊时，我们却故做姿态，似乎你们在说一些很重要的事情；当你们喋喋不休、唠唠叨叨时，我们认真倾听，似乎你们说的东西事关重大；当你们把根本没有花时间认真写的东西扔到我们桌上时，我们不仅会认真拜读，甚至还会批改给评语，好像这是你们应得的；当你们愚钝时，我们装作你们聪明过人；当估计到你们要讲什么，而且讲的是那么毫无想象力、平淡无奇，我们仍然听你们讲，仿佛是在听什么新鲜的、美妙绝伦的事情；当你们想要不劳而获时，我们会拱手奉上。所有这一切究竟是为了什么？

对这一切尽管你们会有自己的看法，但我们决不是因为想要讨你们的欢心，而是因为我们不想受到打扰，一个简单的办法就是故作姿态：微笑，让你们轻轻松松都得 B。

在这一类的演说中人们往往习惯于引用，在此让我来引用一个你们从来没有听过的人的话，这个人是罗特格斯大学的卡特·A.丹尼尔教授。他说："大学毁了你们，让你们阅读那些不值得一读的论文，听那些不值得一听的评论，甚至要去尊重那些无所事事、孤陋寡闻、极不文明的人。为了教育我们过去不得不这样做，但是今后不会有人再这样做了。在过去的 50年中，大学使你们丧失了得到充分培养的机会。由于大学成了一个充满各种乐趣的地方：安逸、自由、包容、方便、舒适、有趣、轻松，它没有对你们尽到责任。但愿你们来日好运。"

这就是为什么在今天进行毕业典礼之际，我们没有任何东西可引以为豪的原因。

哦，对了，还有一点。尽量不要像对待我们那样去对待你们的同事和老板。我的意思是，当他们给予你们想要的但不是你们应得的东西时，不要对他们讲难听的话，不要侮辱他们，不要在他们身上重复你们与父母之间的那种糟糕的关系。对于这一切，我们都忍受了，但是，正如我所说的那样，这不是招人喜欢的。一些年轻人只能在同龄人的眼中找到自我，那是一些愚昧无知的人，他们竟然浅薄到会以为教授们关心的不是教育，而是他们的声望，实际上，很少有教授在乎这类年轻人喜欢他们。我们对你们容忍，只是因为我们想摆脱你们。摒弃我们在教学中给你们造成的这些假象，投身到真实的生活中去吧。

时间之声

时间会说话。它比文字表达得更通俗易懂。它所传达的信息响亮而清晰。由于它较少受到人为的控制，因此它不像口头语言那样易受歪曲。在言辞撒谎之处，时间却能道出真道理。

比如，一天中不同的时刻在某种特定情况下意义重大。时间可表明某件事的重要性，还表明人与人之间的关系该发展到哪种程度。在美国，如果你一大清早就给人打电话，而他此时正在剃胡子或吃早餐，那么这个电话的时间通常就意味着一件极其重要或极为紧急的事。晚上十一点后打电话也是一样。睡眠时间接到的电话可能涉及到生死攸关的事。因此就有年轻人互相之间打这种电话开粗俗的玩笑。

用不同的方式来对待时间会有多么麻烦，这可以通过一个美国农学家的例子得到很好的说明。他被委派到一个拉丁美洲国家做使馆专员。经过了一段他感觉合适的时间之后，他宣布说他想会见该国和他同等级别的部长。由于种种原因，他提议的会见时间不合适——所有线索反馈回来，结果是会见这位部长的时间还不成熟。然而我们这位朋友，却执意要求会见并迫使对方勉强接受。他稍微提前了一会儿到达（美国人表示尊重对方的一种做法），等候着。时间到了，时间过了：五分钟，十分种，十五分钟。这时他暗示秘书说也许部长不知道他在外面的办公室里等着。这样做使他感到自己做了一件具体的事情，也帮助他克服那焦虑不安的心情。二十分钟、二十五分钟、三十分钟，四十五分钟（耻辱的时间）！

他跳了起来，对秘书说他一直在外面的办公室里空等了四十五分钟，他对这种待遇感到恼火和厌恶。消息传到对方部长那里，结果他却说道："就让他空等吧。"结果这位专员在该国逗留的日子十分不愉快。

误解的主要根源在于：在刚谈到的这个国家，五分钟的拖延算不了什么。另一方面，等个四十五分钟，又没等到最后一刻，那只不过刚开始。你在等了六十秒种后向，一个美国人的秘书说她老板不知道你在那儿显得很荒缪，就像你等了五分钟后就大发雷霆一样地荒缪。而部长就是这样看待在他办公室外屋等待的美国人的抗议的。他像平常那样认为美国人完全不讲道理。

在这个不幸的事件中，这位专员按他一贯的方式行事。在他自己的国家美国，他的这些反应本来很正常，行为也合情合理。然而，即使他在出国前会发生这类事情，他仍然很难在空等了四十五分钟后没有不受辱的感觉。另一方面，如果他事先就被告之有关当地时间制度方面的详情，就如他本应知道当地的口头语言一样，他就可能相应地对自身做出调整。

在这种情形下给人们带来烦恼的是，他们没有意识到他们正在经历另一种类型的交际，一种有时需要使用语言，有时又跟语言毫不相干的交际。所传递的信息没有用任何正式的语言或词汇表达出来，这使事情变得加倍难办。因为双方都不能说清到底是怎么了。每一方只能说出他认为发生的事情以及他对这件事的感受。令人伤脑筋的是所传递的信息到底是什么。

大学里的堕落

同亚当被逐出伊甸园一样，我被大学开除了；亚当是越轨偷吃智慧树上的禁果，而我错在无视知识之树的存在。在表现糟糕的大学一年级之后，我开始反思失败的原因。现在我明白了导致我堕落的两个因素：缺乏人生目标和过早的自立。

没有人生目标，我便没有前进的方向和动机。大约在高中最后一年的中途，父母就逼我报考大学，但直到那时我还没有想过要追求什么样的事业。为了不让他们整日唠叨，我告诉他们我想当工程师。尽管我的数学、物理、化学常得高分，但我厌烦这些课程。而且在大学的最初四个月里我对理科的反感就日渐明显，所有理科课程都没及格。

如果我的学习动机再强一点的话，我可能已经通过了这些课程的考试，但我还没有为上大学做好准备。事实上我还没有准备好要干什么职业。我原本以为像在中学一样每天花一小时学习足可以在大学里取得体面的成绩，可是我错了。因为我无法想象自己会成为工程师，所以我无法激励自己更加努力地学习，接着我开始找各种借口逃避学习。

　　甚至在读书的时候，我心也没在学习上。我总是做白日梦，梦想在微风徐徐的夏日里躺在清凉的草坪上睡大觉，分散我的注意力，赶跑了那些微积分和物理理论。美梦结束时，刚刚学过的东西也差不多忘记了。期中考试周越来越近，白日梦也越来越长，而学习时间越来越短。只要有白日梦可做，就可避免学习。我经常逃课以至于数学、化学、物理都不及格。

　　我为何不换个专业呢？为何不退学呢？首先，父母为我付了学费，而我也担心他们断了我的经济资助使我陷入贫困。其次，我的志向仍然不明朗。所以，即使我转出工学院，仍无志向可言。由于没有明确的目标，又惟恐让严厉的父母失望，我一直待在这个系里直至圣诞节，希望我对工科的兴趣会增长而且我的分数也会提高。

　　然而，我既没及格也没有成熟起来。由于我来自一个小镇，加上不适应像卡尔加里这样的大城市快节奏的大学校园生活，所以我住在学生公寓里，相信这将保护我远离竞争激烈的课程及工学院不留情面的教授们。第一个月的调整之后，我发现这地方除了没有父母的监视之外，为我提供了家庭生活中的一切好条件。

　　十二月中旬下了雪——正好是期末考试时间——但我没注意其中任何一件事，因为我成了一只夜猫子，泡在烟雾缭绕的酒吧里。一周后，大雪覆盖了校园里的每一座建筑，这便许诺给除我以外的所有人一个洁白的圣诞节：我的试卷发下来了，全不及格。我不在乎，我的朋友也不在乎，他们的成绩也一样糟糕。我们吹嘘离开了父母而获得的自由，却为意识到他们的影响远比我们相互间的影响有益。我和我的朋友们不在酒吧时，便去别人房间里玩扑克或不请自到，去参加公寓里其他同学举办的晚会。

　　那时，我的独立令我欣喜，而远离我十八年的自由终于成了我的，任我去体验去挥霍。我喝醉酒而不必受到责罚，也没有生气的母亲在凌晨五点等我回家，更不会有恼怒的父亲因为丢人的分数而大声斥责我。但是自由要付出代价：没有人告诉我要更加努力学习，也没有人告诉我如果我下次三门考试不得一个80分，我将被赶出学校；更没有人教导我要对自己的行为负责。

　　圣诞节那天，在我自己的长袜里发现的是"退学"通知书。我拒绝对自己的行为负责，并挥霍刚刚获得的独立以及远离父母管制的自由，这一切使我的得分都在及格线以下，使我的圣诞节一片漆黑。不应得到的独立就如智慧树上的禁果，引诱我，导致我的堕落。因为我还没成熟到为自己的未来承担责任，也因为我滥用了独立的特权，我第一年的大学生活失败了。我堕落的原因教给我什么是成熟和什么是责任，将来我再也不会无视智慧之树。被逐出伊甸园足以教训亚当，对我也是如此。

你想是什么样你就是什么样

你是否把半杯水看做是装了一半而不是空了一半呢？你是不是注意炸面圈而不是中间的洞呢？当研究者仔细审查积极思维的能力时，这些陈旧的想法就成了科学问题。

越来越多的人从事这项研究，目前都有 104 项研究，涉及 15000 人。他们都证明乐观将使你更快乐、更健康、更成功。相反，悲观会导致绝望、疾病和失败，并且与沮丧、孤独和痛苦的羞怯相关。"如果我们能教会人们进行更积极的思维，"休斯敦赖斯大学的心理学专家克累格·A.安德森说，"就像给他们注射了抗心理疾病的疫苗一样。"

"你的能力很重要，"匹兹堡卡内基·隆大学的心理学专家迈克尔·F·沙伊尔解释说，"但是你对成功的信念会影响你是否成功。"部分原因是因为乐观者和悲观者对待相同的挑战和挫折的方式截然不同。

就拿你的工作为例。在一项重点研究中，宾夕法尼亚大学心理学专家马丁·E.P.塞利格曼和同事彼得·舒尔曼调查了大都市人寿保险公司的销售代表。他们发现在长期任职的代表中，乐观者要多卖出 20%。

给人留下深刻印象的是这家公司聘用了 100 名在工业标准化测试中失败而在乐观测试方面得分很高的人。这些可能永远不会被录用的人却比一般的业务员多卖出 10% 的保险。

他们是怎样做到的呢？根据塞利格曼的观点，乐观的人成功的秘密在于他的"解释方式"。当出了问题时，悲观的人往往责备自己。"我干这事不行，"他说，"我总是失败。"乐观的人却寻求其他的解释。他会怨恨天气、电话线路，甚至其他的人。"那个顾客心情不好"他想。当事情顺利时，乐观者把功劳归功于自己，而悲观者则会认为成功是多亏了运气。

无论消极还是积极，它都是本身自然实现的语言。"如果人感到无望，"

安德森说，"他们就不会费力去获取成功所必需的技能。"

安德森认为，控制意识是对成功的真正检验。乐观的人感觉他掌握了自己的生活。如果事情变得糟糕，他会迅速作出反应，寻找解决问题的办法，制订新的行动计划，并向别人寻求建议。而悲观者觉得自己是命运的玩具，行动迟缓，并不寻求建议，因为他们相信一切都是徒劳的。

乐观者可能会认为他们比事实证明的还要好——有时候这就是使他们免于生病的原因。在一项长期的研究中，研究者考察了一些哈佛大学毕业生的健康史。这些学生都是班里中优秀的学生，并且身体非常健康。但是有些是乐观者，有些是悲观者。20 年后，悲观的人中中年患病的比乐观的人要多。

许多研究表明，悲观者的无助感损害了身体的天然防御系统——免疫系统，密歇根大学的克里斯托弗·彼得森博士发现悲观者不会照顾自己。由于感觉被动，消极，无力回避生活的打击，无论干什么事情，他都预想身体会生病或有其他不幸。他吃不健康的事物，不参加锻炼，不去看医生，还过量饮酒。

大多数人悲观和乐观兼而有之，但偏向于某一方面。塞利格曼说，这是人幼年时期学到的一种思维方式，在无数次的警告或鼓励，否定或肯定的话语中逐步发展。太多的"不要"和"危险"的警告会让孩子觉得无能、恐惧以及悲观。

在成长过程中，孩子们会经历小小的成功，像是学会系鞋带之类。父母能够帮助把这些成功转变为控制感，而那正促进了乐观的形成。

悲观是很难改变的习惯，但能够被克服。在一系列的研究中，伊利诺伊大学的卡罗·德韦克博士一直在同小学低年级的学生打交道，她逐渐帮助学生改变了对失败的解释——从"我一定很笨"，到"我学习能够再努力"。他们的学习成绩提高了。

所以，如果你是个悲观者，那就需要乐观起来，你会改变的。范德比尔特大学的心理学家斯蒂夫·霍朗告诉你该如何做：

1. 有不幸的事情发生时，要特别注意你的思想。记下你最初的想法，不要做任何改动或订正。

2. 现在做个实验。做些与任何消极反应正相反的事情。比方说工作出了问题，你会这样想吗？"我讨厌我的工作，但我找不到更好的工作。"采取行动吧，就像是事实并非如此。寄出简历，参加面试，找机会接受培训，查询工作信息。

3. 密切注意发生的一切。你最初的想法是对是错？"如果你的想法妨碍了你，那么改变他们，"霍朗说，"这是实践摸索的过程，没有保证，但给自己一个机会。"

积极的思维能带来积极的行动，有证据表明你期望从这个世界得到什么，那你就有可能得到。

羞怯的痛苦

对许多人来说，羞怯是许多不愉快的起因。各种人，不管是矮的、高的、愚蠢的、聪明的、年轻的、年老的、苗条的、还是过胖的，都把自己说成是羞怯的人。羞怯的人往往焦虑不安，在他人面前扭捏不自然：即他们过分注重自己的外表和举止。令人忧虑的想法不断困扰着他们："我给人留下什么样的印象？""他们喜欢我吗？""我讲话显得傻吗？""我长的不好看。""我穿的衣服毫无吸引力。"

很显然，这种不自在的感觉会对人们产生不利影响。一个人的自我形象反映在他或她的行为中，而一个人的行为方式又影响他人的反应。一般来说，人们自我评价的方式对他们生活的各个方面都会产生深刻的影响。例如，具有积极的自我价值观或很强的自尊心的人往往言行中充满自信。因为有了自信,他们不需要他人不断的称赞和鼓励来使他们自我感觉良好。自信的人热情主导地投身生活之中。他们不因别人认为他们"该"干什么而受影响，自尊心强的人不会因被批评而受伤害；他们不把批评看成人身攻击。相反，他们把批评看作是能帮助自己提高的建议。

相比之下，羞怯的人自尊心不强，很可能消极被动而且容易受他人影响，他们需要确保自己在做"正确的事情"。羞怯的人对批评非常敏感；他们觉得批评证实了他们不如别人。他们也感到很难因别人的赞美而高兴，因为他们认为自己不值得称赞。一个羞怯的人可能会对别人的赞美作出这样的回答："你这么说只不过是要让我感觉愉快罢了。我知道这不是真的。"显然，尽管自我意识是一种健康的品质，但过分的自我意识却是有害的。

羞怯感能被彻底消除或者至少减轻些吗？幸运的是，人们能够通过坚持不懈的努力树立自信心从而克服羞怯感。既然羞怯和缺少自信是密切关联的，那么了解自己的优势，正视自己的弱点对人们来讲是十分重要的。例如，大多数人都希望每门功课都是最好的。如果仅仅因为在某些方面有困难就把自己列为劣等，那就不合理了。人们的自我期望一定要现实。总是想着不可能的事情会导致信心不足，甚至羡慕嫉妒。当我们忌妒一个成绩更好的学生时，我们是在自我伤害。

如果你羞怯，这里有一些具体有效的步骤帮助你树立自信心，克服羞怯感。

1. 认清你的长处和弱点。每个人既有长处又有弱点，随着自我认同的增长，羞怯感便会自然消失。

2. 确立合理的目标。例如，在聚会时你可能会因和一群陌生人待在一起而羞怯。不要因为你必须和每个人交谈而难过，你会感到更自在。

3. 内疚和羞耻感是有害的情感。不要因此浪费时间和精力。假设你伤害了某人的感情，感到羞愧没有任何作用。相反，应该承认自己也犯了个错误，并决心以后对待别人更通情达理些。

4. 所有问题都有许多解决办法。很少有完全正确或完全错误的意见。要敢于大胆地表达自己的见解。

5. 不要给自己否定的评价。这是一个自我诋毁的方式。不要说自己愚蠢、丑陋，是个失败者。要强调积极的一面。

6. 理性地接受批评。不要把批评理解为人身攻击。例如，如果一个朋友抱怨你的烹饪，那么只认为是对你烹饪的评论，而不是对你这个人的评论。要确信你们还是好朋友，但也许你的烹饪的确有待提高。

7. 记住每个人都会经历某些失败和挫折。把它们作为学习的经历，从中受益。挫折常常作为一个转折点，随之而来的将是一段美好的经历。例如，你可能被你选择的大学拒之门外。然而，在你实际就读的大学里，你可能发现这里的教育质量比你料想的要好得多。

8. 不要和使你相形见绌的人交往。设法改变他们的或你自己的态度，或者脱离那种关系。伤害你的人对你的利益并不关心。

9. 留点时间休息、消遣，并定期重新审视你自己的目标。在这方面花些时间有助于你更好地了解自己。

10. 多到社交场合中锻炼。别把自己孤立起来不与人交往。设法每次结识一个人，最后你就能熟练、自信地周旋于众人之间。

我们每一个人都是独特的、有价值的个体。我们自有吸引人的地方。我们对自己了解得越多，就越容易充分发挥自己的潜力。不要让羞怯成为我们获得丰富多彩、积极进取的生活的绊脚石。

食物中的营养成分

营养成分是食物中对人的生命和健康至关重要的部分。其重要性体现在以下三个方面：第一，一些营养成分提供人体所需的热量和能量。第二，一些营养成分建成和修补人体组织。第三，一些营养成分有助于控制人体的机能过程，如吸收矿物质，血液凝结等。科学家们认为共有 40—50 种营养成分。这些营养成分可分为五大类：碳水化合物、脂肪、蛋白质、矿物质和维他命。

第一类营养成分是碳水化合物。有两种碳水化合物：淀粉和糖。面包、土豆和大米属于淀粉。它们含有大量的碳水化合物。糖、软饮料、果冻和所有含糖的食品也含有碳水化合物。碳水化合物之所以重要是因为它们能为身体提供热量和能量。比如说，糖是百分之百的能量。它没有其他的食物价值。糖不能建造人体组织或控制生理过程。如果人体含有太多的碳水化合物，它们就会以脂肪形式储存起来。人体把热量储存为脂肪。

有两种脂肪类型：动物脂肪和植物脂肪。黄油、奶油和牛油是动物脂肪。橄榄油、豆油和花生油是植物脂肪。人体在皮肤下面和一些重要器官周围有脂肪。正常成年人有 10 到 11 公斤的人体脂肪。如果一个人摄入太多碳水化合物和脂肪，就会给身体再增加四五公斤的重量。脂肪是多余的能量。当人体需要能量时它就会把脂肪转换成碳水化合物。碳水化合物是用来提供能量的。脂肪还能保持体温。

第三类营养成分是蛋白质。"蛋白质"一词源于希腊语，意思是"头等重要的"。蛋白质头等重要是因为它是维持生命的必要条件。

蛋白质由氨基酸构成，而氨基酸可以用来建造和修补人体组织。它们是肌肉、器官、皮肤和头发的重要组成部分。人体内有 22 种不同的氨基酸。

营养学家们把其中八种氨基酸称为"必不可少"，因为人体不能制造它们。

蛋白质共有两种：完全蛋白质和不完全蛋白质。完全蛋白质是指身体用以维持生长的元素，它们包括所有的氨基酸。猪肉、鱼、家禽肉、蛋、牛奶和奶酪里含有完全蛋白质。人体每天都需要完全蛋白质。不完全蛋白质不含有所有基本的氨基酸。比如说，蔬菜和谷物里的蛋白质，是不完全蛋白质。从不完全蛋白质到形成完全蛋白质有两种形式：（1）正确地混食蔬菜和谷物，（2）给大量的谷物里加入少量肉或奶。这样，人体就可以使用来自于混合物的完全蛋白质。

体内多余的蛋白质可以转化为脂肪，并以人体脂肪形式储存起来。它也可以转化为碳水化合物，用作能量。如果人们摄入的碳水化合物不足以满足所需的量，人体就会把蛋白质转化为能量来使用。那样人体就没有足够的蛋白质来建造和修补组织。营养套餐包括碳水化合物和脂肪以满足能量的需求，同时包括蛋白质以满足生长的需要。

第四种营养成分是矿物质。人体内有 20 几种不同的矿物质。最重要的三种是钙、磷和铁。钙和磷共起作用。人体内骨骼和牙齿含有 99% 的钙。如果人们摄入足够的钙和磷，牙齿和骨骼就会坚实有力。另外，肌肉、神经和心脏也会正常工作。牛奶和硬奶酪是钙的最好来源。19 岁以后，人体每天需要 400—500 毫克的钙。人们可以通过每天喝三杯牛奶或吃 50 个汉堡包或 56 个苹果来获取所需的钙。

铁是使血变成红色的矿物质。所有的瘦肉里都含有铁。肝是铁的最好的来源。谷类、坚果、某些蔬菜以及干果里也含有铁质。饮食里如果没有足够的铁，人们就会得贫血病。贫血病全世界都存在。患贫血病的人们血里不含有足够的铁。因为铁能运载氧气，没有摄入足够量铁的人们就得不到足够的氧气以维持正常的活动，因而心跳必然加速以使体内获得更多的氧气。患贫血病的人们常常容易疲劳。有时他们的皮肤发白，看起来不红润健康。

营养学家们认为人体需要的维他命有 13 种。维他命重要是由于它们能预防疾病，有助于控制人体各程序的运行。维他命 A 对于健康的皮肤和眼睛很重要。体内没有足够的维他命 A 的人可能会患有夜盲症。一些撞车事故发生在晚上是因为体内缺乏维生素 A 的人们在接触汽车强光之后无法看清路面。饮食中的维他命 A 来源于深黄色的水果和蔬菜，深绿色的叶状蔬菜以及全脂牛奶。

如果人体含有足够的维他命 B，人们胃口就好，神经也稳定。饮食中的维他命 B 来源于一些肉和蔬菜，牛奶、农家乳酪和谷类。处理过的谷物就失去了维他命。举例说，棕色大米和白色大米就有很大区别。大米经过处理，棕色外壳就脱落了。而大米的棕色外壳里含有更多的维他命。

维他命 C 使人体的细胞结合在一起。它有助于皮肤组织在割伤、烫伤后复原。饮食中的维他命 C 来源于水果，如柠檬和橘子等，以及一些蔬菜，如西红柿和青椒等。

维他命 D 又称为"阳光"维他命。当人们坐在户外，太阳的紫外线会把人体皮肤里的一种脂肪变成维他命 D。维他命 D 也存在于鱼肝油和蛋黄中。它有时被加入牛奶里，因为维他命 D 有助于人体吸收钙。它还有助于形成坚硬的骨骼，防止儿童患软骨病。患有这种病的儿童骨骼易弯是因为骨头没有长硬。软骨病在阳光比较充足的地区比较少见。软骨病更常见于冬季阳光少的国家，因污染严重而遮住太阳的城市以及因高山挡住阳光的城镇。

没有一种食物是必不可少的，但是有些营养成分对维持健康是必要的，如果人们想要拥有健康，充满活力，就需要获得所有必要的营养成分。健康的身体需要碳水化合物、脂肪、蛋白质、矿物质以及维他命。

菜单

从饮食历史可知，在早期的餐馆里，向顾客口述经营的食物、菜肴的品种日益成为费时劳神的事情。因此，为帮助食客选择食物，书写的菜单就应运而声了。各种菜肴的清单通常是手写在黑板上或列在顾客容易看见的地方。印刷业的发展最终带来了变化，大餐馆的楼面布置使单一的手写菜单变得不太合适了，因此就有了印刷菜单。

纽约的德尔莫尼柯餐馆因为 1834 年在美国首次推出了印刷菜单而经常得到赞誉。那种菜单，以及当时的其他一些菜单，设计都很简单，内容比较详细。某些特殊的场合要求独特的菜单设计，于是专家、装帧得更加高档的菜单出现了。

但总的来说，菜单的装饰是和当时的艺术潮流相吻合的。19世纪末的菜单装帧高档，是受了维多利亚艺术的影响。到了20世纪，装饰风格被现代艺术取代了。制图技术和印刷业的发展，使独具特色的菜单封面艺术应运而生。

到20世纪30年代，菜单被视为旨在为顾客创造满意服务的餐馆计划的一部分。它能增进食欲，讲个笑话，说明某种事物，创造一种氛围，介绍餐馆的历史，不过重要的是推销食品。餐饮业的出版物提倡把菜单作为经营策略的一部分。"全美餐馆协会"通过举办一年一度的最佳菜单评选来促进菜单设计的发展。评选的标准包括：（1）新颖性；（2）可读性；（3）易于操作，以及（4）销售效果。1935年11月的《饭店管理》杂志指出：大多数饭店老板在很大程度上都低估了菜单外观的重要性。杂志接下来说，菜单事实上有两种重要的功用：（1）卖食物；（2）重复强调该饭店的独特氛围。

尽管30年代经济大萧条，饭店却经营良好，菜单设计变的很重要。这十年内，饭店种类逐渐增多，包括自助餐厅，免下车餐厅，商店里的小吃部，以及传统的更正式的饭店。许多饭店在食物种类、装潢和菜单式样上还发展了主体系列。

印刷业、摄影，尤其是彩色摄影技术的发展为有创意的表现方式提供了更多的机会。二战时期，饮食配给制度常常影响饭店生意，但是大战胜利后，下馆子就又盛行起来。

尽管吃便餐的人数增多，快餐饭店大批涌现，20世纪中期还是为有创意的菜单设计提供了很多机会。到20世纪60年代，越来越受欢迎的咖啡店和经营一种独特菜目比如比萨饼、牛排或薄煎饼为主的饭店开始使用新式菜单图表。70年代下馆子的人数有所下降，但是80年代对各式各样饭馆的需求量大幅度增加。从那时起，设计精美的菜单就成为了美国公众就餐前的一个赏心悦目的艺术体验。

一些研究大众文化的历史学家正把菜单作为美国人对下馆子喜爱程度的一种特殊资料来研究。对于好几代的就餐者来说，带走一个饭店的菜单已经成为一种保持回忆或记住某次旅行或航行的方式。许多饭店为顾客提供纪念版菜单。饭店老板相信这是做广告的好方法。因而，菜单现在有了一个新的用途，也是一个功能。

哪种职业适合你

在你做职业规划时，要尝试多种不同的工作，适应不同的环境，主动承担各种任务。

有六种基本职业，下面将详细讨论约翰·霍普金斯大学心理学教授约翰·L.霍兰德所提出的这六类职业。请注意，我谈到各类职业人员的特征时，没有哪一个人具备所有这些特征。我谈的是倾向，但这些倾向性是很明显的。

第一类　现实型职业。

这些多是技巧型或技术型工作，通常需要使用工具或器械，常被称为"蓝领"职业。

对现实职业感兴趣的人通常是身体强壮，讲求实际，勇于竞争。他们往往身体协调性好，但有时候不能很好地运用语言表达自己的思想或者同别人交谈，他们更愿意与事物而不是与某种思想或人打交道。他们热衷于用双手创造产品。尽管他们的肌肉协调性好，但在社交场合经常会感到不自在，缺乏语言和人际交往的技能。他们通常认为自己是机械型和运动型的，个性稳定、自然、执着。拿具体问题和抽象问题相比，他们更喜欢前者。注重实际的人倾向于用简单、实际和传统的方式看世界。财产对他们很重要，他们的休闲消费通常是买车、游艇、摩托车或其他机械。

注重实际的人在面试中，既没有个人或机构之间错综复杂的矛盾，也没有在相互冲突的观念之间的痛苦抉择，因而生活不会太复杂。

第二类　常规型职业。

这些通常是办公室工作，跟各种机构团体、档案卷宗打交道，有着固定的工作时间表。

常规型职业包括薄记员、统计员、银行记账员、秘书、财务分析员、办公室经理、计算机操作员、出纳、会计。常规型工作通常需要写些东西，不过大都是商务信函和常规报告。

喜欢常规型工作的人称自己是"遵从、谨慎、高效、顺眼、有序、执着、现实、冷静"。

他们喜欢有规律的的生活，一切按计划行事。他们喜欢了解别人对他们的期望，乐于完成自己的任务。

第三类　研究型职业。

这些属于科学和实验室工作。人们从事这些工作，研究世界是怎样组合的。

研究型职业的工作内容本质上是科学的或实验的工作，他们通常探寻疑难。不论是复杂的，神秘的问题，如宇宙是怎样形成的，或者是常规的，日常的问题，像诊所里病人血样的成分分析。

通常在实验室或医疗单位可以见到研究型人员，他们也工作在其他很多地方，如在公路管理部门中研究诸如交通控制以及筑路材料的成分之类的课题；在广告公司做市场调查；在食品公司研究食品的营养成分；在军事部门研究新式武器和新的军事战略；在财政部门研究经济战略和货币流通。总之，是在任何以系统、科学的方法来攻克难题的地方。他们把自己描绘成"分析性强、好奇、独立、含蓄"。他们特别不喜欢重复性的活动和销售活动，他们具有强烈的求知欲。

第四类　艺术型职业。

这些依靠语言、音乐、美术等进行的创造性工作。

艺术型职业通常包括语言、音乐和其他艺术形式的工作。室内装潢、房屋设计，或肖像摄影也属于艺术活动。

需要艺术型工作的地方有艺术博物馆、美术馆、音乐厅、室内装潢公司、音乐商店、剧团、摄影工作室、电台、电视台、演播室和其他这类运用和学习艺术技能的地方。喜欢从事艺术工作的人自我评价为"复杂、无条理、情绪化、理想化、富于想象、不切实际、好冲动、独立、内省、重直觉、不顺从和有创见"。他们喜欢自由的工作环境，能让他们通过广泛的媒介——写作、音乐、绘画、摄影——总之，任何艺术形式来表现自我。

第五类　社会型职业。

社会型职业涉及那些和人打交道，教育、训练、治疗、领导、组织或启发他人的工作。这包括向别人解释某事，提供娱乐，制订教学计划，帮助别人解决困难，组织进行慈善活动以及消除分歧。

喜欢社会型职业工作的人自称是"合作、友好、慷慨、乐于助人、理想化、有责任心、好交际、机智、善解人意"。他们喜欢群体活动，特别是就共同面临的问题进行研究的团体。

第六类　领导型职业。

这类职业是那些说服别人去做某事的工作，如推销、政治或经贸工作。

这类职业还包括许多商业行政工作。其他此类工作包括公共关系部门领导、证券经纪人、采购商、零售商、时装经销商和行业顾问、演讲、竞选、领导筹款活动和其他一些领导型工作。

喜欢这些工作的人把自己描述为"敢于冒险、有雄心、好争辩、专横、精力充沛、冲动、乐观、自信、好交际、好社交和健谈"。

暑期打工计划

假如你知道自己毕业后想做什么工作——当前，如果你在进大学时还没有选中一种职业就会被认为是目光短浅——你应该早在毕业之前就开始考虑找一份工作了。

哪些公司或机构能提供你想要的工作呢？假定你的专业是英语或历史，想想写一部了不起的小说，那你就需要一份工作来养活自己。你必须从多种可能性中做出选择。这与在电脑屏幕的"菜单"中选择一个选项没有什么不同。

你的选项包括：A：为一家出版公司工作

B：为一家科技公司工作

C：为一家公关公司工作

D：去读研究生，以推迟选择工作

E：以上都不是

举例来说，如果你选了 A，你最好在大学期间给一打或更多的出版社写信，要求和人事主任面谈。如果碰巧有个熟人，比如一位编辑愿意同你见面，那你最好不过了。

尽力争取面视的机会。在面试前你应该熟悉这家公司。你的目的是向人事经理表达你对这家公司的兴趣。你可以咨询是否能做暑期工（若有可能，最好有报酬）或实习生。多数情况下，实习生有少量的薪水，另一些则没有。

在人生的这一阶段，找一个有助于你未来生活的暑期工作非常重要。如果在自己的专业找不到，那你可以选择另一类暑期工作。如救生员、油漆工、园林工、服务生，或者在零售商或超级市场工作。这些工作一般待遇优厚，你可以存下足够的钱支付学校里的开支。但这些工作可能对你未来的工作没有什么帮助，因此你需要两方面。任何一个需要付出艰苦努力和具有一定责任心的暑期工作对人的履历来说都是有好处的。当然，如果这份工作与你选择的职业关系紧密，那你的简历读起来会更吸引人。

有一天在市郊往返列车上，我坐在两名中学生前面，其中一个女学生对同伴说："我上大学不用花父亲一分钱，至少我认为不会。"她解释说，周末、暑假、圣诞节和春假她都在一家餐馆做服务员，小费很可观，她已存了一万元。她计划上拉特各斯大学，住在家里乘车去学校。如果她在大学期间继续打工，她估计不用贷款就能读完大学并接着上研究生。

当我在大学期间开始找暑假工作的时候，我发现除餐馆以外，惟一愿意雇用我的地方是波士顿的法林大型百货公司。这家公司在科德角有一家夏季分店，而我家在那儿渡假。大一的时候，我拜访了全年营业的马塞诸塞州北安普敦分店。我请求在周六以及随后的暑假当售货员，结果被当场录用。那年夏天，北安普敦分店经理接管了科德角夏季分店的业务，她请我到那儿去做营业员。

整个大学期间，我都在暑假、周六和廉价销售期在法林公司打工，赚取上学的费用。我还在冬季为法林公司在我校校刊上刊登的广告撰写广告词，一个美术专业的学生根据我的设想配上图画。读到大四时，我已经知道自己不想从事零售业，但它是我未来的应急谋生手段。我在与商店经理的交谈中了解到，如果我找不到报刊记者的工作，我可以在法林公司的培训小组得到一个职位，并借此走上写作的道路。

科学重新看待双胞胎

如果你对双胞胎感兴趣，那么双胞胎城一定会令你惊奇。

自1976年以来，每年夏天都有许多双胞胎拥入俄亥俄州克利夫兰市郊市郊的一个小镇。去年夏天，来自世界各地的2356对双胞胎来到这里。他们观看并参加如游行、放焰火、魔术表演，举行公里赛跑以及100多种竞赛：如评出年龄最大的、最小的、最像的、最不像的，和大笑时两人的嘴巴加起来最大的双胞胎。

如果你当时在那儿，你也许会注意到一批科学家也趁节日来参加此次盛会。有些人是来寻找研究双胞胎的健康问题的要素，如：皮肤病，癌症以及心脏病等问题。而另外一些则出于对研究双胞胎的感受好奇。但在所有科学家中，从事最重要的也是最有争议的工作就是研究先天遗传和后天培养这个由来已久的问题，即研究有关我们是如何发展成现在这个样子的。

为什么我们中有些人擅长数学或写作，而其他一些人却擅长艺术或篮球。是什么导致我们在智力、能力和趣味上的差异？我们主要是由从父母那里遗传来的基因决定的吗（先天遗传）？我们的生活阅历（后天培养）？也就是我们成长的社会环境有多么大的关系？

如果你是一个对此感兴趣的科学家，你难道不想研究同卵双胞胎吗？想想吧：两个人由同样的受精卵发育而来，也就是说两个人具有同样的基因。这对双胞胎之间的任何差异都是环境差异造成的。但是你是否能判断他们之间的相似之处是由于他们具有同样的基因呢？

事实并非如此。记住：大多数双胞胎具有同样的生活环境——同样的家庭、同样的身体、同样的亲戚等。惟一能准确测量遗传与环境影响的方式就是去研究在不同环境里分开抚养的同卵双胞胎。

在过去的10年里，由心理学家托马斯·J.布查德领导的研究小组对65对分开抚养的同卵双胞胎进行了研究，还对45对分开抚养长大的异卵双胞胎也进行了研究。科学家们把每一对双胞胎都带到明尼苏达州进行为期一周的深入研究。研究小组的医生和牙医记录下了这些双胞胎的身高、体重、眼睛颜色、耳朵形状和头部的长度。

同时，心理学家对他们进行智商和性格测试。在性格测试时，心理学家设法确定一些事情，如：担忧的程度、是谨慎还是鲁莽，以及是否具有创造性，他们通过这些双胞胎的一些陈述来判断。比如："我很少做事鲁莽"，"木材上的火焰激发了我的想象力"等等。一周结束时，每个双胞胎都回答了大约15000个问题。

布查德小组对分开抚养的双胞胎的相似之处感到震惊。比如说，双胞胎的手势和姿势通常惊人地相似，在相片中，许多双胞胎几乎都摆同样的姿势。有些同卵双胞胎发现他们过着极其相似的生活。

布查德研究的第一对同卵双胞胎，"双胞胎吉姆"在出生四个星期后被两个不同的家庭收养。他们在俄亥俄州长大，相隔45英里。他们重逢时已39岁，但却发现了一系列令人震惊的相似之处。两个人的名字都是吉姆，他们都驾驶同一型号的蓝色雪弗兰轿车，都喜欢木工活、咬指甲，并且都拥有名叫"托伊"的狗。两人都在18岁时开始患上傍晚头疼症。

在双胞胎吉姆身上存在的相似之处在明尼苏达小组研究的双胞胎中相当普遍。明尼苏达研究小组的一些评论家认为这些相似之处并不令人惊讶。他们认为每个人的一生中肯定都存在某些相似之处。而且，在分开抚养的一对同卵双胞胎中所发现的每一个巧合情况里，怀疑者都可以指出大量未经发现的差异。同一对双胞胎也许拥有不同型号的电视机或支持不同的球队。但由于他们并不能使人感到惊奇，不同之处就没有被报道。

但是除了巧合之外，明尼苏达的科学家收集分析了大量有关双胞胎健康、智力和个性的资料。根据布查德所说，分开抚养的同卵双胞胎的资料清晰地表明先天遗传，也就是我们继承的基因，对我们的生活有很大的影响。明尼苏达研究小组发现这些同卵双胞胎在身体的特点上如身高、指纹和心跳的速度上都十分相似。成年同卵双胞胎同样有着相同的病史的趋势，比如说同时患有青光眼。

明尼苏达小组指出智力受基因的影响要比受环境的影响大得多。布查德小组所研究的分开抚养的同卵双胞胎，尽管在不同的家庭成长，然而在成人智力测试中却获得了完全相同或几乎完全相同的分数。

但是，更让人惊讶的是，明尼苏达研究小组发现基因在形成我们个性中发挥着重要的作用，比如说，他们决定着我们是否尊重传统和遵守规则，或者我们是不是不遵循惯例的人。布查德认为，你与生俱来的基因与你是否自信、快乐、乐观或悲观很有关系。明尼苏达研究小组的一位心理学家南希·西格尔说："研究很有说服力地显示基因能影响人们行为的每一个方面。"

然而，其他科学家却不同意这个观点。他们问道，既然智力本身就有不同的定义，你怎能研究出智力是否是遗传的呢？他们说，同样的问题也适用于其他的特点。

布查德本人认为，即使是他研究的最相似的双胞胎，相互之间也有不同之处。因此，尽管基因可能对我们有很大的影响，但它们并不是惟一的因素。我们日积月累的经验也影响着我们。

你知道这意味着什么：你仍不得不为对付考试而学习！

双胞胎、基因与环境

遗传与环境：研究哪一个的影响更大？一个人与生俱来的潜力从某种程度上决定了其一生的作为。因此，遗传是命运，是先天的决定。然而，基因并不是在真空中发挥作用；一旦我们开始认识到基因在一个人的发展过程中所起的作用，我们就会明白，没有与其相作用的环境，就不能有任何个人的发展。没有任何一个特点是完全由环境或基因单独造成的。

遗传与环境的相对影响在同卵双胞胎中最易观察到。大多数同卵双胞胎是在一起抚养长大的。因此，其长相和行为都惊人的相似，这些例子证明，具有相同基因的个体在同样的环境成长，对所处环境的反应也是极其相似的。但这些事例不能说明，当同卵双胞胎被分开抚养时会发生什么情况。

对分开抚养的双胞胎已经进行了大量研究。被研究的这些双胞胎都生活在美国，成长的自然环境几乎相同，并且具有几乎相同的营养史。因此，正如所料，他们在外貌、身高和体重上十分相似。当然也有例外：一对双胞胎中的一个患有严重的疾病，另一个却没有；但是总体而言，同卵双胞胎，即使是从婴儿时期就分开的同卵双胞胎之间，在心理和身体上极大的相似也给每个人留下了深刻的印象。

在对从一生下来就分开的 19 对双胞胎的研究中，其中约 2/3 的双胞胎之间的差异并不比没有分开的双胞胎之间的差异更明显。这清楚地说明了基因的力量和环境作用的局限性。然而，我们必须记住，尽管被研究的同卵双胞胎生活在相距甚远的家庭里，但总的来说，这些家庭的环境基本上没有什么差异。通常人们会千方百计地把每个孩子送到与自己原来家庭背景相似的家庭，因而发现这些孩子有相似之处就不足为奇。但是那些分开抚养的双胞胎的生长环境有较大差异的实例中，双胞胎之间的差异就更有实质性。以下的事例说明了同卵双胞胎生活在形成鲜明对比的环境中时发生的情况。

格莱蒂丝和海伦出生于俄亥俄州的一个小镇，在大约18个月时被分开抚养。直到28岁她们才再次相遇。海伦被领养了两次。她最初的养父母证明不可靠，两年后海伦又回到孤儿院。过了几个月，她再次被收养。养父母是密歇根东南部的农场主。此后的25年她一直住在那里。她的第二个养父母尽管自己没受到多少教育，却坚持让海伦得到良好的教育；海伦最终大学毕业，教了12年的书，26岁时结婚并有一个女儿。

格莱蒂丝被加拿大的一位列车乘务员及其妻子领养。她读三年级的那一年，全家搬到加拿大落基山脉一个相当偏僻的地方。那里没有学校，格莱蒂丝的正式教育也就此结束，直到全家搬到安大略省后才得以继续。于是，格莱蒂丝就待在家里做家务，一直到她17岁，随后在一家编织厂工作。19岁那年她去了底特律，找到一份工作，21岁时结婚。

海伦的心理无论是在童年还是在成年时期都比格莱蒂丝健康，但除了各自所受的教育不同以外，她们的生活环境十分相似。她们的体重、身高和肤色都很像。两人之间的区别显然与她们各自的社会生活密切相关。

海伦自信、举止幽雅、很注重打扮，在社交场合中也显得自如得体有修养。格莱蒂丝则害羞、扭捏、沉默寡言，缺少魅力或幽雅的举止。一位研究她们的科学家说："这两位双胞胎之间的鲜明对比可以说是大学教育的颇有说服力的广告。"

考虑到她们生活环境方面的经历有着质的区别，海伦和格莱蒂丝之间的差异也就不足为奇了。由于心理特点在很大程度上取决于个人经历，可想而知，心理特点也必然反映经历。另一方面，那些不易受环境影响的特点更有可能在同卵双胞胎中表现出程度很高的相似性。尽管基因十分重要，但是基因本身决不能完全决定任何一个特点。我们的能力会达到什么程度由基因决定，而我们真正做到了什么则主要由环境决定。

健谈的父母使孩子更聪明

有关家长在孩子出生之后最初的几年中是如何和孩子交谈这一问题的一项详尽的典型研究，已取得了大量富有价值的数据和一些具有重要社会意义的初步发现。

在孩子九个月至三岁之间，父母与之交往的内容和范围有着惊人的等级区别。这导致了白领家庭中的孩子的智力有着明显的提高，蓝领家庭中的孩子智力提高中等，而福利家庭的孩子得到的帮助却少得令人担忧。来自勘萨斯大学的研究中心主任贝蒂·哈特和来自阿拉斯加大学的研究中心的主任托德·里斯利的联合研究认为：在后来的智商测试中，那些与父母广泛交谈的年轻人比与父母很少交谈的年轻人得分要高得多。

里斯利认为："父母与孩子交谈越多，以后孩子在智力发展方面就越好。"但是，这种家长行为中存在巨大的等级差异使我们非常震惊，它表明福利家庭中的孩子的问题，靠每周上几个小时海德斯达举办的幼儿教育课是无法解决的。

哈特和里斯利在上周向多伦多的美国心理学年会上提供的调查报告，是根据对住在勘萨斯城区的 42 户家庭的观察结果做出的。

目前的研究加剧了本已激烈的争论，也就是说个人和种族而言，基因和环境对智商和潜在智力的影响究竟有多大。在历时两年半的调查和随后的三年中，研究者们对大量的书面和磁带记录的观察资料进行的分析，为争论中的环境因素这方面增加了新的内容。

哈特和里斯利研究的家庭情况正常，没有严重问题，如虐待儿童或精神疾病等。13 个至少有一位白领家长的职业家庭；23 个是如电工和水暖工的工人阶层的家庭；6 个是靠福利维持生活的家庭。这些家庭代表着一部分种族群体，8 个是单亲家庭。这些家庭少则一个孩子，多则七个孩子。

受训的观察者每两个月用一个小时的时间，把同每个家庭中选定的小孩的交往特征记录下来。这些交往是在家里进行的，通常是孩子九个月大的时候开始的。观察者只注意那个孩子以及任何同他（或她）说话及交往的人。即使孩子的父母要求，他们也从不给那些父母任何建议。

里斯利说，日复一日，家庭中父母一方或双方同自己孩子的交谈显示出了各自的特点。总的说来，白领家庭的家长显得非常健谈，他们每小时与孩子的交谈几乎是蓝领阶层家庭的两倍，是福利家庭的四倍。

所有家庭的父母都花费大约同样多的精力管教孩子，确保他们避开麻烦和危险。但是与孩子说话最多的父母还给这些交往增加了许多知道性因素，比如支持和鼓励孩子、回答问题、提供建议、选用不同的词语等。

即使考虑到社会经济和其他因素的影响，与父母有大量交谈机会的孩子在三岁时的一个智力发展测试中，表现明显好得多。在九岁时的跟踪调查发现这些孩子的智商上仍保持优势。

纽约城市大学的心理学家弗朗西斯·D.霍罗维茨认为，尽管基因影响智力，新的数据表明父母同孩子谈话的方式以及交谈关于孩子学习的期望也有巨大的影响。

霍罗维茨坚持认为："这份值得注意的报告表明，在更好地了解孩子的正常发展方向上前进了一大步。"

两种人生观

你的处世态度在很大程度上反映了你的人生观。仔细看一下它们之间的关系吧。你是一个悲观者还是一个乐观者？你是否知道你的看法实际上如何影响你的生活态度吗？记住，改变人生观，就会改变你的态度。

父亲正低着头看着摇篮。新出生的女儿刚从医院抱回家，正在熟睡。她模样漂亮，完美无瑕，父亲的心中洋溢着敬畏与感激之情。

孩子睁开眼睛，目不转睛地向上看着。

父亲呼唤她的名字，希望她转过头来看他一眼。可她的眼睛没动。

他拿起一只系在摇篮围栏上的毛茸茸的小玩具摇了摇，里面的小铃铛哗哗响，孩子的眼睛还是一动不动。

他的心跳开始加快。他到卧室里找到妻子，告诉她他的发现。"她看起来对声音毫无反应，"他说，"她好像什么也听不见。""我相信她没事的。"妻子说着，披上睡袍。他们一起来到了婴儿的房间。

母亲呼唤孩子的名字，摇摇铃铛，拍拍手，然后把孩子抱起来。孩子立刻变得活泼了，欢快地叫了起来。

"天哪！"父亲说，"她是个聋子。"

"不，她不是聋子，"母亲说，"我是说，现在下结论还为时过早。你瞧，她才刚刚出世，她的目光甚至还不能集中。"

"但是，即使刚才你使劲拍手时她还是毫无反应。"

母亲从书架上取下一本书。"让我们看看育儿书里是怎么说的"她说。

她查到"听觉"一项，大声念道，"如果新生儿不能被响亮的声音惊动，或不转向声音传来的方向，你不要惊慌，对声音的反应通常需要一段时间才能形成。儿科医生可以从神经这方面测试婴儿的听觉。"

"好啦，"母亲说，"这下你感觉好一点了吗？"

"不怎么好，"父亲说，"它根本没提到其他的可能性——这孩子是聋子。我所知道的是我的孩子什么也听不见。这是我最痛苦的事情了。也许是因为我的祖父是聋子，如果这么漂亮的孩子真的耳聋而且是我造成的，我永远都不会原谅自己。"

"嗨，别这么说，"妻子说，"你太多虑了。星期一我们要做的第一件事就是给儿科医生打电话。在此之前，振作一点。喂，抱着孩子，让我把毯子弄好。都散开了。"

父亲接过孩子又很快交给了妻子。整个周末他觉得自己都无法准备下周的工作。他跟着妻子在房间里打转转，心里想着孩子的听觉，想着耳聋会毁了她一生。他只想最坏的一面：没有听觉，不能学习语言，他美丽的女儿将和社会隔绝，封闭在一个无声的世界里。到了星期天晚上，他已陷入绝望之中。

母亲在医生的代接电话服务站留言，预约在周一尽早见面。这个周末，她健身、看书，尽量地安慰丈夫。

儿科医生的检查消除了疑虑。但父亲的精神状态依然很消沉，直到一周以后，一辆卡车隆隆驶过，孩子第一次出现了被惊动的反应，他才恢复过来，又"重新"爱上了他的女儿。

父亲和母亲对这世界持有两种不同的看法。每当有什么不好的事情发生——银行经理的电话，跟妻子意见的分歧，甚至老板皱一皱眉，他都往最坏处想：破产、离婚、被解雇。他很容易消沉，经常感觉疲惫，健康受到影响。她正好相反，不把坏事看得很重。对她来说，坏事只是暂时的挑战，一定能克服。挫折之后，她很快就会恢复，又变得生气勃勃。她的身体很棒。

乐观者和悲观者：我已对他们研究了25年。悲观者的特征是总认为坏事会持续很久，会损害他们所做的每一件事情，而且都是自己的过错。乐观者在面对世界上同样的不幸和挫折时，看待它的方式正相反。他们往往相信失败只是暂时的，其原因只限于这一件事，乐观者认为失败不是自己的过错，是环境、厄运或别人造成的。这样的人不会为失败所困扰。面对逆境，他们把它视为一种挑战而更加努力。

这两种看待动因的习惯会产生不同的结果。确切的说，数百项研究表明，悲观的人更容易放弃而且经常情绪低落。这些实验还显示乐观的人在学校和工作中的表现要出色得多。他们的成就通常会超出能力测验所预测的结果。当乐观者争取一个职位时，他们比悲观者更容易被选中。他们的身体都很健康。有证据表明他们都很长寿。

25年的研究使我相信，如果我们像悲观者那样习惯性地相信就是我们自己的过错，是持久的，有害于我们的所做的每一件事，那么不幸降临的机会就会比我们相信它更多。我也相信，如果我们总是被这种想法所困扰，我们很容易沮丧，将不能充分发挥我们的潜能，而且还会经常生病。悲观的预言本身自然会实现。

主要参考文献

[1] 钱歌川：《漫谈翻译》，中国对外翻译出版公司 1980 年版。

[2] 吕瑞昌：《汉英翻译教程》，陕西人民出版社 1984 年版。

[3] 热扎克·买提尼亚孜：《西域翻译史》，乌鲁木齐：新疆大学出版社 1994 年版。

[4] 陈景利：《汉语文学作品维译用词浅析》，《语言与翻译》1995 年第 2 期。

[5] 史震天：《汉维互译实用教程》，新疆教育出版社 1999 年版。

[6] 张敬仪：《汉维—维汉翻译理论与技巧》，民族出版社 2004 年版。

[7] 许均：《苏联翻译理论》，湖北教育出版社 2000 年版。

[8] 许均：《当代美国的翻译理论》，湖北教育出版社 2000 年版。

[9] 王德春：《语言学概论》，上海外语教育出版社 1997 年版。

[10] 陈汝东：《当代汉语修辞学》，北京大学出版社 2004 年版。

[11] 赵世杰：《维吾尔语构词法》，新疆人民出版社 1981 年版。

[12] 刘珉：《汉维修辞格概要》，新疆人民出版社 1995 年版。

[13] 王德春、陈晨：《现代修辞学》，江西教育出版社 1989 年版。

[14] 陈望道：《修辞学发凡》，上海教育出版社 1997 年版。

[15] 宗廷虎、陈光磊：《中国修辞史》，吉林教育出版社 2007 年版。

[16] 于广元：《汉语修辞格发展史》，吉林人民出版社 2003 年版。

[17] 王希杰：《汉语修辞学》，商务印书馆 2005 年版。

[18] 陈汝东：《修辞学论文集》，北京大学出版社 2005 年版。

[19] 曹雪芹、高鹗：《红楼梦（上）》，人民文学出版社 1985 年版。

[20] 孙致礼：《翻译理论与实践探索》，译林出版社 1999 年版。

[21] 阿尔斯兰·阿布都拉：《福乐智慧"的修辞学研究》，新疆大学出版社 2001 年版。

[22] 李定坤:《英汉修辞格对比与翻译》,华中师范大学出版社 1994 年版。

[23] 王希杰:《修辞学通论》,南京大学出版社 1996 年版。

[24] 易蒲、李金苓:《汉语修辞学史纲》,吉林教育出版社 1989 年版。

[25] 张弓:《现代汉语修辞学》,河北教育出版社 1993 年版。

[26] 袁森、于艳英:《中英文习语中的几个共同特点和修辞技巧》,载《西安石油学院学报》2000 年第 2 期总第 31 期。

[27] 王德春:《修辞学词典》,浙江教育出版社 1983 年版。

[28] 亚里士多德:《修辞学》,上海世纪出版集团 2006 年版。

[29] 黄民裕:《辞格汇编》,湖南出版社 1991 年版。

[30] 沈卢旭:《修辞学散论》黑龙江人民出版社 2005 年版。

[31] 王希杰、李维琦:《修辞学导论》,湖南师范大学出版社 2011 年版。

[32] 吾买尔·阿皮孜:《汉维—维汉词典》,新疆大学出版社 1997 年版。

[33] 程适良:《现代维吾尔语语法》,新疆人民出版社 1996 年版。

[34] 丁菲菲:《翻译入门》(汉译英),西南交通大学出版社 2004 年版。

[35] 易坤秀、高士杰:《维吾尔语语法》,中央民族大学出版社 1998 年版。

[36] 任学良:汉语造词法》,中国社会科学出版社 1981 年版。

[37] 张玉萍:《汉维语名词构词法对比》,载《语言与翻译》1999 年第 2 期。

[38] 郭纪钢:《汉维语构词法初谈》,载《语言与翻译》1997 年第 4 期。

[39] 阿不都克热木·巴克:《现代维语》,民族出版社 1983 年版。

[40] 黄伯荣、廖序东:《现代维语》,高等教育出版社 2007 年版。

[41] 阿里木·哈沙尼、那伊力江·吐尔汗:《汉维规范化名词术语词典》,新疆科学技术出版社 2008 年版。

[42] 邢福义:《现代汉语语法专题》,高等教育出版社 2001 年版。

[43] 葛本仪:《现代汉语词汇学》,山东人民出版社 2011 年版。

[44] 郑盛锦:《还、又、也功能比较》,《柳州师专学报》1996 年第 4 期。

[45] 吕叔湘:《现代汉语八百词》,新疆人民出版社出版 1998 年版。

[46] 中国社会科学院语言研究所词典编辑室编:《现代汉语词典》,商务印书馆 2012 年版。

[47] 张志连:《副词"也"的句中语义语用分析》,《南昌高专学报》2007 年第 3 期。

[48] 陈立民、张燕密:《释"还、再、又"》,《语言研究》2008 年第 3 期。

[49] 王建华:《关于语境的构成与分类》,《语言文字应用》2002 年第 3 期。

[50] 王德春、陈晨:《现代修辞学》,江西教育出版社 1989 年版。

[51] 王希杰:《四个世界和语境类型》,《宁夏师范学院学报》2007 年第 1 期。

[52] J.Verschueren.UnderstandingPragmatics,Londonand New York:Arnold, 1999.

[53] 艾买尔江·依明、郭建新:《论翻译技巧"反面着笔法"在翻译中的作用》,《语言与翻译》 1999 年第 3 期。

[54] 史震天等编:《汉维翻译教程》,新疆人民出版社 1989 年版。

[55] 西任·库尔班等编:《翻译理论讲座》,新疆科技卫生出版社 2002 年版。

[56] 格拉吉丁·阿里木编选:《翻译研究》,新疆青少年出版社 1986 年版。

[57] 托乎提·巴克:《怎样翻译?》,新疆人民出版社 1996 年版。

[58] 黄伯荣:《现代汉语》,甘肃人民出版社 1981 年版。

[59] 郭富强:《汉英翻译理论与实践》,机械工业出版社 2009 年版。

[60] 王堡、胡毅:《新疆少数民族语言文学论集》,新疆大学出版社 2001 年版。

[61] 力提甫·托乎提:《现代维吾尔语参考语法》,中国社会科学出版社 2012 年版。

[62] 孙德金:《汉语语法教程》,北京语言文化大学出版社 2002 年版。

[63] 买买提明·沙力、吐拉普·哈斯木、阿不都热依木·祖农:《现代维吾尔语》,新疆大学出版社 2000 年版。

[64] 谷晓恒:《现代汉语》,陕西师范大学出版社 2010 年版。

[65] 唐宾:《现代汉语词典》,延边大学出版社 2006 年版。

[66] 李德津、程美珍:《外国人实用汉语语法》第三版,华语教学出版社 2003 年版。

[67] 孙德金:《汉语语法教程》,北京语言大学出版社 2010 年版。

[68] 张志公:《语法和语法教学》,人民教育出版社 1956 年版。

[69] 文杰的:《现代汉语辞海》,中央民族大学出版社 1993 年版。

［70］ 张志公:《语法和语法教学》,人民教育出版社 1956 年版。

［71］ 孟守介、邱万紫、鲁启华:《汉语谚语词典》,北京大学出版社 1991
年版。

［72］ 温端政:《常用谚语词典》,上海辞书出版社 2008 年版。

［73］ 禾木:《中国谚语词典》,上海人民出版社 2004 年版。

［74］ 阿里木·卡德尔、张春实、赵世杰:《维吾尔谚语》,新疆人民出版
社 1984 年版。

［75］ 《维吾尔族谚语选》,新疆人民出版社 2010 年版。

［76］ 热孜万古丽·沙依木:《汉语和维吾尔语谚语中植物喻体对比分析》,
载《语言与翻译》2010 年第 3 期。

［77］ 《维汉对照维吾尔谚语》,新疆人民出版社 2007 年版。

［78］ 李树辉:《汉语文化要略》,新疆教育出版社 2001 年版。